中文社会科学引文索引（CSSCI）来源集刊

传统中国研究集刊

Journal of Ancient China Studies

上海社会科学院《传统中国研究集刊》编辑委员会 编

第十七辑

Vol.17

上海社会科学院出版社
SHANGHAI ACADEMY OF SOCIAL SCIENCES PRESS

《传统中国研究集刊》编委会名单

学术顾问：李学勤　陈祖武　李　庆

主　　编：王　健

执行主编：司马朝军

编委会成员（以姓氏笔画为序）：

马　军　马学强　王　健　王　敏　司马朝军
叶　斌　叶　舟　周　武　黄仁伟　熊月之

执行编辑（以姓氏笔画为序）：

王　健　池　桢　陈　磊　张晓东　秦　蓁

编　　务：徐佳贵

目 录

专稿

清代徽州汉学管窥 …………………………………………… 陈居渊/001

经子研究

《周礼·考工记》的车制 …… [日]林巳奈夫 著 宫谷如 译 王倩倩 校/014

《诗集传》训诂来源析论 ……………………………………… 陈 才/055

《左传》与春秋锡命礼
　　——竹添光鸿对锡命礼衰变的考订 ………………………… 吴 琼/068

陈澧对曹元弼经学研究之影响考论 …………………………… 李 科/082

再论"杂家出于议官"说 ……………………………………… 王献松/098

道法沪上
　　——从出土文物看上海地区道教信仰 ……………………… 陈 凌/110

史学研究

再论三国时期长江中游的漕运与仓储 ………………………… 张晓东/126

"王世贞吊杨继盛诗"与"况叔祺告密"说献疑 ………… 许建平 周 颖/139

历代地方官员与孔氏南宗的发展 ……………………………… 吴锡标/149

王顼龄与江南文人交游考略 …………………………………… 胡春丽/160

乾嘉循吏诗人李符清年表 ……………………………………… 许隽超/169

"良贾何负闳儒"本义考
　　——明清商人社会地位与士商关系问题研究再思考 ……………… 梁仁志/185
《四库提要》的接受对象与学术功用 …………………………………… 曾志平/197
也论顾颉刚与王国维的学术关系 ………………………………………… 赵保胜/209

文献考证

《德清县续志》校读记 …………………………………………………… 许建平/219
《朝鲜古写徽州本朱子语类》未见于卷首之三家门人考述 …………… 胡秀娟/225
林茂春《文选·赋》简端记 ……………………………………………… 南江涛/233
衢州古代著述及其考订概说 ……………………………………………… 魏俊杰/252
张廷玉集外佚文续补
　　——兼论《张廷玉全集》校勘问题 ………………………………… 陈开林/261

学术综述

"思想与文献视野下的江南史"国际学术研讨会综述 ………………… 史传中/270

序跋与书评

一个皇帝的诗情与理想
　　——乾隆御制《四库全书》诗文辑录序 …………………………… 卢仁龙/275
《天水金石文献辑录校注》序 …………………………………………… 漆永祥/286
治学精神启示录
　　——蔡美彪《学林旧事》读后 ……………………………………… 文淙阁/288

专稿

清代徽州汉学管窥

□陈居渊

摘　要：清代徽州汉学的形成，不是导源于歙县诸生黄生，而是渊源于明清之际学人社集内部经学氛围浓厚这一社集文化的特殊背景。徽州汉学本身并不是一种思想，而是一种学问，而从事这种学问者大部分来自江南一隅的徽州地区，其中相当一部分徽州汉学者对宋学基本上持肯定的态度。徽州汉学的学术实践，既侧重于三礼之学，也重视宋儒的图书易学，为清代易学研究打开了一个崭新的图像世界。徽州学人走出徽州、滞留幕府的学术传播，无论是直接的、面对面的，抑或是间接的、书札形式的，其所包含的学术信息或学术资源都是共通的，并逐渐形成了清代乾嘉之际以江浙皖三地为一体的江南汉学研究网络。

关键词：清代；徽州；汉学；徽学

作者简介：陈居渊，文学博士，现为安徽大学徽学研究中心教授，曾任复旦大学哲学系教授。

清代徽州汉学的研究，一直是海内外学术界所关注的焦点之一，人们著书立说，成果可谓丰富。然而综观各家之见，多数仍旧局限在章太炎、梁启超等清学大师既定的框架内。笔者认为，重新认识徽州汉学的形成、实现的途径、思想力度与运思方法、学术实践与对外传播等，是深化徽州汉学研究的前提。对此，笔者不揣鄙陋，略述管见，以求正于专家学者。

一、清代徽州汉学的形成

徽州汉学的形成，论者都认为导源于徽州的特殊地域环境与明清之际歙县诸生黄生率先跳出理学的藩篱而从事六书之学的研究，后经婺源学者江永的进一步推动，休宁学者戴震继起而弘扬师说，才奠定了徽州汉学的规模。如黄生编撰的《字诂》，"于六书多所发明，每字皆见新义，而根柢奥博，与穿凿者殊。于古音古训皆考究淹通，引据精确，不为无稽臆度之谈。虽篇帙无多，其可取处不在方以智《通雅》下"①。"盖生致力汉学而于六

---

① 许承尧：《歙事闲谭》卷四《黄承吉注〈字诂〉〈义府〉》，黄山书社2001年版，第112页。

书训诂尤为专长,故不同明人之剿说也","白山当江、戴、胡、阎、惠诸氏之前,不假师承,无烦友质,冥然独处山村溪舍之中,上下古今,钩深致远","白山能肩随亭林,而为有清一代朴学之先登者矣"①。刘文淇说"夫训诂之学,于今日称极盛,而先生实先发之",所以章太炎称"其言精确,或出近世诸师上"②。这里的所谓"穿凿者""臆度之谈""明人之剿说"等词语,都是明清之际到乾嘉时期的汉学从业者对坚守宋明理学立场学者所持有的一种鄙夷的言辞。如江藩就认为"程朱理学,或诋为穿凿,或斥为邪说,先儒古义,弁如土梗矣"③。至于方以智,则被四库馆臣赞誉为清代考据学风的开山人物之一,诚如《四易全书总目》所说:"惟以智崛起崇祯中,考据精核,迥出其上。风气既开,国初顾炎武、阎若璩、朱彝尊等沿波而起,始一扫悬揣之空谈。"而方氏所撰《通雅》一书,是一部综合性的名词汇编,因此将黄生的《字诂》与《通雅》并提,足以证明黄生确是开徽州汉学风气之先的学者,致使后来江永、戴震不仅以《尔雅》《说文》治经,而且"皆主考据,定独锐意深求义理",于是"汉经师硕儒授受微言,遂大显于世"。从清代学术发展的一般过程而言,这样一种观察,是有一定的历史理由的。不过,我们需要追问的是:黄生何以摒弃徽州自宋元明以来所崇尚的理学传统,毅然转向汉学的研究?是个人的学术兴趣所致,还是别有其渊源所自?上述对于黄生的学术描述出自后人的追记,是否过于简单?所以又有学者从思想史的角度,指出徽州汉学的成因,是基于明清之际对理学的反动,特别是徽州理学传统中"道问学"与"尊德性"的争执,于是学术研究转向了汉学,这显然是借用了余英时教授的"内在理路说"的观点,即所谓的清代学术的发展,必然是继续沿着宋明以来"性即理"与"心即理"两者异同的义理辨析为其目的,而且"从义理的战场转移到考证的战场"。事实果真如此吗?江永曾经撰有《朱陆异同论》一篇,明白地表达了他对这一问题的理解。他说:"说者谓朱子道问学,陆子主尊德性,此亦非确论。朱子主敬力行,何尝不尊德性哉?然则朱、陆之学皆无同者乎?不然,其反躬为己,孜孜于圣人,则二子未尝不同也。"④在这里,我们看不到江永有意识地另觅解释经典新路的自觉,讨论的仍然是关于朱、陆阐发圣人思想的路径不同,这也是清初以来学者的共识。如黄宗羲曾说:"况考二先生之生平自治,先生之尊德性,何尝不加功于学古笃行?紫阳之道问学,何尝不致力于反身修德?特以示学者之不入门,各有先后,曰:此其所以异耳。"⑤作为诗人的施闰章也认为"尊德性未有不道问学者"⑥,"夫不尊德性,所学何事?不道问学,德性又安在?二贤之教未尝不相

---

① 许承尧:《歙事闲谭》卷四《黄承吉注〈字诂〉〈义府〉》,黄山书社2001年版,第114页。
② 章太炎:《太炎文录初编》卷一《说林下》,上海人民出版社1985年版,第120页。
③ 江藩:《汉学师承记·经师经义目录》,上海书店1983年版,第138页。
④ 江永:《善余堂文集》,台北"中央研究院"中国文哲研究所2013年版,第5—6页。
⑤ 黄宗羲:《宋元学案》卷五八《象山学案》,中华书局1986年版,第1886页。
⑥ 施闰章:《学余堂文集》卷二七《复孙钟元书》,文渊阁《四库全书》本。

成,而卒于相反,互相訾诟,其徒又加厉焉"①。然而清代学者孜孜不倦地追寻经书文本的原义(回向原典),崇尚的是东汉的古文经学。两者的区别,前者讲训诂,后者谈考据。清代学术之所以又称汉学,显然是由其特定的学术内涵所决定的。同时,清代学者的学术研究,致力于恢复在他们看来可以信从的汉代经注,并不着意于理学的义理是非,所以单就"内在理路"来解释徽州汉学的形成,也只是提供了一种新的视角。

事实上,作为一个地域性的学术流派,它是以某种鲜明的学术理论主张或独特的治学方式为基础而形成的学术群体。换言之,一个学术流派之所以能够创立和发展,就是因为它在学术信仰上有了新的内涵。而这个新的内涵就是该学术流派所显现的思想力度与运思方法是同时代的其他学术流派所没有或不充分具备的,它既能填补当时学界的空白,也能开拓新的研究领域。从这一意义上说,任何关于形成徽州汉学的描述,也都不是唯一的实态。笔者认为,形成徽州汉学的渊源,可以追溯到明清之际徽州学人社集的学术活动。明中叶后,徽州的学人结社呈现出一派繁荣的图景。如休宁范如珪、吴琼、汪少廉等人所结的"紫芝社",风雅冠一时,有所谓"人文郁起,为海内之望,郁郁乎盛哉"②一说。至明末清初,徽州的学人结社达到了鼎盛,特别是歙县的古在社、同言社"承东林、复社之流意,凡有井水处,皆有文社矣"③。所谓"东林、复社之流意",从东林党人的"以清议格天下",到复社的订盟,江南学人社集风靡一时,以往的学者每每称其为"党社"或者"文社"(文人结社)。也正因此,从政治层面和文学层面解释的多,而对其学术的旨趣则少有认识。如谢国桢先生在《明清之际党社运动考》一书的"自序"中就说过:"以党争和结社为背景,来叙述明清之际的历史,以起民族之精神。"④揆诸史实,明清之际的学人社集并非专事议论时政或文学创作,而是以"尊经复古"为其学术宗旨。如被当时视为"小东林"的"复社"的命名,就表征"兴复绝学之意",夏允彝、陈子龙等在江苏松江创立"几社",取"绝学有再兴之几,得知几其神之义"。而明清之际学人对传统经学的研究,也常常被史家称为"绝学复萌"。如张溥序林尊宾《春秋传》说:"制义盛而绝学微,五经之义终世不能明也。"⑤黄宗羲说:"士子之为经义者,亦依仿之而立社,自余涉事至今,目之所睹,其最著者,云间之几社,武林之读书社,娄东之复社。……丁未、戊申间,甬上陈夔献创为讲经会,搜故家汉学之书,与同志讨论得失。"⑥戴震称江永的学术研究是"上溯汉、唐、宋以来

---

① 施闰章:《学余堂文集》卷二五《朱陆异同略》,文渊阁《四库全书》本。
② (万历)《歙志》卷五《风土三》。
③ 许承尧:《歙事闲谭》卷六《古在社同言社》,黄山书社2001年版,第183页。
④ 谢国桢认为:"明代末年,政治和社会里有一种现象:一般士大夫阶级活跃的运动,就是党;一般读书青年人活跃的运动,就是社。党和社,名词虽然不同,但都是人民自觉的现象。"(《明清之际党社运动考》,辽宁教育出版社1998年版,第1页)
⑤ 朱彝尊:《经义考》卷二七〇《春秋》,文渊阁《四库全书》本。
⑥ 黄宗羲:《南雷文约》卷二《陈夔献墓志铭》,《四部丛刊》刊本。

之绝学,以六经明晦为己任"①。可见,所谓"绝学",不但是指传统经学,而且事实上也是专指汉代的经学,所以被推为复社宗主之一的钱谦益就认为"六经之学渊源于两汉",提倡"学者之治经也,必以汉人为宗主"②。同时,苏州冯梦龙的韵社③以专治《春秋》而著称。吴江的惊隐社也是名家聚集、群彦荟萃。其中顾炎武、朱鹤龄、吴炎、潘柽章等都是经史名家。朱鹤龄弟子张尚瑗在刊刻朱氏遗著《诗经通义》序文中称赞他们的汉学研究时说:"亭林、愚庵二氏,穷经复古,起考亭而相对,当乐与扬榷,以益衷于无弊。"章太炎则认为"朱鹤龄、陈启源于《诗》独尊毛、郑,扫徽国《集传》之芜,其功不在阎百诗之下"④,认同朱、陈他们同属清初学术大师,对清代汉学影响很大。当时浙江杭州有"读书社",虽然社会影响远不如复社传播那样广泛,但是"多通经学古之士",所学内容则长于考索而"皆经生之不讲者"。清代康熙初年,浙江宁波学者万泰、陆文虎组织"文昌会",提倡穷经读书,"取近代理明义精之学,用汉儒博物考古之功,加以湛思,直欲另为传注"⑤。

此外,江苏淮安有"望社",虽然以"饮酒赋诗,朝夕行吟"而著称,但是其中也不乏有热衷于精研"三礼"之学的学者。阮葵生《茶余客话》说:"陈碧涵先生为望社名诸生,专精三礼之学,淮士治《礼经》者多从之游。"⑥据李元庚《望社姓氏考》所载,当时望社人员达30 余人,其中便有大名鼎鼎的《尚书古文疏证》的作者阎若璩。与"望社"性质相似的还有安徽桐城方以智创建的"泽园永社",该社虽然规模不大,可考者也仅六七学子,但是他们读书其中,持续时间达 7 年之久。其中方以智编写的《通雅》《物理小识》对名物训诂的考证,提出"藏理学于汉学",以六经统领理学,被誉为"卓然独立"。同时,一些以"尊经""经社""昌古"等命名的社集相继涌现。如原属"山左大社"的左懋第,在崇祯初年出任陕西韩城知县时,即与当地学人创立了"尊经社",有所谓"二年以来通三经者彬彬矣"一说。韩城地处西北,而已濡染当时江南学人社集尊经之风。山东张尔岐的"经学社",一以穷经为务,对《仪礼》的名物制度做了详尽的历史复原工作。当时深受学人社集这股"尊经复古"思潮影

---

① 江永:《善余堂文集·附戴东原撰寿序》,台北"中央研究院"中国文哲研究所 2013 年刊本,第 70 页。按,关于此篇戴震所撰写的寿序,学术界有不同的看法。如漆永祥认为是一篇新发现的戴震撰写的佚文,徐道彬则指出其是一篇伪作,分见于《中国典籍与文化》2005 年第 1 期、《中国典籍与文化》2010 年第 4 期。笔者认为,无论是伪作抑或是真作,其将汉学称为"绝学",也是清代学者的共识。
② 钱谦益:《初学集》卷七九《与卓去病论经学书》,上海古籍出版社 1985 年版,第 1706 页。
③ 有关冯梦龙参加的社集,一般都主"复社"说。但是细检陆世仪的《复社纪略》、吴应箕的《复社姓氏前、后编》及吴铭道的《复社姓氏补录》等,均不载其名。近人据上海图书馆所藏墨憨斋自刻本《古今笑》前有匿名氏所撰《题古今笑》,考证出冯氏为韵社社长,社员有钱谦益、文震孟、姚希孟等人。见金德门《冯梦龙社籍考》,载《中华文史论丛》1985 年第 1 辑,上海古籍出版社 1985 年版。
④ 支伟成:《清代朴学大师列传》卷首《章太炎先生论订书》,岳麓书社 1998 年版,第 2 页。
⑤ 黄宗羲:《南雷文约》卷二《陆文虎先生墓志铭》,《四部丛刊》刊本。
⑥ 转引谢国桢《明清之际党社运动考》,辽宁教育出版社 1998 年版,第 147 页。

响的一些社集人员和著名藏书家,他们的堂名和所编撰的藏书目录的命名,也显示出这种特有的文化倾向。如常熟毛晋的"汲古阁"与编撰的《汲古阁书目》、钱曾的"述古堂"与编撰的《述古堂书目》,海宁马思赞的"道古楼",海盐胡震亨的"好古堂",嘉兴向承埏的"稽古堂"等。甚至还有以建宗祠为讲经之所,如仁和卓火传的"传经堂""藏其遗经,使子孙日讲习于中"就是一例。①这种风气也同样渲染到徽州。如休宁学者姚际恒的"好古堂"与编撰的《好古堂书目》,婺源汪勋的"䄺经斋""读经书屋",江永的"受经堂",歙县汪凤梧的"启经堂",绩溪胡氏世世传经,其藏书楼的命名便有"受经堂""耘经楼""吟经楼"等,可以说徽州学术信仰的转向汉学化,正与明清之际学人社集的这股"尊经复古"思潮相对接。

在中国历史上,固然有所谓学无师承的学者,但是真正能够一空依傍、完全不受当时学术思潮或文化影响的学者是不多见的,黄生也不例外,虽然他对徽州汉学的复兴起着导夫先路的重要作用,但是他也曾经是徽州社集中人,他曾经"率同志结社赋诗,极陶写性情之乐。晚年与高阳、西溪、双桥、屏山、傅溪诸友联素心社。国变后,历钱塘、渡大江与屈翁山相遇淮海之间,典裘沽酒,高咏唱和,旁若无人。归里后,闭门著书三十年"②。黄生的这样一种人生遭际,也正是明清之际社集学人共同的境遇。由此可见,徽州汉学正是渊源于明清之际学人社集内部经学氛围浓厚这一社集文化的特殊背景,从而也就形成徽州汉学的学术特色。

二、清代徽州汉学的特色

徽州汉学的学术特色,章太炎对吴、皖学术的比较研究后指出:"其成学著系统者,自乾隆始。一自吴,一自皖。吴始惠栋,其学好博而尊闻。皖南始戴震,综形名,任裁断,此其所异也。"此后,梁启超又加以阐明:"惠派之治经也,如不通欧语之人读欧书,视译人为神圣,汉儒则其译人也,故信凭之不敢有所出入。戴派不然,对于译人不轻信焉,必求原文之正确然后即安。惠派所得,则断章零句,援古正后而已。戴派每发明易义例,则通诸群书而皆得其读。是故惠派可名之曰汉学,戴派则确为清学而非汉学。"张舜徽著《清代扬州学记》又分别以"专""精"来概括吴、皖二学术特征,俨若定论。后来的清学史研究者几乎都无例外地以此作为评判徽州汉学的前提,少有疑义,成为一个指标性的观点。那么章太炎等人上面所指出的徽州汉学的学术特色是否确切?能否概括徽州汉学?笔者

---

① 李文胤:《呆堂文钞》卷五《卓氏传经堂记》,《呆堂诗文集》,浙江古籍出版社1988年版,第493页。
② 许承尧:《歙事闲谭》卷二三《黄白山父子》,黄山书社2001年版,第827页。

认为值得再作新的探讨。事实上,所谓"好博而尊闻",并不是贬词,是指在广取古代文献的基础上重视古训,如汉代董仲舒引曾子说"尊其所闻,则高明矣"。所谓"综形名,任裁断",是指审视事物的内容和名称而加以阐述自己的见解。古代思想家常用作专门术语,以讨论实体和概念的关系、特殊和一般的关系。《庄子·天道》:"分守已明而形名次之。"郭象注:"得分而物物之名各当其形也。"然而检之清人的相关论述,吴学不仅"好博而尊闻",而且同样的"综形名,任裁断"。如惠栋除撰写了《周易述》《易汉学》等"尊闻"之作外,还撰写了《易微言》,共列62条目,用考据的方法,对宋儒"理""道""天理""人欲""人心""道心"等概念作了易学的梳理。戴震《孟子字义疏证》则沿用这种方法,如上卷解释"理"字,中卷解释"天道""性",下卷则分释"才""道""仁义礼智""诚""权"等,而又以"疏证"名其书,正表明他与惠栋一样,都抱着重新界定宋学理论的态度。又如惠栋的《荀子微言》对《荀子》篇目的改编,重点阐明了《荀子》一书的微言大义。同样,徽学虽然"综形名,任裁断",但是未必不"好博而尊闻"。如江永撰写的《乡党图考》便是"自圣经至一名一物,必稽诸经传,根诸注疏,讨论源流,参证得失"①,被誉为"自汉经师康成后,罕其俦匹"②,成为当时汉学研究的范本。钱大昕说"江南乡试,以《乡党》篇命题,士子主先生说皆得中式,由是海内益重其学"③。戴震撰写《考工记图》,被视为"天下奇才",洪榜称他"其学信而好古,于汉经师贾、马、服、郑诸儒散失遗落几不复传于今者,旁搜广摭,裒集成书,谓之古义"④。这说明当时推重徽州汉学的并不是"综形名,任裁断"的学术特色,而是"博学""尊闻"之学。钱大昕曾为惠栋、戴震分别作传,表彰其学术特色,前者是"讨论古字古言,以博异闻,正俗学",后者是"研精汉儒传注及《方言》《说文》诸书,由声音文字以求训诂",两者可谓异曲同工,所以徽州学者凌廷堪不无感慨地说:"元和惠氏、休宁戴氏继之,谐声诂字必求旧音,援传释经必寻古义,盖彬彬乎有两汉之风焉。浮慕者,袭其名而忘其实,得其似而遗其真。"⑤可见,徽学与吴学都追求以小学为问学途径的汉学研究,两者本质上不存在相异之处。吴学中的王鸣盛曾经道出其中的奥秘,他说:"今交天下士,得通经者二人,吴郡惠定宇,歙州戴东原也。间与东原从容语子之学与定宇何如。东原曰:'不同。定宇求古,吾求是。'嘻!东原虽自命不同,究之,求古即所以求是,舍古无是者也。"⑥又说:"方今学者,断推两先生。惠君之治经求其古,戴君求其是。究之,舍古亦无以为是。"⑦在王鸣盛看来,

---

① 江永:《善余堂文集·乡党图考序》,台北"中央研究院"中国文哲研究所2013年刊本,第100页。
② 戴震:《戴东原集》卷一二《江慎修先生事略状》,清乾隆五十七年(1792)刊本。
③ 钱大昕:《潜研堂文集》卷三九《江先生传》,上海古籍出版社1989年版,第709页。
④ 洪榜:《戴东原行状》,钱仪吉《碑传集》卷五〇,中华书局1993年版,第4册,第1439页。
⑤ 凌廷堪:《校礼堂文集》卷二三《与胡敬仲书》,中华书局1998年版,第203页。
⑥ 王鸣盛:《西庄始存稿》卷二四《古经解钩沉序》,乾隆三十一年(1766)刊本。
⑦ 洪榜:《戴东原行状》引。

求古与求是不存有本质的区别,可以说代表了当时学者对徽、吴学术异同的一个最为基本的看法。所以钱穆说:"盖乾嘉以往诋宋儒之风自东原起而愈甚,而东原论学之尊汉实有闻于苏州惠氏之风而起也。"①这里不深论钱氏所说是否确切,但充分说明任何判定徽州与吴学的学术特色相异,不完全符合当时的实际情况。

徽、吴学术特色的不相异,也就意味着两者在学术取向方面的基本一致。徽学的江永不仅撰有精深的考据著作,如《深衣考误》《春秋地理考实》《乡党图考》等汉学名著,还有被称为尊信朱熹理学的《近思录集注》《礼书纲目》《河洛精蕴》等。唐鉴《国朝学案小识》将其列入"翼道学案",与清初大儒李颙并列,并赞誉江永"凡紫阳之极广大、极精微处,先生推广之,研穷之,不遗余力"②。又如绩溪胡匡衷虽然主"实事求是,以经证经"的汉学研究,但是他撰写的《周易传义疑参》也同样"以析程朱之异同,补程朱之罅漏,大抵多采宋元各家羽翼程朱之说以相订正,而时出己见"③。事实上,这也是吴学的学术取向。如惠栋虽然以恢复汉学为职责,同时也认为"尧、舜,性之也;汤、武,身之也。此先自治而后治人者也。以《大学》言之,诚意正心,修身规矩准绳,所谓先自治也;齐家治国平天下,所谓先自治而后治人也。由本达末,原始反终,一贯之之道也"④。《大学》是《礼记》中的一篇,专论儒家修身治国之道的观念,它既是宋儒所尊奉的治国、齐家、修身的理论基础,也是宋儒提倡理想人格的主要经书依据。惠栋对它的认同,正说明他希望将汉儒的训诂之学与宋儒的立身之学统一起来,成为众望所归的大儒,即他所说的"汉人经术,宋人理学,兼之者乃为大儒"⑤。这也是当时众多汉学家的共同理念。如惠栋的再传弟子江藩治学虽然独尊汉学,但对宋学的道德自律也倍加推崇。他说:"学者治经宗汉儒,立身宗宋儒,则两得矣。"⑥同时又在《宋学渊源学记序》中列举惠栋之父惠士奇不反宋学说:"本朝为汉学者,始于元和惠氏,红豆山房半农人手书楹帖云:'六经尊服郑,百行法程朱。'不以为非,且以为法,为汉学者背其师承何哉!藩为是记,实本师说。"⑦钱大昕也称赞朱熹:

---

① 钱穆:《中国近三百年学术史》,中华书局1986年版,第322页。
② 唐鉴:《国朝学案小识》卷五《翼道学案·江慎修先生》,《四部备要》刊本。
③ 唐鉴:《国朝学案小识》卷一二《经学学案·绩溪胡先生》,《四部备要》刊本。
④ 惠栋:《易微言》卷上,上海古籍出版社1990年版。
⑤ 惠栋:《九曜斋笔记》卷二,清光绪间《聚学轩丛书》刊本。
⑥ 旧本题江藩:《经解入门》"汉宋门户异同"条,天津古籍出版社1990年版。
⑦ 江藩:《宋学渊源记》卷上,上海书店1983年版,第2页。按,有学者对皮锡瑞《经学历史》所转引的楹帖提出疑问,认为:"六经宗孔、孟,百行法程、朱,又不明言楹帖为惠氏谁人所书,且称惠宅为'红豆山斋',与江藩所述显著不同,而后人遂衍生楹帖出自惠士奇儿子惠栋之说。其次,晚清汉学家陈庆镛与莫与俦分别使用两副与红豆山房楹帖十分相似的对联,但他们指联语来自顾炎武及阎若璩,又仿佛不知道红豆山房楹帖的存在。惟据本文作者考订,皮锡瑞所述楹帖的内容,并不可取;且惠宅名称虽多,却无'红豆山斋'之名。而近人指楹帖出惠栋,固感于皮锡瑞之说,亦因误读江藩的记载而生。至陈庆镛与莫与俦谓所用联语分别来自顾炎武及阎若璩,乃出传闻,并无实据。"(见何冠彪:《六经尊服、郑,百行法程、朱——惠士奇红豆山房楹帖问题考释》,《台湾师范大学历史学报》,2007年第38期)

"孔孟已远,吾将安归? 卓哉紫阳,百世之师。主敬立诚,穷理致知。由博返约,大醇无疵。山高海深,日丽星垂。浩然元气,入人心脾。庆元党禁,守正靡忒。立德不朽,斯文在兹。"①"正心修身,主敬立诚"正是钱大昕认同于宋儒的地方,这也反映了钱大昕治经注重道德修养的思想倾向。王鸣盛在谈到汉、宋学术关系时也说:"两家本一家,如主伯亚旅宜通力以治田,醯醢盐梅必和剂以成味也。"②戴震的弟子段玉裁虽然终生从事文字音韵训诂之学,但也竭力称赞朱熹:"朱子集旧闻,觉来裔,本之以立教,实之以明伦敬身,广之以嘉言善行,二千年圣贤之可法者,胥于是乎在。"③皮锡瑞说:"戴震作《原善》《孟子字义疏证》,虽与朱子说经抵牾,亦只是争一'理'字。"所以他认为戴震、段玉裁等人均"未尝薄宋儒也"④。

历史地看,徽州汉学与苏州汉学本身并不是一种思想,而是一种学问,从事这种学问的主要从业者,大部分都来自江南一隅的徽州地区与苏州地区,就当时全国学术界而言,也仅仅是占有极少的一部分,而且相当一部分汉学者对宋学基本上还是持肯定的态度。如刘台拱平生以宋贤之义理涵养身心,而又以汉儒训诂理董经籍,汪喜孙说他"言性天道,发明孔氏微言大义"⑤。钱馥"治宗汉儒,而饬躬则慕宋贤",一生推重张履祥之学,"拳拳服膺,以至没齿"⑥。又如段玉裁就认为"今之言学者,身必伦理不之务,谓宋之理学不足言,谓汉之气节不足尚。别为异说,簧鼓后生,此又吾辈所当大为之防者"⑦。钱穆曾以此作为汉学家"其心犹不忘宋儒之理学"的证据。⑧再如尽管惠栋、戴震、钱大昕等汉学家对宋儒汉学理学化抱着鄙夷的态度,然而他们否定的是宋儒摒弃训诂之学而专以性理之学解释经书,并不反对宋儒提倡正心诚意立身制行之学。可见,即使在汉学鼎盛时期,汉学家并不反对宋儒重义理的长处,而批评其思想内容,也并非非议义理之学之本身。从这一点来说,徽州汉学家崇尚汉学未必就一定反宋学,诚如钱大昕批评某些浅学之士"说经必诋郑服,论学先薄程朱,呈一孔之明非无可取,而其强词以求胜者,特出于门户之私,

---

① 钱大昕:《潜研堂文集》卷一七《朱文公三世像赞》,上海古籍出版社1989年版,第274页。
② 王鸣盛:《十七史商榷》卷六四,清乾隆五十二年(1787)洞泾草堂刻本。
③ 贺长龄:《清经世文编》卷二,清光绪十二年(1886)思补楼石印本。
④ 皮锡瑞:《经学历史》一〇《经学复兴时代》,中华书局1981年版,第313页。
⑤ 汪喜孙:《刘氏遗书跋》,清《刘端临先生遗书》刊本。
⑥ 钱馥:《小学庵遗稿》,清光绪十一年(1885)海宁钱保塘清风室四川什邡校刊本。
⑦ 段玉裁:《经韵楼集》卷八《娱亲雅言序》,上海古籍出版社2008年版,第193页。
⑧ 钱穆说:"东原举义理、考据、辞章为学问三大纲,而独以能言理自务。懋堂承其师说而变之,谓学问当首重考核。考核当在身心性命伦理族类之间,而以读书之考核辅之,其意首发于为其师《东原集》作序,而及是又发之,与其师所言,意趣有异,盖其心犹不忘宋儒之理学也。"(《读段懋堂〈经韵楼集〉》,《中国学术思想史论》八,安徽教育出版社2004年版,第264页)

未可谓之善读书也"①。由此可知,宋学在汉学鼎盛时期也未必完全退场,而是仍然具一定的空间。

我们过去一直认为汉学家批评宋儒就是反对宋学,事实上当时学者是在比较汉宋学术异同前提下作出的学术评判,言辞虽然激烈,但是并非是真心反对宋学本身。犹如我们今天不屑某人的学术研究,但并不否认其所学专业仍有学术价值一样。清代著名校勘学家顾广圻说:"汉学者,正心诚意而读书者是也;宋学者,正心诚意而往往不读书者是也;俗学者,不正心诚意而尚读书者是也。是故汉人未尝无俗学,宋人未尝无汉学也。论学之分,不出斯三途而已矣。"②顾广圻认为重视内心道德修养而勤勉读书的是汉学,轻视读书但是专门讲究内心道德修养的是宋学,勤勉读书而不重视内心道德修养的是俗学。这里不深论顾广圻对当时学术的三种分界是否合理,但是他所描述的当时学者治学的三种态度,无论是汉学抑或宋学都不是绝对的,汉学中也会有俗学的存在,宋学中也有汉学的因子。如果从中国古代的学术嬗变来看,汉学也不完全占有主导地位,如今本《十三经注疏》中的《周易注疏》《春秋左氏传》《春秋穀梁传注疏》《孝经注疏》《尔雅注疏》《论语注疏》等6部儒家经典都不是汉学作品,所以凌廷堪说:"宋以前学术屡变,非汉学一语可尽其源流,即如今所存之《十三经注疏》,亦不皆汉学也。"③也正因此,以往学术界对徽州汉学一味排斥宋学的描述,今天仍有必要做出新的讨论。当然,徽州汉学之所以在清代产生广泛的影响,关键在于它的学术实践以及对外的积极传播。

三、清代徽州汉学的学术实践与传播

徽州汉学的学术实践,一般认为侧重于三礼之学的研究。如黄生著有《三礼会籑》;江永著有《仪礼释例》《礼书纲目》;绩溪胡氏世代研究礼学;胡匡衷著有《三礼札记》《仪礼释官》《仪礼释官考》等;其侄胡秉虔著有《周礼小识》《礼记小识》《大戴礼记札记》等;其孙胡培翚著有《仪礼正义》,被称为"绩溪礼学三胡"而名重一时。又有方体著有《仪礼今古文考正》及《仪礼古文考误》,歙县凌廷堪亦著有《礼经释例》等。而吴学则偏重《周易》的研究,如惠氏祖孙三代对汉《易》不遗余力地探索,只要一瞥江藩《汉学师承记》中的《经师经义目录》所列徽、吴学者的专经研究著作,便可得到进一步的证明。然而江藩所录,仅

---

① 钱大昕:《潜研堂文集》卷二五《严久能娱亲雅言序》,上海古籍出版社1989年版,第424页。
② 顾广圻:《思适斋集》卷二三《壤室读书图序》,清道光二十九年(1849)刊本。
③ 凌廷堪:《校礼堂文集》卷二三《与胡敬仲书》,中华书局1998年版,第204页。

仅是一种粗线条的概括,而粗线条的概括只是一种近似,近似与实态相去甚远,甚至完全相反。如吴学中惠士奇著有《礼说》,惠栋著有《明堂大道录》《禘说》,沈彤著有《仪礼小疏》,金曰追著有《仪礼正伪》,褚寅亮著有《仪礼管见》等,完全不逊于徽州三礼学研究,桂文灿说:"国朝治经之家远胜前代,而于'三礼'尤深。如长洲惠氏、婺源江氏、歙县金氏、休宁戴氏,类能钩稽古训,辨名当物,往往有疑词奥旨,旧说隐晦,一经解释,涣然当于人心者。"①事实上,除了三礼之学外,徽州的《周易》研究也极富特色。如江永著有《校正周易集解》《河洛精蕴》,汪绂著有《易经诠义》,支伟成《清代朴学大师列传》称其为:"盖其学体勘精密,贯彻内外,毫厘必析,由不欺以至于诚,偶设一喻,能使盲者察愚者明。"洪榜著有《周易古义录》,涉猎先秦汉魏《易》说,广采博引,两汉《易》家之训诂多为所取。胡廷玑著《周易臆见》,虽尊崇朱子《本义》,亦不务为苟同,赵继序谓其"力扫附会支离,独寻象占本义,不肯为前人所蔀"。胡匡衷著《周易传义疑参》一书,不拘程朱书说,敢发己意,析程朱《易》学之异同。胡绍勋著有《周易异文疏证》,赵继序著有《周易图书质疑》,对宋儒图书易学的正当性提出质疑。可以说徽州《周易》研究的成就,同样可以与吴学媲美。

需要指出的是,江永的《河洛精蕴》虽然有所谓"河洛之精"与"河洛之蕴"等比附穿穴悬空之失,但是该书中所绘的"横列太阳少阴图"与"纵列少阳太阴图"中,用线段来表达易学元素的比例,明显烙有明末引入西方几何学原理作图的印记,其"河洛未分未变三角图"则渊源于中国古代算学中的"乘方",被誉为"易林不朽之盛业"。这种不再纠结于宋人"图学"的非儒学性质的考辨,而是转向完善和丰富汉代的象数易学,启迪了吴学对汉代易学研究中的创新。如惠栋为郑玄易学中的"爻辰"说作《十二爻辰作图》《爻辰所值二十八宿图》,《四库全书总目》赞其为"考核精密,实胜原书"。王昶则从乾、坤至既济、未既的六十四卦的每一卦的六爻与六辰错杂相配,一一复原,作《六十四卦爻辰分配图》。此外,何秋涛《爻辰图》,李道平《郑氏爻辰图》,戴棠《郑氏爻辰图》《郑氏爻辰详图》,杨履泰《爻辰图》,何其杰《爻辰简明图》,沈绍勋《八卦爻辰图》,秦嘉泽《十二月爻辰图》,萧光远《十二辰图》,冯道立《周易爻辰贯》《爻辰应二十八宿见众星共辰图》等达 15 种之多。其中戴棠又深感上述各家仅有《爻辰图》而无星象图的缺憾,又作《近南极星图》《近北极星图》《赤道北十二星宫图》《南极十二星宫图》等。郑玄的易学研究是否原来就有图,现在难以考实。然而在清代学者看来,以图像的方式来解读郑玄的"爻辰"取象说,最能体现郑玄易学的特色,诚如惠栋所说:"朱子发卦图合郑前后注合而一之,学者几不能辨,余特为改正,一目了然矣。"②何秋涛说:"定宇惠氏以爻辰及值宿分为二图,皋文张氏合而为

---

① 桂文灿:《经学博采录》卷二,广西师范大学出版社 2011 年版,第 45 页。
② 惠栋:《易汉学》卷六《郑氏周易爻辰图》,《象数易学发展史》第 1 卷,齐鲁书社 1994 年版,第 355 页。

一,今按惠图太略,张氏增之是已。然考郑康成传费氏易,费氏有《周易分野》书,虽不传而《晋书·天文志》注及《开元占经·分野略例》皆引其宫度之说。自应据以立图,张图乃用陈卓所定宫度,既在费氏之后,又乖郑君之旨,于义未安。今故改定兹图。其八卦八风方位易明,图不复载,增十二次之名,与钟律节气相比附,庶使郑氏一家之学了若指掌,览者详之。"①这表明,清代学者研究郑玄的易学是图像结合《易》注入手的,可以说江永的《河洛精蕴》直接导致了由原先的宋儒"图学"而转入汉儒"图学"两种迥然不同的进路,从而为清代易学研究打开了一个崭新的图像世界,故有所谓的"吾徽学术兴如云,都是先生沛时雨"的赞辞。②

在中国古代社会,地域性学派其实就是一个在相同地区的学术研究群体,在这个群体中,集合了一批相当数量而具有很高学术水准的学者,通过各自独立的学术研究,写出了各具特色的学术著作,最终才得到了社会的认同。然而,作为地域性学派的学术,如果不及时通过各种渠道和形式向外积极传播,其社会效果与历史作用往往被湮没不彰。徽州汉学的对外传播,不外乎科举、出仕、游学、移居等种种途径,主要体现以下几种:

(一) 走出徽州,寓居他乡从事家教或入主当地书院传播汉学

如江永曾因侍父参加科考,旅居江宁江义文家3年,以教书为业。又据江藩《汉学师承记》介绍,江永曾经至江西,为学政金德瑛之邀。又游京师,以馆同郡程恂编修家,同时与当时担任三礼馆部裁的方苞及吴绂就礼学议题讨论再三,传播他对礼学的理解。戴震往来于北京、扬州之间,凌廷堪旅居阮元家做家教,中举后回宁国担任教谕,又主讲扬州敬亭,传播汉学。汪莱旅居扬州,不时与焦循、李锐会面,"互相订正古算学,甚获朋友讲习之益",时人称为"谈天三友"。洪悟主持过扬州梅花、钟山、惜阴等书院。程瑶田在江苏嘉定担任教谕。胡培翚又自立祁门东山书院,汲汲以引翼后进为己任。士饫其教,从学者百数十人,成材者不乏其人,汪士铎即其佼佼者,甚为曾国藩所器重。胡培翚不仅引翼后进,且笃于友谊。郝懿行、胡承珙之遗书,即赖其为之付刻。胡培翚一生虽不得大显,但其于学却孜孜以求,自少至老,研几探微,励学不倦。史载他每至一处,"负笈从之者恒数百人,所成就,半海内知名士。卒之日,四方吊者万人"③,可见其影响之大。稍后的黟县学者俞正燮则在江苏、浙江从事讲学活动,歙县程恩泽官贵州学政时,重刻岳珂五经以训士,又奉命刊刻《春秋左氏传》,推本贾、服,不专杜氏一家之学。

---

① 何秋涛:《一镫精舍甲部稿》卷二《周易爻辰申郑义》,清光绪五年(1870)淮南书局刻本,第1页。
② 江永:《善余堂文集·先贤江慎修公弄丸图题记》,台北"中央研究院"中国文哲研究所2013年版,第82页。
③ 绩溪县地方志编纂委员会编:《绩溪县地》第32章《人物传记》,黄山书社1998年版。

(二) 通过游幕传播汉学

如黄生曾入幕蒋虎臣幕府,戴震先后入卢见曾与朱筠幕府,凌廷堪先后入翁方纲、毕沅、谢启昆与阮元幕府,程瑶田入阮元幕府等,而这些幕府的幕主,当时都以积极倡导汉学而著称。如卢见曾"究心易学,尤心契于汉儒易学",朱筠强调"识字以通经",毕沅自称"文字默守许解,经礼则专宗郑学",阮元则"推明古训,实事求是"为汉学护法,从而汇集了当时众多的一流汉学家。如惠栋入卢见曾幕府,汪中、王念孙、武亿等入朱筠幕府等。所以徽州学人在入幕后,学术活动深受幕府汉学氛围的渲染,学术研究也都以汉学为帜志。如戴震在卢见曾幕府完成了名著《考工记图注》《勾股割圜记》,协助秦惠田编纂《五礼通考》,又为卢见曾校订《大戴礼记》等。"戴学所被,不徒由皖而苏而渐,且及于齐、鲁、燕、豫、岭、海之间矣"①。程瑶田在阮元幕府为阮元作《铸钟纪略》,凌廷堪则虽入阮元幕府,实为阮家课子。由于上述幕宾往往同时滞留于几个幕府之间,他们的学术活动,客观上为传播汉学提供了空间。

(三) 以书札为传播汉学的媒介

如戴震的《答卢侍讲召弓书》《与是仲明论学书》,都强调治经当先以"六书"为途径。凌廷堪的《与阮伯元孝廉书》《与焦里堂论路寝书》,前者讨论了《仪礼》的称谓;后者对路寝之制提出新解。程瑶田的《答阮中丞论磬股端向人面书》《奉答阮中丞寄示李尚之郑注磬图又推论磬股直悬图》等,对古代乐器的讨论,推动了当时文物与考古的发展,所以王国维说"程氏磬折之说,诚妙悟绝人,磬氏、车人之制,自是始得确解"②。可知当时书札不仅起到阐明自己学术观点的作用,而且已具有传播汉学的意味,可谓影响深远。梁启超说:"清儒既不喜效宋明人聚徒讲学,又非如今日之欧美有种种学会学校为聚集讲习之所,则其交换知识之机会,自不免缺乏。其赖以补之者,则函札也。"③

结　　论

综上所述,可以得出以下几点结论:

(一) 徽州汉学萌发于明清之际,没有明清之际学人社集的经学活动,也就没有徽州的汉学,而徽州汉学本身也不是可以孤立形成的,所以徽州汉学的出场,又是明清之际学术形态演变发展的结果。它不仅打破了自南宋以来,徽州以朱熹理学为主体的学术格

---

① 马宗霍:《中国经学史》,上海书店出版社1984年版,第147页。
② 王国维:《观堂集林》。
③ 梁启超:《清代学术概论》第17章,朱维铮:《梁启超论清学史二种》,复旦大学出版社1985年版,第52页。

局,而且形成了不同于理学的新的汉学体系,影响深远。我们要了解清代学术的发展面貌,都离不开对徽州汉学形成的进一步研究。

(二)从地域性学派的本身而言,徽州汉学也有一个自我完善的过程,从学术的发展而言,也是徽州汉学内涵不断加深的过程。在这样的一种过程中,既需要保持学派自身的同一,也需要与并时段的其他地域性学派保持同一,徽州汉学的特色与吴地汉学的特色的同一,并取得后来居上的压倒性优势,就在于它在学术取向的同一中,仍然能够保持徽州汉学独特的学术性格,并且形成了徽州学术的新传统。

(三)徽州学人走出徽州、滞留幕府的学术传播,无论是直接的、面对面的,或者是间接的、书札形式的,它所包含的学术信息或学术资源都是共通的,他们处于同一个汉学价值坐标系统之内,从而促成了以徽州、苏州、扬州等为中心的地域性汉学群体互动的态势,并由此向外辐射,逐渐形成了清代乾嘉之际以江、浙、皖三地为一体的江南汉学研究网络。

经子研究

《周礼·考工记》的车制

□ [日]林巳奈夫 著 宫谷如 译 王倩倩 校

摘　要：《周礼·冬官考工记》对先秦时期马车结构和性能都做了比较详细的记载，今人若想了解古代车制主要依靠此书。但《考工记》内容较模糊，且后代学者的注释较纷杂。尽管在考古方面有陆续出土的大量先秦古车，但今人对《考工记》所述车制的看法仍未统一。日本学者林巳奈夫先生参考前代学者的注释，先后在《中国先秦时代的马车》和《〈周礼·考工记〉的车制》中对《考工记》车制部分详细阐述了自己的观点，体现了《考工记》对车制研究的重要意义。《〈周礼·考工记〉的车制》这篇文章有助于了解林巳奈夫对先秦车制的看法，也能启发读者对古车车制进行探讨。

关键词：《考工记》；马车；形制

作者简介：林巳奈夫，日本京都大学名誉教授，2006年逝世。宫谷如，复旦大学出土文献与古文字研究中心在读博士研究生。王倩倩，2017年博士毕业于复旦大学，现为常州工学院讲师。

　　笔者曾在考察中国先秦时代马车时，涉及过《周礼·考工记》的车制。但限于篇幅，前文①省略了各家注释及征引，仅记述要旨。现在，笔者打算在参考前人注释的基础上，依序对《考工记》论及车制的内容提出更加详细地说解。对于《考工记》的由来与记述特点，笔者在前述论文中已有述及，尽管有些地方存在重复，但本文将会再次讨论。西汉河间献王（公元前155—前130年）时，李氏献《周官》五篇，唯《冬官》一篇佚缺。千金寻觅而未得，终以《考工记》补入，这便是《周礼·冬官考工记》的来历。由于《考工记》中出现了秦、郑国名，故江永认为《考工记》约成书于东周时期②，并据书中出现的河流名称和所使用的方言推测编纂者当是齐人。江永对《考工记》成书时代的推测是合理的，《考工记》中所记载的戟、剑等兵器的形制与春秋后期至战国时代的出土实物相符，此书确是记述了该时代的制度。

---

① 原注①："林1959，218—221页。"林巳奈夫：《中国先秦时代の马车》，《东方学报》，京都大学人文科学研究所，1959年第29册。
② 原注②："江永：《周礼疑义举要》考工记一。以下引江永之说都是此书。"

《考工记》的记述方式,如"六分其轮崇,以其一为之牙围。参分其牙围而漆其二",是用数字来规定车子各部件的比例。乍一看这种方式极富科学性,似乎只要仔细读此书,就能够制作本书记载的马车设计图和模型。以东汉郑玄为首,江永、戴震①、程瑶田②、阮元③、郑珍④、王宗涑⑤等许多学者都用精确尺寸数字或图画的方式来努力复原《考工记》的马车。矢岛恭介先生根据清人见解,解释了《考工记》的梗概,并将《考工记》的记载视作大概标准的指示,用于制作马车的图纸⑥。

然而仔细看《考工记》所规定的尺寸,不难发现《考工记》远非马车尺寸的说明书,大量数据都是虚有其表,对马车复原无益。以前面引文为例,牙围的尺寸是车轮的$\frac{1}{6}$,但《考工记》并未对牙的横截面形状做出明确规定,实际情况则有圆形、正方形又或者是其他形状。下文继续说髹漆是牙围的$\frac{2}{3}$,这是以牙髹漆部外缘的内径为车毂各部件的尺寸标准。但是由于没有对牙的横截面形状、厚度和宽度做出明确说明,所以详细规定车毂尺寸的比例是毫无意义的。对车辐形状的记载亦是如此。只记载某部件的尺寸是其他部件尺寸的几分之几,尽管是以车辐的宽度和厚度为基准,却没对基准物做明确说明,以至于各部件间比例皆不能落实。无论谁来制造马车,在制造牙、轴、辀、軫等部件时,当然会根据不同的功能采取不同的横截面形状,这是有出土实物为证的。但《考工记》用"围"来规定粗细、大小的尺寸,又是出自何种考虑呢?《考工记》:"知者创物,巧者述之守之,百工之事皆圣人之作也。"⑦笔者认为写上这些数值的人是想要通过井然有序的数值比例来修饰圣人的智慧。这些数值不是记录制造马车时的实际尺寸,也不符合马车各部件的实际比例,而是对圣人智慧的藻饰。因此,未对各部件的横截面形状、厚度和宽度的比例逐一记述,而是用"围"作为基准单位,是出于对语言简洁的追求。《考工记》是实际使用独辀马车的时代编纂的,尽管存在对圣人智慧的藻饰,但《考工记》的记载与实际马车各部件大小相差不大。例如据《考工记》记载,轴比辀细,軫又比轴细,这与辉县琉璃阁的出土实物⑧相符合。

---

① 原注③:"戴震:《考工记图》。以下引戴震之说都是此书。"
② 原注④:"程瑶田:《考工创物小记》。以下引程瑶田之说都是此书。"
③ 原注⑤:"阮元:《考工记车制图解》。以下引阮元之说都是此书。"
④ 原注⑥:"郑珍(1806—1864):《轮舆私笺》。以下引郑珍之说都是此书。"
⑤ 原注⑦:"王宗涑:《考工记考辨》。"
⑥ 原注⑧:"矢岛恭介1928。"矢岛恭介:《支那古代の车制(一)》,《考古学杂誌》,东京:日本考古学会,1928年第18卷5号,第253—266页;《支那古代の车制(其二)》,《考古学杂誌》,1928年第18卷7号,第399—413页;《支那古代の车制(其三)》,《考古学杂誌》,1928年第18卷8号,第451—464页。
⑦ 《考工记·总叙》:"知者创物,巧者述之,守之世,谓之工。百工之事,皆圣人之作也。"似乎林巳奈夫引文脱落"世,谓之工"。
⑧ 中国科学院考古研究所编著:《辉县发掘报告》,科学出版社,1956年。

另外,在《考工记》中既有以数值来规定马车各部件尺寸的内容,也有一般性讲述辨别成品好歹的要点,即所谓鉴定法的部分。两者之间有时不够协调。例如,在前述有关牙的记载中,将牙髹漆部外缘的直径作为毂的尺寸标准,这显得牙的厚度与宽度似乎都是固定的。但另有"凡为轮,行泽者欲杼,行山者欲侔",又说牙形因用途而异。这两种内容是否是同时记载值得怀疑。

《考工记》一书的性质大抵如此。接下来我们将这些问题考虑在内,来看《考工记》中有关马车的内容。

一、总 序

有虞氏上陶,夏后氏上匠,殷人上梓,周人上舆。

每逢改朝换代,所尊的官位都会发生变化。"周人上舆"据贾公彦解,是说周武王讨伐纣王,厌恶上下失去尊卑之序,重视显示尊卑等级的车服之制。王宗涑认为自此至"上下以为节"是表示轮人、舆人、辀人、车人四职的总序。关于马车各部名称,请参考前引拙文图21①。

故一器而工聚焉者,车为多。

孙诒让:"工,官也。"②周代最重视车子,为了适应需要,建立了轮人、舆人、辀人等许多官职。孙诒让曾引《吕氏春秋·君受篇》《淮南子·主术训》为例,说明众多官职分工制造车子的情况。在当时,车子被认为是最先进技术的集中体现。

车有六等之数。

关于"六",郑玄认为是遵循《周易》"三材六画"而来的。《周易·说卦》:"立天之道曰阴与阳,立地之道曰柔与刚,立人之道曰仁与义。兼三才而两之,故《易》六画而成卦。"《考工记·舆人》:"轸之方也,以象地也;盖之圜也,以象天也。"③车盖与车舆各象征天与

---

① 林巳奈夫:《中国先秦时代の马车》,第217页。
② 原注⑨:"孙1905。以下引孙诒让之说都是此书。""此书"指的是《周礼正义》。林巳奈夫似乎存在引文错误。孙诒让《周礼正义》:"工谓工官也。"(中华书局2013年版,第3129页。)
③ 此句见于今本《辀人》,而不见于《舆人》。

地,人居其间,《周易》"天地人三才"方齐全。郑玄据此解释数字"六"的由来。

> 车轸四尺,谓之一等;戈柲六尺有六寸,既建而迤,崇于轸四尺,谓之二等;人长八尺,崇于戈四尺,谓之三等;殳长寻有四尺,崇于人四尺,谓之四等;车戟常,崇于殳四尺,谓之五等;酋矛常有四尺,崇于戟四尺,谓之六等。车谓之六等之数。

郑玄认为本段在谈兵车之事。"迤"即斜立。"寻"为8尺,"常"为2寻。句中的这些武器在车阑外侧竖着排列,相关拙见可参考前面引文186页①。末句重申前文内容。"六等",除了"车轸四尺"的"一等"以外,未与下述车制相联系。如果是以"有虞氏上陶"云云来使文章具有历史意义,那么在本段文中就似乎是用有关支配世界原理的数字"六"来使文章具有哲学意义。

> 凡察车之道,必自载于地者始也,是故察车自轮始。

"察"即"视"。王宗涑认为此句旨在说明从轮人开始记述的缘故。

> 凡察车之道,欲其朴属而微至。不朴属,无以为完久也;不微至,无以为戚速也。

郑玄:"朴属,犹附着坚固貌也。""微至"指着地部分甚少,据此查看车轮是否是正圆。齐人方言以"疾"为"戚"。

> 轮已崇,则人不能登也;轮已庳,则于马终古登阤也。

郑玄:"已,大也,甚也。崇,高也。齐人之言终古,犹言常也。阤,阪也。"孙诒让指出"终古"一词未必只有齐人使用。

> 故兵车之轮六尺有六寸;田车之轮六尺有三寸;乘车之轮六尺有六寸。

---

① 林巳奈夫:《中国先秦时代の马车》,第186页。该论文中,林巳奈夫研究在西周车服赐予形式中的有关车马的金文词汇。对毛公鼎铭文中的"鱼葡"加以解释时,提到《考工记》此一段。概括一下,据郑注,此段记述有关兵车。引郑珍、孙诒让及王国维的看法之后,林巳奈夫认为,就兵车而言,这工具是插在车旁的。从安阳小屯C区M20出土情况看,井然成套的兵器群一定会在安装在车笭上的箙里放着。一套兵器在车上,另一套落在车前,个个集在一起,呈现条状。这也说明不是把这些工具直接插在车上,而是装在箙。

郑玄："此以马大小为节也。……兵车、乘车驾国马，田车驾田马。"《𩣡人》注："国马高八尺，田马七尺。"江永对此存有疑问，他认为车子的大小因用途而异，按照车子的大小，将与此适合的马相匹配。即使马有大有小，从形态学的角度看，马的体格也有一定的范围。郑、江两说都通。

在本段文中，车轮尺寸按尺出现，此后成为车子各部件尺寸的标准。然而战国时代的1尺相等于今日多少厘米尚未能确定。关野雄先生测量战国时代货币尺寸，论证小尺合18厘米，大尺合22.5厘米①。然笔者核对战国时代青铜车器的尺寸，却与关野先生所说多有不符。因此，我们当根据《考工记》"人长八寸"的记载，将1尺看成今之20厘米左右，由此大概推知《考工记》中车子的尺寸。

> 六尺有六寸之轮，轵崇三尺有三寸也，加轸与幦焉四尺也。人长八尺，登下以为节。

郑众："轵，蓎（与'軎'同）也。"郑玄："毂末也。""毂末也"就是《说文·车部》的"轵，车轮小穿也"。此"轵"是下文中"轵"与"贤"成对出现时的"轵"，指毂孔外口。李惇②认为"加轸与幦焉"即幦在轴上，轸在幦上，因而轵无疑是轴的部位名称，由此当以郑众之说为是。孙诒让也同意李说。但《考工记》所记载的"轵崇三尺有三寸"，并未写明是量到轵的中心或量到哪里等具体测量方法，其说甚为粗略，故不必像李惇那样过于说理。并且这里所用的"轵"和下文即将与"贤"相对应出现的"轵"，很难认定为同字异义③。如本段起首所述，从《考工记》记载尺寸的不精确性来看当从郑玄说。"轸"在本句中当然不是舆后横木的意思，而是扩大的舆下四面之材之意。郑众："幦……谓伏兔也。"《说文·车部》："幦，车伏兔也。""伏兔"是在轴上像屐齿一样呈现有凸起和凹下的木质部件，此部件使用在轴上用以固定轸木的地方。长沙汉墓出土的木制马车④虽属于汉代，但在考察伏兔制度时，值得参考。

轵高3尺3寸再加轸和幦，如何共计4尺？由于《考工记》中根本未曾提及幦的尺寸，轸的厚度、高度以及宽度也没有记载，只有"围"的尺寸，本来就是不可能计算出4尺这个数值

---

① 原注⑩："关野1953。"关野雄：《古代中国の尺度について》，《东洋学报》，东洋学术协会，1953年第35卷3—4号，第211—240页。
② 原注⑪："李惇：《群经识小》。"
③ 原注⑫："关于在《舆人》出现的'轵'，王宗涑在《考工记考辨》第一章中反驳戴震对'轵'的观点，认为'輢'之误。王宗涑论点诚然明快，可从。"
④ 原注⑬："中国科学院考古研究所1957，第147页，图一二四。"中国科学院考古研究所编著：《长沙发掘报告》，科学出版社1957年版。

的。因此,尽管自江永以来许多学者试图计算,但在他们的计算过程中都不免夹杂臆测的成分,他们都忽略了由于《考工记》记录数值的模糊性,解读时不可避免地受到局限。

二、轮　人

　　轮人为轮,斩三材,必以其时。

　　郑玄:"三材,所以为毂辐牙也。斩之以时,材在阳,则中冬斩之;在阴,则中夏斩之。今世毂用杂榆,辐以檀,牙以橿也。"其中"材在阳……则中夏斩之"句是根据《周礼·山虞》:"仲冬斩阳木,仲夏斩阴木"而来的。榆树有白粉与赤粉之别。程瑶田:"杂榆,赤白兼用之与?"孙诒让:"《齐民要术》云:'梜榆可以为车毂。'杂榆疑即梜榆。""檀"是檀树,"橿"是冬青①。《诗经·魏风·伐檀》:"坎坎伐辐兮。"毛传:"辐,檀辐也。"《诗经·魏风·伐檀》:"坎坎伐轮兮。"毛传:"檀,可以为轮。"似乎檀不仅用以制作辐,还可以用以制作牙。

　　关于中国马车出土实物各部件使用什么木材的调查资料很少。在河南安阳出土的殷朝马车杠头金饰内残留的木柄木材据鉴定②类近于木瓜红属 Rehderdendron kweichowensis Hu,河南浚县辛村墓 25 的轴木木材类近于银钟树 Halesia macgregorii,同墓轭木木材类近于 Ulms laevis pall③,同遗迹墓 42、141 的銮柄木材类近于青皮木属 Schoephia。目前笔者尚未能得知这些树木的材质和功能属性如何,还望相关专家赐教。

　　三材既具,巧者合之。

　　郑玄:"调其凿内('内'即'枘')而合之。"

　　毂也者,以为利转也;辐也者,以为直指也;牙也者,以为固抱也。

　　"利转"指顺畅运转。"直指"指车辐不乱不歪地套在凿上。"固抱"指牙接缝咬合牢

---

① 林巳奈夫写道"もちのき"(黐之木——译者注)。它一般指冬青。在日本用"橿"字可以指栎和冬青的两种树。
② 原注⑭:"何天相 1951,275,277,261。"何天相:《中国之古木(二)》,《中国考古学报》,中国社会科学院考古研究所,1951 年第 5 册。
③ 据何天相:《中国之古木(二)》第 261 页,此树木是榆属。

固。郑玄注:"郑司农云:'牙谓轮轹也,世间或谓之罔。'"车轮是由"牙"将几个弯曲的木材接在一起组成的,其咬合部分形状似于牙形,故名为"牙"。牙是通过"煣"木,即用火烤木材使弯曲而成的,故为"轹"。牙还可类似罔之结绳连缀那样合木而作,故亦为"罔"。详见阮元、王宗涑。

  轮敝,三材不失职,谓之完。

  "敝"指变破烂。"三材不失职"是说三材照原样发挥作用不失灵。"完"指制作技术完善。此句中的"三材"与《舆人》开篇的"三称"、《辀人》开篇的"三度"都使用了"三"这个具有形而上意义的数字,被认为是用来显示各官职具有权威性。

  望而眡其轮,欲其幎尔而下迆也;进而视之,欲其微至也;无所取之,取诸圜也。

  "望"指从远处看,"眡"为"视"。"轮"在这里不是指车轮整体,而是指牙。郑玄:"幎,均致貌也。"《广雅释诂》:"幎,覆也。""幎"的"均致貌"义源于用布之类的东西盖上后呈现出左右平均的样子。关于"下迆",段玉裁①指出,贾公彦所见之本作"不迆",故贾氏认为此句内容关于毂和辐。但此段实际上谈论的是牙,贾说有误。"下迆"指牙往下逐渐倾斜。江永指出,郑玄认为"进而视之"的"进"是"行也"即"动车"义是不准确的。因为进的不是车,而是看车的人,《鲍人》"望而视之,进而握之"可证。"微至"如前所述。"圜"即"圆"。

  望其辐,欲其揱尔而纤也;进而视之,欲其肉称也;无所取之,取诸易直也。

  郑玄:"揱纤,杀小貌。"辐条近毂的地方称为"股",直径较粗;辐条近牙的地方称为"骹"(胫部义),直径较细。对于车辐的记载后文再见。戴震据此说:"辐有鸿有杀,似人之臂腕,故欲其揱尔而攕,不拥肿也。许叔重《说文解字》曰:'揱,人臂貌,攕,好手貌,《诗》曰攕攕女手。'"段玉裁阐明了郑众"揱读为纷容揱参之揱",用形容树枝竦擢貌的"揱参"来解释辐条的形状。②郑玄:"肉称,弘杀好也。"这是说将股成形为粗,将骹成形为细,其加工质量均好。"易直"的"易"义似乎是"平"。

  望其毂,欲其眼也;进而视之,欲其帱之廉也;无所取之,取诸急也。

---

① 原注⑮:"段玉裁:《经韵楼集·与诸同志书论校书之难》"。
② 原注⑯:"段玉裁:《周礼汉读考》。以下引段玉裁之说都是此书。"

郑玄："眼,出大貌也。"段玉裁认为此"眼"与《说文·目部》所收的"睮"(目大也)、"睴"(大目出也)、"睨"(目出皃也)、"睅"(大目也)声音相近,故此郑玄作此理解。《说文·车部》："䡚,毂齐等皃也。《周礼》曰:'望其毂欲其䡚。'"此句郑注"眼"字作"䡚",二字词义不同。郑众："眼读如限切之限。"他认为"限切"指门限,比拟其音兼取其义,释"眼"为"齐整截然"。郑玄："帱,幔毂之革也。革急则裹木廉隅见。"戴震："以革帱毂谓之䡎,《说文》亦作䡎,从革,《小雅》'约䡎错衡',毛传曰:'䡎,长毂之䡎也。朱而约之。'……惟长毂尽饰,大车短毂则无饰,故曰长毂之䡎。"《说文·心部》："急,褊也。"指衣服狭小,引申为紧绷绷的样子。在本句中,"急"指帱革紧贴毂体。

视其绠,欲其蚤之正也。

郑玄："蚤当为爪,谓辐入牙中者也。郑司农云:'绠读为关东言饼之饼,谓轮箪也。'玄谓轮虽箪,爪牙必正也。"郑玄认为"蚤"是"爪"的假借,依据是《说文·䖵部》"蚤,啮人跳虫也。从䖵叉声。叉,古爪字"。这是把辐条比作人的胳膊,把插在牙凿的辐端比作指甲。我们可以参考早已闻名的乐浪彩箧冢出土的车辐①以及解放后发掘的长沙汉墓出土马车车辐②等,蚤确实与鸟兽爪十分相像(图3),尽管这些都是汉代马车模型的例子,但仍颇具参考价值。

段玉裁将郑众注中的"读为"改为"读如",是强调"读如"是用来解释读音的。"轮箪"是说通过将牙向外安上,使车轮整体形成盘子形状,以免车轮轧然,左右歪斜。此事下文再次出现时有详述。郑玄释"欲其蚤之正也"为"轮虽箪,爪牙必正也"。"正"义为何?孙诒让："正谓凿空正居牙中,爪入牙仍不偏也。"笔者认为此句前面有"辐也者,以为直指也",随后有(辐)"直以指牙,牙得,则无槷而固。不得,则有槷,必足见也"。此二句与"欲其蚤之正也。察其菑蚤不齵,则轮虽敝不匡"似乎存在对应关系。因此,"正"很可能是"直也"(《挥人》注),即"直指""直以指牙"。制作车轮时,首先将辐条插入毂中,再装上牙③(图1)。"正"义是说通过如此

图1

---

① 原注⑰:"朝鲜古迹研究会1934,图版八五。"朝鲜古迹研究会编著:《古迹调查报告第1:乐浪彩箧冢》,朝鲜古迹研究会,1934年。
② 原注⑱:"中国科学院考古研究所1957,图一二〇。"中国科学院考古研究所编著:《长沙发掘报告》。
③ 原注⑲:"由Chavannes 1909, pl.LXXVII, No.147所载的画像石,我们可知按照如此顺序制造车轮。" Emmanuel-èdouard Chavannes：*Mission archéologique dans la Chine septenrtionale*，Paris：Imprimerie nationale，1909，pl.LXXVII, No.147.(沙畹:《北中国考古图录》)。

过程,辐蚤在牙凿中而不脱,凿与蚤之间也没有缝隙,就装上正好。

　　察其菑蚤不齲,则轮虽敝不匡。

　　郑玄:"菑,谓辐入毂中者也。……郑司农云:'菑读如杂厕之厕,谓建辐也。泰山平原所树立物为菑,声如胾,博立枭棋亦为菑。'"段玉裁解释说:"读如杂厕,拟其音也。泰山平原呼所树立物为菑,声如胾。此举《方言》证之,……又云博立枭棋亦为菑者,广证之,皆建立之义。《弓人》之'菑栗',《诗笺》之'炽菑',《管子》之'剗耕剗耨',《史记》之'剗刃',义训略同。"参考前文所引乐浪彩箧冢车轮模型的辐条,就会明白菑"削其表里加工,使有一种枘的作用"①。菑具有插立在毂上的意思,名实相副。
　　"齲"指牙齿不整齐。对于"匡"字,戴震说:"凡物刺起不平曰匡。"本句意思是说即使车轮破旧了,牙也不歪。
　　关于整个车轮好歹的一般见解到此结束。下一段开始讨论车毂。

　　凡斩毂之道,必矩其阴阳。

　　这是制造车毂时的伐木心得。郑玄"矩,谓刻识之也",即做记号。关于"阴阳",江永说:"《山虞》阳木阴木,以生山南为阳,山北为阴。此则阴阳木各有向日背日,以向日为阳,背日为阴。"孙诒让同意江说。但在下句中又记述了向阳一方的木理致密而坚实,向阴一方的木理疏而柔。树木一般晒多的一侧比另一侧的年轮间隔宽,这与阴阳命名不符合,事实与江永的解释正相反②。

　　阳也者稹理而坚,阴也者疏理而柔,是故以火养其阴而齐诸其阳,则毂虽敝不藃。

　　郑玄:"稹,致也。"段玉裁释"致"为"缀",指整体都稠密的样子。郑玄:"火养其阴,炙坚之也。"这种用火烘烤使坚硬的工艺,我们在制作竹枪时曾经体验过。郑众:"藃当作秏。"郑玄:"藃,藃暴。阴柔,后必桡减,帱革暴起。""秏"不是指车毂因与车轴的摩擦而减小,而是指随着时间的推移,木材因体积减小而凹陷。郑玄认为由于木材变形,所以车毂

---

① 原注⑳:"朝鲜古迹研究会1934,第62页。"朝鲜古迹研究会编著:《古迹调查报告第1:乐浪彩箧冢》。
② 这似乎是林巳奈夫的误解。木理与南北方向实际上没有明确的关系。在日本曾经被散布了木理疏的一侧向南方、木理致密的一侧向北方的说法。

上套的皮革松弛并隆起来。郑众与郑玄在解释车毂上呈现出的现象时本质相同。

  毂小而长则柞，大而短则挚。

  郑众："柞读为迫唶之唶，谓辐间柞狭也。挚读为槷，谓辐危槷也。"戴震说："槷同陧。"《说文·自部》："陧，危也。"如果毂径宽小，装上30根车辐，辐间就太狭窄；如果车毂粗而短，毂上辐和毂端之间的距离就太小，不坚牢。

  是故六分其轮崇，以其一为之牙围。

  轮高6尺6寸，牙围是其$\frac{1}{6}$，即1尺1寸。

  参分其牙围而漆其二。

  郑玄说"不漆其践地者也"自是理所当然。而问题是，尽管下文将牙髹漆部外缘的直径作为毂的尺寸标准，但《考工记》中并没有记录牙的横截面形状、厚度及宽度的数据。因此，如果想要计算，就必须先提出假设。程瑶田假设牙的横截面是正方形，阮元以"牙围"为牙宽，程、阮之说皆不可取。郑玄："漆者七寸三分寸之一，不漆者三寸三分寸之二，令牙厚一寸三分寸之二，则内外面不漆者各一寸也。"首先，牙围1尺1寸的$\frac{2}{3}$是$7\frac{1}{3}$寸，剩下的是$3\frac{2}{3}$寸。"令牙厚一寸三分寸之二"即假设牙厚$1\frac{2}{3}$寸。但郑玄在下文中说"令辐广三寸半"，如果"牙厚"指投辐的牙面宽度，辐就会超出牙外。于是郑珍认为当如图2，$1\frac{2}{3}$寸是牙接地部分的宽度，牙上底和辐宽都是3.5寸。图2上用粗线画的地方是髹漆部分，共计$7\frac{1}{3}$寸。从接地部分即$1\frac{2}{3}$寸宽牙底的两端，到牙侧面距地1寸高的髹漆部外缘界线削斜。郑珍在图上把削斜截面画出为1寸宽。他认为如此才符合于下文郑玄注的"六尺六寸之轮，漆内六尺四寸"。孙诒

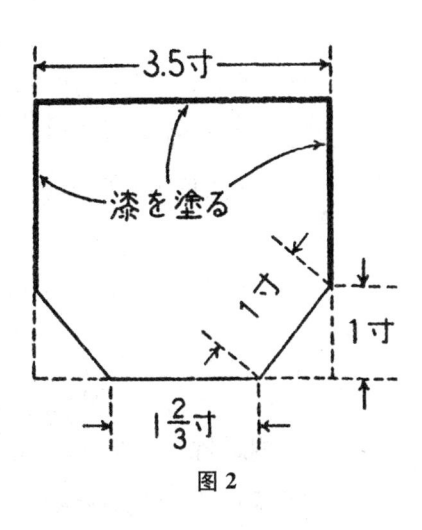

图2

让也同意郑解,但是郑珍的解释也有误。从距地 1 寸高的地方到接地的牙底两端削斜,其截面就成为 1 寸高的直角三角形的斜边,其宽度当然也大于 1 寸,不合于"不漆者三寸三分寸之二"。另外,即使削掉后的截面宽度是 1 寸,牙围姑且对了,但轮高仍低于 6 尺 6 寸。由于当时以圆周率为 3 来进行计算,所以郑玄或许对如此极小差异不在乎。但他据此贸然做出判断,并不值得推崇。

郑珍:"令者,非假设之辞,以记无明文,由参互推得,而不敢质言,使若假设其数云尔。"这是他为郑玄用"令"来假设的尺寸数值作的辩护。例如郑珍逆推漆内直径为 6 尺 4 寸的过程如下:以轸间(6 尺 6 寸)的 $\frac{1}{5}$ 为轴围,轴和毂贤穿的径宽肯定相同;以贤穿直径的 $\frac{5}{3}$ 为毂围即毂长,它加倍而得出 6 尺 4 寸的数值。同时此计算过程还包含郑玄"令大穿金厚一寸"的假设。他证明的不是《考工记》的合理性,而是只在于部分地证明郑玄注具有一贯性。

> 椁其漆内而中诎之,以为之毂长,以其长为之围。

郑众:"椁者,度两漆之内相距之尺寸也。"关于"诎",孙诒让说:"《说文·言部》云:'诎,诘诎也。'《广雅·释诂》云:'诎,曲也。'案:诎屈声类同。取牙漆内直度中屈之,折取其半以为毂之长度也。"照郑玄计算,毂长为 3.2 尺。"以其长为之围"即把毂长作为毂周长的尺寸。

> 以其围之阞捎其薮。

郑玄:"捎,除也。阞,三分之一也。郑司农云:'捎读为桑螵蛸之蛸。薮读为蜂薮之薮,谓毂空壶中也。'玄谓此薮径三寸九分寸之五。壶中,当辐蓄者也。蜂薮者,犹言趋也,薮者众辐之所趋也。""捎,除也",指剜除穿孔作薮。关于"阞,三分之一也",程瑶田说:"阞,余也,又分也,理也。"按《礼记·王制》注,程瑶田释"阞"为十分之一,认为是投辐的凿深。但是文中作"薮"而不作"凿",故不当。阮元释"阞"为《说文·木部》"朸,木理也"的"朸",他说:"顺毂木中直理,除去毂中心木而为薮。"阮元的解释忽略了《考工记》中的"围之"二字。江永认为:"以三分之二为肉,三分之一为壶中空也。壶中空,所以受轴者也。"当以江说为准。关于郑众"毂空壶中"的说法,段玉裁解释说:"毂空壶中,《老子》所谓以无有为用者也……案《说文·木部》:'槀,车毂中空也。从木,桌声,读若薮。'盖故书作檃,大郑易檃为薮,故云'读为'。许谓檃为正字,故云读若薮,今《周礼》本恐有误。"郑玄"壶中,当辐菑者"是说毂中空的地方是毂外面有凿可投辐菑的地方。郑玄认为薮的内径在贤穿大,在轵穿小;为了表示薮径宽度,采用在两端中间、有菑凿地方的尺寸。虽然没有旁证可以证明"肋"指三分之一,并且就"薮"而言并未解释其围或径,但是暂时除此之外别无可解。《考工记》此句记述不够周密。

> 五分其毂之长,去一以为贤,去三以为轵。

郑众:"贤,大穿也。轵,小穿也。"贯轴的毂内孔径近舆内侧较大而外侧较小,这是理所当然的。钱坫[①]说:"《广雅》曰:'贤,大也。'贤有大义,故大穿谓之贤。"郑珍说:"贤者,《说文·目部》:'䀠,大目也。从目,臤声。'与此贤音义并同。或本是䀠字,写者增目成贝。或贤有胜义,以两穿相较,此头之大为胜,遂名贤,于义亦得也。轵者,凡语止词曰只,毂孔至末而止,即呼为只,后因加车作轵。轴端辖亦当轴止处,又所以止轴之出,故亦呼为只,其作字遂两同。"车毂较厚的一端无疑是贤,外侧的一端是轵。

此处的"贤"和"轵"与上文的"薮"同样,《考工记》并未记载其围、径或长度,也没记载应该如何测量尺寸。郑玄:"此大穿,径八寸十五分寸之八;小穿,径四寸十五分寸之四。大穿甚大,似误矣。大穿实五分毂长去二也。去二,则得六寸五分寸之二。凡大小穿皆谓金也。今(戴震:"今当作'令',贾疏已误")大小穿金厚一寸,则大穿穿内径四寸五分寸之二,小穿穿内径二寸十五分寸之四,如是乃与薮相称也。"郑玄以"贤"和"轵"来解释围的尺寸,以毂长的$\frac{4}{5}$为贤围,以毂长的$\frac{2}{5}$为轵围,把它除以圆周率3所得的数值就是郑玄上述径的数值。郑玄认为如果"去一"为"贤",贤就太大了,当是"去二"之误。但是照他的计算,如果以贤径六寸五分寸之二为上底,以轵径四寸十五分寸之四为下底,穿个截头圆锥形的孔,就过大于上述"壶中"所得的尺寸(照郑玄计算,是三寸九分寸之五)。因此,他假设将厚1寸的釭(轴承的金饰)套在此孔,那么"贤""轵""壶中"以及下文车轴的宽度就能对得上了。汉代套在车毂上的铁制釭已被发现[②]。

郑玄假说的问题在于釭的厚度若为1寸是过厚的。汉代铁制釭的厚度约在1厘米左右,1尺约等于今天的20厘米,1寸就约等于2厘米。我们可以参照軎帽的厚度。由于部分轵覆盖軎帽到辖的位置,軎帽很可能兼有防止车轴磨损的功能。例如,武官村发

[①] 原注㉑:"钱坫:《车制考》。以下引钱坫之说都是此书。"
[②] 原注㉒:"例如,李文信1957,图版六,20、21。"李文信:《辽阳三道壕西汉村落遗址》,《考古学报》1957年第1期。

现的軎帽①厚约 3—4 毫米,洛阳东郊发现的軎帽②厚 4 毫米左右。可见,为了避免磨损,使用如此厚度的东西是可能的。另外,参考浚县及辉县的出土实物,车毂投辐部位最肥大,如瓶颈一样向两端减薄,东汉画像石上的马车即是如此。虽然能测量准确尺寸的例子不多,但据考古报告,琉璃阁第 1 号车车毂投辐部位径 22 厘米。同时,由给贤和轵的两端所套金饰可以知道贤和轵的准确尺寸。据此,毂轵端外径 11 厘米,贤端外径 12.5 厘米,这是大约投辐部位的 $\frac{1}{2}$。但是此例属于短毂,所以对于上述具有长毂的车子可能不太有参考价值。追溯到《考工记》之前,可参考浚县墓 5 的轵和贤的金饰③。毂轵端金饰较大一端径 15.5 厘米,贤端金饰较大一端径 16.5 厘米。假定它们约等于车毂投辐部位的木制构件外径,轵端外径 9 厘米,贤端外径 12.8 厘米。与毂厚相比,贤端厚大约其 $\frac{3}{4}$,轵端厚大约其 $\frac{1}{2}$。另有浚县墓 5 出土的车毂金饰,暂时不清楚它是贤端的还是轵端的(由于较短,所以它很可能是个贤端的④),但近辐条较粗的一端径 15.1 厘米,外端径 11 厘米,外端厚大约另一端的 $\frac{2}{3}$。浚县墓 3 出土的车毂⑤贤端金饰较粗的一端径 20.7 厘米,较细的一端径 11.4 厘米。该轵端金饰较粗的一端径 17.6 厘米,较细的一端径 8.9 厘米。假定毂投辐部位厚 20.7 厘米,贤端厚大约其 $\frac{1}{2}$,轵端厚大约其 $\frac{2}{5}$。

从这些例子看,毂贤端外径是裁辐部位的 $\frac{3}{4}$ 到 $\frac{1}{2}$,轵端外径是同 $\frac{1}{2}$ 到 $\frac{2}{5}$。如果《考工记》记载的"贤是 $\frac{3}{5}$,轵是 $\frac{2}{5}$"指孔的内径,那么内径就逼近、甚至超过毂木外径。即使装上格外结实的厚 1 寸釭,木制部分也难以承担。

"贤"和"轵"是孔称的认识是否存在错误?《考工记》下一段注文中有"郑司农云:'读容上属,曰轵容。'"孙诒让(他根据段玉裁等指出此"云"字衍文)认为"郑司农云……轵,小穿也"本当作"轵容,小穿也","轵容"指轵上可容纳的空间。郑众也许认为轵并非孔

---

① 原注㉓:"马等 1955,图 35。"马得志等:《一九五三年安阳大司空村发掘报告》,《考古学报》,中国科学院考古研究所,1955 年第 1 期。似乎图 25 之误——译者。图 25:軎的纹饰。
② 原注㉔:"郭等 1955,图 14。"郭宝钧、林嘉晋:《一九五二年秋季洛阳东郊发掘报告》,《考古学报》,中国科学院考古研究所,1955 年第 1 期。
③ 原注㉕:"林 1959,图 12,1、2。"林巳奈夫在《中国先秦时代の马车》中引孙海波《浚县彝器》(1937 年,上海)第 35、37、39 页。
④ 原注㉖:"同图 12,3。"林巳奈夫在《中国先秦时代の马车》中引孙海波《浚县彝器》第 41 页。
⑤ 原注㉗:"同图 11,9、10。"林巳奈夫在《中国先秦时代の马车》中引孙海波《浚县彝器》第 43—46 页。

称,而是毂外端名称。如上所述,贤有"大"义,轵有"止"义,因此它们是毂内、外端的名称,并且这里所标示的是其外径。如此解释,似乎文意晓畅。然而《考工记》只在毂上有蓞的位置表示薮径,却并没有记载内、外端口径。笔者认为,如上所述,考虑到《考工记》记述不够周密,不妨如此理解。虽然车轴贯通具有截头圆锥形孔的毂,但《考工记》没有记载轴厚,只记载了轴围,且没有指示轴上量围的具体位置,如此只是粗略地记述。

另外,程瑶田认为此文中的"贤"与"轵"是下文记载的毂体上施加纹饰部位的长度。但是,此段和"容毂必直"云云之间似乎没有他所强调的连贯性。

> 容毂必直,陈篆必正,施胶必厚,施筋必数,帱必负干。

郑玄:"容者,治毂为之形容也。"程瑶田:"未饰之先,治之之法也。""容毂必直"是说在最后加工之前,整治车毂外形时,以薮的中心线为基准,务必达成对称。郑玄:"篆,毂约也。"郑珍进一步阐释郑玄的说法:"毂约谓之篆,钟带亦谓之篆,皆指其围绕一周者。据《巾车》先郑注'篆读为圭瑑之瑑,夏瑑,毂有约也',参之先郑《典瑞》注'瑑,有圻塄瑑起',《说文》'瑑,圭璧上起兆瑑',知篆以瑑起而名,钟带亦名因瑑起。其制于毂干刻之,令起圻塄一周,刻此处微容,即彼处起圻塄,其圻塄处即是篆也。""篆"就是钟篆断面呈半圆形的凸带,正如刻在玉器上的凸线图案那样,是围绕毂周围刻出的凸带,出土实物可见于浚县辛村墓5出土的青铜模型①。郑珍又说:"陈,列也。篆非一处,故曰陈。""篆,《说文》作'剬',训车约,盖所据本异。""篆"虽有毂约义,但如郑珍所说的那样,"篆"并不意味着约束毂,也不是如箍一样是系紧的意思。具体方法是下文的"施胶必厚,施筋必数",即敷胶要厚,再用动物的筋来一层层地缠上。郑玄:"帱负干者,革毂相应,无赢不足。"敷胶加筋后再用帱革紧贴毂体来保护。因为帱革紧绷绷,所以篆露出帱革表面,呈现凸带。

> 既摩,革色青白,谓之毂之善。

《说文·手部》:"摩,研也。"郑玄:"谓丸漆之,干而以石摩平之,革色青白,善之征也。""丸"当为"垸"。《说文·土部》:"垸,目桼骷灰丸而鬃也。(据段注本)"涂抹最后一层之前,用掺入烧制骨灰的漆来打底。此后用面漆加以装饰,可以使它具有光泽。

有关车毂的记述到此结束。下文开始对车辐的记述。

> 参分其毂长,二在外,一在内,以置其辐。

---

① 原注㉘:"同图12,1—3。"林巳奈夫在《中国先秦时代の马车》中引孙海波《浚县彝器》第35、37、39、41页。

此句规定辐条入毂的位置。郑玄:"毂长三尺二寸者,令辐广三寸半,则辐内九寸半,辐外一尺九寸。"这似乎与《考工记》的记载并不相符。《考工记》是否将辐条的中心放在三分毂长的"外二""内一"位置的线上?正如程瑶田所指出的那样①,按照郑玄注,从近軎辐端到近軎毂端为二,从近舆辐端到近舆毂端为一,当是在此位置上装辐条。如果辐广是郑玄所说的"三寸半",那么正确的数据就应是"辐内九寸弱,辐外一尺九寸五分强"。

> 凡辐,量其凿深以为辐广。

《说文·金部》:"凿,所目穿木也。(据段注本)"凿既指穿木的工具,又指凿出的孔。虽然此句说是以凿的深度为辐条的宽度②来表示其比例,但并未确切记载其深度。按照上文,辐条入毂地方的薮径是毂径的$\frac{1}{3}$,因而凿的深度应小于毂之打穿薮后的外边厚度,即毂径的$\frac{1}{3}$。但车重从车轴传导到车毂,再从车毂传导到车辐,毂上投辐的地方不仅承受车重,也需承受从车辐传导到车毂的车轮左右摇摆。因此,虽然郑珍认为薮和凿之间只需隔一张皮就足够,他是根据打穿薮后的外边厚度来定凿的深度,但笔者无法接受他的看法。郑玄在前面注文中说"辐广三寸半",即是认为凿的深度同样也是三寸半。如果如同郑玄那样以圆周率为3来计算,在凿底和薮之间就只剩下5厘强的距离,换言之,只有约今之2毫米厚的木材。这只不过是一层厚纸的厚度,即便只是个假设,也难以接受。

> 辐广而凿浅,则是以大扤,虽有良工,莫之能固。

郑玄:"扤,摇动貌。"指摇摇晃晃。摇动的结果是车毂首先会损坏。

> 凿深而辐小,则是固有余而强不足也。

郑玄:"言辐弱不胜毂之所任也。"

> 故竑其辐广以为之弱,则虽有重任,毂不折。

本句再次讲述前文"量其凿深以为辐广"的主旨,是讨论协调毂与辐之间受力的方

---

① 原注㉙:"程瑶田:《考工创物小记·轮缏求和彻广记注异同记》。"
② 原注㉚:"参考注⑱所引的长沙汉墓出土马车模型的辐凿,其比例与此大致相同。"

法。郑众:"弦读如绚绽之绚,谓度之。"郑玄:"弱,菑也。今人谓蒲本在水中者为弱,是其类也。""菑"是入毂的部分辐条,把它比作蒲根在水中部分的"弱(蒻)"而由此起名。

阮元:"若入毂之菑,自当更薄。而菑末又当削锐之。盖以三十辐共趋薮心,若菑厚而丰末,毂心不坚,而凿亦相通,故《淮南·说山训》曰:'毂强必以弱辐,两强不能相服。'又《说林训》曰:'辐之入毂,各值其凿,不得相通。'《荀子》引《诗》曰:'毂既破碎,乃大其辐。'此皆强有余而固不足也。"这是阮元阐述《考工记》本句的论述。许多学者考证辐菑与辐条宽度不同,辐凿很可能被削为方锥形。他们各自推测其具体做法,但大多臆测而已,并且方法繁杂,本文不再逐一介绍。另外,他们推测辐蚤宽度和牙凿深度的关系跟辐菑宽度和毂凿深度的关系相似,这里也不再加以说明。

> 参分其辐之长而杀其一,则虽有深泥,亦弗之溓也。

郑玄:"杀,衰小之也。"指削细,把辐长近牙 $\frac{1}{3}$ 的部分削细。郑众:"溓读为黏,谓泥不黏着辐也。"他认为"溓"是"黏"的假借,意即辐条不会沾上泥土。这里所说的"$\frac{1}{3}$"长可能不包括辐蚤及辐菑的长度。

石岩里第201号墓的出土品中有被推测为车辐的木制品。这是一个汉代的例子,此辐长近牙的大约 $\frac{3}{5}$ 的长度被削细。①再看长沙汉墓的例子,辐长近牙的大约 $\frac{4}{5}$ 的部分被削细(图3)。②

图3

> 参分其股围去一,以为骹围。

郑玄:"谓杀辐之数也。"关于"辐之"的"之",阮元在《周礼注疏校勘记》中说:"余本'之'作'内'。按'内'字是。"孙诒让说:"之,旧本作'内',宋余仁仲本同,于义得通。但宋明各本皆作'之',今从之。"若"之"字本作"内",郑玄大约认为是把辐骹的内侧削细,但这只是郑玄的解释罢了。前一段记述削骹,本段接着记述削骹的比例,以"围"来标示尺寸。只靠这些记载无法知道到底在

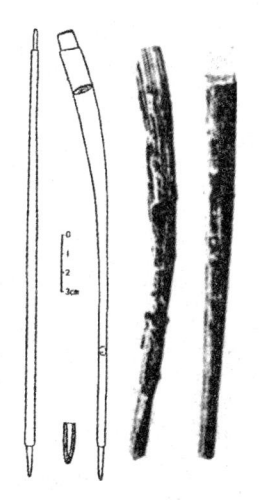

---

① 原注㉛:"朝鲜古迹研究会1934,第四十七图,98页。"朝鲜古迹研究会编著:《古迹调查报告第1.乐浪彩箧冢》。
② 原注㉜:"中国科学院考古研究所1956,图一二〇。"中国科学院考古研究所编著:《长沙发掘报告》。

厚度和宽度两个方面削减了多少,还是只有宽度被削减,如长沙汉墓出土的车辐只与车轴同方向的宽度被削减。关于"股"及"骹",郑众说:"股谓近毂者也。骹谓近牙者也。"

揉辐必齐,平沈必均。

本句是车辐的最后加工和产品质量检验的要领。郑玄:"揉谓以火槁之。"《说文》"揉"作"煣"①,《说文·火部》:"煣,屈申木也。"即使直木弯曲。据惠士奇考证,"槁"是"矫"的假借,可见揉同样意味着矫直。郑珍认为制造辐、牙、辋等时,为了避免锯木后木理不直等导致强度降低,处理木材时或是留着原圆形,或是劈木,因而煣木是非常必要的。笔者同意郑珍之说,当时很可能并未将木材锯成薄板后再制成部件。

另外,从长沙汉墓马车模型看,辐条向外弯成弓形,以便车轮形成下述的"绠"。用火烤使木材弯曲,确是为了矫正歪曲的木材,同时营造出人为的弯曲。

郑玄释"齐"为"众辐之直,齐如一也"。郑玄:"平沈平渐也。郑司农云:'平沈谓浮之水上无轻重。'"

直以指牙,牙得,则无楘而固。

郑珍:"直以指牙,谓三十辐投毂讫,皆将入牙凿时也。"此事在上文"欲其蚤之正"的解释中已述及。郑玄:"得谓倨句凿内相应也"("内"即"枘")。对于"倨句",历来有多种看法。其一是贾公彦在《周礼注疏》中的解释。他说:"以辐直者为倨,以牙曲者为句,辐牙虽有倨句,至于凿内必正,正则为得。"首先需要说明的是"倨句"指从同一点出发的两条线段呈现的形状,一条线段叫作"倨",另一叫作"句",两者的角度不一定是直角。(用法如《考工记·磬人》"倨句一矩有半。")贾公彦似乎针对牙上挂着辐条的每个地点,寻求倨句的形状。郑珍虽然支持释辐与牙为倨与句的贾公彦,但二人想法有所不同,郑珍说:"倨,辐也。句,牙也。众菑既投毂,乃以牙两半规交而抱之时,倨之枘各指其凿,句之凿各值其枘,两相应而无豪末偏邪相就之处,斯之谓得。"郑珍认为倨句指整个多数的凿与枘的组合。

但江永认为贾公彦的解释不对,他说:"辐之入牙者作倨句之形,即边笋是也。"江永认为倨句意味着接牙辐条的枘,即辐蚤的形状,由于切缺辐条的一边而成为L形。戴震同意江永,孙诒让的解释,并与江永相同。但是郑珍反驳江说:"注云'倨句凿内相应',明倨句不专就枘言。江、戴盖止就枘上求合郑说,不知经云'直以指牙',是据投毂讫,将入

---

① 原注③:"《说文·火部》'煣'字引《考工记》,将'揉牙'作'煣牙'"。

牙凿时言。"笔者认为确如郑珍说,倨句还是应该描写辐与牙的关系。但是,无论是依贾说还是郑说,既然牙和辐要榫接,就必然会成为倨句,二说都不能够说明郑玄为何特意说出"倨句"来。想来这与下文紧接着出现的绠有关。为了使车轮形成绠,如辉县琉璃阁出土的马车那样使牙向外投毂,或者如汉代马车模型使牙向外弯曲。在此情况下,蚤不在辐凿的正上方,而是辐凿正上方的外侧。蚤的向外突出,通过把牙斜着套在毂上,或者通过煣木而成。因此,多数的辐条栽在毂凿时,即使只有一点儿误差,突出的蚤也容易参差不齐。所以如下所述,牙凿必须要斜挖。因此笔者认为《考工记》本句意为"辐外端即蚤与牙的卯眼位置相吻合,并牙内侧的平面和辐条轴线保持一定的角度的同时,蚤与牙凿恰好合适",这样就可以"无椹而固"。如果辐条笔直,并毂凿和牙凿上下相对,技术上就没有什么困难。

辐条和牙内侧面并非直角,而是要在存在许些角度的同时,还要正好套上。笔者认为郑玄有可能考虑到这种严密要求的技术困难,于是特意在"凿内相应"上加"倨句"一词。关于绠,详见后述。

郑玄:"郑司农云,'椹,椵也。蜀人言椵曰椹。'"程瑶田指出"椵"字同于《说文·木部》"楔"字。

不得,则有椹必足见也。

郑玄:"必足见,言椹大也。"郑珍:"足,椹之末也。"本句或许说如果凿枘不适合,即使用楔打进,终究榫接也松动脱开,榫头要露出来。郑玄:"然则虽得,犹有椹,但小耳。"但正如孙诒让所指出的那样,郑玄的解释并不妥当。若凿枘已经适合了,就没必要用楔。

六尺有六寸之轮,绠参分寸之二,谓之轮之固。

郑玄:"轮箄则车行不掉也。参分寸之二者,出于辐股凿之数也。"《说文·手部》:"掉,摇也。"由箄来避免车子左右摇动,即设法防止毂和辐松动。"绠"具体形制如何,各家看法不一。就郑玄所谓"出于辐股凿之数也",贾公彦说:"凿牙之时,孔向外侵三分寸之二,使辐股外箄,故云辐股凿之数。"贾公彦也认为牙凿不是垂直下穿,而是通过从凿口向外斜挖,使辐条向外倾斜。江永反驳贾公彦说:"(此说法)似牙上穿孔不正,非也。牙之厚无几,凿孔有偏,恐偏薄一边,非暴裂即先甋矣。此贾氏察物未精,失郑注之意者也。今车牙孔不偏,而辐爪用边笋,缺边向内,是以牙偏向外。郑前言倨句凿内相应,是古人亦用边笋。"尽管郑珍不同意释"边笋"为"倨句",但他对绠形成方法的判断与江永相似。郑珍所说的绠只将辐骸内侧削细,外侧不削,辐条装好时就垂直于毂和牙,并且把牙凿外

端装在从牙缘向内 $\frac{2}{3}$ 寸的位置,这样,牙就从股凿露出 $\frac{2}{3}$ 寸。但是,按照他的想法,虽然牙凿稍微偏外,但仍然处在毂凿的正上方。一旦轴向力发生作用,牙还是会松动,这与不把牙装在上述 $\frac{2}{3}$ 寸的位置时情况相差无几,是不能达成"轮之固"的。但郑珍的想法符合于《考工记·匠人》注里郑玄所提出辐宽加綆的算法。《匠人》郑玄注:"轨谓彻广,乘车六尺六寸,旁加七寸……旁加七寸者,辐内二寸半,辐广三寸半,綆三分寸之二,金辖之间三分寸之一。"但郑玄注也并非最佳。6尺6寸是舆宽,这符合《考工记》。虽说"辐内二寸半",但按《考工记》,毂的辐内尺寸应是9寸左右。如果是"二寸半",毂就会在舆下,周代和汉代都没有这样的例子。"金辖之间"是装在毂上的釭与辖之间的余地。为了测量轨宽,首先将车轮向内移动余地的长度后,从阻毂的辖开始量尺寸,最后再加余地的长度,如此算法岂不妥当?(郑珍释此"辖"为"内辖",释"金"为"大穿之釭"。但他说的"内辖",无论是在文献中、在出土实物中还是在理论上——轴径越往外越小,以便车轮向外去——都没有证据。)对于上述牙厚也罢,贤与轵金饰的厚度也罢,辐宽也罢,假定尺寸时,郑玄为了便于引出整数而采用人为的数值,有权宜主义之嫌。如上所述,从郑玄定"辐内""金辖之间"等的尺寸数值看,容易发现他为了得到"七寸"这个整数而做的手脚;从加上綆尺寸数值的算法看,笔者认为郑玄并非忠实于事实,而是为了使数值一致而采用的权宜之计。因此,在考察綆时我们不采纳此注。阮元从根本上否定郑玄之说,王宗涑也同意阮元。程瑶田认为假如牙厚如郑玄所说是 $1\frac{2}{3}$ 寸,那么辐骰就会比牙宽,辐骰超出牙缘,他认为綆没有出现在牙上而会出现在辐上,因此以为郑玄本认为辐是往外斜的。程瑶田说辐骰超出牙缘什么的,实在是个荒唐的念头。

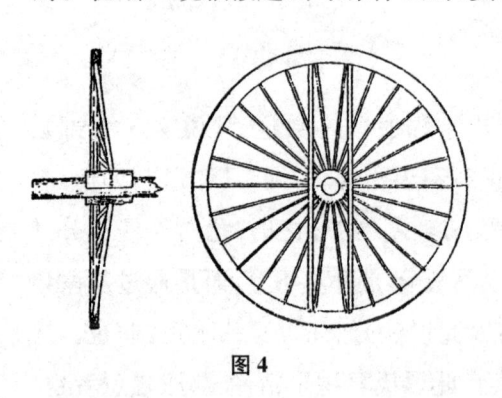

那么,"綆"究竟是什么?在"视其綆"云云的释文中已经讲过,笔者认为"綆"指使车辐稍微向外倾斜,使车轮像雨伞一样翘棱。上文郑玄:"郑司农云,'綆……谓轮箪也。'"这里《考工记》写有"綆三分寸之二,谓之轮之固",郑玄:"轮箪则车行不掉也。"《说文·竹部》:"箪,筵箪也。""箪"似乎是某种容器名,它中间肯定是凹陷的。上文贾公彦疏:"凡造车,轮皆向外箪。"若说车轮中心低凹,并且有助于防止车子左右动摇,我们就不能不考虑到琉璃阁第16号车车轮[①](图4)

图4

---

① 原注㉟:"中国科学院考古研究所1956,图六一。"中国科学院考古研究所编著:《辉县发掘报告》。

的结构。虽然不知道此份报告中的图画精确到什么程度,但据报告"在插入轮牙的地方,夹辅是和辐条在同一平面上的",辅是"笔直的木条……,夹住车毂"。"辐条在插入车毂的地方,都在辅的后面凑聚一起。这些辐条每根都向毂斜放。"①虽然看图并不知道辐条和辅之间的距离是否准确,但结构原则似乎没错。这正符合郑众和郑玄、贾公彦的说法。可见唐代人对此结构具有正确的概念。前引贾疏说牙穿要往外斜挖,这似乎也没错。那么"三分之二寸"能否如贾公彦释?由于牙和辐的各部位尺寸均不清楚,难以算出准确的数值,但按照贾公彦想法试算,牙向外突出毂凿几寸。按照战国时1尺约等于今之20厘米,这与琉璃阁第16号车大致一致。

凡为轮,行泽者欲杼,行山者欲侔。

郑玄:"杼,谓削薄其践地者。侔,上下等。"这是有关轮牙构造的一般见解。

杼以行泽,则是刀以割涂也,是故涂不附。

《诗·小雅·角弓》:"如涂涂附。"毛传:"涂,泥。附,着也。"涂附指着泥。本句意思是说牙缘削薄,如刀刃一样割泥行驰,所以泥不会粘附。

侔以行山,则是抟以行石也,是故轮虽敝,不甐于凿。

郑玄:"抟,圜厚也。""甐亦敝也。以轮之厚,石虽啮之,不能敝其凿旁使之动。"郑众:"不甐于凿,谓不动于凿中也。"王宗涑指出郑众只说了"不甐"的结果,郑玄补充说明"甐"字字义。

凡揉牙,外不廉而内不挫,旁不肿,谓之用火之善。

郑玄:"廉,绝也。"《说文·火部》:"爁,火燎车网绝也。""《周礼》曰:'爁牙外不爁。'"郑玄:"挫,折也。肿,瘣也。"《说文·疒部》:"瘣,病也,一曰肿旁出也。"这在我们用竹子做东西时大概都曾体验过的。关于合木做轮时使用的牙木材数量,孙诒让说:"窃疑当是合三木为之,据《车人》,大车云'渠(指"牙")三柯("柯"为3尺长)者三',柏车云'其渠二

---

① 中国科学院考古研究所编著:《辉县发掘报告》,第48页。

柯者三'",说渠并以三命分纪度,他工无此文例,是必非苟为诡异,盖牙木通制实是合三成规,无论大车、小车,咸用是法。"他推测是凑合三条木材做牙。前文所引画像石描绘了正在弄弯的牙、弯好的牙和辐条装好的牙,都是全周的三分之一,孙诒让的想法很可能是正确的。就浚县出土的牙而言,被认为是合四木而做的①。

是故规之以眡其圜也,

从此到"谓之国工",说明完成车轮的检验法。"规"当然是指古时的圆规。

萭之以眡其匡也,

郑玄:"等为萭蒌,以运轮上,轮中萭蒌,则不匡剌也。"是说用称为"萭蒌"的东西在轮(在本句中指轮牙)上运转,如果适于它,轮就不歪。关于"萭蒌",孙诒让说:"郑君盖据目验得之",但未详何物。戴震:"盖与轮等大,平可取准。"郑玄:"郑司农云:'读为禹,书或作矩。'"或许可以由此得到启发,作出"训萭为矩,训匡为方"的推断,但是牙和"方"的规格难以联系。

县之以眡其辐之直也,

郑玄:"轮辐三十,上下相直,从旁以绳县之,中绳则凿正辐直矣。"

水之以眡其平沈之均也,

同于上文车辐检验法。

量其薮以黍以眡其同也,

郑玄:"黍滑而齐,以量两壶,无赢不足,则同。"黍子滑溜,颗粒整齐,用以检查贯轴的薮大小是否均称。

权之以眡其轻重之侔也。

---

① 原注㊱:"林1959,192页。"林巳奈夫在《中国先秦时代の马车》引孙海波《濬县彝器》第47页。

郑玄："侔，等也。称两轮钧石，同则等矣。轮有轻重，则引之有难易。"

故可规、可萬、可水、可县、可量、可权也，谓之国工。

"国工"郑玄注："国之名工"。

轮人为盖……谓之国工。

舆上有盖。在汉代画像石上也可以看到。这与车子构造没有直接的关系，暂不加解释。

三、舆　人

舆人为车，轮崇，车广，衡长，参如一，谓之参称。

郑玄："称犹等也。车，舆也。衡亦长容两服。""参如一"，以辉县琉璃阁出土马车的尺寸表[①]为例当知可信。如果从车子部件中挑出尺寸相近的三个部件，就确当是"轮崇、车广、衡长"。与马车实际各部尺寸相比，《考工记》所记录的尺寸是为了得到以对圣人智慧的藻饰为目的、能够整除的数值，是进行过相当大胆地简化的。在本句中我们可以看出两者的关系——不是完全荒唐，也绝不存在于现实。

参分车广，去一以为隧。

郑众："隧谓车舆深也。""隧"指舆的长度。郑玄："兵车之隧四尺四寸。"舆宽的$\frac{2}{3}$是"四尺四寸"。郑玄提到"兵车"是因为上文首先提到的是兵车，乘车尺寸也与此相同。

参分其隧，一在前，二在后，以揉其式。

郑玄："兵车之式，深尺四寸三分寸之二。"江永："因前有凭式木，故通车前参分隧之

---

① 原注㊲："中国科学院考古研究所1956，表三八"。中国科学院考古研究所编著：《辉县发掘报告》。

一皆可谓之式。其实式木不止横在车前,有曲而在两旁。"式即轼。江永认为式木围着舆前三分之一的前面及左右侧共三面。《考工记》也写有"揉其式",我们只好认为舆装有一根弯曲的木材作扶手。参考琉璃阁出土的车子,它确实在舆长的前三分之一的位置,但是是根笔直的横木。在出土实物资料中,目前尚未见到弯曲的扶手。殷墟、洛阳东郊、琉璃阁出土的轸的前部大都呈半圆形或者圆角方形,由此可知它是木材弯曲而成的。《考工记》所记述的装在轸木上方的式木要弯曲,可能是为了与此相对应。

以其广之半为之式崇。

郑玄:"兵车之式高三尺三寸。"

以其隧之半为之较崇。

郑玄:"兵车自较而下凡五尺五寸。""五尺五寸"即上述轼高3尺3寸加上舆隧4尺4寸来得到的数值。郑玄:"较,两輢上出式者。"这里所说的"輢"是"车旁也"(《说文·车部》),即两旁的围子。《说文》将"较"作"较"。《说文·车部》:"较,车輢上曲钩也。"(据段注本),"钩"当然表现其隅角。特意用此词,不是因为是一般的直角,而是因为呈比它再小角度的钩形。参考孝堂山的画像石①,车輢上边的横木呈て字形②。尽管它是个汉代的例子,但"较"很可能指此部件。乐浪汉墓出土了可能装着此角的金饰③,浚县出土了有圆角如耳垂形的金饰④。此部件由于伸出两旁如角,称为"重较",由于形状如耳朵,又称金耳、耴⑤,由于向外翘出,又称軹等,阮元、孙诒让⑥曾作过详细考证,此处不再一一介绍。

六分其广,以一为之轸围。

在尺寸标示方面,这里照例采用"围"为基准单位的形式,轸围长1尺1寸。

---

① 正文中原注:"关野贞1916,第十七图右下角。"关野贞《支那山东省に於ける汉代坟墓の表饰》,《东京帝国大学工科大学纪要》,东京帝国大学,1916年第8册第1号。
② 原注㊳:"看 Chavannes 1909, pl.XXVIII, No.49 的右下的马车,更为明显。"
③ 原注㊴:"梅原、藤田1947,图版第九,30。同,图版第一五,57等,所谓乙字形金饰。"梅原末治、藤田良策:《朝鲜古文化综鉴》第一卷,日本兵库县丹波市,养德社,1947年。
④ 原注㊵:"林1959,图11,8。"林巳奈夫在《中国先秦时代の马车》中引孙海波《浚县彝器》第64页。
⑤ 原注㊶:"《说文·耳部》:'耴,耳垂也。'"
⑥ 原注㊷:"请见《周礼正义》此段词条。"

郑玄："轸，舆后横者也。"此"轸"与"轸之方也，以象地"中的"轸"释义不同，郑玄这里没有采用"舆下四面材"的释义，是因为他释《辀人》"任正"为左右前三面。奇怪的是《舆人》并没有提到剩下的三面，但如前所述，《考工记》根本不是记述实际工程的书，故有此疏失是无可奈何。郑玄的说法比较可靠，可以暂时采纳。如上所述，出土于安阳、洛阳等地的马车左右前三面木材隅角呈圆形，此形状被认为是一根木材弯曲而成的。因此，此三面与后一面分别起名是有事实根据的。

参分轸围，去一以为式围。

本句意思是说式围是轸围的 $\frac{2}{3}$。

参分式围，去一以为较围。

"较"，前文已释。

参分较围，去一以为轵围。

郑玄："轵，輢之植者衡者也"，下一句注："轛，式之植者衡者也。"輢是车箱两侧的围子，但并非板状，而是用较细的木条横直交接的栅栏。孙诒让："古车制，舆上三面皆有横直木而无版，贵者所乘，则有鞔革耳。"①郑玄认为轵是车箱两侧围子即輢的横竖棂格木材，轛是车箱前部围子的横竖棂格木材。郑众说："轛，读如系缀之缀，谓车舆軡立者也。立者为轛，横者为轵。"可见两者不同。郑珍认为由于轵轛两者厚度不同，如果将它们释为横竖木材，就与《考工记》"凡居材，大与小无并"相抵触，故郑玄不采纳此说。郑珍又认为《说文·车部》释"轛"为"车横軡"是错误的。笔者认为这些说法徒具形式。以辉县琉璃阁出土实物为例，竖材较粗，横材较细，并不完全符合。但命名时为了方便起见，暂时采用郑玄之说。

郑玄引郑众云："书轛或作軡"，是因为他们都认为"軡"是总括轛和轵的统名，因而没有采纳，只附记提供参考而已。軡为轵和轛的统名，戴震说"车阑谓之軡"，并作考证。②

参分轵围，去一以为轛围。

---

① 原注㊸："'以其隧之半为之较崇'这一段的《正义》。"
② 原注㊹："前引《释车》。"戴震：《考工记图·释车》。

"轊",前文已释。

圜者中规,方者中矩,立者中县,衡者中水,直者如生焉,继者如附焉。

郑玄:"如生,如木从地生。如附,如附枝之弘杀也。"

凡居材,大与小无并,大倚小则摧,引之则绝。

孙诒让:"居材与《弓人》居干居角义同。谓处置车上之材。"郑玄:"并,偏邪相就也。"

栈车欲弇。

郑玄:"士乘栈车。"引自《周礼·巾车》。《巾车》注:"栈车不革鞔而漆之。"栈车是舆前及左右侧栏木露出的车子。关于"弇",孙诒让说:"《尔雅·释器》云:'圜弇上谓之鼒。'郭注云:'鼎敛上而小口。'此弇亦谓上敛也。"奇怪的是《考工记》在此之前逐一规定了车子的各部尺寸,但直到这里才提出"弇"和"侈",前人也苦于该如何解释。正因为如此,笔者怀疑在《考工记》中对尺寸的记载和对车子好歹的一般见解的记载,这两个地方的记录时间不一致。

饰车欲侈。

郑玄:"饰车,谓革鞔舆也。大夫以上革鞔舆。"关于"侈",孙诒让:"《五音集韵》引《字林》云:'侈,大也。'饰车,大夫以上之车,有重较,较上重耳反出,校之常车为张大,故欲侈。"

四、辀　人

辀人为辀。

郑玄:"辀,车辕也。"王宗涑说:"析言之,曲者为辀,直者为辕。小车曲辀,一木居中,两服马夹辀左右。"

辀有三度,轴有三理。

"三度""三理",后文详释。

国马之辀深四尺有七寸。

郑玄:"国马,谓种马、戎马、齐马、道马,高八尺。"贾公彦认为《周礼·校人》提及六种马,后文涉及其中的田马和驽马,所以郑玄将开头的四种马当作国马,据《周礼·廋人》"马八尺以上为龙",郑玄言"高八尺"是取其大。此"国马"很可能与"国工""国辀"同样,意味着是优秀的马。森鹿三先生据居延汉简考证汉代马的标准体高为5尺9寸①。汉代1尺大约今之23厘米,由此,5尺9寸大约今之138厘米。安阳大司空村曾出土过体高约145厘米的马骨②,正适合国马之号。郑玄:"兵车、乘车轵崇三尺有三寸,加轸兴幞七寸,又并此辀深,则衡高八尺七寸也。除马之高,则余七寸,为衡颈之间也。"轵崇、轸及幞的尺寸合计的算法在《轮人》也已出现过。从出土实物看,辀的形状从殷到战国时代基本没有发生改变。看郑玄辀深加轸高共8尺7寸高,他肯定认为辀深是在辀之最前端的最高点垂直至轸的数值。辀的最高点与马体高之间存在7寸的空隙。他把此空隙叫做"衡颈之间"。贾公彦认为"颈"是辀的部位名,假定衡和辀是圆棒,计算直径得 $7\frac{9}{15}$ 寸,马颈压凹 $\frac{9}{15}$ 寸。恰有7寸之隙。郑珍算法虽有小异但结果相同,孙诒让同意郑珍说。但是郑玄所说的是"衡颈之间",如果"颈"是辀前端部位的名称,由于"颈"紧缚着衡,郑玄就肯定不说"间",而会说如"并衡与颈"云云。此词如江永所说,应该释为"衡与马颈之间"。那么郑玄认为此空隙当放何物?当然是轭。由于轭形呈人字形,衡缚在轭夹住马颈,衡和马颈之间会有空隙。郑玄正是考虑到这个因素故此加注。由于《考工记》没有记载造轭的官,可能会引起后人误解。江永认为在此空隙装鞍,但是轭是与鞍作用相同的马具。如果马鬐甲直接接触衡,就会伤害如鱼脊鳍一样突出的颈骨突起。为了防止出现如此现象,以轭两脚夹上马颈支撑住衡。现代使用的小鞍有两股沿着马颈两侧如同垫子一样的东西与轭的功用一脉相承。

---

① 原注㊺:"森1957。"森鹿三:《居延简に见える马について》,载《东方学报》,京都大学人文科学研究所,1957年第27册,第233—254页。森鹿三在《居延简》记录的马匹中挑选能知道体高的14匹马,求得它们的体高平均值是5尺9寸强。《汉书·景帝纪》:"禁马高五尺九寸以上,齿未平,不得出关。"森鹿三讲述《居延简》和《汉书》记录马体高的相符不是偶然的,而是表现汉代成年马平均体高大约是5尺9寸。
② 林巳奈夫曾说:"从马得志等《一九五三年安阳大司空村发掘报告》所载的图23《车马抗(墓175)平面图》及图版二六-1《车马抗》等资料大致可知马四肢骨的尺寸。笔者以林田重幸、山内忠平《马における骨长より体高の推定法》(载《鹿儿岛大学农学部学术报告》,鹿儿岛大学,1957年第6号,第146—156页)进行试算,可以得出这匹马鬐甲体高为145厘米左右。"(《中国先秦时代の马车》,第164页)

现在,辀的形状据出土实物及图像已经弄清楚了。但是,程瑶田、阮元、王宗涑、郑珍等人都将辀描绘为中间高的弓形。若是如此,两匹服马用它的身腰压辀,御者不能御制①。他们是受到郑玄注引郑众说:"深四尺七寸,谓辕曲中"的影响致误的。说到"辕曲中",就想到中间高的形状或者至少前端水平部分较长的形状。但此注如江永说"先郑谓'辕曲中',姑引之,在下,其实后郑意不从也",又与郑玄之说有异。考虑到已发掘的车辀形状,我们只能认为郑众与郑玄想法有别,郑众以"四尺七寸"为辀之从軓向上伸出再向前弯曲的转弯处中点的高度,是因为辀弯曲显著的转弯处只有这点。那么,此尺寸数值便是离地高度。

由此可见,郑玄与郑众想法不同。如果辀形正如我们据出土实物和图像所知的那样,就应该按照郑众的想法来解释辀深。否则后文"辀深则折,浅则负"的"深""浅"无法解读。如果将释深为辀前端高度,辀高就会按马的大小来定,无法调整深浅。

田马之辀深四尺。

郑玄:"田车轵崇三尺一寸半,并此辀深而七尺一寸半。今田马七尺,衡颈之间亦七寸,加(按阮元《校勘记》订正)轸与轐五寸半,则衡高七尺七寸。""田马七尺"贾公彦认为与《廋人》"駥马"相应。王宗涑、孙诒让都怀疑"轸与轐五寸半"这个数值的准确性,指出与兵车相较,从车高的减少率来看过低。笔者认为这又是郑玄为了得到"七尺七寸"的数值而臆造的。田马和国马的"衡与马颈之间"都是"七寸"也令人怀疑。

驽马之辀深三尺有三寸。

郑玄:"轮轵与轸轐大小之减率寸半也。则驽马之车,轵崇三尺,加轸与轐四寸,又并此辀深,则衡高六尺七寸也。今驽马六尺,除马之高,则衡颈之间亦七寸。"王宗涑认为,从此车尺寸看,可能根据《车人》的柏车,驽马根据《廋人》"六尺以上为马"的马。从理论上看,与田马同样,此尺寸比例都很可疑。

以上是"辀有三度"的内容。

轴有三理:一者以为媺也。

孙诒让:"媺、美古今字。"他释郑玄"无节目也"为"谓治材平易,不见节目也"。

---

① 原注㊻:"下文'辀深则折'郑玄注:'马倚之。'可见服马用身腰压辀。"

二者以为久也。

　郑玄:"坚刃也。""刃"即"韧"。

　　三者以为利也。

　郑玄:"滑密。""密"指与毂的间隔很密。

　　軓前十尺,而策半之。

　郑众:"軓,谓式前也。书或作軛。"郑玄纠正说:"玄谓軓是。軓,法也。谓舆下三面之材,輢式之所尌,持车正也。""軓"有"法"义。軓指式前,就是不仅指舆前部的一面,也包括左右侧共三面。式和輢竖装在軓,并軓使车子保持不偏不斜(请参见"任正"的解释)。因此,当用具有"法"义的字来称说。郑玄的见解很有说服力。孙诒让指出郑玄根据《说文·车部》"軓"所引的《周礼·大行人》"立当前軓"的"前軓",说到前軓就会有左右軓,因而说"三面之材"①。就现存文献来看,郑玄的说法无误。

　关于"軓前十尺",郑玄说:"谓輈軓以前之长也。十或作七。令(按阮元订正)七为弦,四尺七寸为句(按阮元订正)以求其股,股则短矣,'七'非也。"郑玄认为:輈通过舆下,假如将輈之从軓前至輈前端长度的10换成7,换言之,直角三角形的斜边是7尺,高度是4尺7寸,底边即容纳服马颈后马身的空间就过小,因此7是不对的。贾公彦算错底边长,郑珍改正为5尺1寸8分弱。但这也是不对的,应该是5尺1寸8分7厘强才对。由此可见,郑玄所释10尺为从軓前至輈前端斜量的距离。阮元在郑玄的基础上进一步认为从此斜线两点之间的中点直角向上测量的长度为輈深,是4尺7寸长。此輈形过度弯折,阮元的说法毫无价值,其理由可以参见笔者上述对輈形的考察。戴震以从軓前沿着輈的曲线为10尺长。但正如王宗涑所纠正的那样,国马、田马、驽马体格不同,马身越小则衡与舆之间的距离越大,故戴说不合道理。江永、程瑶田、王宗涑、郑珍、孙诒让等人都认为10尺是水平距离。虽然笔者没有明确的证据,但《考工记》很可能就是如此。另外,《考工记》中的1尺约等于今之20厘米,軓前10尺就约等于今之2米,大概与琉璃阁出土的马车相符合。"策"即马鞭,为5尺,很可能是马鞭的柄长。

---

① 原注㊼:"此段文本中,軓字、軛字、軌字三者从唐代已经开始混乱,真麻烦。孙诒让在《周礼正义》中考证很明快。请参见。"

凡任木，

郑玄："目车持任之材。""任木"是下述"任正""衡任"等担负重压木材的总称。

任正者，十分其辀之长，以其一为之围，衡任者，五分其长，以其一为之围。小于度，谓之无任。

郑玄："任正者，谓舆下三面材、持车正者也。辀，軓前十尺，与隧四尺四寸，凡丈四尺四寸。则任正之围，尺四寸五分寸之二。""舆下三面材"就是軓。用軓来命名三面材的必然性在《舆人》"六分其广，以一为之轸围"那里已解释过了。郑玄所说的"持车正"的"正"具体是怎么样的状态？黄以周："任正者，任此正也。正谓车正。车正者，舆也。舆形方正，故谓之车正。"①这个解释颇为抽象。笔者认为这里所说的"正"是不歪的、正方形的意思。《礼记·玉藻》："士前后正。"孔颖达："正，谓不衺也。直而不衺谓之正，方而不衺亦谓之正。"黄以周释舆之"正"作静态性意义，但笔者认为不如释作动态性的意义更佳。也就是说即使舆不断地受到重压而要歪成菱形，也仍挺得住。辀与轴在舆下相交，如果车轮一方撞到障碍，或者服马突然推辀到一侧，辀与轴就会歪斜，不能继续保持直角。如果没有东西支撑此点，即只在这个地方要支撑受力，无论如何牢牢地系紧，辀与轴都会逐渐松动，当受到强烈冲击时，车子甚至可能散架，舆下三面材就是用来支撑它的。正因为如此，从殷到战国，为了实现坚固，舆下三面材是使用一根弯曲木材制造的。笔者推测郑玄的想法即是如此，郑玄释"軓，法也"便带有生动的色彩。

以上是郑玄注。如果按照郑玄的解释，舆人制造的式、轛、轵都竖装在軓上，但对軓的记载并不在《舆人》，而在《辀人》，这太不自然。郑珍说："其围数不见《舆人》而见之《辀人》者，以其出数于辀长也。"这属于循环论证，不足为据。戴震以"任正"为辀，阮元从四个方面反驳其不合理性。可是阮元释"任正"为在辀后端的轸下、与辀互成直角的木材，也不恰当。若非如此，只要把轸做得粗而坚固就足够了。在《考工记》"凡"字下，先是说如"凡察车之道""凡斩毂之道""凡辐""凡为轮"等，继而说普遍的看法。但这里在"凡"字句紧接着出现尺寸规定，也许"凡任木"与"任正者"之间有脱字。那么就"任木"而言，除了郑玄的解释，笔者也想不到更好的说法。

郑玄："衡任者，谓两轭之间也。兵车、乘车衡围一尺三寸五分寸之一。"郑玄特意点明"两轭之间"，是因为衡之两轭外侧的厚度因受力不大而向外递减，可参考前引浚县出

---

① 原注㊽："黄以周：《礼书通故·车制通故二》。以下引黄以周之说都是此书。"

土实物,所以郑玄特意说是衡之两轭内侧即缚辀部位的厚度。《小尔雅》以来混为一谈的衡与轭,本就是不同的东西,孙诒让曾作详细考证。我们通过出土实物可以有正确的形象认知,故不必赘言。

对于末句,郑玄注:"无任,言其不胜任。"

　　五分其轸间,以其一为之轴围。

郑玄:"轴围亦一尺三寸五分寸之一,与衡任相应。"轸间是左右轸之间的距离,即舆宽。按照《舆人》"轮崇,车广,衡长,参如一"的规定,舆宽为6尺6寸,因而求其$\frac{1}{5}$,可以得出郑玄注中的数值。孙诒让认为轴截面为圆形,其直径4寸2分强。与上述郑玄注所说的贤内径相比小2分弱,但孙诒让认为这相当于套在轴木的锏的铁厚。郑玄对贤径的解释可能有误,笔者在《轮人》已经解释过了。

　　十分其辀之长,以其一为之当兔之围。

郑玄:"辀当伏兔者也,亦围尺四寸五分寸之二,与任正者相应。""当兔"即《总叙》"加轸与轐焉四尺也"的轐,是辀与轴上伏兔的相交处。洛阳东郊出土的辀上侧凿出凹槽。郑珍、孙诒让等人释"当兔之围"为凿出凹槽后变细部分的尺寸,此论妥当。若给予"任正"同尺寸厚度木材再凿个凹槽,坚固度会太低了。軓前10尺加舆隧4尺4寸得辀长,其$\frac{1}{10}$是1尺4寸4分。

　　参分其兔围,去一以为颈围。

郑玄:"颈,前持衡者,围九寸十五分寸之九。"颈是辀的前端部位名,用以支撑衡。从小屯村和固围村的出土实物看,辀顶端装饰着动物首形金饰,此形制正如《说文·页部》"颈,头茎也"所说的那样。对于本句的"兔围",程瑶田解释为"承上当兔之围而言参分兔围,是兔围即当兔之围省文也"①,此论妥当。但王宗涑反驳程说,认为此兔指伏兔。郑珍更为详细地阐释王说:"言三分其兔围,即是伏兔之围,明当兔伏兔其围一也。不然,伏兔是主名,指辀之当之,可省而曰兔,当兔岂可省曰兔乎。""当兔"略作"兔"的确是没有道理

---

① 原注㊿:"上引书的《辀人任木义述》"。程瑶田:《考工创物小记二·辀人任木义述》。

的,但以《舆人》记述为例,从轸围得出式围,从式围得出较围,其尺寸像接尾令一样记述下来。鉴于《考工记》有此通例,而本句突然提到与辀不同的伏兔作为尺寸规准,有些奇怪。《考工记》本来并未规定伏兔尺寸,因此,王、郑认为《考工记》这里打算表现伏兔与当兔尺寸相同,实属过虑。

五分其颈围,去一以为踵围。

郑玄:"踵,后承轸者也,围七寸七十五分寸之五十一。""踵"是辀最后端,它也承载舆后面材的轸。

凡揉辀,欲其孙而无弧深。

本句是说用火烤使辀弯曲。郑玄:"孙,顺理也。"指不加负荷于木理。

关于"弧",郑玄引杜子春说:"弧读为尽而不汙之汙。"段玉裁说:"尽而不汙,见《春秋》成十二年①《左氏传》。汙读为纡,谓纡曲也。杜易弧为汙,汙训窊下,窊下犹纡曲也。"

郑玄的看法与杜子春不同,郑玄说:"弧,木弓也。凡弓引之中参,中参,深之极也。揉辀之倨句,如二可也,如三则深,伤其力。"木弓不是将木材和兽角粘在一起,而是用木头制造的弓。郑玄按照字面意思解释"弧"义,认为"弧"就是《周礼·司弓矢》的"弧弓"。弧弓是上弦时弯曲度最小的一种弓,相当于"天子之弓",聚九张可摆成圆形。"引之中参"见于《考工记·弓人》,郑玄说:"张之,弦居一尺,引之又二尺。"上弦时弓体与弦之间距1尺,将3尺弓矢搭在弓弦上拉2尺,是可以拉到的最大限度,这就是"深之极"。但据《弓人》,弓因射手体格而有六尺六寸长、六尺三寸长、六尺长的上、中、下三制之别。虽说弓矢长3尺,但不知其所用何制。因此,即使说"深之极",也得不出明确的尺寸数值。"揉辀之倨句,如二可也,如三则深,伤其力"中的"三"是"中参"的"参"。那么,"二"就是说将弓弦拉到离弓体2尺。"倨句"很可能是形容弓体和弓矢形成的形状。然而如上文所述,弓的弯曲程度因弓长有多种规格,无法明确。郑珍:"可者,约略之词。"指大概是这种程度的弯曲。辀从帆前向上伸出,然后再向前弯曲,"倨句"很可能与此转弯处的曲线相关。贾公彦指出假设6尺弓拉弦2尺,弓长6尺对应于包括舆下辀长的辀全长即1丈4尺4寸,用此比例与拉弦2尺相乘,可以求得辀深4尺8寸,然后与国马辀深的4尺7寸作比较。但贾公彦的说法毫无意义,因为辀大致呈S字形,与弓形毫无共同之处。且拉弓时弓弦拉着弓体两端,此时弓弦中点和弓体之间的距离与连接弓体两端的直线和弓

---

① 《左传·成十四年》:"《春秋》之称……,尽而不汙。"

体之间的最大距离即"深",两者根本不同。江永认为把 1 丈 3 尺 3 寸长的辀弄弯,使其軓前部分长 10 尺。但是我们不知道"10 尺"是如何算出的。王宗涑认为辀形如沿着以"深"长 4 尺 7 寸为半径的圆周;据"倨句如二可也","倨"是辀之从其最高地点向后到軓前的部分,"句"是辀之从其最高地点向前到在比此点再低 7 寸位置的辀顶端的部分,"二"是从弓弧中点向下垂线两旁的两个半径,用以计算出辀全长。但是王宗涑对辀形理解有误,对"倨句""二"的解释也缺乏根据(图 5)。

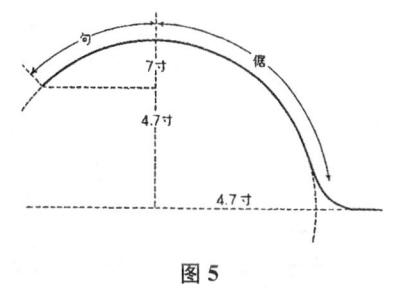

郑珍:"辀状拟弧,其弦即以拟弓弦。其深之上距,至弦之正中,即以拟矢。中参者,谓凡弓引之,其中容矢长三尺,所谓弧深也。辀之矢止,如弧深三之二,故曰如二。辀之矢,以深度约之,每寸得四厘二豪五丝强。深四尺七寸者,中当二尺。深四尺者,中当一尺七寸。深三尺三寸者,中当一尺三寸。而实度之,皆多三寸强。注云'如二可也',可者,约略之词。"郑珍给出了各个部件的详细尺寸,我们据郑珍所载的辀曲线作画法及图画画出了图 6-1 和图 6-2。首先,若把弧弓拉到箭全长的 3 尺,弧就过度弯曲,所以到 $\frac{2}{3}$ 的距离为止。这种情况下,在弓体与弓弦之间的部分箭长有 2 尺,把它当做深 4.7 尺的国马"辀之矢","辀之矢"与辀深的比例是 2/4.7,比例值约 0.4255,"辀之矢,以深度约之,每寸得四厘二豪五丝强"的意思似乎即是如此。但"四厘"似乎是小数点点错了一位。用此比例,与田马深 4 尺相乘,可以求得其辀之矢为 1.7020 尺(大约 1 尺 7 寸),深 3 尺 3 寸驽马的辀之矢为 1.40415 尺(大约 1 尺 4 寸,郑珍算出的 1 尺 3 寸是不对的)。可是郑珍将辀木与弓箭相比拟而算出的辀之矢的尺寸数值与他自己作图的辀之矢即辀深的 $\frac{1}{2}$(国马、天马、驽马各为 2.35 尺、2 尺、1.65 尺)相比,前者比后者短 3 寸强。尽管郑珍将箭搭在弓弦上来取其箭长的 $\frac{2}{3}$,但他用的是较短的弧弓,且将之直接应用在辀木上,这想法毫无道理。其他问题笔者不一一指出,但都是令人费解的误解。

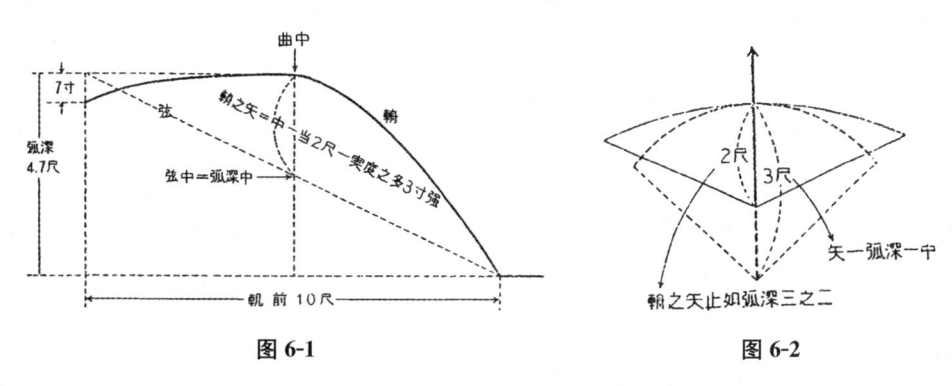

图 6-1

图 6-2

笔者在说明后人对郑注的见解时所用篇幅较多。可是我们不必像郑玄那样认为"弧"是用来标示数值的,而如杜子春所说只是形容而已,便已接近原意。

今夫大车之辕挚,其登又难;既克其登,其覆车也必易。此无故,唯辕直且无桡也。

郑玄:"人车,牛车也。"是牛拉的载物车。以下以人车为例,举出直辕的不利因素和小车装曲辕的必然理由。郑玄:"挚,輖也。"《说文·车部》:"輖,重也。"段玉裁注"挚""贽""轾"同字。"轩"指车子前部因轻而上翘。与此相反,"挚,輖也"指因重而向下的压力增大。这不是说因装载的货物处于前部而使辕的前端承受重力,而是说由于车辕平直、辕与车箱的连接点低于辕前端,所以作用于辕前端的向前的水平拉力在车辕与车箱的连接点分为水平向前的方向和垂直向上的方向。然而由于不能抬高车箱,其力在辕前端变成向下的作用力,压住牛背(图 8-1)。郑玄:"登,上阪也。""克,能也。"上坡时容易翻车,可能是因为直辕因平直而其后半部在动物身腰下面即腿脚旁边,平时被动物身腰支撑的地方便不大,但上坡时越接近于地面,被腰支撑的地方就越小。

是故大车平地既节轩挚之任,及其登阤,不伏其辕,必缢其牛。此无故,唯辕直且无桡也。

《弓人》注"节,犹适也",指调成正好。这里说是将货物偏后载来调整。"轩"与"挚"相反,指车前因轻而往上翘。郑玄:"阤,阪也。"牛在平地拉车时,为了减少压住牛颈的向下作用力,通过货物装后保持平衡。但上坡时,牛拉车的力量变小,随之压住牛颈的向下作用力也变小,这时车辕前端会抬高。因此,如果没有人在辕上压伏车辕,会引起辕套勒住牛颈的结果。且上坡时因为货物重心越过车轴向后移动,所以车辕会抬高(图 8-3)。车辕无论曲或直都会发生此现象。因此,尽管王宗涑指出平直的辕会带来的不便,也还是不够妥当。

故登阤者,倍任者也,犹能以登,及其下阤也,不援其邸,必缢其牛后。此无故,唯辕直且无桡也。

郑玄:"倍任,用力倍也。"上坡时人在车辕上压伏车辕,牛会更加用力。《说文·手部》:"援,引也。"关于"邸",孙诒让说:"王宗涑云:'邸当作軧,《说文》云:"軧,大车后也。"今谓之车尾。邸借字。'案:王说是也。《掌次》'设皇邸',司农注云:'邸,后版也。'则此邸亦谓车后。《释名·释车》云:‘有邸曰辎,无邸曰軿。’《宋书·礼志》引《字林》云:‘軿车有衣蔽,无后辕,其有后辕者谓之辎。’是邸即軧,亦即后辕也。”大车之车辕向后通过车下伸出车箱后的部位,这可见于汉代画像石。

关于“緧”,郑玄注:“故书緧作鳗。郑司农云:‘鳗读为緧,关东谓纣为緧,鳗,鱼字。’”孙诒让指出陆德明所见版本“鳗”作“緧”,且没有“鳗鱼字”三字,陆本更佳。据段玉裁说,“关东谓纣为緧”见于《方言》:“车纣,自关而东,周洛、韩郑汝颍而东,谓之緻,或谓之曲绹,或谓之曲纶,自关而西谓之纣。”段玉裁以“緻”为“緧”。惠士奇说:“緧一作緻,《释名》曰:“緻,遒也,在后遒迫使不得却缩也。’王隐《晋书》:潘岳疾王齐、裴楷,乃题阁道为谣曰:‘阁道东,有大牛,王济鞅,裴楷鞧。’夹颈为鞅,后遒为鞧,言济在前,楷在后也。”《考工记》的“緧”不是马具名,即后鞧,而如《说文·辵部》“遒,迫也”用作动词。下坡时没有揪住伸出车后的后辕,车箱由于往下滑动就险些撞上牛股。附带说一下,此事是由于没给牛装緧而导致。若有緧,车箱向前驶出的力量会被牛股阻止,不会担心车箱撞上牛股。当时当然没有制动器,但若说这是车辕平直的缘故,又叫人难以理解。

是故辀欲颀典,

从本句开始复回到小车辀的话题。郑玄:“颀典,坚刃貌。”“刃”,如上所述,是“韧”。郑众:“颀读为恳,典读为殄。驷车之辕,率尺所一缚,恳典似谓此也。”郑众与郑玄想法不同。段玉裁认为“恳”“殄”都仅表音,所以“读为”应该改为“读如”。然后他将“恳典”校改为“颀典”。孔广森考证“尺所”当为“尺许”①。可见郑众把它释为《诗·秦风·小戎》的“五楘”是形容在辀上每隔一尺如同箍一般缠上的“缚”。《考工记》在本句之前一直列举直辕的不利之处,本句承上文说“是故……”,那么本句应该表达的是“不如车辀桡曲”的,不然就无法总结。就此处来看,郑众与郑玄的说法都不够明确。戴震:“颀典者,郑用牧曰:‘穹隆而坚强之貌。’”戴震的思路大致正确。

辀深则折,浅则负。

郑玄:“揉之大深,伤其力,马倚之则折也。”过分弯曲就会变弱自不待言。王宗涑释“力”为“朸之省,《说文》云:‘朸,木理也。’”“辀深则折”,是说两匹服马夹着车辀,车子转弯时,马用马身推车辀到一方,如果此时将马身压在车辀上,车辀就会折断。“浅则负”,

---

① 原注(51):“孔广森:《礼学卮言·周礼郑注蒙案》。”

郑玄注:"揉之浅,则马善负之。"贾公彦解释说:"辀直,似在马背负之相似,故善负之。本或作'若负',皆合义,不须改也。"郑珍也说:"若不中二,则又浅不及深度,其辀无衡颈闲七寸之空,必将与马身平,马股又喜上戴之,故云浅则负也。"都是释"负"为"背负"义。但是,辀弯曲较浅接近平直,它就在两匹服马之间,从马鬐甲的高度斜着通过马身腰旁边往下去。实在是不可能背负,从外观看也不可能呈现背负的样子。此"负"义可能同于上述直辕的"挚"义。

辀注则利准,利准则久,和则安。

郑玄:"故书准作水。郑司农云:'注则利水,谓辕脊上雨注,令水去利也。'""故书准作水。"丁晏说:"案《臬氏》注:'准,故书或作水,杜子春云,当为水。'《说文·水部》:'水,准也。'《释名·释天》:'水,准也,准平物也。'《白虎通·五行》云:'水之为言准也,养物平均有准则也。'"郑玄及所引诸家皆认为"水""准"义同。"辀注则利准",郑众解释为车辕排水良好之意。但郑玄的想法有所不同,他说:"利水重读,似非也。注则利,谓辀之揉者形如注星则利也。准则久,谓辀之在舆下者平如准,则能久也。和则安,注与准者和,人乘之则安。"郑玄首先将文本改为"辀注则利,准则久,和则安",以"注"为星名。孙诒让解释说:"后郑读注与《梓人》'注鸣'之注同,其义则取象注星也。《史记·天官书》云:'柳为鸟注。'又《律书》云:'注者言万物之始衰,阳气下注,故曰注。'《索隐》云:'注,咮也。'《尔雅·释天》云'咮谓之柳',郭注云:'咮,朱鸟之口。'《开元占经·南方七宿占》云:'咮一曰注,音相近也。'丹元子《步天歌》云:'柳八星,曲头垂似柳。'谓辀之末下垂者,其句如注星,则利于引车也。""柳"是二十八宿之一,据土桥八千太、Stanislas Chevalier 两位①作的图表,相当于长蛇座 δ、σ、η、ρ、ε、ζ、ω、θ 八星(图7-1)。南宋淳祐《天文图》②连线如图7-2。虽然 σ、η 是多余的,但很可能将从 θ 到 δ 部分比拟车辀,以 θ 作为軓,以 δ 作为辀首。以戴震为首的清代学者画出的辀图被认为借鉴此形。尽管确如辀形,但是不能认为此形与车辀弯曲形状完全相符。若是如此就不符合郑玄前面所说的把辀比作拉弓二尺时的弓弧形状。

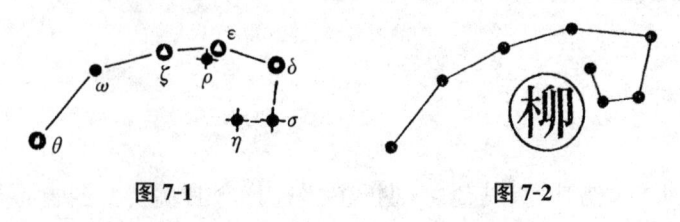

图7-1　　　　图7-2

---

① 原注㊾:"土桥八千太、Stanislas Chevalier, S. J. 'Catalogue d'Étoiles fixes, observés a Pé-kin sous l'empereur Kein-long'附图(据上田1930转载)。"上田穰《石氏星经の研究》(《东洋文库论丛》第十二,东洋文库,1930年)引用土桥八千太、蔡尚质的论文附图。
② 原注㊽:"京大人文科学研究所藏的拓本。"

另外,"辀注"能否释为"形如注星"? 若将上引"孙而无弧深"的"弧"释为"弧弓",与此同样有点牵强。笔者认为与其把它释为用特定事物形状的比拟,不如释为一般形容的词语。

江永怀疑郑众和郑玄的解释,他说:"注者,不深不浅,行如水注。利准者,便利而安耳。"戴震也有与江永类似的想法。尽管"注"的意思是否是江永解释的那样还无法确证。但该句要说的是使车辀弯曲成为某个形状效率会更好。为什么呢? 举图8-2这个有点极端的例子,如果辀从与衡交叉点向后水平伸出,车辀就在 A 点拉车。此时,上述用直辕时发生的分力没有发生,衡也没有压住马的斧痕,马的牵引力全部用于拉车。克里特岛、希腊等地的独辀马车很可能有与此相同的效果。这些马车,除辀外,另装"上辕",用以将辀前端与舆前部车栏上缘相连接。中国的马车没有采用上辕,只有一根辀木来维持,A 点由于过分弯曲变得脆弱。最好不减少车辀的坚固度并且 A 点尽可能离地高(即"深")。

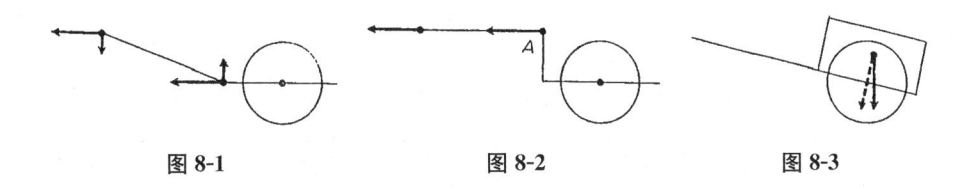

图 8-1　　　　　图 8-2　　　　　图 8-3

辀欲弧而无折,经而无绝。

"辀欲弧而无折",郑玄注:"揉辀大深则折也。"贾公彦认为本句与上文"孙而无弧深"义同。郑玄:"经,亦谓顺理也。"孙诒让引《吕氏春秋·察传篇》高注云:"经,理也"来作补充。王宗涑说:"绝,与'火爇车辀绝'之绝同。"指由于弯曲过度,外侧裂开。

进则与马谋,退则与人谋。

郑玄:"言进退之易,与人马之意相应。马行主于进,人则有当退时。"孙诒让:"《韩非子·喻老篇》云:'王子期曰:凡御之所贵,马体安于车,人心调于马,而后可以进速致远。'与此意略同。"

终日驰骋,左不楗。

郑玄:"杜子春云:'楗读为蹇。左面不便,马苦蹇;辀调善,则马不蹇也。'"贾公彦:"子春意,据将军乘车之法,将在中,故御者在左。楗为蹇涩解之。四马六辔,在御之手,不在中央，而在于左，故云左面不便，马若蹇。”御者最好在中间御马，但御者即使坐在左边也不会难以操纵马左侧的辔。这与对辔的操纵有关，而与车辀结构无关。先记述马和辀的搭配，再谈论有关马的内容，最后是有关御者的内容。那么，本句不是讨论马左侧，而当如郑玄所说是在讨论乘车的主人。郑玄：“书楗或作券。玄谓券今倦字也。辀和则久驰骋，载在左者不罢倦。尊者在左。”关于“券”“倦”，段玉裁说：“古多用券，今多用倦，是之谓古今字。张揖之《古今字诂》所由作也。《说文·力部》‘券’下曰：‘劳也。’《人部》‘倦’下曰：‘罢也。’分载之，不云一字。”关于“尊者在左”，贾公彦说：“寻常在国乘车之法，尊在左，御者中央。”如果车辀弯曲良好，马的牵引力就不起分力作用，舆不易上下摇晃，车上的人不易疲劳。

行数千里，马不契需。

郑玄：“郑司农云：‘契读为‘爰契我龟’之契，需读为‘畏需’之需。为不伤蹄，不需道里。’”这是关于马的记述，“爰契我龟”出自《诗·大雅·绵》。段玉裁释“契”说：“读为契者，用其义也。毛公曰：‘契，开也。’故以伤蹄言之”，他释“需”说：“耎，今本作需。疏引《易·需卦·释文》云：‘需音须，又乃乱反。’今案：云乃乱反，则当是耎字。《说文·大部》曰：‘耎，稍前大也，读若畏偄。’《人部》曰：‘偄，弱也。’司农云畏耎者，与许畏偄同。不耎道里者，不怯偄道里悠远也。”由于辀形合理，马受力不大，马蹄也很少受伤（当时蹄铁还没出现）。另外，戴震据《方言》释“契需”为“畏偄”。

终岁御，衣衽不敝。

郑玄：“衽谓裳也。”对此孙诒让说：“此注以裳释衽，则专指裳旁之衽言之。然裳旁之衽，唯深衣有之，而御者不必皆服深衣。则郑意似谓无论朝祭丧服，其裳幅亦通谓之衽。”御者由于手里拿着辔和策而腾不出手，倚靠在车子上来支撑身子。参考战国时代铜器上狩猎纹中的马车①，御者膝盖前有根与此平行的棍子，被认为是轼的支柱。御者稍微弯下身子，用膝盖靠住轼。车子摇晃的少，衣服磨破程度当然也少。

---

① 原注(55)：“林 1959，图 19。”林巳奈夫《中国先秦时代の马车》图 19 采用两种图画。一种是在佛瑞尔美术馆藏古镜上的纹饰有两幅，引梅原末治：《战国式铜器の研究》（东方文化学院京都研究所，1936 年）图版五五和原田淑人、驹井和爱：《支那古器图攷·舟车篇》（东方文化学院东京研究所，1937 年）图版六。另一种是在皮尔斯白瑞藏壶上的纹饰，引高本汉：*A Catalogue of the Chinese Bronzes in the Alfred F.Pillsbury Collection*（Mineapolis：*University of the Minnesota Press*，1952），pl.73：fig.59。

此唯辀之和也。

郑玄:"和则安,是以然也。谓'进则与马谋'而下。"本句总结说,之所以可以达成"进则与马谋"及以下内容,是由于"辀之和"。

劝登马力。

郑玄:"登,上也。辀和劝马用力。"戴震:"登犹进也,加也。"不像直辕那样削减马力,换言之,"辀之和"会增加马力。

马力既竭,辀犹能一取焉。

郑玄:"马止,辀尚能一前取道,喻易进。"

良辀环灂,自伏兔不至軓七寸,軓中有灂,谓之国辀。

郑玄:"伏兔至軓,盖如式深。兵车、乘车式深尺四寸三分寸之二。灂不至軓七寸,则是半有灂也。辀有筋胶之被,用力均者则灂远。"《考工记》没有记载伏兔的规格,无法知道郑玄因何认定从伏兔到軓的距离等于式深。"辀有筋胶之被"指由于辀和毂一样承力多,故此给它涂上胶并用动物筋紧紧地缠绕以防破裂,然后再髹漆以防湿气。郑玄说此漆面上出现"灂"。程瑶田对此说:"灂谓纹理。环灂者,如今琴上之蛇蚹断纹也。有筋胶之被乃有灂,故《弓人》云'牛筋蕡灂,麋筋斥蠖灂';角亦有之,故《弓人》云'角环灂'。灂盖用久而后见者与!'良辀环灂,自伏兔不至軓七寸',是必辀当兔之前,其筋胶之被止于軓后七寸处,灂生于筋胶之被故也;否则其灂不应起自伏兔,而又以不至軓七寸限之矣。然云'軓中有灂,谓之国辀',则是虽有筋胶之被,不皆有灂也。惟良辀有之,其用力均,故致然与? 注云:'用力均者则灂远',盖軓中七寸筋胶被处尽有灂矣。"程说甚为妥当。但"用力均者则灂远"的意思是否说灂不是到軓中7寸之中,而是远到軓前7寸之处? 由面漆面出现的灂的分布情况判断质量好坏,也见于《弓人》:"大和无灂,其次筋角皆有灂而深,其次有灂而疏,其次角无灂。"笔者认为郑注是正确的。戴震说:"《记》反复言辀之和,灂耐久远,亦和之征。"孙诒让解释说因为辀、軓及舆版不松动,所以灂也不易磨损而变得耐用。孙说令人怀疑。首先,除了有灂部分外,车上木材到处都松动,甚至到面漆都磨损的程度,这是不合理的。其次,即使木材有些松动,磨损也只在木材和木材的相承处才会发生,而相承处一般都在不易被人看见的地方。郑玄说:"郑司农云:'漷读为漷酒之漷。环漷谓漆沂鄂如环。'"在前文释毂时已述及,郑众释"漷"为"沂鄂",即截面半圆形的凸带纹、有意施加的花纹。可见,郑玄与郑众想法不同,郑玄可能只是引郑众说法为参考而已。戴震和孙诒让由于误解郑玄引郑众的想法,所以都将郑玄注解释为"漷会磨秃了"。漷是如何产生的?木材弯曲会导致面漆表面裂纹的出现。我们在《舆人》的解释中推定,軓通过从左右侧支撑辀有助于维持辀与轴的结构。軓具有支柱的作用,超出軓的辀前段被马用身腰推,其受力作用到辀与軓的相交处。因此在此处产生漷。但漷并不出现在从軓向后到7寸左右的辀上。自伏兔前产生漷的辀才是良好的,这该如何解释?光靠軓不会支撑横方向的冲击,那么为了避免轴和辀相交结构的损害,将辀稍微弯曲就可以得到缓冲,最好弯度缓且长。由于这些加工良好,产生漷的部分会较长,这样才是有国辀之称的辀。

  轸之方也,以象地也;盖之圜也,以象天也;轮辐三十,以象日月也;盖弓二十有八,以象星也。

本句及以下讲述车子的象征性意义。孙诒让引《周书·周祝篇》及《大戴礼记·保傅篇》,认为与此段趣旨相同。郑玄:"轮象日月者,以其运行也。日月三十日而合宿。"盖弓象征的星是二十八宿。以下各四种旌旗分别象征东南西北。

  龙旗九斿,以象大火也。

孙诒让:"以下记路车所建旌旗,象东南西北四官之星,又放星数为斿数也。"
郑玄:"交龙为旗,诸侯之所建也。"出自《周礼·司常》。郑玄:"大火,苍龙宿之心,其属有尾,尾九星。"《尔雅·释天》:"大辰,房、心、尾也。大火谓之大辰。"二十八宿中东方七宿即苍龙有角、亢、氐、房、心、尾、箕,其中称为大火的房、心、尾即天蝎座最为著,作为节候标准中心;其中的尾宿九星——据土桥八千太、Stanislas Chevalier 所述,与天蝎座的 μ、ε、ζ、η、θ、ι、χ、λ、υ 相对应[①]——的数目为龙旗数目。至于龙旗是天子所建,还是诸侯所建,旒数是否9面等考证,由于与车子结构关系不大,全部从略。

  鸟旟七斿,以象鹑火也。

[①] 原注㊶:"土桥八千太、Stanislas Chevalier, S.J.,同前书。以下中国星座名与现代星座名的对应,以此书为依据。"

郑玄："鸟隼为旟，州里之所建。鹑火，朱鸟宿之柳，其属有星，星七星。""鸟隼为旟，州里之所建"出自《周礼·司常》。"柳"是上文《辀人》中提及的长蛇座中的星。"鹑火"即柳宿，是在二十八宿南方朱鸟宿之中，作为确定节候的标准。"其属有星"《左传·襄公九年》："古之火正。"孔颖达疏："《春秋纬·文耀钩》云：'咮为鸟阳，七星为颈。'宋均注云：'阳犹首也。柳谓之咮，鸟首也。七星为朱鸟颈也。咮与颈共在于午者，鸟之正宿，口屈在颈，七星与咮体相接连故也。'"把柳宿当作朱鸟的头部，把星宿当作其颈。郑玄认为柳宿有8颗星，与"鸟旟七斿"数目不合，于是当作颈项的星宿星数有7颗——与长蛇座的α、$γ_1$、$γ_2$、ι以及在α南方的3颗六等星相对应，由此解释斿数。

　　熊旗六斿，以象伐也。

郑玄："熊虎为旗，师都之所建。伐属白虎宿，与参连体而六星。""熊虎为旗，师都之所建"出自《周礼·司常》。《史记·天官书》："参为白虎。三星直者，是为衡石。下有三星，兑，曰罚，为斩艾事。"《正义》："罚亦作伐。""伐"是在参宿即猎户座的ζ、ε、δ下面集中的ι、$θ_2$、ι三颗星，也是西方白虎宿之一。正如孙诒让所说的那样，古时《史记》所说"其外四星，左右肩股也"的四星（α、γ、χ、β）不算在参宿之内。对于"与参连体而六星"孙诒让说："伐亦通谓之参，《公羊·昭十七年》传云，'伐为大辰，'何注云：'伐谓参伐也。'此经亦通谓参为伐，故六斿取象于彼。"

　　龟蛇四斿，以象营室也。

郑玄："龟蛇为旐，县鄙之所建。营室，玄武宿，与东壁连体而四星。"王引之指出"龟蛇四斿"疑"龟旐四斿"之误①，王说无误。"龟蛇……所建"出自《周礼·司常》。"营室"即飞马座的α及β，是北方玄武宿中之一。"东壁"即仙女座的α和飞马座的γ。"与东壁连体而四星"《左传·襄公三十年》："岁在娵訾之口。"注："娵訾，营室东壁。"《尔雅·释天》："娵訾之口，营室东壁也。"孔颖达疏："孙炎曰：'娵訾之叹，则口开方，营室东壁，四方似口，故因名云。'"因为营室与东壁当时被认为是拼成一个的四方形的，所以用此4颗星来解释斿数四。

　　弧旌枉矢，以象弧也。

---

① 原注㊄："王引之1797，周官，下，'龟蛇四斿。'"王引之：《经义述闻·周官下》"龟蛇四斿"。

郑玄："《觐礼》曰'侯氏载龙旗，弧韣'，则旌旗之属皆有弧也。"是说看《觐礼》就知道旗有弧，看本句就知道旌有弧。由此郑玄推测包括旗的旌旗之类都有弧。郑玄："弧以张縿之幅，有衣谓之韣。""縿"是装在旗端、缀上多条悬垂物即斿的布帛。"弧"很可能是如籤针①的弓状物，用以使縿拉紧绷直。将装着套子的弧称为韣，韣本来就是套名。郑玄："又为设矢，象弧星有矢也。"《史记·天官书》："其东有大星曰狼，狼角变色，多盗贼。下有四星曰弧，直狼。""天狼"是天狼星。"弧"是大犬座的 δ、η、ε 和另外 1 颗六等星，船尾座的 π、ι、ο、χ 和另外 1 颗六等星。《正义》："弧九星，在狼东南，天之弓也。以伐叛怀远，又主备贼盗之知奸邪者，弧矢向狼动移。"泷川资言《史记会注考证》："王元启曰：'按六星弯者为弧，中三星直者为矢，今云四星曰弧，四字误。'猪饲彦博曰：'四，当作九。'"尽管参考在淳祐《天文图》上弓和矢的连线，但仍难以确认与属于弓和矢的每一颗星相符的实际存在的星名。

郑玄："妖星有枉矢者，蛇行，有毛目。"此句中"妖星"与伴随弧星的矢不同。孙诒让指出"郑言此者，以弧星属矢，不名枉矢，经云枉矢，兼取妖星，为象也。"孙诒让多引纬书作考证，但在此暂不介绍。郑玄："此云枉矢，盖画之。"郑玄认为由于真箭不能用于装在縿布上的弧，所以此弧不是实物，而是用图画来表示的。

《考工记》关于马车的记载到此为止。《车人》是关于牛拉的大车，故此省略。《考工记》记载的内容，作为马车制造法很不完备。例如，在木制部件中没有对轭的记载。再如，因为受力程度不同，当然会有各种各样的部件间的连接方法，但这些都没有记载。另外《考工记》中还缺乏对金饰及皮革马具的记载。但是，只看在《考工记》记载的范围内，还是可以明显知道在出土实物或金文资料上看不出的很多细节。

[林巳奈夫《〈周礼·考工记〉の车制》，《东方学报》（中国古代科学技术史の研究），京都大学人文科学研究所，1959 年 12 月第 30 册，第 275—310 页。该论文中引文标点断句都使用顿号。译者为了阅读方便，按照文意而改变。分别使用句读、逗号、冒号、分号、问号、感叹号，并加引号、书名号。本论文承蒙京都大学人文科学研究所冈村秀典教授的允许，译者翻译成中文发表，在此表示感谢。]

---

① 在日本布浆洗后晾干时使用的竹签。晾干 2 丈 8 尺布时使用 300 根左右的竹签。把竹签弄弯成弓形，把两端放在幅面左右两端。用竹子的弹性拉平皱纹。

《诗集传》训诂来源析论

□ 陈 才

摘 要:作为集传体《诗》注,《诗集传》中的训诂资料有着丰富的来源,包括汉唐古注、宋儒新注和自立之新训,其中,于汉唐古注吸收尤多。总体来看,朱子于名物、典制以及大多数字词训诂方面多采汉唐古注,而采宋儒新注及自立新训处,要么是前儒未曾解释的词语,要么是从义理出发对前儒说法的更正。朱子遍采诸家,熔铸新篇,作成《诗集传》,正是为了保证《诗》解的有效性与可信度,以期更好地去探求圣贤本意,延续道统;同时,这也是他欲突破《毛诗》以治《诗》,希冀探寻"圣贤本意"的直接体现。

关键词:《诗集传》;训诂;来源

作者简介:陈才,文学博士,上海博物馆副研究馆员。

在《诗经》的训诂中,只有对字词、名物、典制等给出可靠的训诂的基础上,才能保证对《诗经》义理阐发的可靠性。朱子对此甚为关切,颇具积极意义。朱子所作之《诗集传》,作为集传体《诗》注,其中解释《诗经》中字词、名物、典制等的资料来源比较丰富,朱子虽反对汉唐《诗》学,但对其中字词、名物、典制等的训诂并不予排斥,朱子认为其中可从者即从之,不可从者方另有选择。朱子尝言"治经者必因先儒已成之说而推之"[①],也就是说,朱子之训诂虽然是以符合义理为大前提,认为训诂是为义理服务的,但是他仍能在一定程度上尊重训诂自身的科学性,而且对训诂有一定的理论性认识,实际上也发展了训诂学。

目前学界有两篇专题论文考察此一问题。朱杰人《朱熹〈诗集传〉引文考》一文据《诗集传》全书400余条引文,对其所涉及的50余种书目和50余个人物详加考订,其中共有:《毛诗序》、《毛传》、毛、毛公、《毛诗》、《韩诗》、《韩诗薛君章句》、郑、郑氏、《郑笺》、《郑谱》、《易》、《汉上易传》、《书》、《书大传》、孔子、夫子、子、《论语》、老子、庄子、孟子、子思子、《中庸》、《大学》、《荀子》、《春秋传》、《外传》、《春秋内外传》、《左传》、左史、《国语》、《礼

---

① 朱熹撰,徐德明、王铁校点:《晦庵先生朱文公文集》(四),《朱子全书》(修订本)第23册,上海古籍出版社、安徽教育出版社2010年版,第3360页。

记》《仪礼》《周礼》《吕氏春秋》《战国策》《淮南子》《楚辞》《尔雅》《说文》《字林》《列女传》《史记》、太史公、《汉书》、班固、《后汉书》《三都赋》、"古语"、伊尹、叔向、刘康公、吕叔玉、闵马父、刘向、董子、韦昭、陆氏、韩愈、杜氏、赵子、程子、张子、欧阳公、欧阳氏、董氏、李氏、王氏、胡氏、吴氏、吕氏、东莱吕氏、陈氏、莆田郑氏、杨氏、广汉张氏、范氏、苏氏、元城刘氏、长乐刘氏、曾氏、沈括、闻人氏等。①耿纪平《朱熹〈诗集传〉征引宋人〈诗〉说考论》一义考察了《诗集传》中征引宋人《诗》说有主名者21家184条,又据清人丁晏《诗集传附释》列其中未具名者11家31条。②这两篇文章都是据《诗集传》中所标出的"某人曰"或"或曰"来分析的,其实,《诗集传》中训诂的来源不止于此,很多未标明来源的地方也是有所根据的,亦即冯浩菲所称之"暗引例"③。本来,作为集传体著作,其训诂都应有一定来源,而这些来源对于了解朱子《诗经》学有重要意义,因此,《诗集传》训诂的来源有作更为深入分析的必要。

一、《诗集传》对汉唐古注的吸收

《诗集传》训诂采用的汉唐古注,我们可以据文献的类别,将其大致分为三种情况:一是采用经部《诗经》类著作,可简称为历代《诗》注;二是采用经部小学类著作,亦即字典辞书;三是采用其他古注。

(一)《诗集传》对历代《诗》注的吸收

根据《诗集传》训诂的实际情况,结合朱杰人《朱熹〈诗集传〉引文考》一文的研究成果,我们可以知道,《诗集传》吸收的历代《诗》注有属于古文诗经学的《毛诗序》《毛传》、郑玄《毛诗笺》、郑玄《毛诗谱》、陆玑《毛诗草木鸟兽虫鱼疏》、陆德明《经典释文·毛诗音义》、孔颖达《毛诗正义》,甚至王肃等人之说,亦有属于今文诗经学的《齐诗》《鲁诗》《韩诗》及《薛君章句》等。

1.《诗集传》对古文诗经学成果的吸收

(1)《诗集传》对《毛诗序》的吸收

朱子自称晚年"去《序》言《诗》",事实上,朱子《诗集传》在分析诗旨时,的确有不少篇目对《毛诗序》的说法提出质疑,甚至否定,但亦有不少篇目是沿袭了《毛诗序》之说。冯

---

① 朱杰人:《朱熹〈诗集传〉引文考》,《庆祝施蛰存教授百岁华诞文集》,上海古籍出版社2003年版,第140—152页。
② 耿纪平:《朱熹〈诗集传〉征引宋人〈诗〉说考论》,《河南教育学院学报》2006年第2期。
③ 冯浩菲:《毛诗训诂研究》,华中师范大学出版社1988年版,第264页。

浩菲《毛诗训诂研究》论及《诗集传》对《毛诗序》的取舍,即分为四类:朱说与《序》意相同,朱说与《序》意大同小异,朱说与《序》意小同大异,朱说与《序》全异;并以第一类为最多。①而据莫砺锋先生的统计,"朱熹同意《小序》说的诗共占《诗经》总数的27%"②,此数据可信。

在《诗集传》中,虽然存在"去《序》言《诗》"的现象,但确实有不少地方在沿袭《诗序》之说,如《鄘风·柏舟》篇,《诗集传》说:"旧说以为卫世子共伯蚤死,其妻共姜守义,父母欲夺而嫁之,故共姜作此以自誓。"③此诗《序》说:"《柏舟》,共姜自誓也。卫世子共伯蚤死,其妻守义,父母欲夺而嫁之,誓而弗许,故作是诗以绝之。"可见,《诗集传》中的"旧说",即《毛诗序》之说,《诗集传》是直接沿袭其说的。不过,有少数地方,《诗集传》会直接标明引自《序》说,如《邶风·式微》篇,《毛诗序》说:"《式微》,黎侯寓于卫,其臣劝以归也。"《诗集传》分析诗旨时即引用其说,之后在篇注中又特别注明:"此无所考,姑从《序》说。"(第433页)《诗序辨说》则说:"诗中无黎侯字,未详是否,下篇同。"(第363页)这就直接点明《诗集传》于本篇是从《序》说的。还有些地方,《诗集传》并不言明所从,而实则暗袭《毛诗序》,如《曹风·素冠》篇,《诗集传》说本诗之旨为:"祥冠,祥则冠之,禫则除之。今人皆不能行三年之丧矣,安得见此服乎?当时贤者庶几见之,至于忧劳也。"(第523页)而本诗《序》说:"《素冠》,刺不能三年也。"虽然二者表述有异,但其义则同。《诗序辨说》于此篇无辨,亦可见朱子于此篇实乃承袭《序》说。

沿袭《毛诗序》之说的例子在《诗集传》中还有不少,有些学者对此作了详细地论述,④但他们都认为《诗集传》中各篇都是从《诗序》的,于事实不符,已有学者对此进行了驳斥。⑤笔者亦有另文详论,此不赘论。

(2)《诗集传》对《毛传》的吸收

在朱子生活的年代,三家诗已经全部亡佚,唯有《毛诗》独存。《毛传》是当时可以见到的最早最完整的《诗》注。作为第一说,《毛传》对于字词、名物、典制的训诂应该受到特别重视。《诗集传》中就采用了很多《毛传》的训诂,而且明确说明其来源的只是一小部分。如《卫风·硕人》"硕人敖敖,说于农郊",《诗集传》注曰:"敖敖,长貌。说,舍也。农

---

① 冯浩菲:《毛诗训诂研究》,第267—270页。
② 莫砺锋:《朱熹文学研究》,南京大学出版社2000年版,第217页。
③ 朱熹撰、宋杰人校点:《诗集传》,《朱子全书》(修订本)第1册,第441页。以下凡引《诗集传》,皆用此本,为避繁琐,不再出注,仅于文后注明页码。
④ 李家树:《国风毛序朱传异同考析》,《东方文化》1979年第1—2期;又收《诗经的历史公案》,大安出版社1990年版。王清信:《诗经三颂毛序朱传异同之比较研究》,《经学研究论丛》第6辑,1999年。王清信:《诗经二雅毛序与朱传所定篇旨异同之比较研究》,东吴大学硕士学位论文,1999年。
⑤ 陈明义:《朱熹〈诗经〉学与〈诗经〉汉学传统异同之研究》,花木兰文化出版社2009年版。

郊,近郊也。"(第453页)这3个词的训诂都是取自《毛传》的,《诗集传》皆未说明来源。又如《齐风·载驱》"四骊济济",《诗集传》注曰:"骊,马黑色也。济济,美貌。"(第489页)又如,《魏风·陟岵》"陟彼岵兮",《诗集传》曰:"山无草木曰岵。"(第493页)王先谦《诗三家义集疏》与此岵字列五家四种训诂:鲁说曰:"山多草木曰岵。"韩说曰:"有木无草曰岵。"《毛传》曰:"山无草木曰岵。"《说文》曰:"岵,山有草木也。"《释名》曰:"山有草木曰岵。"[1]很明显,《诗集传》采用了《毛传》之说。这样的例子在《诗集传》中比比皆是,不胜枚举。当然,《诗集传》中亦有少数地方标明其训诂是取自《毛传》的。

(3)《诗集传》对郑笺的吸收

郑玄作《毛诗笺》(以下称《郑笺》),以笺释《毛诗》《诗序》和《毛传》。不过,《毛传》简质,有些地方《毛传》无释,《郑笺》予以增释;有些地方《郑笺》对《毛传》的训诂加以改动;也有些地方《郑笺》是在申《毛传》之说。《郑笺》所增加和改动的训诂,有些地方是合理的,可从;也有些地方是错误的,不可从。《诗集传》中也采用了不少《郑笺》的训诂。

《毛传》无释,《郑笺》始训,《诗集传》采《郑笺》说者,如:《墉风·载驰》"既不我嘉""视尔不臧",《诗集传》曰:"嘉、臧,皆善也。"(第449页)《毛传》无释,《郑笺》曰:"嘉,善也。""臧,善也。"又如:《卫风·氓》:"士之耽兮,犹可说也。女之耽兮,不可说也。"《诗集传》曰:"说,解也。"(第455页)《毛传》无释,《郑笺》曰:"说,解也。"

《郑笺》改动《毛传》,为《诗集传》所采者,如:《邶风·谷风》:"采葑采菲,无以下体。"《诗集传》注曰:"葑,蔓菁也。菲,似葍,茎粗,叶厚而长,有毛。下体,根也。葑、菲根茎皆可食,而其根则有时而美恶。"(第430页)此处《毛传》释为:"葑,须也。菲,芴也。下体,根茎也。"显然,《诗集传》与《毛传》之训相异。而《郑笺》曰"此二菜者,蔓菁与葍之类也,皆上下可食。然而其根有美时,有恶时,采之者不可以根恶时并弃其叶"云云。是此处《诗集传》之训正从《郑笺》。又如:《墉风·干旄》"素丝祝之",《诗集传》曰:"祝,属也。"(第448页)《毛传》:"祝,织也。"《郑笺》:"祝,当作属;属,著也。"

《郑笺》申《毛传》之说,《诗集传》采之者,如:《墉风·载驰》"载驰载驱",《诗集传》曰:"载,则也。"(第449页)《毛传》:"载,辞也。"《郑笺》:"载之言则也。"《毛传》以"载"为语辞,《郑笺》申《毛传》之说,认为载犹言则。此处《诗集传》直接采用《郑笺》之说,这是由于《郑笺》的说法更明确,更便于宋人理解诗义。

(4)《诗集传》对王肃说的吸收

三国时期王肃在诗经学上有较多发明,对郑玄的不少说法加以修正,从而引起了诗经学史上著名的"郑王之争"。《隋书·经籍志》著录王肃诗经学著作四部:《毛诗注》二十

---

[1] 王先谦:《诗三家义集疏》,中华书局1987年版,第405页。

卷、《毛诗义驳》八卷、《毛诗奏事》一卷、《毛诗问难》一卷,《宋史·艺文志》皆未见著录,可见当时已经亡佚。《毛诗正义》保存了一些王肃的见解,《诗集传》于此亦有引用,如《召南·采蘋》"宗室牖下",《诗集传》曰:"牖下,室西南隅,所谓奥也。"(第413—414页)"牖下"一词《毛传》未释,《郑笺》曰:"牖下,户牖间之前。"而孔颖达疏说:"王肃以为,此篇所陈皆是大夫妻助夫氏之祭,采苹藻以为菹,设之于奥,奥即牖下。"①可见,《诗集传》此处采用王肃之说。

(5)《诗集传》对陆玑《毛诗草木鸟兽虫鱼疏》的吸收

陆玑的《毛诗草木鸟兽虫鱼疏》是第一部《诗经》博物学专著,主要对《诗经》中的名物进行解释。后世诗经学著作凡涉及名物者,采其说者尤多,还有不少采《尔雅》及其注疏者。如《卫风·硕人》"葭菼揭揭",《诗集传》曰:"菼,薍也,亦谓之荻。"(第454页)《毛传》:"菼,薍也。"《毛诗正义》引陆玑说云:"薍或谓之荻。"这正是在《毛传》的基础上,再采用陆疏之说的。《尔雅》郭璞注认为葭、菼非一草,而孙炎注则以为二者是一草。朱子采陆玑之说,又可证孙炎说之误。

(6)《诗集传》对《毛诗音义》的吸收

陆德明《经典释文·毛诗音义》中既有对《毛诗》文字的注音,亦录其释义。这些释义大部分取自《毛传》《郑笺》的,也有少量是取自三家诗特别是《韩诗》的。不过,其中还有少数是陆德明自己的释义。《诗集传》于此亦有吸收,如《邶风·北门》"终窭且贫",《诗集传》曰:"窭者,贫而无以为礼也。"(第436页)《毛传》:"窭者,无礼也。"《毛诗音义》曰:"窭,其矩反。无礼也;《尔雅》云:'贫也。'案:谓贫而无可为礼。""无礼也"是《毛传》的解释,而"贫也"则是《尔雅》的解释。从语用学角度来看,"无礼"是"贫"内在蕴含之意,也就是说,"贫"是窭的字面义,"无以为礼"是其语用义。陆德明合此二义为一,使得句义更顺。《诗集传》采《毛诗音义》之说,是合理的。

(7)《诗集传》对《毛诗正义》的吸收

孔颖达《毛诗正义》主要是为了疏解《毛传》《郑笺》,但《毛传》《郑笺》未作解释或语焉不详之处。《诗集传》的训诂中,亦有一些地方采《孔疏》之说者,如《邶风·北风》"既亟只且",《诗集传》曰:"只且,语助辞。"(第437页)"只且"一词《毛传》《郑笺》皆未释,而《毛诗正义》说:"只且,语助也。"很明显,《诗集传》是沿袭《毛诗正义》之说的。而根据现在已经出土的战国简牍,可知此"只"字很可能就是"也"字的形讹②,特别是楚简中的"只""也"二字,字形极近,上博简《孔子诗论》简19的"既曰'天也',犹有怨言",李锐和杨泽生先后指

---

① 毛亨传、郑玄笺、孔颖达疏、陆德明音释:《毛诗注疏》,上海古籍出版社2013年版,第102页。
② 赵平安:《对上古汉语语气词"只"的新认识》,《简帛》第三辑,上海古籍出版社2008年版,第1—6页。

出此当是就《鄘风·柏舟》"母也天只"而言。①"也"为语助词,典籍习见。《诗·唐风·椒聊》有"椒聊且,远条且",这里的"且"即是语助词。这样的话,"只且"虽未必可以看成一个词,但将其解释成"语助词"则是没什么问题的了。此处《诗集传》继承了《毛诗正义》正确的训释。

2.《诗集传》对三家诗的吸收

《诗集传》在一些地方采用了三家诗的说法,其中有的是在诗篇的主旨上采用三家诗的说法,有的是在字词训诂上采用三家诗的说法。

(1) 篇旨采三家诗说者

朱子《诗集传》对《诗经》每一篇的篇旨都加以重新认定,其中采《毛诗序》之说的不少,然亦有采《诗经》的齐、鲁、汉三家之说的。采用《齐诗》说的,如《周南·关雎》篇。采用《鲁诗》说的,如《邶风·柏舟》篇。采用《韩诗》说的,如《小雅·宾之初筵》篇,这已为王应麟《诗考·序》所指出。朱子在《诗集传》中有所说明(第638页),《朱子语类》中亦载朱子结合《国语》之说,认为《韩诗》以此诗为卫武公自悔之诗是正确的。②此外,如《鄘风·蝃蝀》,《诗集传》认为是"刺淫奔之诗"(第446页),《毛传》说此诗"止奔",而《韩诗序》则认为是"刺奔女"③,所以,我们可认为《诗集传》实际上从《韩诗》的。

(2) 字词训诂采三家诗说者

《诗集传》对于《诗经》中字词的训诂亦有采用三家诗,特别是《韩诗》说者,这大概是由于《韩诗》的训诂多保存于《文选注》中。《朱子语类》载朱子对其门人李方子说他欲写出《文选》李善注中《韩诗》的训诂资料:李善注《文选》,其中多有《韩诗》章句,尝欲写出。(方子录)④

陆德明《经典释文·毛诗音义》也存录有一些《韩诗》中字词的训诂资料。《汉书·艺文志》所录的《鲁故》《齐后氏故》《齐孙氏故》等书早已亡佚,关于这些书籍的辑佚工作,其时尚未出现,故笔者尚未在《诗集传》中发现采用《齐诗》《鲁诗》中的字词训诂,或正缘于此。

《诗集传》采用《韩诗》训诂的例子,我们可以举出以下一些,如《王风·兔爰》:"有兔爰爰,雉离于罿。"《诗集传》曰:"罿,罬也,即罦也。或曰:施罗于车上也。"(第466页)据《经典释文》,这个"或曰"即《韩诗》之说。又如《郑风·羔裘》:"羔裘如濡,洵直且侯。"《诗集传》曰:"侯,美也。"(第473页)《毛传》:"侯,君也。"《郑笺》释毛曰:"君者,言正其衣冠,

---

① 杨泽生:《说"既曰'天也',犹有怨言"评的是〈鄘风·柏舟〉》,《新出土文献与古代文明研究》,上海大学出版社2004年版,第47—50页。
② 黎靖德辑:《朱子语类》,《朱子全书》(修订本)第14册,第796—797页。
③ 王先谦:《诗三家义集疏》,第244页。
④ 黎靖德辑:《朱子语类》,《朱子全书》(修订本)第17册,第2736页。

尊其瞻视,俨然人望而畏之。"据《经典释文》,此亦是从《韩诗》。从句势上看,这里的"侯"当与"直"同,为形容词,《郑笺》之说显误,《韩诗》的训诂则较为合理,今人译注亦多采用《韩诗》之说,比如高亨先生《诗经今注》①,程俊英、蒋见元先生《诗经注析》还认为《毛传》的"君"亦有美意②。还如,《秦风·车邻》"寺人之令",《诗集传》曰:"令,使也。"(第506页)《豳风·蟋蟀》"八月在宇",《诗集传》曰:"宇,檐下也。"(第532页)义皆从《韩诗》。

(二)《诗集传》对字典辞书中训诂的吸收

字典辞书是训诂中所需采择的重要资料。在《诗集传》中,朱子采用《尔雅》及其注疏、《说文》、《玉篇》等字书训诂之处亦有不少。

1. 《诗集传》采《尔雅》及其注疏的训释

《尔雅》成书年代目前尚有争议③,但《说文》已经引用《尔雅》,可见《尔雅》较之为早。朱子认为:"《尔雅》是取传注以作,后人却以《尔雅》证传注。"(文蔚录)④《尔雅》是辞书,其中诸词条必有所取,而不少词条与《毛传》相合,这虽不能说明《尔雅》取自《毛传》,但说《尔雅》与《毛传》中的部分训诂有相同的来源,是大致可以的。如此说来,朱子批评后人在使用《尔雅》中犯有循环论证的错误,也是合理的。不过,《尔雅》中有些词条与《毛传》并不相同,有的时候可以用来纠正《毛传》的错误;有的时候《毛传》《郑笺》未释的词语,《尔雅》也可以作为补充。在《诗集传》中,朱子亦采用《尔雅》及其注疏中的一些训释,如:《邶风·北门》"忧心殷殷",《诗集传》曰:"殷殷,忧也。"(第436页)这个训诂见于《尔雅·释训》⑤。"殷殷"一词,按照常理,当训为"忧貌"或"忧心貌",可见朱子此训本诸《尔雅》。《豳风·九罭》"鸿飞遵陆",《诗集传》曰:"高平曰陆。"(第540页)亦本《尔雅》之训。除此之外,《尔雅》中对草、木、虫、鱼、鸟、兽、畜等名物的解释,亦为《诗集传》广泛采用,如:《王风·中谷有蓷》"中谷有蓷",《诗集传》曰:"蓷,雚也,叶似萑,方茎,白华,华生节间,即今益母草也。"(第465页)"蓷,雚"是采《毛传》之说,其后则与《孔疏》所引《尔雅》郭璞注同。又如,《郑风·有女同车》"颜如舜华",《诗集传》曰:"舜,木槿也,树如李,其华朝生暮落。"(第475页)"舜,木槿"是采《毛传》之说,其后则与《孔疏》所引《尔雅》樊光注同。又如,《曹风·蜉蝣》"蜉蝣之羽",《诗集传》曰:"蜉蝣,渠略也,似蛣蜣,身狭而长,角黄黑色,朝生暮死。"(第525页)《尔雅》《毛传》皆曰:"蜉蝣,渠略也。"《毛传》又曰其"朝生夕死",孙炎注又引《夏小正》说蜉蝣朝生暮死,郭璞注曰:"似蛣蜣,身狭而长,有角,黄黑色。丛生

---

① 高亨:《诗经今注》,清华大学出版社2010年版,第72页。
② 程俊英、蒋见元:《诗经注析》,中华书局1991年版,第233页。
③ 可参看胡奇光、方环海:《尔雅译注·前言》,上海古籍出版社2004年版,第3—4页。
④ 黎靖德辑:《朱子语类》,《朱子全书》(修订本)第18册,第4264页。
⑤ 郭璞注、邢昺疏:《尔雅注疏》,上海古籍出版社2010年版,第184页。

粪土中,朝生暮死。"又如,《卫风·氓》"于嗟鸠兮",《诗集传》曰:"鸠,鹘鸠也,似山雀而小,短尾,青黑色,多声。"(第455页)"鸠,鹘鸠"是采《毛传》之说,其后则与《孔疏》所引《尔雅》郭璞注同。又如,《周南·卷耳》"我姑酌彼兕觥",《诗集传》曰:"兕,野牛,一角,青色,重千斤。"(第405页)这里的"一角"云云,即采《尔雅》郭璞注之说。此外,值得一提的是,《尔雅》兕和犀单列,可见并非一物,而不少辞书中误以兕、犀为一物。法国学者雷焕章(Jean A. Lefeuvre)《商代晚期黄河以北地区的犀牛和水牛》一文从出土文献入手,又从音韵学和古生物学的角度综合分析,并梳理了传世文献中的相关记载,论定兕当为野水牛①,其说可从。

2.《诗集传》采《说文》的训释

东汉许慎所著《说文解字》,就是解释包括《诗经》在内的"五经"的,其中采《毛传》说较多,亦有一些地方采三家诗义,还有部分是许慎自己所立之训。朱子对《说文》颇为重视,曾亲自校勘《说文》。《诗集传》的训诂亦有不少地方采用《说文》的,如《召南·行露》"谁谓鼠无牙",《诗集传》曰:"牙,牡齿也。"②(第415页)《鄘风·鹑之奔奔》"鹑之奔奔",《诗集传》曰:"鹑,鹌属。"(第444页)这两个词,《毛传》《郑笺》皆未释,而《说文》的解释皆与之同③,乃《诗集传》采用其说。

3.《诗集传》采《玉篇》的训释

梁顾野王所编撰的《玉篇》,是一部与《说文解字》相类的字典,其中的训诂可补《尔雅》《说文》。朱子在《诗集传》中,也有采用《玉篇》训诂的,如:《鄘风·柏舟》"髧彼两髦",《毛传》:"髧,两髦之貌。"《诗集传》曰:"髧,发垂貌。"与《毛传》不同,而与《玉篇》同。《玉篇·髟部》:"髧,徒感切,发垂貌。"④据马瑞辰《毛诗传笺通释》的分析,《毛传》之说误,而《诗集传》所采《玉篇》的训释是正确的。⑤

(三)《诗集传》对其他古注的吸收

前揭朱杰人《朱熹〈诗集传〉引文考》一文中所列《诗集传》明引除《诗经》外的相关汉唐古注者颇多,遍涉经史子集四部,可参看,这里不赘述,只是再补充一些《诗集传》暗引汉唐时期其他古注的例子。

---

① [法]雷焕章著,葛人译:《商代晚期黄河以北地区的犀牛和水牛——从甲骨文中的㲋和兕字谈起》,《南方文物》2007年第4期。
② 按:《说文》众本皆作"牡齿",段玉裁《说文解字注》认为当作"壮齿"是也。详参拙文《〈说文解字〉"牡齿"当为"壮齿"辨》,《华夏文化论坛》第9辑。
③ 许慎:《说文解字》(影清陈昌治本),岳麓书社2006年版,第45页下、77页上。此篇中《诗集传》从"鸟"之字,《说文》皆从"隹",字形虽异,实为一字。
④ 顾野王:《大广益会玉篇》(影张氏泽存堂本),中华书局1987年版,第28页下。
⑤ 马瑞辰:《毛诗传笺通释》,中华书局1989年版,第165页。

《诗集传》采子部书古注的,如:《周南·螽斯》:"宜尔子孙,绳绳兮。"《诗集传》曰:"绳绳,不绝貌。"(第406页)据《故训汇纂》所录"绳绳"一词的解释,主要有:《毛传》:"绳绳,戒慎也。"此与《尔雅·释训》同。王先谦《诗三家义集疏》引《韩》说:"绳绳,敬貌也。"而《老子》河上公注曰:"绳绳者,动行无穷极也。"此外,还有其他一些解释。① "不绝"即"动行无穷极"的衍伸义,可见,此处《诗集传》实际上是从《老子》河上公注的。

《诗集传》采史部书古注的,如:《鄘风·墙有茨》"中冓之言",《诗集传》曰:"中冓,谓舍之交积材木也。"(第442页)《毛传》:"中冓,内冓。"《诗集传》显与之异,而《汉书·文三王传》颜师古注曰:

> 应劭曰:"中冓,材构在堂之中也。"晋灼曰:"《鲁诗》以为夜也。"师古曰:"冓谓舍之交积材木也。应说近之。冓音工豆反。"②

很明显,《诗集传》是采用了《汉书》颜师古注的说法。

二、《诗集传》对宋儒新注的吸收

由于学术自身积淀的内在因素和朝廷政策的奖掖与支持、经济的发达、出版业的发展等诸多外在因素的综合影响,宋代学术呈现出蓬勃发展的趋势。在诗经学方面,这个发展主要表现在参与注《诗》的学者增多,《诗》注著作多,形式多样。虽然朱子对他之前宋儒的诗经学批评较多,但于其中合理之处,亦广泛吸收。前揭朱杰人《朱熹〈诗集传〉引文考》和耿纪平《朱熹〈诗集传〉征引宋人〈诗〉说考论》都对其中明引的部分作了很好的分析,此外,其中还有不少地方是暗用宋人《诗》说的,这需要进一步作出揭示。

朱子在《朱子语类》中明确提出,汉唐古注中关于名物、典制的训诂更加可靠③,故于此,《诗集传》多不采用宋儒新注。《诗集传》采宋儒新注的,主要是在篇旨、句义和词义三个方面。宋儒《诗》注亡佚者颇多,今人已无法窥其全豹,只能据笔者目力所见,就现存的一些典籍以及前人的论述加以认定。

(一)《诗集传》对宋儒所定篇旨的吸收

朱子认为,汉唐学者不解《诗》中义理,故于诗旨方面,《诗集传》多有更定;而这更定

---
① 宗福邦等编:《故训汇纂》,商务印书馆2003年版,第1780—1781页。
② 班固撰,颜师古注:《汉书》,中华书局1962年版,第2217页。
③ 详参拙文《朱子对诗经汉学的继承与批评》,待刊。

的诗旨,则有些是采用或部分采用宋儒新说的。

其中,明用宋儒之说的,如《邶风·旄丘》篇,《毛序》认为此篇乃责卫伯之诗,朱子驳其误,并引陈傅良说曰:"陈氏曰:'说者以此为宣公之诗。然宣公之后百余年,卫穆公之时,晋灭赤狄,潞氏数之,以其夺黎氏地,然则此其穆公之诗乎?不可得而知也。'"(第363页)朱子对陈氏之说虽未作置评,但引用其说,即可说明朱子对其说的认同。又如《郑风·将仲子》篇,《诗集传》曰:"莆田郑氏曰:此淫奔者之辞。"(第470页)此引郑樵说。

其中,暗用宋儒之说的,如《召南·草虫》篇,《诗集传》认为此诗之旨是"南国被文王之化,诸侯大夫行役在外,其妻独居,感时物之变而思其君子如此"。(第413页)而《毛诗序》则认为此诗是"大夫妻能以礼自防",并未言及"大夫行役"之事,朱子《诗序辨说》认为,"此恐亦是夫人之诗,而未见以礼自防之意。"(第359页)否定《序》说。而欧阳修《诗本义》认为此诗为行役诗①,可见,《诗集传》于此采欧阳修《诗本义》之说。

(二)《诗集传》对宋儒所注句义的吸收

《毛传》《郑笺》以释词为主,串讲章旨句义之处不多,而孔颖达《毛诗正义》则对《诗经》中每句话的意思基本上都有所说明。不过,朱子认为汉唐学者在义理上误解了《诗经》,这势必会影响到对诗意,甚至句义、词义的理解,因此,《诗集传》在串讲章旨句义时,也对宋儒新注中的说法适当吸收了一些。

其中明引者,如《齐风·著》首章,《诗集传》曰:"东莱吕氏曰:《昏礼》,婿往妇家亲迎,既奠雁,御轮而先归,俟于门外,妇至则揖以入。时齐俗不亲迎,故女至婿门,始见其俟己也。"(第484页)《诗集传》于本诗二章又曰:"吕氏曰:此《昏礼》谓婿道妇'及寝门,揖入'时也。"(第484—485页)《诗集传》于本诗三章曰:"吕氏曰:升阶而后至堂,此《昏礼》所谓'升自西阶'之时。"(第485页)此乃引吕祖谦《吕氏家塾读诗记》之说。又如《豳风·七月》八章,《诗集传》曰:"张子曰:此章见民忠爱其君之甚。既劝趋其藏冰之役,又相戒速毕场功,杀羊以献于公,举酒而祝其寿也。"(第534页)此明引张载串讲本章章旨及句义之说。

暗引者,如《邶风·日月》:"父兮母兮,畜我不足。"《诗集传》曰:"不得于夫,而叹父母养我之不终。盖忧患疾痛之极,必呼父母,人之至情也。"(第426页)此本之于欧阳修《诗本义》:"谓父母不能畜养我终身,而嫁我于卫,使至困穷也。女无不嫁,其曰'畜我不卒'者,困穷之人尤怨之辞也。"②又如,《郑风·女曰鸡鸣》:"弋言加之,与子宜之。"《诗集传》曰:"加,中也。《史记》所谓'以弱弓微缴加诸凫雁之上'是也。宜,和其所宜也。《内则》所谓'雁宜麦'之属是也。"(第474页)这实际上是本之于苏辙《诗集传》的。苏辙《诗集传》卷四曰:"加,中也。《史》曰:'以弱弓微缴加诸凫雁之上。'宜,和其所宜也。"③而《毛

---

① 欧阳修:《毛诗本义》,吉林出版集团2005年版,第12页上。
② 欧阳修:《毛诗本义》,第103页下。
③ 苏辙:《诗集传》,文渊阁《四库全书》第70册,上海古籍出版社1987年版,第358页下。

传》曰:"宜,肴也。"此训与《尔雅·释言》同,但显非其训。《郑笺》则以加为增加之意,亦不确;而朱子所采苏辙《诗集传》说则较合理。又如,《魏风·十亩之间》"十亩之间兮",《诗集传》曰:"十亩之间,郊外所受场圃之地也。"(第493页)《张载集》云:"十亩,场圃所任园地也,《诗》'十亩之间'此也,不独筑场纳稼,亦可毓草木也。"①可见,朱子此说实本于张载。

(三)《诗集传》对宋儒所注词义的吸收

宋儒《诗》注,较之汉唐古注中所注词语,主要有两个变化:

1. 被训词语的数量有所增加。《毛传》《郑笺》是为汉人作注,故注释比较简略,很多词语未注。但到了宋代,有些常见的词语,已经不常见了,这就需要加以注释。

2. 作出适当改动。宋人之训诂学,无论较之以前的汉唐,还是较之以后的清代,都是颇为逊色的,但是,在词语训诂上,宋儒亦有改正汉唐古注之处。这主要还是因为他们认为汉唐学者误解《诗》之义理,从而对某些词语的训诂也出现了错误。当然,这些改动,有的比较合理,有的则颇有问题。

其中,明引宋儒之说的,比如,《卫风·考盘》"考盘在涧",《诗集传》曰:"考,成也。盘,盘桓之意。言成其隐处之室也。陈氏曰:'考,扣也。盘,器名。盖扣之以节歌,如鼓盆拊缶之为乐也。'二说未知孰是。"(第451—452页)此"陈氏"即陈傅良。又如,《郑风·缁衣》"缁衣之席兮",《诗集传》曰:"席,大也。程子曰:席有安舒之义。服称其德则安舒也。"(第469页)"席"之训大,本之《毛传》,朱子又明引程子之训以作补充。又如,《小雅·斯干》"似续妣祖",《诗集传》曰:"或曰:谓姜嫄后稷也。"(第581页)考吕祖谦《吕氏家塾读诗记》注此句曰:"郑氏曰:妣,先妣姜嫄也。曾氏曰:'似续妣祖',以《生民》、《閟宫》之诗考之,岂谓姜嫄后稷与?"②则此"或曰"当为南丰曾氏,亦即曾巩之说。

暗引宋儒之说的,比如:《召南·殷其雷》"何斯违斯",《诗集传》曰:"何斯,斯此人也。违斯,斯此所也。"(第416页)这本之于王安石《诗经新义》。邱汉生辑《诗义钩沉》引李樗《毛诗集解》曰:"王氏以上'斯'为君子,下'斯'为此。"③又如,《邶风·北门》"政事一埤益我",《诗集传》曰:"政事,其国之政事也。"(第436页)此本苏辙《诗集传》。又如:《卫风·考盘》"永矢弗告",《诗集传》曰:"弗告者,不以此乐告人也。"(第452页)《毛传》:"无所告语也。"《郑笺》云:"不复告君以善道。"《诗集传》改动《传》《笺》之意,实从欧阳修《诗本义》。《诗本义》驳《郑笺》之非:"如郑之说,进则喜乐,退则怨怼,乃不知命之很人尔,安得为贤者也?……果如郑说,孔子录《诗》,必不取也。"并释其义曰:"永矢弗告者,自得其乐,不可妄以语人也。"④又如,《王风·黍离》"彼黍离离",《毛传》《郑笺》《孔疏》皆未释,

---

① 张载:《张载集》,中华书局1978年版,第252页。
② 吕祖谦:《吕氏家塾读诗记》,影《四库荟要》本,第260页下。
③ 王安石著,邱汉生辑校:《诗义钩沉》,中华书局1982年版,第24页。
④ 欧阳修:《毛诗本义》,第34页下—35页上。

《诗集传》曰:"离离,垂貌。"(第461页)此说实本程子。

三、朱子依文所立之新训

《诗集传》除了吸收汉唐古注和宋儒新注之外,还有些训诂是朱子自己依文所立的新训。这些新训,或是为了纠正汉唐古注或宋儒新注之误,这与他对汉唐学者和宋儒的批评有关;或是将前儒未注之处注出,这是为了便于学者研读。

《诗集传》中,朱子自立的新训颇多,其中纠正汉唐古注的,比如:《周南·葛覃》"维叶莫莫",《毛传》:"莫莫,成就之貌。"《郑笺》:"成就者,其可采用之时。"《诗集传》改之曰:"莫莫,茂密貌。"(第404页)严粲《诗缉》曰:"朱氏曰:莫莫,茂密貌。"①由此可见,此训为朱子所立。再如,《周南·兔罝》"肃肃兔罝",《毛传》:"肃肃,敬也。"与《尔雅·释训》同。《诗集传》改之曰:"肃肃,整饬貌。"(第407页)《康熙字典》曰:"又《诗·周南》:肃肃兔罝。朱注:肃肃,整饬貌。"②由此可见,此训亦为朱子所立。又如,《鄘风·载驰》:"控于大邦,谁因谁极?"《毛传》:"控,引。"《韩诗》曰:"控,赴告。"《诗集传》曰:"控,持而告之也。因,如'因魏庄子'之因。"(第449页)此"控"字,朱子合《毛》、《韩》二家之说,吕祖谦《吕氏家塾读诗记》曰:"朱氏曰:控,持而告之也。因,如'因魏庄子'之因。"③这二词皆可视作朱子所立之训。

又有纠正宋儒新注的,如《唐风·扬之水》"白石粼粼",《毛传》曰:"粼粼,清澈也。"许慎《说文·巜部》:"水生厓石间,粼粼也。从㷠,巜声。"吕祖谦《吕氏家塾读诗记》即引《说文》此训,而《诗集传》曰:"粼粼,水清石见之貌。"(第499页)董治安先生认为此处"毛说不切,吕说亦难贯通",此"粼粼"当为"白石光洁之状"④。实与朱子之说相成。

还有些词语,前儒未释,朱子在《诗集传》中首先对其作出解释。比如,《鄘风·蝃蝀》:"大无信也,不知命也。"《诗集传》曰:"命,正理也。"(第447页)此正据义理以言《诗》,乃宋儒特色。又如,《卫风·伯兮》:"其雨其雨,杲杲出日。"《诗集传》曰:"其者,冀其将然之辞。"(第458页)"其"字为虚词,之前的一些古注及字书只注"词(辞)也",未对其所表示的语气作具体分析,此训乃朱子首立。⑤

不过,这一类最难断定,因为典籍浩瀚,目力难免有不及之处,加之典籍不断亡佚,朱

---

① 严粲:《诗缉》,影《四库荟要》本,吉林出版集团2005年版,第22页上。
② 张玉书等编纂:《康熙字典》(标点整理本),汉语大词典出版社2002年版,第937页。
③ 吕祖谦:《吕氏家塾读诗记》,影《四库荟要》本,第84页上。
④ 董治安:《先秦文献与先秦文学》,齐鲁书社1994年版,第93页。
⑤ 陈才:《从"其"字释义看朱子的训诂》,《朱子文化》2012年第5期。

子所见之书,今人已不能全部见到,故其中有部分训诂或有所本,但目前只能姑且认作是朱子所立。

结　论

从以上的分析,我们可以知道,朱子《诗集传》中训诂的来源非常复杂,既有引用前人成说,也有自立之新训。从引书形式来看,有明引,也就是明确注明其来源;有暗引,并不注明出处。从引书的文献类别来看,有引经部书及其注释的,也有引子部书、史部书、集部书及其注释的;当然,以引历代《诗》注与《说文》《尔雅》为最。从引书的文献时代来看,既有汉唐古注,亦有宋儒新注,其中于汉唐古注吸收尤多。这可以表明朱子注《诗》是绝不局限于《毛诗》一家的。本来,朱子将该书命名为"集传",就是采用的集传体,兼收诸家训诂,为己所用,熔铸新篇,力图形成一本通俗易懂、便于学者阅读的《诗经》读本,与吕祖谦《吕氏家塾读诗记》互补。朱子《答潘文叔》书曰:

> 近亦整顿诸家说,欲放伯恭《诗》说作一书,但鄙性褊狭,不能兼容曲徇,恐又不免少纷纭耳。《诗》亦再看,旧说多所未安,见加删改,别作一小书,庶几简约易读。若详考,则自有伯恭之书矣。①

朱子整顿诸家之说,实际上,是试图在坚持追寻"圣贤本意"的前提下,对汉唐以来诸说之谬误加以修正,对其中正确之处加以吸收。总体来看,朱子于名物、典制以及大多数字词训诂方面多采汉唐古注;而采宋儒新注及自立新训处,要么是前儒未曾解释的词语,要么是从义理出发对前儒说法的更正。

训诂明,则经义明。朱子这样做的目的,正是为了保证《诗》解的有效性与可信度,以期更好地去探求圣贤本意,延续道统。同时,在朱子看来,《毛诗》乃汉人《诗》说,自然不能将《诗经》中所体现的"圣贤本意"系统地述出。朱子遍采诸家之训诂,亦是他欲突破《毛诗》以治《诗》,希冀探寻"圣贤本意"的直接体现。

[本文为2017年度国家社科基金后期资助项目"朱子诗经学考论"(项目批准号:17FZW035)阶段性成果。]

---

① 朱熹:《晦庵先生朱文公文集》(三),《朱子全书》(修订本)第22册,第2290页。原文"褊狭"之"褊"误作"衤"旁,为其俗字,引文径改为正字。

《左传》与春秋锡命礼
——竹添光鸿对锡命礼衰变的考订

□ 吴 琼

摘 要：历来研究锡命礼的论著宏富，包括锡命礼的定义、内容、范围、结构体例和锡命仪式的地点、演进、职官及赏赐等等。《左传》中有关春秋锡命礼的记载有 20 多处。《左氏会笺》对《左传》春秋锡命礼衰变问题有较为独特和深刻的认识，如：春秋锡命礼使用玉器为饰品非命圭，周天子继位三年始锡命，周天子地位衰落与《左传》记载锡命仪式的称谓变化关联等问题。不足之处在于点到辄止，但仍然对现在的研究有启发意义。

关键词：锡命礼；竹添光鸿；左氏会笺；衰变

作者简介：吴琼，厦门大学人文学院博士研究生。

《左氏会笺》又名《左传会笺》，是日本明治时期著名汉学家竹添光鸿(1842—1917)潜心注释而成的 30 卷巨著。该著采用隋、唐旧抄本，利用后出的石经本、宋本参校，并对《春秋》及《左传》进行了详细的注疏考证。不仅版本精良，注疏详细，更重视典章制度、山川地理的考证，其中探讨春秋礼制的内容极为宏富，观点新颖，可谓发前人所未发。《左传会笺》首次在 1903 年于日本付梓，次年便传入中国，俞樾为之作序。20 多年后，《左传会笺》和其他日人的经典注疏本一起被编入《汉文大系》，由服部羽之吉更名为《左氏会笺》，缩制 30 卷本为上下二册本，新增凡例目次，成为常见的本子。① 林庆彰先生以为，若把《左氏会笺》中有关典章制度的条目汇集在一起，即可成为一部礼制辞典。②

《左氏会笺》对《左传》春秋锡命礼的考订内容也非常丰富，对锡命礼衰变问题补充了新的观点。虽然有些论证并不充分，有些观点也值得商榷，但对春秋锡命礼相关问题仍

---

① 竹添光鸿《自序》作于明治 26 年(1893 年)，当年正是他退出政坛，转而担任东京帝国大学教授一职。两年后 1895 年因病辞退而专心著述。后驻华日本领事白须直一缄于甲寅年(1904 年)将已经付梓的《左传会笺》三十卷寄给俞樾，俞樾赠《序》，两《序》皆称《左传会笺》。到 1930 年文学博士服部宇之吉主导的《汉文大系》的编纂工作时《凡例》第一条称将"竹添进一郎氏著左氏会笺三十卷"缩制为上下二册。
② 林庆彰：《竹添光鸿〈左传会笺〉的解经方法》，《日本汉学研究初探》，华中师范大学出版社 2008 年版，第 47 页。

具有一定的启发意义。

一、春秋锡命礼相较西周时期次数骤减

锡命礼是诸侯朝觐天子的重要内容,"礼有受命,无来锡命"①,反映的正是西周册命制度的现实情形。陈梦家的《西周铜器断代·周礼部分·册命篇》收录有关西周(公元前1046—前771年)276年间,周王室册命贵族或王臣的事例共计72次,周王亲命有20次,史官代宣王命有52次。②

参照金文的研究可知,西周册命不仅频繁,而且在王畿举行,有时周王亲自册命,可见仪式更加隆重。黄盛璋《西周铜器中册命制度及其关键问题新探》中也论述了西周锡命礼,虽没有直接涉及春秋锡命礼,但是将西周锡命礼与《左传》中记载的春秋锡命礼所对应的仪式、名物相对比,就可发现春秋时代的礼仪对西周的传承和衰变。

(一)《经》《传》记载春秋锡命礼中天子对诸侯的锡命礼次数越来越少,《左传》记载春秋时期(公元前770—前476年),295年间,天子锡命总共20次(包含4次诸侯的黜命降爵和1次对晋国卿大夫的锡命)。其中对诸侯大国的锡命礼总11次(隐1、桓1、庄3、僖2、文1、成1、襄1、昭1)。

(二)春秋锡命礼与五礼中"宾礼"是直接相关的,可以作为宾礼的重要内容。春秋时期的周王亲命的次数几乎没有,都是遣王室公卿或史官聘问各诸侯的时候进行锡命。天子锡命时所赏赐物也越来越不受诸侯大国待见,如僖公十一年晋惠公"受玉惰"。

(三)"锡命"在春秋时期成为周天子在精神上鼓励、情谊上笼络的务虚手段,虽有赏赐,但实际授职的情况几乎没有。锡命礼不仅在诸侯朝礼与周王使臣聘礼的仪节上发生了转化,春秋锡命礼还出现了为既薨的诸侯策命的情况,称为追命。

然而,我们也看到春秋时,"爵"仍然发挥其在礼仪上等级划分的实际功能。小国诸侯仍受到周王锡命序爵的制约。因此才有周王对小国黜命罢爵的情况。

二、春秋时周王即位三年后始行锡命礼

《春秋左传》记载了春秋时期的11次天子锡命礼:

---

① 竹添光鸿:《左氏会笺》第二册,巴蜀书社2008年版,第668页。
② 陈梦家:《西周铜器断代》上册,中华书局2004年版,第400—403页。

表1 天子锡命礼(1)

诸　侯	锡命天子	锡命年份	遣　使
晋文侯	周平王	记载于《传》隐六年(公元前717年)①，平王初年锡命	周之东迁,辅佐王室
晋缗侯	周桓王(十六年)	《传》桓八年(公元前704年)	虢仲
鲁桓公	周庄王(四年)	《经》庄元年(公元前693年)②	荣叔
晋武公	周僖王(三年)	《传》庄十六年(公元前679年)③	虢公
齐桓公	周惠王(十年)	庄廿七年(公元前667年)④	召伯廖
晋惠公	周襄王(三年)	僖十一年(公元前649年)	召武公、内史过
晋文公	周襄王(廿年)	僖廿八年(公元前632年)⑤	尹氏及王子虎、内史叔兴父
鲁文公	周襄王(廿六年)	文元年(公元前626年)⑥	毛伯卫
鲁成公	周简王(三年)	成八年(公元前583年)⑦	召桓公
齐灵公	周灵王(三年)	襄十四年(公元前559年)⑧	刘定公
卫襄公	周景王(十年)	昭七年(公元前535年)	郕简公

　　如表1,鲁桓公(四年)、曲沃武公、晋惠公、鲁成公、齐灵公都是在周王登基三年时进行锡命的,占了春秋时期天子锡命礼的一半。

　　那么其他诸侯,如鲁桓公之前的隐公,是否在周桓王即位三年时受命?《春秋》未有记载。在周桓王即位三年时,正值隐公六年(公元前717年),王室闹米荒来向鲁国求粮,鲁国却改向宋、卫、齐、郑等国去讨米。之前在隐公三年时,周平王驾崩,鲁隐公不遵礼制,没有参加平王的葬仪。还是周王室遣使来鲁国讨要助丧的赗品,鲁侯才送出吊丧之礼。可见在桓王时,周鲁两国的外交关系并不融洽。而且桓王不仅没有锡命鲁隐公,而且迟迟不对鲁桓公锡命,这也有国力羸弱的原因。可见春秋时期,锡命礼的举行与周王畿的经济实力相关。周王畿经济强大了,与诸侯国之间的外交关系才能稳固,从而能进行锡命。

　　桓王驾崩,直到庄王即位后第四年,才对已故的桓公进行追封策命。

　　杜预将鲁桓公与卫襄公的锡命进行类比,认为都是诸侯殁后进行追命仪式。但这只

---

① 竹添光鸿:《左氏会笺》第一册,巴蜀书社2008年版,第83页。
② 竹添光鸿:《左氏会笺》第一册,巴蜀书社2008年版,第234页。
③ 竹添光鸿:《左氏会笺》第一册,巴蜀书社2008年版,第286—287页。
④ 竹添光鸿:《左氏会笺》第一册,巴蜀书社2008年版,第322页。
⑤ 竹添光鸿:《左氏会笺》第二册,巴蜀书社2008年版,第609页。
⑥ 竹添光鸿:《左氏会笺》第二册,巴蜀书社2008年版,第667页。
⑦ 竹添光鸿:《左氏会笺》第二册,巴蜀书社2008年版,第1020页。
⑧ 竹添光鸿:《左氏会笺》第三册,巴蜀书社2008年版,第1297页。

是表面形式上雷同。竹添氏认为诸侯薨,周天子进行追命符合周礼精神。

至于周景王对卫襄公锡命,与晋国的亲卫态度有很大关系。晋国六卿之一的韩宣子,不仅遣范献子到卫国吊丧,还赠还卫国以土地。这种外交举措必然影响周王室的决策。于是,周景王迎合了晋国的态度而推荣已故的卫襄公,也派遣郕简公锡命卫襄公。

> 昭七年《传》:卫齐恶告于周,且请命,王使郕简公如卫吊,且追命襄公。曰:叔父陟恪,在我先王之左右,以佐事上帝。余敢忘高圉亚圉。①

不仅于此,竹添氏更为准确地把握了春秋时期周王室锡命齐鲁大国的原因。春秋时期不少锡命礼都是在周天王即位三到四年的时间进行。一方面先王驾崩、新立天子谅闇三年正好即位三年左右,即可与诸侯展开联姻,以巩固周王室的政权地位。另一方面也迎合了"三年聘"的礼制,《礼记·王制》:"诸侯之于天子也,比年一小聘,三年一大聘,五年一朝。"虽然周王与诸侯之间的三年聘礼,本应由诸侯聘问周天子,而春秋时期,身份地位已发生转换。

晋惠公即位也是在周襄王在位第三年时锡命,这时的晋惠公在位已一年。同样"即位受命"的鲁文公,在周襄王二十六年受命,杜预将晋惠公与鲁文公进行类比。竹添氏赞同此说,并且补充鲁文公即位锡命的原因:

> 是时王笃于我,故特有此命。(文元年《会笺》)②

何以体现周鲁情笃?首先,周襄王先遣使来鲁国参加僖公的会葬仪式,后派卿士来锡命。其次,鲁文公又遣叔孙得臣奔赴京师答谢周王。晋惠公与鲁文公同为周襄王锡命,但春秋时期的政治变局改变了原有的礼仪,两位诸侯回应锡命礼的态度也反差很大。晋惠公的态度轻慢懈怠;鲁文公则态度郑重,事后特派卿大夫向周襄王答谢。

周襄王时期,诸侯争霸日益激烈,诸侯为夺霸权各显其能,使用各种手段,抓住一切可以扩张自己实力的机会。其中的两位重要霸主就是齐桓公、晋文公。他们先后在惠王十年和襄王二十年时受到周天子锡命。锡命的原因在于周王室想采取军事行动、对战后军功封赏有关。

另外,对于鲁成公在位八年受命的历史事件,研究春秋礼制的学者常以为这是周王

---

① 竹添光鸿:《左氏会笺》第四册,巴蜀书社2008年版,第1760页。
② 竹添光鸿:《左氏会笺》第二册,巴蜀书社2008年版,第667页。

突然锡命，而没有找到锡命的原因，大概因为学者们忽略了鲁成公受命这一年正好是周简王即位第三年。

分析春秋《经》《传》记载的锡命礼，我们发现除三年锡命之外，春秋时期其他诸侯锡命事实上都有具体的历史因缘，有自请王命、合亲、征伐、战功等等原因。可见春秋时周王即位三年时锡命诸侯是一个常制。

三、春秋锡命礼的命圭及锡命仪式的衰变

竹添氏对于锡、命的定义尊崇古训，对杜预注有所驳正。锡，《尔雅·释诂》释作"赐与也"，甲骨文作"易"，读作赐，意为上级对下级的赏赐，与下级对上级的献贡相对。

文元年《经》：天王使毛伯卫来锡公命。

杜注：七月而葬，缓也。毛国伯爵，诸侯为王卿士者也。诸侯即位，天子赐以命圭，合瑞为信，僖十一年王赐晋侯命亦其比也。

杜预认为：鲁僖公殁后，历经七个月到第二年才下葬，下葬得晚了。不久，文公即位。周襄王派毛伯卫（毛国国君，伯爵）到鲁国为文公即位进行册封，并且襄王将"命圭"赐鲁公，合瑞为信。

《会笺》：杜以命为命圭。误矣。周衰，列国不朝。合瑞之圭，殆为赘物。其后伯国益炽，王室益微。诸侯赐圭者，恐无有乎尔。《穀梁》云：礼有受命，无来锡命。锡命非正也。然春秋间列国。盖无士服见王者。《觐礼》诸侯朝王。赐之策书车服。必即诸侯馆而行之。周衰遂即侯国锡之也。后之观春秋者，因以见周之衰可也。乃以非正贬此王此公。非论其世之道也。①

竹添氏认为杜预把命误释为"命圭"，因为它不符合春秋时期周王衰弱、诸侯炽慢的现实。竹添氏引《穀梁》后，论述天子在诸侯朝觐时，赐圭合瑞礼仪应当于周王畿内实行。既然春秋时期觐礼都衰亡了，命珪的礼仪价值殆尽，几乎成为了累赘。由此竹添氏认为春秋时期，天子聘问诸侯进行的锡命中所执的玉器，已无命圭了。

---

① 竹添光鸿：《左氏会笺》第二册，巴蜀书社2008年版，第667页。

关于册命中的"命圭",僖十一年晋惠公新立时,王赐之命,晋侯"受玉惰"。同样是即位锡命,周使臣向晋侯赐玉。因此历代学者认为即位锡命必有命圭。还有学者认为"命圭"与西周册命的"重命"相关。①但西周册命中"世袭",甚至"增命"的锡命礼中赏赐无命圭的情况也存在。

但是竹添氏认为:春秋锡命礼中具有实际意义的是车马、命服。晋惠公所受的"玉",也并非命圭,而是命服的装饰品。《公羊传》:"命者何?加我服也。"《唐风·无衣》之篇晋人为其君"请命于天子之使",以无衣为辞。

《会笺》:赐命以车服为正事。其受玉者,乃将命之饰耳。杜谓所赐命圭,误矣。(僖十一年)②

竹添氏首先以春秋时期诸侯不再朝觐周天子,断定"命圭"已无实际价值,故而锡命礼中无"命圭"。其次,竹添氏又以《左传》记载的锡命礼中,有的只言"车马冕服"而不言"玉圭"的事例,类比受冕服和受玉是一样的,认为史书"举一见二,自可意会耳"(僖十一年)③。再次,竹添氏指出杜预误认为"命圭"是受到《尚书》"五瑞之文"的影响。

关于命圭,竹添氏在僖公十一年,晋惠公"受玉惰"下,进行了详细考证:

《会笺》:《玉人职》琬圭九寸而缫,以象德。注:王是之瑞节,诸侯有德,王命赐之,使者执琬圭以致命焉。《疏》引天王使毛伯来锡公命为证。则此受玉者受琬圭也。知非命者,《玉人》云:"镇圭尺有二寸,天子守之。命圭九寸,谓之桓圭,公守之。命圭七寸,谓之信圭,侯守之。躬圭,伯守之。"注:命圭者,王所命之圭也。朝觐执焉。居则守之,然则诸侯自始封以来,受诸天子,世世守之,惟朝觐执以见王。《尚书大传》:"诸侯执所受圭,朝于天子,无过行者,得复其圭,以归其国。"有过行者留其圭,能改过者复之。故诸侯朝觐毕,王还其玉,是常礼也。其寻常聘问,亦别有玉。《典瑞职》云:"琢圭璋璧琮以頫聘。"《聘义》云:"已聘而还圭璋,诸侯自相聘问。"既然还玉,则诸侯于天下之玉,亦还于事毕可知。聘礼,宾袭执圭,摈者入告。出,辞玉,纳宾,宾升,西楹西东面致命。公当楣再拜,是邻国之臣致其君之命。再拜方受,于天子之使致命,则降阶再拜稽首可知也。(僖十一年)④

---

① 黄盛璋在《西周铜器中册命制度及其关键问题新考》中并列"初命"与"重命"铭文六件,认为职官、命服都在"初命"中解决,以后的册命"重命"中赏赐祭物、圭瓒与奴隶等。《考古学研究》,三秦出版社1993年版,第407—409页。
②③④ 竹添光鸿:《左氏会笺》第一册,巴蜀书社,2008年,第453—454页。

竹添氏广引《周礼》中的《玉人职》《典瑞职》,《尚书大传》及《礼记·聘义》要论证的是:命圭是公侯自被封赐之初,就受到天子赏赐并且世世代代守用的。命圭有九寸、七寸两种,分别成为"桓圭""信圭",具有较为崇高的价值。诸侯在朝觐天子时使用,"致命"就是将玉圭上交给周王。周王根据诸侯的德行功业:有过错的就留下玉圭,不再锡命;没有过错的,就用命圭锡命诸侯。而且,天子聘问诸侯时,使臣会使用别的玉器,如:琢圭璋璧琮,而不是"命圭"。

竹添光鸿认为春秋锡命礼无"命圭",多次论述玉石乃装饰品的观点,似乎能自圆其说。但是竹添氏在周礼的正统观念下,仅从正面论述"命圭",显然有迂腐和主观臆断之嫌。

> 《周语上》:襄王使邵公过及内史过赐晋惠公命,吕甥、郤芮相,晋侯不敬,晋侯执玉卑,拜不稽首。①

《国语·周语》与《左传》僖公十一年记载了同一件事情。这里"执玉卑"与"受玉惰"是指同一件事。但用"执"就可以否定,此玉并非装饰,因为装饰是佩戴的,只有瑞圭才应当以手执。《周礼》中明确了不同身份的人所执玉不同。诸侯大国被锡命侯伯,应当执信圭或躬圭。因为赐玉的瑞圭是表爵位的礼器,在诸侯薨后以礼当归还给天子,定然不是简单的装饰品。

> 《周礼·春官·小宗伯》:以玉作六瑞,以等邦国。王执镇圭,公执桓圭,侯执信圭,伯执躬圭,子执穀璧,男执蒲璧。②

周礼至春秋时虽然衰落,但玉帛圭璋仍然是"大器",在朝聘乃至锡命活动中仍尤为关键。玉器是礼仪中的重要信物,具有等级身份象征意义。礼的小篆写作"禮",右下的"豆"是一种盛物的礼器,而上方所承之物,原意为玉串。而锡命礼中命圭这种重要玉器使用才区别于天子的一般聘问和赏赉活动。

有研究认为,锡命礼与夏朝初步建立朝聘仪制有关,出土的玉柄形礼器就是。李无未先生《周代朝聘制度研究》引《竹书纪年》:"后泄二十一年,命畎夷、白夷、赤夷、玄夷、风夷、阳夷。"《通鉴外纪》卷二引这段材料说:"加畎夷等爵命。"结论是"诸夷朝觐

---

① 徐元诰:《国语集解》,中华书局 2002 年版,第 31 页。
② 孙诒让:《周礼正义》第五册,中华书局 1987 年版,第 1380—1383 页。

与夏朝君王对诸夷行锡命礼有一套仪制"①。并且讨论二里头文化的玉柄形器的礼内涵,判断其很可能是由夏王赐与的一种表明身份的礼器②。《左传》中还记载了"夏后氏之璜"。

> 定四年《传》:分鲁公以大路、大旂。夏后氏之璜。封父之繁弱。
> 《会笺》:《淮南·泛论训》注:半圭曰璋,半璧曰璜。夏后氏之珍玉也。《明堂位》曰:大璜,天子之器。③

夏后氏即夏王朝。周公分封伯夷在鲁地时,赐给他夏朝之璜。璜是形体较大的半璧玉,非常难得,为天子之器。夏后氏之璜即是周公赐予伯夷的一种祭祀北方的礼器。诚然,夏礼初步形成,也有玉石用作礼器来使用。《竹书纪年》中记载的六夷来朝,并接受夏帝泄的爵命,是对夏朝王权的承认。但夏朝赐爵命的仪式没有文献流传,仅从玉器发掘来推测,尚显不足。

《尚书·多士》:"惟尔知,惟殷先人有典有册。""典册"能够把朝聘时的锡命仪制记载并保存。《诗经·商颂·玄鸟》:"四海来假,来假祁祁。景员维河,殷受命咸宜,百禄是何?"是天下既蒙殷商的政令,皆得其所而来朝觐贡献的众多景象。《诗经·商颂·长发》:"受小球大球,为下国缀旒,何天之休。"小球是玉圭,大球是玉珽,旒是服章。商汤已为天所命,于是受赐玉旒,才与诸侯会同。

综上,自礼仪活动始,玉器的礼义就确立了。用玉的制度确立于夏代,发展于商代,完备于周代。

> 《会笺》:《觐礼》:天子赐侯氏以车服四,亚之重赐无数。注:四谓乘马也。所加赐善物多少由恩也。盖加赐之物则宝玉彝器之属。此礼宾所用。非送爵相酬之玉币也。……《文侯之命》曰:用赍尔马四匹;《小雅·采菽》曰:君子来朝,何赐予之;虽无予之,路车乘马。乘马,四马也。《竹书纪年》:武乙三十四年,周公季历来朝,王赐玉十珏、马八匹。④

天子锡命诸侯,因为宗法制和等级制,对不同名位的诸侯赐予的礼节、礼物种类和数

---

① 李无未:《周代朝聘制度研究》,吉林人民出版社2005年版,第64页。
② 李无未:《周代朝聘制度研究》,吉林人民出版社2005年版,第68页。
③ 竹添光鸿:《左氏会笺》第五册,巴蜀书社2008年版,第2151页。
④ 竹添光鸿:《左氏会笺》第一册,巴蜀书社2008年版,第290页。

量也不同,即所谓"王命诸侯,名位不同,礼亦异数"(庄十八年《传》)。竹添氏引《竹书纪年》:(商王)武乙三十四年(公元前1114年)。(诸侯)周公季历来朝觐。商王赐玉十对,赐马八匹。①竹添氏采郑玄注,认为在锡命礼中除了爵位、玉币、车马等表明身份等级的赏赐,还有恩赏加赐的物品,如宝玉、彝器等。《周礼·司士》曰:"以德诏爵,以功诏禄。"又曰:"惟赐无常。"意味着加赐的宝玉和彝器是就没有一个定制了。

《周礼》和《左传》两书所反映的多系东周时期的官制和社会状况。②礼器的使用越来越专门化,并且更被赋予了丰富的人文内涵。

《周礼·春官·小宗伯》:以玉作六器,以礼天地四方。以苍璧礼天,以黄琮礼地,以青圭礼东方,以赤璋礼南方,以白琥礼西方,以玄璜③礼北方。

四、春秋锡命礼凌夷与周天子的尊称变化

《左传》中记载周天子"锡命"鲁君的礼仪有三次:1.庄元年(公元前693年)"王"追锡桓公命;2.文元年(公元前626年)"天王"锡命文公即位礼;3.成八年(公元前583年)秋,"天子"锡命在位八年的成公。三次分别在周桓王、襄王、简王时册命,《经》文称周天子分别为"王"、"天王"和"天子"。

庄元年《经》:冬十乙亥,王使荣叔来锡桓公命。
《会笺》:周礼诸侯死,王有锡命,即追命也。王命鲁主昏,故追锡桓公以宠之。④

对于鲁桓公锡命的事实,杨伯峻说:"庄元年,周天子不赐新即位之庄公以爵命,反追命已死之桓公,则非即位君之赐命矣……赐命只是一种宠命,表示倚畀之深耳。"⑤这与孔疏的"恩同畿内"意思相近。而有学者认为:鲁桓公死于非命,由于夫人文姜与齐襄公私情败露,齐侯借鲁侯来齐国会盟时,将其暗杀。鲁国上下都备感耻辱,充满怨恨。周桓王此时主动锡命,不足以显示周天子对鲁桓公的荣宠和恩典,只是希望以此安抚鲁国君臣

---

① 竹添光鸿:《左氏会笺》第一册,巴蜀书社2008年版,第290页。
② 黄盛璋:《西周铜器册命制度及其关键问题新考》,《考古学研究》,三秦出版社1993年版,第432页。
③ 孙诒让:《周礼正义》第五册,中华书局1987年版,第1389—1390页。
④ 竹添光鸿:《左氏会笺》第一册,巴蜀书社2008年版,第234页。
⑤ 杨伯峻:《春秋左传注》,中华书局2009年版,第338页。

悲伤的情绪,表达对鲁桓公悲剧命运的怜悯。①

竹添氏与杨氏的观点一致,更进一步说出了追命的原由。他认为:齐国国力强大,周、鲁都忌惮齐国之威。鲁侯被杀后不久,周桓王却嫁女给齐侯。由于鲁国与王室同为姬姓,于是周王任命刚即位的鲁庄公作为主婚者。可是由于齐侯刚杀了鲁桓公不久,周王为了安抚鲁国民众的怨雠、促成王室与齐国的联姻,于是追锡桓公以表达荣宠。正因周鲁同姓,恩同畿内,任命鲁侯为王姬主婚,正是周王倚畀鲁侯之处。

> 成八年《经》:秋七月,天子使召伯来锡公命。
> 《传》:秋,召桓公来锡公命。
> 杜注:诸侯即位,天子赐以命珪,与之合瑞。八年乃来,缓也。天子,天王,王者之通称也。②

贾逵注:"诸夏称天王,畿内曰王,夷狄曰天子。王使荣叔归含且赗,以恩深加礼妾母,恩同畿内,故称王。成公八年乃得赐命,与夷狄同,故称天子。"孔颖达认为《左传》合杜注对三种称谓没有区别,皆王者通称。但竹添氏则与贾注的意思相同,《传》文天子尊称的变化必有其原因。

> 《会笺》曰:春秋锡命者三:庄元年称王,文元年称天王,此称天子,三出而文三变矣。会葬者二:文元年称天王,文五年称王。归赗者二:隐元年称天王,文五年称王。此并再出,而文再变矣。……鲁不朝而天子使来锡命。既受赐矣,亦不朝聘以谢志。周室之不振,鲁之不臣甚矣。③

鲁成王受赐后,不再朝聘周天子以谢恩。竹添氏比贾逵更进一步,将《春秋》中周、鲁礼仪往来时,周王的称谓多次变化进行罗列,呈现出一幅曲线图:隐元年时称"天王",庄元年时称"王",文元年时称"天王",文五年时称"王",成八年时称"天子"。

文王时期称谓的变化,与鲁侯僭越礼乐的一次外交活动有关。

> 文四年《传》:卫宁武子来聘,公与之宴,为赋《湛露》及《彤弓》。不辞,又不答赋。使行人私焉。对曰:"臣以为肄业及之也。昔诸侯朝正于王,王宴乐之,于是乎赋《湛

---

① 景红艳:《〈春秋左传〉所见周代重大礼制问题研究》,中国社会科学出版社2015年版,第182页。
②③ 竹添光鸿:《左氏会笺》第二册,巴蜀书社2008年版,第1020页。

露》,则天子当阳,诸侯用命也。诸侯敌王所忾而献其功,王于是乎赐之彤弓一,彤矢百,玈弓矢千,以觉报宴。今陪臣来继旧好,君辱贶之,其敢干大礼以自取戾。"

鲁文公虽然与周王室情笃,但是在文公四年的一次接待外使聘礼活动中,僭越了诸侯本分,用天子赋章。由此可知卫宁武子是知礼的,但周天子的尊称自此发生了变化,在文公五年的会葬礼中,不称"天王"而呼作"王"。竹添氏认为古人非常重视"正名"之事,而对记录春秋时期重大礼仪活动中周天子的称呼所发生的变化,正是春秋礼仪衰变的一种表现。

五、春秋附庸小国的锡命礼与黜命

不完全统计,《左传》间接记载的春秋时期的天子锡命礼。

表2 天子锡命礼(2)

受赐诸侯	锡命天子	记载年份(晚于锡命)	锡 命
滕侯→滕子	周桓王	桓二年(公元前710年)①	周卜正→降爵
薛侯→薛伯	周桓王	庄卅一年(公元前663年)②	夏车正→降爵
宋桓公	周僖王	庄十四年(公元前680年)③	从齐桓公
郳子	周僖王	庄十六年(公元前678年)④	从齐桓公
小邾子(郳犁来)	周惠王	僖七年(公元前653年)⑤	从齐桓公
杞侯→杞伯	周惠王	庄廿七年(公元前667年)⑥	降爵
杞伯→杞子	周襄王	僖廿三年(公元前637年)⑦	用夷礼故,降爵
杞子→杞伯		文十二年(公元前615年)	
郯子	周灵王	襄七年(公元前566年)⑧	朝礼鲁公

---

① 竹添光鸿:《左氏会笺》第一册,巴蜀书社2008年版,第128页。
② 竹添光鸿:《左氏会笺》第一册,巴蜀书社2008年版,第338页。
③ 竹添光鸿:《左氏会笺》第一册,巴蜀书社2008年版,第277页。
④ 竹添光鸿:《左氏会笺》第一册,巴蜀书社2008年版,第285页。
⑤ 竹添光鸿:《左氏会笺》第一册,巴蜀书社2008年版,第427页。
⑥ 竹添光鸿:《左氏会笺》第一册,巴蜀书社2008年版,第320页。
⑦ 竹添光鸿:《左氏会笺》第二册,巴蜀书社2008年版,第524页。
⑧ 竹添光鸿:《左氏会笺》第二册,巴蜀书社2008年版,第1186页。

陈梦家将西周金文的"命"分为三大类：第一类是王的策命与赏赐；第二类是王令其大吏舍命于成周；第三类是君后、伯侯的命、赐。①春秋时期的"锡命"不仅仅如此，例如：诸侯大国向周王室为小国代言请命、周王室对诸侯小国进行黜命罢爵这三类情况。

(一) 代言请命

历代的经学家都认为春秋时期附庸小国锡命的事件中，需要大国诸侯向周王室代言请命。如宋桓公、邾子、小邾子皆因齐桓公之力而获得王室锡命。以邾子为例。贾逵、服虔认为邾子受锡命在参与齐桓公主持的"北杏之会"时，因齐国之力已获得王室的锡命。杜预《注》和孔颖达《正义》认为邾子受命必在"北杏"之后，原因在"服事齐桓"，而具体年份不知。

  杜注：王未赐命以为诸侯也。其后仪父服事齐桓，以奖王室，王命以为邾子。（隐元年《传》）

(二) 黜命罢爵

在春秋初年，各附庸小国纷纷向鲁国进行朝聘礼仪。如薛、滕两国的诸侯朝觐鲁隐公时，争夺先后位次。因为薛侯、滕侯未朝天子而先朝鲁侯，并且在朝礼上争长，引起桓王的不满，故而将他们降爵。

但竹添氏对以上锡命礼的原因又有所补正：

首先，竹添氏否定杜注，认为邾国在周武王时就受封，邾侯本为子爵。

  《会笺》：邾本一爵国，子服。景伯曰："若为子男则如邾以侍晋。"则邾为子爵甚明。杜以为附庸，沿服虔之误耳。（隐元年《经》）

  又《会笺》：至仪父之未王命，则必有其故，而今不可考，杜云：其后服事齐桓得王命，恐是臆断。（隐元年《传》）

(三) 用夷礼故而降爵

  《会笺》：稽之《经》《传》，周室虽衰，锡命犹行于列国。即如二邾，初皆称字，后乃称子，皆以王命进之。而郑唐之《无衣》，秦之《车邻》《驷铁》，并断断于王命，若王命不行于列国，岂至虚序其意。……惟杞僖二十七年来朝称子，以用夷礼故也。文十

---

① 陈梦家：《西周铜器断代（上）》，中华书局2004年版，第400页。

二年来朝舍夷礼，复称伯。（桓二年《经》）

入春秋以后，即位的邾侯未受到周王新的锡命，不书爵。后"邾子朝"鲁公时称为邾子，竹添氏却说不知原因。其实历代经学家贾逵、服虔、杜预、孔颖达都认为是因服事齐桓公而借以请命的。但竹添光鸿以"臆断"之名否定了，没有给出理由。

《左传》首次称"附庸"的名例在庄公五年，杜注认为：郳犁来未受到周王锡命，作为小国依附大国，故而朝觐鲁公。但是一直未能受命，后来因为服事齐桓公，进贡齐桓并参与齐国主持的会盟，故而依附齐桓公，最终得到周王室的认可，获得锡命。然而竹添氏在此认为杜预的注解是没有根据的。

> 庄五年《经》：秋，郳犁来来朝。
> 杜预：附庸国也。……犁来，名也。
> 庄五年《传》：秋郳犁来来朝，名，未王命也。
> 杜预：未受爵命为诸侯也。《传》发附庸，称名例也。其后数从齐桓。以尊周室，王命以为小邾子也。
> 《会笺》：郳是子爵国，杜以为附庸，无据。①

直到襄公四年，竹添光鸿才对"附庸"有所考订。

> 襄公四年《传》：晋侯享公，公请属鄫。
> 《会笺》：春秋之世，小国多附于大国。二十七年齐人请邾，宋人请滕，邾滕犹尚附人。②
> 襄公二十七年《传》：齐人请邾，宋人请滕③。

竹添氏指出"请"即"请属"就是请邾滕小国作为齐宋的私属附庸，并向齐宋上交贡赋。并且竹添氏认为邾国是在襄公二十七年才做齐国的附庸。竹添氏认定：未受王命之国也有爵位，并非附庸之国。将"爵"与"命"分开独立看待，并将小国的"未受锡"与"附庸"的意义分开理解。在《左传》未言的层面，批判性地对待杜注与孔疏，给人丰富的启发。

---

① 竹添光鸿：《左氏会笺》第一册，巴蜀书社 2008 年版，第 245 页。
② 竹添光鸿：《左氏会笺》第三册，巴蜀书社 2008 年版，第 1166 页。
③ 竹添光鸿：《左氏会笺》第三册，巴蜀书社 2008 年版，第 1480 页。

六、竹添氏《左传》锡命礼衰变考订的价值和不足

竹添氏认为锡命赏赐本应该由周王下达,但是在春秋时期,锡命礼出自于诸侯下达给卿士,这都是世道衰替、礼制变易的表现。为了巩固周王室的权力,对异姓诸侯锡命并联姻,对同姓诸侯锡命并加赐,都是用礼节联络重权而获得依凭的有利方式。晋文公受锡命表现得谦恭有礼,举止有度,但是竹添氏仍隐隐表达了对周天子的失望。

竹添氏在笺文中,按照《仪礼·觐礼》大谈锡命的正礼如何实行,始终认为"礼有受命,无来锡命",天子锡命,诸侯当"受命于馆",如同孔子的情怀一般,蕴含着对周礼的向往。

竹添氏关于锡命礼的观点仍有迂腐之嫌,或者因为论述太简略而武断。他对杜注、孔疏的《春秋左传注》有不少驳斥,其中一些是不合理的。例如竹添氏认为杜预误释"锡文公命"之"命"为"命圭",否定春秋时的锡命礼中玉器有命圭,同时将晋惠公所受赐的玉认作是锡命的玉饰。竹添氏对周公制礼作乐非常向往,对孔子想恢复周礼的愿望有同情和理解。这与竹添氏所处的日本明治变革时局有非常大的关系,但这也对竹添氏注释春秋时的礼制带来主观上的影响和局限。

陈澧对曹元弼经学研究之影响考论

□ 李 科

摘 要：作为近代两位经学大家，曹元弼与陈澧虽然没有师承关系，但是曹元弼的经学研究却受到陈澧较大的影响。曹元弼在张之洞幕府与陈澧后学梁鼎芬、陈宗颖、马贞榆等交往论学过程中比较系统地接触到了陈澧的学术思想，并在多方面受到陈澧的影响。具体而言，陈澧对曹元弼经学研究的影响包括三方面的内容：（一）正学术以正人心的经世致用思想；（二）汉宋会通的学术主张；（三）《仪礼》《孝经》《尚书》《周礼》《孟子》等各经的具体研究成果多为曹元弼所吸收。

关键词：陈澧；曹元弼；经世致用；汉宋兼采；《东塾读书记》

作者简介：李科，北京大学哲学系博士研究生。

陈澧（1810—1882），字兰甫，号东塾，广东番禺人。道光举人，尝为河源县学训导，先后主讲广州学海堂及菊坡精舍，著有《汉儒通义》《东塾读书记》《声律通考》等书。曹元弼（1867—1953），字谷孙，又字师郑，一字懿斋，号叔彦，晚号复礼老人，又号新罗仙吏，江苏吴县人。光绪二十一年（1895年）年进士，以中书用。后入张之洞幕府，先后主两湖书院、湖北存古学堂、苏州存古学堂教事。辛亥以后，闭门绝户，独抱遗经，著有《礼经校释》《礼经学》《周易郑氏注笺释》《古文尚书郑氏注笺释》等书。曹元弼与陈澧皆为晚清重要的经学家。曹元弼一生虽然与陈澧无直接交往，但在与陈澧弟子如梁鼎芬、陈宗颖、马贞榆等交往过程中，接触到了陈澧的学术思想。以今存曹元弼的著述来看，其经学研究明显受到陈澧的影响，从经学思想到具体的经学研究成果等方面都能够看到陈澧影响的痕迹。曹元弼早年在撰《礼经校释》《礼经纂疏》时就已经接触到了陈澧的一些学术思想，虽然《礼经校释》中未明引其说，但其《礼经纂疏序》中言"先儒谓魏、晋以后天下大乱，而圣人之道不绝，唯郑氏礼学是赖"①，即出自陈澧《郑氏全书序》和《东塾读书记》之《自述》②，所

---

① 曹元弼：《复礼堂文集》卷四，台北华文书局1968年版，第443页。
② 见陈澧：《东塾集》卷三，《陈澧集》，上海古籍出版社2008年版，第1册第113—114页；陈澧：《东塾读书记》卷首《自述》，上海古籍出版社2012年版，第1页。

谓先儒即指陈澧。虽然曹元弼当时已经与闻陈澧之说,但是在入张之洞幕府前,他与梁鼎芬交往并不甚密①,且未识陈宗颖、马贞榆等陈澧后学,因此接触陈澧著述不多,对其学术思想了解亦未深入,故当时其经学研究所受陈澧的影响并不大,至少从《礼经校释》一书来看是这样的。光绪二十一年(1895年)曹元弼进入张之洞幕府后,尤其是自光绪二十三年(1897年)任两湖书院经学分教以来,与梁鼎芬、陈宗颖、马贞榆等同主两湖书院经学教席,彼此过从甚密,交流论学,故多与闻陈澧之学术。例如曹元弼《述群经总义》云:"先生弟子达者甚多,梁文忠(鼎芬)公行谊尤足光师门。余与先生少子宗颖友善,得闻绪论,多著于篇。"②在与梁鼎芬、陈宗颖、马贞榆等陈澧后学的论学交往过程中,曹元弼的经学研究逐渐受到陈澧的影响。具体而言,陈澧对曹元弼经学研究的影响主要表现在经世致用、汉宋兼采以及对陈澧具体经学研究成果的吸收等方面。

一、经 世 致 用

陈澧在学术上强调"意在补偏救敝,不为无益无用之学"③,遥宗顾炎武,对顾炎武在学术上强调经世致用颇为推崇,将之比于晚明之孟子,如《东塾读书记》卷三云:

> 孟子论天下一治一乱,而曰"我亦欲正人心"。顾亭林之言,足以畅其旨。其言曰:"目击世趋,方知治乱之关,必在人心风俗。而所以转移人心,整顿风俗,则教化纪纲为不可阙矣。百年必世养之而不足,一朝一夕败之而有余。"(自注:《与人书》)亭林在明末,亦一孟子也。④

陈澧正是本于顾炎武之经世思想,试图以学术转移人心,整顿风俗,故而在著述中颇留意于此。其经世致用主要表现在以学术补偏救弊,明道救世,例如他撰写《东塾读书

---

① 曹元弼:《复礼堂述学诗》卷三《述诗》:"往余初识文忠于费屺怀前辈客席,论学甚合。别后年余,自焦山寄余书云:'小雅尽废,则四夷交侵,中国微矣。风雨凄凄,君子不改其度,愿与君同诵之也。'"(民国25年(1936年)刻本,第66页b—67页a)曹元弼何年识梁鼎芬于费念慈客席,暂不可考,但是梁鼎芬在张之洞移节两湖时,曾避居镇江焦山海西庵,如《复礼堂述学诗》卷一《述易》云:"张文襄公之督粤,聘主讲广雅书院。寻文襄移节两湖。节盦游吴中,避暑镇江焦山海西庵。"(第53页b—第54页a)张之洞从两广总督调任湖广总督在光绪十五年(1889年),则曹元弼初识梁鼎芬或在此前。虽然在光绪十五年以前曹元弼既与陈澧弟子梁鼎芬订交,但在曹元弼入张之洞幕府之前二人交往并不密切。
② 曹元弼:《复礼堂述学诗》卷一五,第16页b。
③ 徐世昌等:《清儒学案》卷一七四《东塾学案上》,中华书局2008年版,第6681页。
④ 陈澧:《东塾读书记》卷三,第52页。

记》,即是效仿顾炎武《日知录》希望"有王者起,将以见诸行事,以跻斯世于治古之隆"①之意,如其在《与胡伯蓟书》言:

> 仆之为此书也,以拟《日知录》,足下所素知也。《日知录》上帙经学,中帙治法,下帙博闻。仆之书但论学术而已。仆之才万不及亭林,且明人学问寡陋,故亭林振之以博闻,近儒则博闻者固已多矣。至于治法,亦不敢妄谈,非无意于天下事也。以为政治由于人才,人才由于学术。吾之书专明学术,幸而传于世,庶几读书明理之人多,其出而从政者必有济于天下,此其效在数十年之后者也。②

陈澧认为政治由于人才,而人才由于学术,所以其专意在学术,希望以明学术而兴人才,以至于有读书明理之人才出而从政以兼济天下,其目的正与顾炎武《日知录》经世之志一致。因此陈澧《东塾读书记》之作,针对当时学风,多有所发,如《学思自记》第八则:

> 《学思录》(引者按:《学思录》后改名《东塾读书记》)排名、法而尊孟子者,欲去今世之弊而以儒术治天下也。排王肃而尊郑君者,欲救近时新说之弊也。排陆、王而尊朱子者,恐陆、王之学将复作也。著此书非儒生之业也,惩今之弊,且防后人之弊也。③

正是出于"惩今之弊,且防后人之弊",所以陈澧《东塾读书记》中对古今学术得失有颇多精到之论,且往往正中时弊。陈澧出于"政治由于人才,人才由于学术"的观念,以学术经世,除了仿《日知录》而撰《东塾读书记》外,其他如《汉儒通义》《汉书地理志水道图说》《声律通考》《朱子语类日钞》等等,皆有补救时弊、整顿学风之目的。

对于陈澧这种以学术经世的做法,曹元弼甚为推崇,如《述群经总义》云:

> 近世儒者精博通深,中正无弊,莫如番禺陈兰浦先生澧。其辑《汉儒通义》,字字精金美玉,学者读之,有益于身,有益于世,盖与《白虎通义》《近思录》,先后一揆。所著《地理》《声律》《切韵》诸书,皆极精实。而《东塾读书记》挈群经纲维,尤为切要。④

---

① 顾炎武:《顾亭林诗文集·亭林文集》卷五,中华书局1983年版,第98页。
② 陈澧:《东塾集》卷四,《陈澧集》第1册,第175页。
③ 陈澧:《学思自记》,《陈澧集》第2册,第758页。
④ 曹元弼:《复礼堂述学诗》卷一五,第16页a。

曹元弼对陈澧著述之评价，所谓"精博通深，中正无弊"，并非仅从学术上而言，更多的是对陈澧以学术经世，"惩今之弊，且防后人之弊"，有益于世道人心而言。如曹元弼谓陈氏《汉儒通义》"字字精金美玉，学者读之，有益于身，有益于世"，正是肯定陈氏此书"于人品学术及今世之弊各有微意"①，"冀后之君子祛门户之偏见，诵先儒遗言，有益于身，有用于世"②的经世价值，而与《白虎通义》《近思录》并提。又曹元弼在《述诗》言"通经致用，其要在是矣，此东塾先生所以辑《汉儒通义》也"③。又曹元弼言陈氏《东塾读书记》"挈群经纲维，尤为切要"，实际上也是侧重于此书的经世价值。如其《述学》中言陈氏《东塾读书记》"义据深通，立心纯粹，立言矜慎，读书如此，方可守先待后，永无流弊"④，即指此书"惩今之弊，且防后人之弊"的学术经世价值而言。

正是出于对陈澧经世致用思想的推崇，身当晚清国势艰危之际的曹元弼，在其从教与治学过程中亦多以学术补偏救弊、明道救世为己任。对于陈澧《与胡伯蓟书》中提出"政治由于人才，人才由于学术"，而以学术经世，转移人心的观念，曹元弼深以为然，并在著作中屡加申述。例如其在《守约》篇中说："欲学之专、学之精、学之成、学之为国用而不为敌用、学之为民出死入生而不自陷其身于死以陷天下，自正人心始，欲正人心自发明圣经大义始。"⑤又《复礼堂述学诗序》亦言："天下乱由人心乱，人心乱由学术乱，则正人心以正天下，亦在乎正学而已矣。学术乱由经义乱，则正学术以正人心，亦在乎正经而已矣。"⑥因此，其覃研群经而勤于著述的目的，正是为了正经以正学术，正学术以正人心。为了使经正而学术正，以至于人心正，那么"治经务使得其门"⑦，因此曹元弼非常重视陈澧《东塾读书记》"挈群经纲维"的方法，并与张之洞《劝学篇·守约》中"总括群经大义"的守约之法相结合，从而对其编纂《十四经学》及撰《复礼堂述学诗》产生了一定的影响。《复礼堂述学诗·凡例》言："陈兰浦先生语门人云：'国朝经师皆造五凤楼手，余特为诸君置五凤楼梯耳。'"⑧而其撰《复礼堂述学诗》并作注，正是踵陈澧《东塾读书记》之迹，而"论次古今，辨章得失，使经义无歧，以便学者升阶"⑨。另外曹元弼与陈澧弟子梁鼎芬所编之《经学文钞》，也是出于梁鼎芬"以为不兴其艺不能乐学，造就人才自正人心始，正人心自

---

① 胡锡燕：《汉儒通义跋》，陈澧：《汉儒通义》卷末，《陈澧集》，第5册，第246页。
② 陈澧：《汉儒通义》卷首《汉儒通义序录》，《陈澧集》第5册，第115页。
③ 曹元弼：《复礼堂述学诗》卷三《述诗》，第26b页。
④ 曹元弼：《复礼堂文集》卷一，第43页。
⑤ 曹元弼：《复礼堂文集》卷一，第52页。
⑥ 曹元弼：《复礼堂述学诗》卷首《复礼堂述学诗序》，第17页a—b。
⑦ 曹元弼：《复礼堂述学诗》卷一五《述群经总义》，第22页b。
⑧⑨ 曹元弼：《复礼堂述学诗》卷首《凡例》，第3页a。

明经术始,明经术自深通文义、好之乐之始",因此而"撰集自汉以来经师指说大义之文,足以羽翼圣经、扶持名教、感发人之善心者,汇为一编"①。二人合编《周易》二册后,其余部分由曹元弼编纂完成,可以说是二人对陈澧以学术经世的思想的具体践行。《经学文钞》选录诸家之文,对于"开后生轻薄诞妄之习者"②,一概不取,可见其以学术正人心的目的。今检《经学文钞》,选录陈澧之文多达37篇,如表1所示:

表1 《经学文钞》所录陈澧文章

卷次	类目	所选陈澧文章篇名	篇数
卷首上	群经纲领	《郑氏全书序》	1
卷首下	经师绪论	《复刘叔俛书》、《与胡伯蓟书》、《与黎震伯书》、《复戴子高书》、《示沈生》、《与王峻之书》五首、《与赵子韶书》六首、《与周孟贻书》、《复黄苣香书》	18
卷四	《周礼》	《论周官大义》	1
卷五	《礼经》	《赠王玉农序论礼》	1
卷六	《礼记》	《礼记质疑序》《离经辨志斋记》	2
卷八	《春秋》	《论春秋大义》	1
卷九	《左传》	《论左传大义》	1
卷一〇	《公羊传》	《论公羊》	1
卷一一	《谷梁传》	《柳宾叔穀梁大义述序》《穀梁礼证序》《春秋日有食之说》	3
卷一三	《论语》	《樊昆吾先生论语注商序》《复王峻之书》五首	6
卷一五	小学	《说文声表序》《等韵通序》	2

陈澧既然强调以学术经世,在其著述中亦多有谆谆以言者,曹元弼与梁鼎芬编选《经学文钞》所录陈澧之文,多是此类,如"经师绪论"类所选《与胡伯蓟书》前已引及,直接论及其拟《日知录》而撰《东塾读书记》以学术经世之志。又如《离经辨志斋记》针对当时学者"涉猎零杂,则性情浮躁"之弊,而论离经辨志之古法以救时学之弊③。

曹元弼与陈澧一样,作为纯粹的学者,其经世之志只能见诸学术。所以曹元弼在接触陈澧以学术经世的思想之后,与其来自家学、乡邦以及南菁书院师友的经世思想相结

---

① 曹元弼:《经学文钞序》,《经学文钞》卷前,《晚清四部丛刊》第三编第2册,台中文听阁图书有限公司2010年版,第3—4页。
② 曹元弼:《经学文钞·条例》,《晚清四部丛刊》第三编第2册,第7页。
③ 曹元弼:《经学文钞》卷六,《晚清四部丛刊》第三编第7册,第3419—3422页。

合,又在张之洞"中体西用"思想的指导下,基本上决定了其以学术经世的思想特点①。尤其是在辛亥以后至去世时的 40 余年间,兵祸连连,战乱靡定,目击生民糜烂,曹元弼认为皆由于人心之坏,以致"贼人自利,杀机深中于人心,杀气横流于四海"②。因此,这一时期其经学研究也基本上都是本着正学术以正人心的认识展开的,如他撰《圣学挽狂录》即"欲以仲尼元气、颜子春生,消宇宙之患气,挽杀运而与之并生并育、相生相养相保"③。他撰《大学通义》亦出于"将以率天常,闲圣道,正学术,觉人心,沮遏狂澜,胶固王道,待后之君子辅世长民,成大儒之效"④的目的。

二、会 通 汉 宋

陈澧出于以学术经世,正学术以兴人才,有裨于世用的目的,对长期存在畛域的汉宋之学强调不强分门户,站在有益于身、有用于世道的角度来会通汉宋。他认为专讲宋学而不讲汉学,则会流于空疏;如果专讲汉学而不讲宋学,则会沉溺于考据而不明义理,流于肤浅,如云:

---

① 曹元弼的经世思想受到多方面的影响,除了陈澧外,大概有家族、乡邦学术、黄体芳与南菁书院、张之洞及其幕府 4 个方面。家族方面如其舅倪涛尝"勖以古大儒之业"(《复礼堂文集》卷四《礼经纂疏序》,第 455 页),其母亦尝教言:"儒者读书当求有体有用,为异日致身之地,非苟弋科第而已。既仕,则务正学以匡时,无曲学以阿世,移孝作忠,即以忠为孝。"(曹元弼:《北堂立言记》,复旦大学图书馆藏吴县王氏抱蜀庐抄本,无页码)来自乡邦的经世思想主要是顾炎武,曹元弼对顾炎武经世思想颇为推重,如在《王欣夫松崖读书记序》中谓顾炎武"身通六艺,抱《春秋》经世先王之志,执天下高节,维万古纲常,以继往开来",又《复礼堂述学诗序》言顾炎武之学"实握经明行修,通经致用之要"(《复礼堂述学诗》卷首,第 11b—12a 页),其次则如冯桂芬及其后学如叶昌炽等。而黄体芳及其南菁书院则是曹元弼早年经世思想最主要的来源。光绪六年(1880),黄体芳出任江苏学政,并于光绪八年创办南菁书院。南菁书院于学术汉宋兼采,以培养"理究天人之微,典通古今之故,事周万物之情"(黄体芳:《黄体芳集》卷四《江左校士录序》,上海社会科学院出版社 2004 年版,第 150 页)的通经致用人才为目的。曹元弼于光绪七年辛巳科试即受知于黄体芳,并于光绪十一年进入南菁书院肄业,其间多得黄体芳以经世致用思想相勖勉。如《礼经纂疏序》言黄体芳"以经学提倡江南,示诸生以通经致用之方"(《复礼堂文集》卷四,第 456 页),又言:"其年(引者按:光绪八年),黄先生选拔以备贡士。因谒先生,先生勖以学问、经济、气节,责以名臣之学,有体有用,因益深自奋于学。"(《复礼堂文集》卷四,第 457—458 页)光绪二十一年曹元弼殿试南归后,即入张之洞幕府,先后参与两湖书院、存古学堂教事及与康有为今文学派的论战,并受张之洞之托,编纂《十四经学》。在这个过程中,一方面曹元弼因受张之洞的礼遇,对张之洞经世致用以及"旧学为体,新学为用"的思想颇为推崇;另一方面又在张之洞幕府中与梁鼎芬、陈宗颖、马贞榆等慨论时事、扬榷经义,系统接触到陈澧的学术。
② 曹元弼:《复礼堂文二集》卷四《圣学挽狂录序》,复旦大学图书馆藏吴县王氏抱蜀庐抄本,无页码。
③ 曹元弼:《复礼堂文二集》卷四《圣学挽狂录序》。
④ 曹元弼:《大学通义》卷首《序》,1932 年刻本,第 6 页 b—7 页 a。

> 合数百年来学术之弊而细思之,若讲宋学而不讲汉学,则有如前明之空陋矣。若讲汉学而不讲宋学,则有如乾、嘉以来之肤浅矣。况汉宋各有独到之处,欲偏废之,而势有不能者。①

因此,陈澧对汉宋之学强调会通,而其会通并非简单调和,他强调汉宋之学在义理上的一贯性,认为宋儒之义理其实汉儒已发,如云:

> 汉儒之书,有微言大义,而世人不知也。唐疏亦颇有之,世人更不知也。真所谓微言绝大义乖矣。宋儒所说,皆近于微言大义。②

又云:

> 汉儒、宋儒之学多有同者,如《说文》云:"惟初太始,道立于一,造分天地,他成万物。"《公羊》何注云:"元者,气也。无形以起,有形以分。"即濂溪《太极图说》之旨也。《论语》孔传云:"无欲故静,仁者静。"即《太极图说》自注"无欲故静"之所本也。《春秋繁露》"圣者法天,贤者法圣",即《通书》所谓"贤希圣,圣希天"也。《尚书大传》云:"陛皆多自取,圣无容也。"即明道论定性书所谓"圣人之喜,以物之当喜;圣人之怒,以物之当怒。圣人之喜怒,不系于心,而系于物"也。赵氏《孟子题解》云:"孟子既没之后,大道遂绌",即伊川为明道墓表所谓孟轲死后,圣人之道不传也。《毛诗传》:"王者,天下之大宗也。"(自注:《大雅·板》传)即横渠《西铭》所谓"大君者,吾文母宗子也"。《白虎通》云:"阳道不绝",即伊川《易传》所谓"阳无可尽"之理也。此皆宋儒之大义,而汉儒经说未尝不知之,未尝不言之,为宋学者以为宋儒所创获,为汉学者以为汉儒所不言,岂其然乎?岂其然乎?③

正是本于这种汉宋在义理上一贯性的认识,所以他对汉学、宋学采取会通的态度,认为"道并行而不相悖也"④。陈澧对汉学、宋学各取所善,而汉学之中以郑玄为最善,宋学之中以朱子为最善,因此陈澧在汉学、宋学之中又并尊郑玄、朱子,如其说"故余说郑学,则发明汉学之善;说朱学,则发明宋学之善"⑤。同时对乾、嘉以来末流学者沉溺于琐碎

---

① ④ ⑤ 陈澧:《东塾读书记》附《东塾读书论学札记》,第367页。
② 陈澧:《东塾读书记》附《东塾读书论学札记》,第350页。
③ 陈澧:《陈兰浦先生遗稿》,《岭南学报》1931年第2卷第2期,第179页。

之训故考据也有所不满,认为"只讲训诂而不求义理,则立身治事全无义理,与不读书者等"①。又云:

> 《汉书·艺文志》云:"后世经传既已乖离,博学者又不思多闻缺疑之义,而务碎义逃难,便辞巧说,破坏形体。说五字之文,至于二三万言,后进弥以驰逐。故幼童而守一艺,白首而后能言。安其所习,毁所不见,终以自蔽。此学者之大患也。"此一段竟似为近代经学言之,字字句句,说着近儒之病。②

虽然陈澧对乾嘉考据末流之琐碎颇有批评,但是对宋学末流之空疏荒陋学风尤为反对,认为"本朝诸儒考据训诂之学断不可轻议,恐后来者因而废弃之,则成荒陋矣,况近日讲考据训诂者已少乎,但当以义理补其偏耳"③。陈澧不论是批评乾嘉考据学末流之琐碎,还是防范宋学末流之荒陋空疏,其中有很强的纠正学风、正学术以正人心的目的。其批评考据末流,因为"若专讲博雅,则无以拯人心之陷溺";其批评宋学末流,则是因为"专讲精约,又无以挽世俗之荒陋也"④。因此陈澧这种汉宋会通,并尊郑玄、朱子的学术取向,正是建立在其以学术经世的目的上的。

陈澧这种汉宋会通的学术倾向与曹元弼早年所形成的汉宋兼采的学术取向比较契合⑤。虽然曹元弼在早年已形成了汉宋兼采的学术取向,但在接触到陈澧的学术思想之后,对其以学术经世的汉宋兼采的思想仍然大为叹服,推崇备至,正如其弟子王欣夫所言,"我师为学推服陈兰甫之汉宋兼采"⑥。因此曹元弼在其著作中多引用陈澧关于汉宋之说为汉学、宋学折衷。例如《述群经总义》云:

> 其(指陈澧——引者按)言曰:"学汉儒之学,尤当学汉儒之行。汉儒善言义理,无异于宋儒。近儒尊汉儒而不讲义理,非也。"又谓:"郑学中正无弊,魏、晋以后,天下大乱,而圣人之道不绝,惟郑氏礼学是赖。"又谓:"国朝考据之学,源出朱子,不可

---

① ③ ④ 陈澧:《东塾杂俎》卷一一,《陈澧集》第2册,第668页。
② 《陈兰浦先生遗稿》,《岭南学报》1932年第2卷第3期,第198页。
⑤ 曹元弼早年关于汉宋兼采的思想主要来自家族和南菁师友,如《华严经题辞五》载其少时门户之见未化,而其父训之曰:"论学则汉宋相攻,论教则儒释相攻,以阶小人无法无天之厉而自取一网打尽之祸哉!"(《复礼堂文二集》卷六)又光绪十一年(1885)曹元弼入南菁书院肄业,南菁书院合祀郑玄与朱子,其学术倾向即是汉宋兼采,且从学谒之师黄以周在学术上也强调汉宋兼采,因此均对曹元弼形成汉宋兼采的学术观念产生了一定影响。
⑥ 王欣夫:《蛾术轩箧存善本书录》,上海古籍出版社2002年版,下册第1335页。

反诬朱子。"皆至当不易之论,且为近数十年豫塞乱源,对证发药。①

其中所谓"学汉儒之学,尤当学汉儒之行",即是陈澧出于以学术经世的目的而言,同时也是批评乾嘉考据学沉溺训诂词章,而疏于修行践履之弊,与其《东塾杂俎·东汉》所言"讲汉儒经注尤当讲求汉儒经术,且当因汉儒之学而师汉儒之行"②一致。所谓"汉儒善言义理,无异于宋儒,近儒尊汉儒而不讲义理,非也",正是陈澧以汉学、宋学在义理上的一贯性,而批评乾嘉以来汉学家但沉溺于琐碎之训诂考据而疏于义理之弊。曹元弼早年在家族、乡邦以及南菁诸师友的影响下亦同样形成了既重考据且探求义理的学术特点。而在接触到陈澧思想学术之后,又进一步加强了其汉宋兼采、考据义理相结合的学术特点。故而其与梁鼎芬论及"以经生行文多涉破碎,沾沾于字句名物,而于天道人伦王政之大,罕所发明"③之病,即明显有承于陈澧对乾嘉考据学末流之批评。江声《尚书集注音疏》独尊郑注,精义甚多,为清代《尚书》的代表著作,但是江声《书》说多与蔡沈《尚书集传》之说同,而江《书》却未及蔡《传》一字,而且同时期的王鸣盛《尚书后案》、段玉裁《古文尚书撰异》亦同。陈澧对三家皆有所批评,认为"蔡《传》虽浅薄,亦何必轻蔑太过,不屑引之乎",而对孔广森《公羊通义》多引宋人之说,则认为"最无门户之见"④。曹元弼在《复礼堂述学诗》卷二《述尚书》中备引陈澧之文,并认为陈澧之说"足化同门异户之见",并推而论之曰:"学者治经,当平心逊志,实事求是,审别家法,析其条理,阐发经旨,观其会通,如大禹行水,各导其源,同归于海,斯尽善矣。"⑤

从前面的论述,其实已经可以发现,曹元弼推崇并继承陈澧的汉宋兼采,很大程度上也有以学术经世的目的。曹元弼在两湖书院及湖北、苏州存古学堂友教诸生时,即有意识地去弥合汉宋畛域而加以会通,通过消弭汉宋之争以正学术,进而正人心,如上节所言与梁鼎芬编选《经学文钞》,于"每类中有论列宋儒经学者,皆取持平笃实之论,其苟訾洛闽,开后生轻薄诞妄之习者,概不录"⑥。其中所录陈澧诸文,亦不乏论会通汉宋者,如《与黎震伯书》即言"著《学思录》,通论古今学术,不分汉宋门户,于郑君、朱子之学,皆力为发明"⑦。而曹元弼为两湖书院诸生撰写的《原道》《述学》《守约》3篇,亦论及汉宋兼采之义,如《述学》言《论语》《孟子》之朱子注"本古注而益致其精,尤学者所当深信笃好",且进

---

① 曹元弼:《复礼堂述学诗》卷一五,第 16 页 a—b。
② 陈澧:《东塾杂俎》卷二,《陈澧集》第 2 册,第 456 页。
③ 曹元弼:《复礼堂述学诗》卷一五《述群经总义》,第 17b 页。
④ 陈澧:《东塾读书记》卷五,第 89 页。
⑤ 曹元弼:《复礼堂述学诗》卷二《述尚书》,第 87 页 a。
⑥ 曹元弼:《经学文钞·条例》,《晚清四部丛刊》第三编第 2 册,第 6—7 页。
⑦ 曹元弼:《经学文钞》卷首下,《晚清四部丛刊》第三编第 2 册,第 884 页。

而告两湖诸生云:"汉之许郑,宋之程朱,得孔氏之传者也。背许郑程朱者,背孔氏者也,由许郑程朱以通孔孟之大义,实事求是,身体力行,为子则孝,为弟则弟,为臣则忠,为友则信,则儒者之能事毕,而宇宙之患气无不可消矣。"①又《守约》言:"郑君三礼之学与经义相辅,囊括大典,各经皆有注说,程子专力在《易》,朱子专力在《四书》,而论撰群经,亦皆扶植纲常,足为后世法。"②可见,曹元弼以为汉宋之争易滋后生轻薄诞妄之习气,不利于正人心以造就人才,而郑玄、朱子之学则皆得孔孟之传,与群经相辅,有益纲常名教,正符合正学术以正人心的经世之旨。

三、对陈澧各经研究成果的吸收

曹元弼不仅对陈澧以学术经世、汉宋兼采的思想颇为推崇,而且对陈澧各经研究的具体成果亦多有肯定,并在著作中屡有征引发挥,其中尤以征引《东塾读书记》为最。从各经的情况来看,曹元弼对陈澧具体成果的吸收,又以《仪礼》《孝经》为最主要,其他各经次之,而《周易》尤少。

曹元弼早年专力于《仪礼》,在《仪礼》一经上多有心得,同时也与陈澧多有相契合之处,认为"经注疏立文之例及读经例,则莫详于陈氏澧《东塾读书记·仪礼篇》"③,故其《礼经学·明例》之"读经例、注疏通例"中多删取陈澧《东塾读书记》卷八《仪礼篇》所述之例。又陈澧推尊郑玄与朱子,于郑玄三礼注及朱子《仪礼经传通解》之体例价值论述多有精当者,同时对后儒非议郑玄、朱子之说亦多辨驳,与曹元弼宗郑玄、朱子之学术旨趣正相同。故曹元弼《礼经学·流别》于"郑氏礼注"下④备引陈澧《东塾读书记》驳敖继公非议郑注之文⑤,而于"朱子《仪礼经传通解》"下⑥,除引朱子《乞修三礼札子》外,并引及陈澧《东塾读书记》论"朱子《通解》之书,纯是汉唐注疏之学"一段⑦。又曹元弼对陈澧"魏晋以后,天下大乱,而圣人之道不绝,惟郑氏礼学是赖"⑧一语,尤为相契。曹元弼早年撰《礼经校释》《礼经纂疏》时盖即与闻陈澧此论,其《礼经纂疏序》言:"先儒谓魏晋以后,

---

① 曹元弼:《复礼堂文集》卷一《述学》,《中华文史丛书》之四十六,第41、43页。
② 曹元弼:《复礼堂文集》卷一《守约》,《中华文史丛书》之四十六,第51页。
③ 曹元弼:《礼经学》卷一《明例》,《续修四库全书》第94册,上海古籍出版社1995年版,第548页上栏。
④ 曹元弼:《礼经学》卷七《流别》,《续修四库全书》第94册,第841页下栏—842页上栏。
⑤ 陈澧:《东塾读书记》卷八,第142—143页。
⑥ 曹元弼:《礼经学》卷七《流别》,《续修四库全书》第94册,第842页下栏—843页上栏。
⑦ 陈澧:《东塾读书记》卷八,第140—141页。
⑧ 陈澧:《东塾读书记》卷首《自述》,第1页。

天下大乱,而圣人之道不绝,唯郑氏礼学是赖,岂不信哉?"①陈澧此言不仅成为曹元弼谨守郑玄家法的重要理由,也是曹元弼以学术经世思想的重要内容。曹元弼在陈澧基础上进一步发挥,勾勒出了礼学与国家治乱兴衰的关系,如其《礼经学·流别》"历代用礼功效"云:

> 汉末而后,学者诵法郑君,郑学在《礼》,故六朝礼议尤精。中国人伦,周孔名教,赖以维持。是以民之秉彝,不尽汩于凶暴淫昏之世,而魏周得以用夏变夷,贞观遂以胜残去杀,礼学之功大矣哉!②

又云:

> 天下之生,一治一乱,天之未丧斯文也!汉之亡而礼教不行,有郑君以维持之;唐之衰而礼学不明,有温公、朱子及程、张诸贤以振兴之。故先儒谓康成为议礼大宗,温公、朱子则既绝复续之别子。③

据此可知,曹元弼在陈澧基础上进一步认为,因郑玄集礼学之大成,而汉末学者诵法郑玄,虽然经历魏、晋、南北朝之天下大乱,但是郑学之徒维持礼教不坠,至贞观之时而复臻于治。唐以后礼学不明,经五代之乱,至宋又有司马光、朱子、二程、张载等人振兴礼学。同时"六经同归,其指在礼"④,因此曹元弼又进一步由礼学之盛衰而推阐出经学与国家治乱兴衰的关系,如《述群经总义》云:

> 圣经至教,与天地同流,有消必息,久晦愈明,如雾能隐日,雾散而日愈光。当战国暴秦之时,积血暴骨,焚书坑儒,圣道大晦矣。至汉而群经并出,天下莫不诵法孔氏,用儒术,成善治,四百余年。汉末,曹操求不孝不弟,被污浊可耻之名,而有济国安民之略者,自是节行衰,风俗坏,篡弑相寻,中原涂炭,圣道又晦矣。而六朝诸儒,郑学之徒,风雨鸡鸣,维持礼教。至唐贞观,而河汾师友,助兴太平,孔贾名儒,裁定经疏,治化称极盛。唐末五季之乱,甚于六朝,天地闭,贤人隐,圣道又晦矣。而宋代尊经劝学,名臣蔚起,天下资以治平,大儒踵兴,后世奉为师表。宋末儒风,衰于元而

---

① 曹元弼:《复礼堂文集》卷四,第443页。
② 曹元弼:《礼经学》卷七《流别》,《续修四库全书》第94册,第853页下栏—854页上栏。
③ 曹元弼:《礼经学》卷七《流别》,《续修四库全书》第94册,第854页下栏—855页上栏。
④ 曹元弼:《礼经学》卷四《会通》,《续修四库全书》第94册,第713页上栏。

兴于明。明末逆阉乱朝,凶盗篡国,而士大夫节义未衰。至我朝而经术昌明,道同德一,名臣大儒,助扬圣化,尧、舜之泽,周、孔之教,立我烝民,光被四表。①

从上引材料可以看出,曹元弼将经学的盛衰与天下的盛衰相连。而经学与天下盛衰的关节点,上文虽然未明言,但是从中也可以推出:自汉以来历经魏、晋、六朝而至唐由乱复治,实以郑学是赖;自唐末五代以来以迄清,则以朱子为代表的宋儒是赖。而结合前面曹元弼述礼学兴衰的轨迹来看,其实经学盛衰和天下盛衰背后所隐含的关键仍然是礼。而礼之大体为"曰亲亲,曰尊尊,曰长长,曰贤贤,曰男女有别"五伦,五伦之道"统之以三纲"②,因此天下盛衰之关键其实即是三纲五常。曹元弼从陈澧关于郑玄礼学之论的基础上,以经学与天下治乱兴衰关系的推论,印证了张之洞以"三纲五常"作为旧学之体的合理性③。

另外,不论是礼还是经学与国家的兴衰治乱,从曹元弼的描述来看,实际上也是学术与人心的关系。汉用儒术而成400余年善治,名儒辈出,实际上就是学术正而人心正,然后天下治,即孟子所谓"经正则庶民兴,庶民兴,斯无邪慝"④之义。汉末及六朝战乱频仍,风俗节行衰坏,实际上是因为学术不正而导致民心不正,以致天下大乱。唐之所以能够拨乱反正,正是因为汉魏间郑学之徒不绝如缕,河汾诸儒及孔颖达、贾公彦等唐初诸儒能够接续汉魏经学而正经以正学术,从而正人心以助兴太平。同样,宋能够拨五代之乱而兴太平,以至于清,在曹元弼看来也是司马光、二程、张载、朱子等诸儒于其间正学术以正人心的结果。因此,曹元弼所言礼学、经学与国家之兴衰治乱,其实是一种学术与人心的关系,是以学术正人心以经世的一种历史表述。这种学术与人心,与礼之三纲五常,具有内在的一致性。"六经同归,其指在礼",正经以正学术,其核心在正礼。"礼之所尊,尊其义"⑤,"三代之学,皆所以明人伦"⑥,因此作为礼义之三纲五伦,又是正学术以正人心之关键,所以曹元弼在《礼学图表序》中说"其在今日,正人心,息邪说,塞乱源,开治本,尤

---

① 曹元弼:《复礼堂述学诗》卷一五,第23页b—24页b。
② 曹元弼:《礼经学》卷一《明例》,《续修四库全书》,第94册,第545页下栏。
③ 张之洞所谓"旧学为体,新学为用",其中"旧学为体",其核心正是以"三纲五常"为代表的传统伦理,《劝学篇·内篇·明纲》云:"君为臣纲,父为子纲,夫为妻纲,此《白虎通》引《礼纬》之说也,董子所谓'道之大原出于天,天不变道亦不变'之义本之。《论语》'殷因于夏礼,周因于殷礼',注:'所因,谓三纲五常。'此《集解》马融之说也,朱子《集注》引之。《礼记·大传》:'亲亲也,尊尊也,长长也,男女有别,此其不可得与民变革者也。'五伦之要,百行之原,相传数千年更无异议,圣人所以为圣人,中国所以为中国,实在于此。"(《劝学篇》,上海书店出版社2002年版,第12页)
④ 《孟子注疏》卷一四下,阮元校刻:《十三经注疏》,中华书局2009年影印本,第5册,第6049页上栏。
⑤ 《礼记正义》卷二六,《十三经注疏》第3册,第3153页下栏。
⑥ 曹元弼:《礼经学》卷一《明例》,《续修四库全书》第94册,第545页下栏。

为救时急务"①。而郑玄与朱子,正是历史上拨乱反正,正学术以正人心的两个关键人物,如《礼经学·明例》言"凡郑注大义,足以正人伦,扶名教"②,又《述礼总义》引顾广誉之言云"郑君为传礼大宗,温公、朱子则既绝复续之别子",又云"继往开来,所以维系世道人心者,流泽远矣"③。这大概是曹元弼对陈澧以学术经世、汉宋兼采以及相关礼学论述的进一步推阐和深化,也是曹元弼对陈澧礼学研究成果肯定并吸收转化的重要成果。

在《孝经》方面,曹元弼对陈澧《孝经》学亦非常肯定,在《孝经郑氏注笺释·凡例》中评唐元行冲以后诸家之说,以"陈氏澧论之最允"④。曹元弼《孝经学·明例》中专门有《陈氏澧〈东塾读书记〉说〈孝经〉》一节⑤,备载陈澧《东塾读书记》言《孝经》之文。又《解纷》篇,载陈氏澧删述阮氏《〈孝经〉郊祀宗祀说》⑥。在《孝经》研究方面,曹元弼吸收陈澧最重要的成果是其关于《孝经》与六经关系的论述,并在陈澧基础上结合《仪礼》而推演出其自身的一套经学体系。⑦陈澧《东塾读书记》卷一云:

> 郑康成《六艺论》云:"孔子以六艺题目不同,指意殊别,恐道离散,后世莫知根源,故作《孝经》以总会之。"(自注:《孝经序》正义引。《隋书·经籍志》亦有此数语。其下云:"明其枝流虽分,本萌于孝者也。"此二句或亦《六艺论》之语。)澧案:《六艺论》已佚,而幸存此数言,学者得以知《孝经》为道之根源,六艺之总会。此微言未绝,大义未乖者矣。⑧

---

① 曹元弼:《复礼堂文集》卷四,第472页。
② 曹元弼:《礼经学》卷一《明例》,《续修四库全书》第94册,第575页下栏。
③ 曹元弼:《复礼堂述学诗》卷九《述礼总义》,第2页a。
④ 曹元弼:《孝经郑氏注笺释》卷首《孝经郑氏注笺释序》,1934年刻本,第17页a。
⑤ 曹元弼:《孝经学》卷一《明例》,《续修四库全书》,第152册,第609页上栏—611页下栏。
⑥ 曹元弼:《孝经学》卷五《解纷》,《续修四库全书》,第152册,页848上栏、下栏。
⑦ 曹元弼《孝经》学及《孝经》会通群经的经学体系除受陈澧的启发外,还包括早年受其母倪氏和明代黄道周的影响。关于其母倪氏对《孝经》的论述,详载于曹元弼记其母之言而成的《北堂立言记》中,如云:"汝日诵《孝经》,甚善。《孝经》者,《六艺》之总会,人行之大本也,当拳拳服膺弗失之,汝妹好从汝问经,乐道礼义,吾甚嘉之。"此说与陈澧之说同本郑玄《六艺论》,对曹元弼后来之《孝经》学以及整个经学的研究影响最大。此外,《北堂立言记》关于《孝经》之义的论述还有如慎守己身、孝事父母、友于兄弟、移孝作忠等内容。(详见《北堂立言记》,复旦大学图书馆藏吴县王氏抱蜀庐抄本)关于明黄道周对《孝经》与六经关系的论述,在曹元弼著作中多有涉及,其中以《孝经学》与《孝经郑氏注笺释》最集中。如《孝经郑氏注笺释序》云:"黄氏之言曰:'《孝经》者,道德之渊源,治化之纲领也。六经之本皆以《孝经》,而大、小《戴记》为《孝经》疏义。盖孝为教本,礼所由生,语孝必本敬,本敬则礼从此起。'又曰:'《孝经》微义有五:因性明教,一也;追文反质,二也;贵道德而贱兵刑,三也;定辟异端,四也;韦布而享祀,五也。'夫六经同归,其指在礼,而礼之本在孝。孝以爱兴敬,礼以敬治爱。孝子有恻怛深爱之情,则必以慎重至敬出之,而礼生焉。"(《孝经郑氏注笺释》卷首,第3页b—4页a)
⑧ 陈澧:《东塾读书记》卷一,第1页。

陈澧根据郑玄《六艺论》关于《孝经》为六艺总会之说,认为《孝经》为道之根源,六艺之总会。曹元弼在陈澧此言基础上,以《孝经》中之"爱敬"进一步阐发何以《孝经》为《六艺》之总会,并且会通群经,从而形成自己的一套经学体系。曹元弼认为"圣人则天顺民,因性立教"①,其中之所谓"性",即父母人子亲严之性。《述孝篇》云:

> 亲生之膝下,是谓天性,惟亲生之,故其性为亲,而即谓生我者为亲。孩提之童,无不知爱其亲也。亲则必严,孩提之童,其父母之教令则从,非其父母不从也。父母之颜色稍不说则惧,非其父母不惧也。是严出于亲。亲者天性,严者亦天性也。②

在"亲""严"之天性基础上,"圣人因其严而教之敬,且推敬亲之心以敬人,以极于无所不敬;因其亲而教之爱,且推爱亲之心以爱人,以极于无所不爱"③。而《六经》正是"圣人因生人爱敬之本心而扩充之,以为相生、相养、相保之实政"④。因此"《易》者,人伦之始,爱敬之本也;《书》者,爱敬之事也;《诗》者,爱敬之情也;《礼》者,爱敬之极则也;《春秋》者,爱敬之大法也"⑤。因此"爱敬"为"《六经》之纲领,《六经》皆爱人敬人之道"⑥。而"爱人敬人本于爱亲敬亲,孔子直揭其大本,以为《孝经》"⑦,因此从这层意义上讲,《孝经》为《六艺》之总会。

曹元弼吸收陈澧《孝经》学的相关论说并加以推阐,其中也贯穿着正学术以正人心的经世思想。既然《六经》是圣人因人爱敬之本心而扩充以相生、相养、相保之实政,六经皆爱敬弥纶并总会于《孝经》,那么推阐《孝经》大义以感发人心而兴孝兴悌,则可以达到正学术以正人心而臻于消弭杀机的目的,如《孝经郑氏注笺释序》云:

> 先王以至德要道顺天下,先之以博爱敬让,而凡有血气之伦,无不感发其善心,兴孝兴弟,亲爱礼顺,相生相养,和睦无怨,四海之内,皆生气所弥纶,而杀机无由作,皆顺气所周浃,而逆节无由萌。是以兵革不试,五刑不用,各正性命,保合大和,以协于天地之性。⑧

---

① 曹元弼:《孝经学》卷一《明例》,《续修四库全书》,第152册,第606页下栏。
② 曹元弼:《孝经六艺大道录》卷一,清光绪二十四年(1898)两湖书院刻本,第1页a—b。
③ 曹元弼:《孝经郑氏注笺释》卷首《孝经郑氏注笺释序》,第4页b—5页a。
④⑤⑦ 曹元弼:《孝经郑氏注笺释》卷一,第7页a。
⑥ 曹元弼:《孝经郑氏注笺释》卷一,第58页b。
⑧ 曹元弼:《孝经郑氏注笺释》卷首,第6页a—b。

因此，其撰《孝经郑氏注笺释》正是为了"以心感心"①，"俾宇宙患气，见睍雪消，人识君臣父子之纲，家知违邪归正之路，驯致天下皆孝子，薄海尽仁人，凡圆颅方趾、直题横目之民，无不讲信修睦，相亲相逊，由匹夫之孝、一念之仁，推而至于安上治民，移风易俗，销兵刑而兴礼乐，保四海而庆兆民"②。同样，其撰《孝经集注》，仿朱子《四书章句集注》之法以示初学，而"因其亲严父母之天良，扩充其仁义礼智之端，立爱敬之本，绝恶慢之源，使他日成才，智男艺能皆用以生人养人，而不用以杀人"③。由此，亦可见曹元弼在《孝经》学研究中不仅吸收发展了陈澧的相关成果，而且所贯穿的以学术经世的思想亦与陈澧相通。

除了《仪礼》《孝经》二经外，曹元弼对陈澧其他经的成果亦多有吸收和发挥。例如关于《尚书》，陈澧在《禹贡》水道、《汉书·地理志》考证方面多有成就，有《汉书地理志水道图说》《考正德清胡氏禹贡图》《说山》等作，曹元弼在《古文尚书郑氏注笺释序》中即言"陈氏澧考《汉志》地理致确"④，并在《古文尚书郑氏注笺释》的《禹贡》篇详载陈澧地理水道考证诸说。又曹元弼还将《汉书地理志水道图说》《考正德清胡氏禹贡图》列入"复礼堂授《尚书》书目"⑤。又如《周礼》，曹元弼谓陈澧《声律通考》于《周礼》禘乐"论之甚详"⑥，并采入其《周官学》，又于《复礼堂述学诗》卷四《述周礼》中多录陈澧《周礼》之说。又如《孟子》，曹元弼认为自汉以来2 000余年为孟子功臣者有六君子，其一即为陈澧，在清代《孟子》学中"以亭林、慎修、兰浦三先生为最醇"，并且认为"《东塾读书记》于各经并多阐发极精善处，而尤莫精善于说《孟子》"⑦。虽然说曹元弼《孟子学》未见流传，难以详考其内容，但其中多引陈澧之说当无疑义，如云："陈先生《东塾读书记》尤以《孝经》《孟子》《仪礼》三卷为至精善，余于此三经学《明例》并详著之。"⑧又如王欣夫《蛾术轩箧存善本书录》在《孟子学》下言其师曹元弼在《明例》中引阮元《孟子论仁论》，赞曰："辅以焦循自述疏《孟子》之法，陈澧指说《孟子》大要而读之，则全书若网在纲矣。"⑨可见，曹元弼《孟子学》对陈澧之说相当重视。但是曹元弼认为陈澧"《读书记》惟说《易》稍疏"⑩，因此对《周易》一经，曹元弼在后来的著述中几乎没有引及其说。

---

① 曹元弼：《孝经郑氏注笺释》卷首《孝经郑氏注笺释序》，第14页a。
② 曹元弼：《孝经郑氏注笺释》卷首《孝经郑氏注笺释序》，第15页a—b。
③ 曹元弼：《孝经集注》卷首《孝经集注序》，复旦大学图书馆藏吴县王氏抱蜀庐抄本。
④ 曹元弼：《古文尚书郑氏注笺释》卷首《古文尚书郑氏注笺释序》，《续修四库全书》第53册，第454页下栏。
⑤ 曹元弼：《复礼堂述学诗》卷二《述尚书》，第104页a、105页a。
⑥ 曹元弼：《复礼堂述学诗》卷四《述周礼》，第69页b。
⑦ 曹元弼：《复礼堂述学诗》卷一三《述孟子》，第35页a。
⑧ 曹元弼：《复礼堂述学诗》卷六《述礼经下》，第70页b—71页a。
⑨ 王欣夫：《蛾术轩箧存善本书录》上册，第44页。
⑩ 曹元弼：《复礼堂述学诗》卷一五《述群经总义》，第16页b。

结　　论

综上所述,曹元弼进入张之洞幕府后,在与梁鼎芬、陈宗颖、马贞榆等陈澧后学交往论学以及参与张之洞文教之事如主讲两湖书院经学的过程中,多与闻陈澧的思想学术,并在多方面受其影响。陈澧法顾炎武而强调经世致用,主张以学术正人心,转移社会风气,与曹元弼早年来自家族、乡邦以及南菁书院师友如黄体芳的经世思想相结合,对曹元弼经学思想中强调正经以正学术进而正人心、致太平的经世思想的形成,产生了较大的影响。陈澧在经世致用思想指导下会通汉宋的主张,尤其是对汉学末流沉溺于繁琐考据、不求义理而无益于世和宋学末流空疏荒陋的批评,对曹元弼影响也很大。不论曹元弼与梁鼎芬合《经学文钞》,还是勖勉两湖书院及存古学堂诸生,以及辛亥以后笺释群经,都是本着正学术以正人心的经世观念而强调会通汉宋,以求孔孟大义,以兴儒效,从而消杀机患气。这对曹元弼辛亥以后经学研究中所形成的既重训诂考据又重推求义理,既强调经学研究的笃实审慎又强调经世致用的特点起了很大的助推作用。在具体研究成果方面,曹元弼在《仪礼》《孝经》二经的研究中,吸收陈澧研究成果尤多,尤其是曹元弼在陈澧关于《仪礼》《孝经》二经论述的基础上,以经世致用和汉宋兼采的观念融贯其中,并进一步加以推阐,从而形成了一套完整的经学体系。此外,曹元弼在《尚书》《周礼》《孟子》等经的研究中亦多吸收陈澧的具体学术成果。总体而言,虽然曹元弼并未直接受教于陈澧,但是通过与陈澧后学的交往,极其深刻地受到陈澧学术思想的影响。

再论"杂家出于议官"说

□王献松

摘 要:汉刘歆《七略·诸子略》提出"杂家出于议官"说,其中"议官"一词通指天子"议臣"与诸侯"门客"等能够参与决策的人,是笼统之称呼,并非职官专名。秦汉时期杂家著作正是这些"议臣""门客"集体编纂,从这一学术发展历程来看,"杂家出于议官"说应该值得肯定。此外,杂家与黄老道家又有所区别,《吕氏春秋》《淮南子》属于杂家著作应无疑义。就杂家宗旨而言,杂家确有宗旨,可以成一家之言;杂家之宗旨随具体情况、时代而有异同;不同杂家著作之宗旨虽有异同,但其目标皆是追求有用于王治。

关键词:杂家;议官;杂家的起源;九流十家;先秦诸子

作者简介:王献松,史学博士,安徽大学徽学研究中心助理研究员。

一、杂家起源诸说

杂家是先秦诸子百家之一。学者对于先秦诸子学术的总结,较早的文献有《庄子·天下篇》《荀子·非十二子》《韩非子·显学》《淮南子·要略》和司马谈《论六家要旨》等,然而这些名篇都没有论及杂家。并且这些文献除《论六家要旨》外,多以评论人物思想为主,未从学派思想角度论说,自然更难论及杂家。现存最早论述杂家及其概念的文献,是班固根据刘歆《七略》改编而来的《汉书·艺文志》,其中《诸子略》论述"九流十家",杂家列于第八,并论及杂家之概念曰:

> 杂家者流,盖出于议官。兼儒、墨,合名、法,知国体之有此,见王治之无不贯,此其所长也。及荡者为之,则漫羡而无所归心。①

---

① 班固:《汉书》,中华书局1962年版,第1742页。

这就是"杂家出于议官"说,是汉代"诸子出于王官"说的命题之一,也是诸子起源问题中影响最大的学说。

此外,汉淮南王刘安等人又提出"诸子起于应时救弊"说,《淮南子·要略》曰:

> 文王之时,纣为天子,赋敛无度,杀戮无止,……文王欲以卑弱制强暴,以为天下去残除贼而成王道,故太公之谋生焉。
>
> 孔子修成、康之道,述周公之训,以教七十子,使服其衣冠,修其篇籍,故儒者之学生焉。
>
> 墨子学儒者之业,受孔子之术,以为其礼烦扰而不说,厚葬靡财而贫民,久服伤生而害事,故背周道而行夏政。禹之时,天下大水,禹身执虆垂,以为民先,剔河而道九岐,凿江而通九路,辟五湖而定东海,当此之时,烧不暇撌,濡不给扢,死陵者葬陵,死泽者葬泽,故节财、薄葬、闲服生焉。
>
> 齐桓公之时,天子卑弱,诸侯力征,南夷北狄,交伐中国,中国之不绝如线。齐国之地,东负海而北障河,地狭田少,而民多智巧,桓公忧中国之患,苦夷狄之乱,欲以存亡继绝,崇天子之位,广文、武之业,故《管子》之书生焉。
>
> 齐景公内好声色,外好狗马,猎射亡归,好色无辨。作为路寝之台,族铸大钟,撞之庭下,郊雉皆呴,一朝用三千钟赣,梁丘据、子家哙导于左右,故晏子之谏生焉。
>
> 晚世之时,六国诸侯,溪异谷别,水绝山隔,各自治其境内,守其分地,握其权柄,擅其政令。下无方伯,上无天子,力征争权,胜者为右,恃连与国,约重致,剖信符,结远援,以守其国家,持其社稷,故纵横修短生焉。
>
> 申子者,朝昭厘之佐,韩、晋别国也。地墽民险,而介于大国之间,晋国之故礼未灭,韩国之新法重出,先君之令未收,后君之令又下,新故相反,前后相缪,百官背乱,不知所用,故刑名之书生焉。
>
> 秦国之俗,贪狼强力,寡义而趋利。可威以刑,而不可化以善;可劝以赏,而不可厉以名。被险而带河,四塞以为固,地利形便,畜积殷富。孝公欲以虎狼之势而吞诸侯,故商鞅之法生焉。①

胡适据此认为"诸子之学,皆起于救世之弊,应时而行",将《淮南子》此论归纳为"诸子起于应时救弊"说,认为此说"已足摧破九流出于王官之陋说",并指出:"诸子自老聃、孔丘至于韩非,皆忧世之乱而思有以拯济之,故其学皆应时而生,与王官无涉。……诸子

---

① 刘绩:《淮南鸿烈解》,黄山书社2011年版,第575—577页。

之学皆春秋、战国之时势世变所产生。其一家之兴,无非应时而起。"①

而傅斯年、冯友兰等则提出了"诸子出于职业"说。傅斯年《战国子家叙论》提出"战国诸子除墨子外,皆出于职业",认为:"百家之说,皆由于才智之士在一个特殊的地域、当一个特殊的时代,凭借一种特殊的职业而生。……无论有组织的儒墨显学,或一切自成一家的方术论者,其思想之趋向多由其职业之支配。其成家之号,除墨者之称外,如纵横、名、法等,皆与其职业有不少关联。"②冯友兰则认为:"在周之封建政治制度中,每一个诸侯,在他国内,都是一个具体而微底王。每一个国的公室,都是一个具体而微底王室。王有王的'官',各国的诸侯,也各自有其'官'。及贵族政治崩坏,'官失其守',在官之专家流入民间。这些专家不必皆自王室之官流出。而诸子之学之兴,亦更不必出自王室之官流出之专家。所以我们虽亦以为诸子之学大都出于'官',但不必出于'王'官。……当时在官世官世禄之专家,流入民间,各本其所长以为职业而谋生活。其后各职业之中,有'出乎其类,拔乎其萃'者,为其职业中所特别注重之道德或行为所启示,遂有一贯底学说,欲以'易天下',此即是诸子之学。诸子出于职业,而职业出于'官'。就当时之一般趋势,大体言之,固是如此。"③二人都是在接受"诸子出于王官"说的合理成分的基础上,进一步分析诸子兴起的具体历史语境,提出"诸子出于职业"说的。

二、"杂家出于议官"辨析

(一)"议官"与"议臣"

"诸子出于王官"说并非全无依据,它在一定程度上反映了诸子与"王官"的关系。但笔者也认同冯友兰的观点,王官不应该仅指天子之官,也应包括诸侯之官等。

学界对于"杂家出于议官"中"议官"之义,多有分歧。如陈朝爵曰:"说者谓《周礼》无议官也。今案《周礼》,小司寇'致万民而询。一曰询国危,二曰询国迁,三曰询立君';又断狱讼,亦有讯群臣、讯群吏、讯万民之法,是即古议官所始。本书《百官公卿表》,博士、郎中令皆秦官。郎中令属官有大夫,大夫掌论议,郎有议郎,是皆议官之职。而国有大礼、大政,往往谘于博士,是议官之由来尚矣。"④以周代之小司寇、秦汉之博士、议郎等为

---

① 胡适:《诸子不出于王官论》,《胡适文集》第2册,北京大学出版社2013年版,第170页。
② 傅斯年:《战国子家叙论》,《傅斯年史学论著》,上海书店出版社2014年版,第98—103页。
③ 冯友兰:《原名法阴阳道德》,《中国哲学史》下册,华东师范大学出版社2000年版,第390—391页。
④ 陈朝爵:《汉书艺文志约说》,《二十五史艺文经籍志考补萃编》第五卷,清华大学出版社2012年版,第142页。

议官。江瑔《读子卮言》曰:"一国之民,为数至众,使人人皆可以议政,势必窒碍难行,于是乃立议官以代之。……盖议官者,所以代国人而行其议政之权者也。……杂家者,以居于小民之地,而行议官议政之权者也。是可知议官之制,为宣民意而设;杂家之学,为代议官而兴。"① 则附会于西方现代政治,以"议官"为西方之"议员",颇不合于早期中国之实际。王锦民说:"议官即是代君主管理天下议者之官,其本身并无学术。按求之上古,则议官当出于商周至春秋时期的'国人会议'。……但杂家之兴却是在战国时期,此时所谓'国人会议'已经衰落不行,而列国之士凭藉百家之学成为当时的主要议者。议者各执一家之说以议于君主,议官总其成,故得有杂家之学。这是杂家最典型的例子。"② 认为议官是管理"议者"之官,类似于西方议会的"议长"。

"议官"一词,始见于班固《汉书·艺文志》中,且仅此一处。此前典籍及同时著作中也无论及"议官"者,但秦汉时期有"议臣"一词,颇为常见。笔者认为《汉志》中"议官"即"议臣"之意,班固谓"杂家出于议官",即是表明杂家与"议臣"关系密切。

"议臣"一词连用,最早见于《战国策》,如《魏策二》载:"庞葱曰:'夫市之无虎明矣,然而三人言而成虎。今邯郸去大梁也远于市,而议臣者过于三人矣。愿王察之矣。'"③ 又《韩非子·内储说上》亦载:"庞恭曰:'夫市之无虎也明矣,然而三人言而成虎。今邯郸之去魏也远于市,议臣者过于三人,愿王察之。'"④ 但此处"议臣"皆非名词,而是动宾结构,与"议官"不类。

至汉代,"议臣"始成为一种常见称呼。今以《史记》《汉书》为例,其中论及"议臣"之处可分为三种情况。第一种是关于袁盎等议臣为汉文帝谋划立太子并被梁王刺杀一事,如《史记·梁孝王世家》载:"十一月,上废栗太子,窦太后心欲以孝王为后嗣。大臣及袁盎等有所关说于景帝,窦太后义格,亦遂不复言以梁王为嗣事由此。……梁王怨袁盎及议臣,乃与羊胜、公孙诡之属,阴使人刺杀袁盎及他议臣十余人。"⑤ 又《汉书·季布栾布田叔传》载:"后数岁,叔坐法失官。梁孝王使人杀汉议臣爰盎,景帝召叔案梁,具得其事。"⑥ 又《汉书·文三王传》载:"其夏,上立胶东王为太子。梁王怨爰盎及议臣,乃与羊胜、公孙诡之属谋,阴使人刺杀爰盎及他议臣十余人。"⑦ 又《汉书·五行志第七下之上》载:"先是孝王骄奢,起苑方三百里,宫馆阁道相连三十余里。纳于邪臣羊胜之计,欲求为汉嗣,刺

---

① 江瑔:《读子卮言》,华东师范大学出版社2012年版,第120页。
② 王锦民:《古学经子》,华夏出版社2008年版,第356页。
③ 刘向集录:《战国策》,上海古籍出版社1978年版,第846页。
④ 王先慎:《韩非子集解》,中华书局2013年版,第238页。
⑤ 司马迁:《史记》(修订本),中华书局2013年版,第2521页。
⑥ 班固:《汉书》,中华书局1962年版,第1983页。
⑦ 班固:《汉书》,中华书局1962年版,第2210页。

杀议臣爰盎。"①第二种情况是议臣论灾异，如《汉书·五行志第七中之上》载："成帝建始四年九月，长安城南有鼠衔黄蒿、柏叶，上民家柏及榆树上为巢，桐柏尤多。巢中无子，皆有干鼠矢数十。时议臣以为恐有水灾。"②第三种情况是议臣论政事。如《汉书·赵充国辛庆忌传》载："臣谨条不出兵留田便宜十二事。……臣充国材下，犬马齿衰，不识长册，唯明诏博详公卿、议臣采择。……充国奏每上，辄下公卿、议臣。"③又《汉书·薛宣朱博传》载："事下有司，御史中丞众等奏：'……况首为恶，明手伤，功意俱恶，皆大不敬。明当以重论，及况皆弃市。'廷尉直以为：'……今以况为首恶，明手伤为大不敬，公私无差。《春秋》之义，原心定罪。原况以父见谤发忿怒，无它大恶。加诋欺，辑小过成大辟，陷死刑，违明诏，恐非法意，不可施行。圣王不以怒增刑。明当以贼伤人不直，况与谋者皆爵减完为城旦。'上以问公卿、议臣。丞相孔光、大司空师丹以中丞议是，自将军以下至博士、议郎皆是廷尉。况竟减罪一等，徙敦煌。"④

这里的"议臣"并非官职，而是对那些为君王出谋划策的臣子的统称，与后世以"讽谏"为指责的"言官"不同，"议臣"以"襄赞"为职责，其范围较广。又班固以"议臣"与"公卿"并列，可见二者在职责上有共通之处，而地位有高低之别，《薛宣朱博传》中丞相、大司空属"公卿"，博士、议郎属"议臣"。又《汉书·百官公卿表》载："给事中亦加官，所加或大夫、博士、议郎，掌顾问应对，位次中常侍。"⑤《后汉书·百官志》载："凡大夫、议郎皆掌顾问应对，无常事，唯诏令所使。"⑥汉王符《潜夫论·考绩第七》亦曰："侍中大夫、博士、议郎，以言语为职，谏诤为官。"⑦可见，侍中大夫亦属"议臣"，"议臣"的职责是"顾问应对"，有参与议政之权。《汉书·艺文志》之"杂家出于议官"说，即是说：杂家来源于对君王决策有参议之权的"议臣"。李致忠将"议官"解释为"议政之官"⑧，所见甚是。

(二)"议臣"与"门客"

《汉书·艺文志·诸子略》所收"杂二十家"中，现存最具代表性的杂家著作是《吕氏春秋》《淮南子》二书。

其中《吕氏春秋》著录曰："《吕氏春秋》二十六篇。"班固自注曰："秦相吕不韦辑智略

---

① 班固：《汉书》，中华书局1962年版，第1448页。
② 班固：《汉书》，中华书局1962年版，第1374页。
③ 班固：《汉书》，中华书局1962年版，第2987—2991页。
④ 班固：《汉书》，中华书局1962年版，第3395—3396页。
⑤ 班固：《汉书》，中华书局1962年版，第739页。
⑥ 范晔：《后汉书》，中华书局1965年版，第3577页。
⑦ 王符：《潜夫论》，上海古籍出版社1978年版，第74页。
⑧ 李致忠：《三目类序释评》，北京图书馆出版社2002年版，第374页。

士作。"①明言《吕氏春秋》是吕不韦纠集门下智略之士所作。又《史记·吕不韦列传》载："庄襄王即位三年,薨,太子政立为王,尊吕不韦为相国,号称'仲父'。……当是时,魏有信陵君,楚有春申君,赵有平原君,齐有孟尝君,皆下士喜宾客以相倾。吕不韦以秦之彊,羞不如,亦招致士,厚遇之,至食客三千人。是时诸侯多辩士,如荀卿之徒,著书布天下。吕不韦乃使其客人人著所闻,集论以为八览、六论、十二纪,二十余万言,以为备天地万物古今之事,号曰《吕氏春秋》。"②《汉书·楚元王传》载刘向之言有曰："秦相吕不韦集知略之士而造《春秋》,亦言薄葬之义,皆明于事情者也。"③可见《吕氏春秋》为吕不韦门客所作。

《淮南子》著录曰："《淮南内》二十一篇,《淮南外》三十三篇。"班固于《淮南内》下自注曰："王安。"④又《汉书·淮南衡山济北王传》载："淮南王安为人好书,鼓琴,不喜弋猎狗马驰骋,亦欲以行阴德拊循百姓,流名誉。招致宾客方术之士数千人,作为《内书》二十一篇,《外书》甚众。"⑤《淮南子》内外篇均系刘安与门客共同编纂,班固自注"王安"二字仅为标明"淮南"指"淮南王刘安",而非其他"淮南王",并非注解作书之人。班固于刘安传记中记"宾客方术之士"编纂《淮南子》,正是表明该书为刘安门客所作。又汉高诱《淮南鸿烈解叙》曰："初,安为辩达,善属文。……天下方术之士,多往归焉。于是遂与苏飞、李尚、左吴、田由、雷被、毛被、伍被、晋昌等八人及诸儒大山、小山之徒,共讲论道德,总统仁义,而著此书。……光禄大夫刘向校定撰具,名之《淮南》。又有十九篇者,谓之《淮南外篇》。"⑥更是指明参与编撰的门客姓名。

王锦民在论述《汉书·艺文志》著录杂家著作与"门客"的关系时说："杂家著作多是由各国权臣的门客所作,而门客者流,权当君主之议者。蓄养门客之风起于战国中期,齐孟尝君田文、赵平原君赵胜、魏信陵君魏无忌、楚春申君黄歇、秦文信侯吕不韦等,所养门客均在三千人以上。此一风气一直持续至汉初,淮南王刘安、河间献王刘德,皆广集门客。这些门客之中一定不乏通百家之学者,百家汇乎一门,杂家之学由此而兴起,其发展也大致自战国中期,讫汉武帝时代。"⑦可见"杂家"与"门客"关系密切。《吕氏春秋》《淮南子》二书被列入杂家,除其书在思想上有博采众长、兼容并包之共同点外,还与它们由门客集体编撰这一行为有关。因为作为吕不韦、刘安等诸侯之门客的这些学者,除能帮助

---

① ④ 班固:《汉书》,中华书局1962年版,第1741页。
② 司马迁:《史记》(修订本),中华书局2013年版,第3030页。
③ 班固:《汉书》,中华书局1962年版,第1953页。
⑤ 班固:《汉书》,中华书局1962年版,第2145页。
⑥ 刘绩:《淮南鸿烈解》,黄山书社2011年版,第1—2页。
⑦ 王锦民:《古学经子》,华夏出版社2008年版,第356页。

吕、刘编书之外，某些比较核心的门客应该也是吕、刘的重要智囊，参与重要决策，这应该是这些门客的主要职责之一。而这一角色，就与"议臣"颇为类似，只是由于春秋、战国以后，权利逐渐下移，"议臣"群体也由高层逐渐下移，逐渐变成依附于某些政治势力的门客，最为典型的就是"战国四公子"所养的门客。

可以说，"议臣"与"门客"在本质上是一致的，其区别只在于地位之差别。"议臣"是天子的谋臣，有正式官职，掌顾问应对之职，并参与国家大政的讨论；而"门客"则是地方政治势力的谋臣，未必有正式官职，只是一种纯粹的人身依附关系，作为势力首脑的智囊存在，为之出谋划策。所以，春秋、战国以降，"门客"与"议臣"都是作为"议官"的一种变种而存在，两者皆出于"议官"。也可以说，"议官"可以通指天子"议臣"与诸侯"门客"等能够参与决策的人，是笼统之称呼，并非职官专名。而秦汉时期的杂家著作正是这些"门客"捉刀，所以，从这一学术发展历程来看，"杂家出于议官"说应该值得肯定。

三、"杂家"之内涵与宗旨

（一）"杂家"与"黄老道家"关系辨正

班固明确指出了"杂家"作为诸子学的理论方法——"兼儒、墨，合名、法"。在谈论"杂家"宗旨之前，笔者认为有必要将司马谈《论六家要旨》与之进行对比，《史记·太史公自序》载：

> 太史公学天官于唐都，受《易》于杨何，习道论于黄子。太史公仕于建元、元封之间，愍学者之不达其意而师悖，乃论六家之要指曰："《易大传》：'天下一致而百虑，同归而殊涂。'夫阴阳、儒、墨、名、法、道德，此务为治者也，直所从言之异路，有省不省耳。尝窃观阴阳之术，大祥而众忌讳，使人拘而多所畏；然其序四时之大顺，不可失也。儒者博而寡要，劳而少功，是以其事难尽从；然其序君臣父子之礼，列夫妇长幼之别，不可易也。墨者俭而难遵，是以其事不可遍循；然其强本节用，不可废也。法家严而少恩；然其正君臣上下之分，不可改矣。名家使人俭而善失真；然其正名实，不可不察也。道家使人精神专一，动合无形，赡足万物。其为术也，因阴阳之大顺，采儒、墨之善，撮名、法之要，与时迁移，应物变化，立俗施事，无所不宜，指约而易操，事少而功多……"①

---

① 司马迁：《史记》，中华书局2013年版，第3965—3966页。

司马谈的思想有天官学、易学、黄老学三种来源,从其对阴阳、儒、墨、名、法、道德六家的评判可以看出,其思想宗旨鲜明,即以黄老道家为主。在司马谈看来,六家之中,阴阳、儒、墨、名、法五家皆有利有弊,唯独道家"无所不宜"。司马谈对道家之术的界定是:"因阴阳之大顺,采儒、墨之善,撮名、法之要。"即通过对其他五家的创造性综合,进而扬弃五家之弊端,达到"无所不宜"的境界。从司马谈对道家之术的这一界定可以看出,司马谈所谓"道家"与《汉书·艺文志》中"道家"相去甚远,而与"杂家"则颇为类似。《汉书·艺文志·诸子略》道家类序曰:

> 道家者流,盖出于史官,历记成败存亡祸福古今之道,然后知秉要执本,清虚以自守,卑弱以自持,此君人南面之术也。合于尧之克攘,《易》之嗛嗛,一谦而四益,此其所长也。及放者为之,则欲绝去礼学,兼弃仁义,曰独任清虚可以为治。①

蒙文通说:"司马谈说的道家,显然是杂家,这就是黄老,它和庄周一流的道家是不同的。司马谈说的道家,和刘、班九流所谓的道家,内容也是有区别的。"②萧萐父先生也说:"司马谈所论六家要旨,实为秦汉之际发展的新思潮而非先秦各家旧旨。"③再结合道家类著录的著作主要为先秦作品,《汉志》所论道家为先秦道家,它同样有利有弊,而司马谈所论为西汉黄老道家,故两者不同。从《史记》所载"太史公仕于建元、元封之间,愍学者之不达其意而师悖,乃论六家之要指"一句,并结合汉武帝尊崇儒家的行为对黄老道家学术统治地位的冲击,笔者认为,司马谈评论六家学说要旨,表面上是对当时诸家学说的整体批评,但其主要批评对象其实是儒家,是作为黄老道家学者的司马谈对儒家学者的反击,以维护黄老道家学说的正统地位,所以司马谈口中的道家成了综合了阴阳、儒、墨、名、法五家之长的道家。

近年以来,学界对两者之间的关系多有关注,如熊铁基《秦汉新道家略论稿》提出"新道家"概念,认为列入《汉志》"杂家类"中《吕氏春秋》《淮南子》二书不应被当作"杂家",而应该把它们看作"新道家";④吴光《黄老之学通论》则依据司马谈所论,将《吕氏春秋》《淮南子》皆纳入"黄老之学"类著作。⑤两者从不同的角度,都否定了《吕氏春秋》《淮南子》二书的"杂家"性质,具有一定的启发性。但是,《吕氏春秋》《淮南子》二书作为《汉书·艺文

---

① 班固:《汉书》,中华书局1962年版,第1732页。
② 蒙文通:《诸子甄微》,《蒙文通全集》第二册,巴蜀书社2015年版,第50页。
③ 萧萐父:《秦汉之际学术思潮简论》,《吹沙集》,巴蜀书社2007年版,第203页。
④ 熊铁基:《秦汉新道家略论稿》,上海人民出版社1984年版,第2页。
⑤ 参见吴光:《黄老之学通论》,浙江人民出版社1985年版,书中以《吕氏春秋》为"秦汉之际的黄老之学代表作",以《淮南子》为"西汉初期集大成的黄老学著作"。

志》著录且现存最早的两部杂家著作,否定其"杂家"性质,基本上也就否定了杂家作为一种学派而存在的历史事实,多有过当之处。司马谈口中论述的"道家"与《汉书·艺文志》中的"杂家"其实是相通的,两者都是对以往诸子百家学术的创造性综合,而以博采诸家之长为己所用,进而使自家学说达到"无所不宜"。

但是,"杂家"作为秦汉时期诸子中的一家的学术史地位是不能被否定的。虽然"杂家"这一学派正式形成可能较其他各家较晚,但在战国诸子百家争鸣而又莫衷一是,且各家后学又使其学术渐显弊端的情况下,"杂家"作为一种思想方法已经逐渐出现,至吕不韦组织编纂《吕氏春秋》时,杂家学派应该已经正式形成。而从整个诸子学术的发展来看,司马谈所论的西汉黄老道家,其实正是西汉时期道家思想学说"杂家化"的体现。①所以,《吕氏春秋》《淮南子》二书列于杂家,并无不妥,杂家作为一种诸子学的综合之学,其存在是符合历史事实的。

(二) 杂家宗旨与目标

就杂家之宗旨问题,笔者主要从以下三个方面展开论述。

1. 杂家确有宗旨,可以成一家之言

民国以来,学界开始以"哲学"的眼光来审视先秦诸子,"兼儒、墨,合名、法"的"杂家"受到严重攻击。如章太炎先生认为"杂家是杂乱的主张",与纵横家、阴阳家、农家等一样,"都和哲学无关";甚至认为"杂家集他人之长,以为己有,《吕览》是已;此在后代,即《群书治要》之比,再扩充之,则《图书集成》亦是也"②,将杂家等同于类书。傅斯年也说:"杂而曰家,本不词。但《吕览》既创此体,而《淮南》述之,东方朔等著论又全无一家之归,则兼儒墨、合名法而成一家书之现象,在战国晚年已成一段史实。《吕氏春秋》一书,即所谓八览、六论、十二纪之集合者,在思想上全没有一点创作,体裁乃是后来人类书故事集之祖。……这样著书法在诸子的精神上是一种腐化。……《吕氏》《淮南》两书,自身都没有什么内涵价值,然因其为'类书',保存了不少的早年材料,所以现在至可贵。"③也将杂家等同于类书,认为它无思想创新,没有内涵价值,是诸子精神的腐化。冯友兰也说:"杂家本不成家,其书不过百科全书之类。"④并将杂家视为一种"折衷主义","凡企图把不同或相反的学说,折衷调和,而使之统一的,都是杂家的态度,都是杂家的精神"⑤。

以上学者多以杂家是拼凑、杂糅众说而成,难以形成一家之言。杂家确有汇合众说

---

① 当然,"杂家化"并非道家一家所有,而是当时诸子学发展的一种趋势,下文笔者也会论述到西汉时期儒家思想的"杂家化"。
② 章太炎:《国学概论》,上海古籍出版社2011年版,第30页。
③ 傅斯年:《战国子家叙论》,《傅斯年史学论著》,上海书店出版社2014年版,第138—139页。
④ 冯友兰:《原名法阴阳道德》,《中国哲学史》下册,华东师范大学出版社2000年版,第389页。
⑤ 冯友兰:《原杂家》,《中国哲学史》下册,华东师范大学出版社2000年版,第408页。

之特点,但这种汇合并非简单的拼凑、杂糅,而是根据实际情况、按照王治之需求,对诸家学说进行取舍,确立宗旨,以成一家之言。陈朝爵曰:"杂家之义,则取其会合众家之说。……为杂家之学者,必中有所主,如高诱之论《吕览》曰'标的',曰'纲纪',论《淮南》曰'总统',皆杂而有宗主之义。杂而无主,则泛乱而无归,其害深中于人心,故曰'无所归心',言心之不可不一也。"①孙德谦亦曰:"杂家之杂,乃兼合诸家,而非驳杂之谓。……杂家以百家之学,我为进退之,以成其一家言。"②江瑔《论杂家非驳杂不纯》亦曰:"窃以为杂家之学,名虽为'杂',实则一贯。……昧班氏之言,则知杂家之学本有一贯之宗旨,而非驳杂不纯之谓。其末流之漫羡无归,卒至于驳杂不纯,而荡者失之,非杂家之咎。"③可见杂家宗旨的底色虽非原创,但它在兼综融合各家宗旨的基础上,又确实能够形成自己完整的体系,而并未淹没于各家宗旨之中。如《吕氏春秋》就是对先秦诸子学术的一次汇集,但这种汇集本身同样包含着对各家学术的扬弃,有取就有舍,它并非是各种思想的矛盾大杂烩,而是有着自身宗旨,可以"成一家之言"的杂家著作。

2. 杂家之宗旨随具体情况、时代而有异同

杂家有宗旨,主要是就某一具体杂家而言的,从其著作之中是可以分析出其宗旨的。但这一具体杂家之宗旨,并非就是杂家整体上的宗旨。杂家与其他诸子最大的不同就在于,杂家从本质上来说是一种思想方法,而非主张某一特定思想宗旨的诸子。如《吕氏春秋》《淮南子》二书同属杂家著作,但两者之宗旨并不相同,我们也无法就二书之宗旨进一步归纳出杂家之宗旨。因此《汉书·艺文志》中"兼儒、墨,合名、法"一句,更多的是在论述杂家树立宗旨的方法,而非论其宗旨之具体内容。

杂家"兼儒、墨,合名、法"重在"兼""合",即杂家的本质特征体现为"兼综融合",而儒、墨、名、法等只是其兼综融合之内容,并非杂家的本质规定。随着历史的迁移,不同的杂家著作会展现出不同的宗旨,但不变的是"兼综融合"的方法特征。如在《汉书·艺文志》之后,《刘子·九流》曰:"杂者,孔甲、尉缭、尸佼、淮夷之类也。明阴阳,本道德,兼儒墨,合名法,苞纵横,纳农植,触类取与不拘一绪。"④《隋书·经籍志》曰:"杂者,兼儒、墨之道,通众家之意,以见王者之化,无所不冠者也。"⑤《崇文总目》曰:"杂家者流,取儒、墨、名、法,合而兼之,其言贯穿众说,无所不通,然亦有补于治理,不可废焉。"杂家"兼综融合"之内容除儒、墨、名、法外,进一步包括阴阳、道德、纵横、农家等,以至于"通众家之

---

① 陈朝爵:《汉书艺文志约说》,《二十五史艺文经籍志考补萃编》第五卷,清华大学出版社2012年版,第142—143页。
② 孙德谦:《诸子通考》,岳麓书社2013年版,第166—167页。
③ 江瑔:《读子卮言》,华东师范大学出版社2012年版,第119—120页。
④ 傅亚庶:《刘子校释》,中华书局1998年版,第521页。
⑤ 魏徵等:《隋书》,中华书局1973年版,第1010页。

意"、"贯穿众说,无所不通",正可以看出杂家在整体上并无明确之宗旨,以展现其在儒、墨、名、法、阴阳、道德、纵横、农家等各家学说之间的具体取舍主张。但就某一具体的杂家著作而言,其宗旨则应该是明确的。

所以,杂家之宗旨,会随着具体情况、时代而有不同。因此,杂家更多地属于方法论意义上的诸子,而非学理论意义上的诸子。

3. 不同杂家著作之宗旨虽有异同,但其目标皆是追求有用于王治

《汉书·艺文志》在论述杂家之长处时说:"知国体之有此,见王治之无不贯,此其所长也。"① 杂家之目标即在于追求有用于王治,将其主张应用于现实政治之中,影响国家治理,而并非限于思想理论本身。当然,诸子之中,像儒家、墨家、法家等也都用相同的理念,希望其理论影响现实政治。但经过春秋、战国以来各家各派之间的理论争论,各家的优势与弊端都逐渐呈现出来,单纯某一家的理论主张已经很难得到较为普遍的认同。而且,随着战国末期诸侯国兼并的加剧,政治上的统一已经逐渐成为一种共识。这就使得在思想界也出现了一种统一诸子百家思想的认识。

而对于思想的统一,就当时的诸子百家争鸣的历史条件而言,无外乎两种选择:一种是选取其中一家作为正统思想,而压制其他家的思想;另一种是选择各家思想中有利于政治统一、国家治理的成分,形成一种新的思想体系。

吕不韦显然采取的是后一种选择,他通过组织门客编纂《吕氏春秋》,试图为即将统一天下的秦王朝寻求一条新的治国道路。只是在与秦王嬴政的政治斗争中最终失败,导致其思想政治理念无法落实于现实政治。而秦王嬴政采取的明显是前一种选择,即以法家学说为治国纲领,而排斥其他家学说理论,试图通过法家严苛寡恩的统治方式,使其统治得以万世不衰。无奈法家的这种统治方式,并不适用于久经战火的社会,最终导致二世而亡。吕不韦虽然在现实政治斗争中失败了,其主张没有得到实施,但历史的发展却证明吕不韦在《吕氏春秋》中开创的"杂家式"的政治方略却是符合历史潮流的。所以,刘元彦认为吕不韦可以说是一个"失败的胜利者"②。

刘邦建立汉朝后,鉴于秦王朝"二世而亡"的历史教训,采取休养生息的黄老道家策略,与民休息,适应了当时的社会发展状况,使疲敝已极的社会得以逐渐复苏。汉景帝末年,淮南王刘安又组织门客编纂《淮南子》一书,并于汉武帝初年献于朝廷,试图为汉王朝的治理提出新的指导思想。但刘安的这一努力仍归失败。汉武帝刘彻在掌握国家实际权力之后,在国家治理的指导思想上,接受董仲舒的建议,"罢黜百家,独尊儒术",逐渐使

---

① 班固:《汉书》,中华书局1962年版,第1742页。
② 刘元彦:《〈吕氏春秋〉:兼容并包的杂家》,生活·读书·新知三联书店2008年版,第174—176页。

儒家思想成为国家治理的主流思想。刘安通过编纂《淮南子》而构建的以道为主的杂家型治国思想体系,再一次归于失败。但不可否认的是,汉武帝以之为国家治理指导思想的"儒术",与先秦时期的儒学又有不同,它是以儒家学说为主,同时又兼容了阴阳家、法家、道家等各家学说,同样具有"杂家"性质。只是由于后世治国指导思想多以儒学为主,儒家学说成为思想主流,尤其是在儒、释、道三足鼎立的局面下,董仲舒被作为汉代儒学的代表人物,掩盖了其杂家特质。但自宋代理学兴起之后,对董仲舒的批评渐多,并将其排除于儒学道统之外,主要也是认为董仲舒的思想并非纯粹儒家思想,而包含阴阳家等其他思想。

从以上的分析可以看出,不管是吕不韦,还是刘安、董仲舒等,他们在兼容各家学说之后创立的新学说,都具有杂家性质,其目标皆是求有用于王治,使之成为国家治理的指导思想,服务于现实政治,具有强烈的现实关怀。

道法沪上
——从出土文物看上海地区道教信仰

□ 陈 凌

摘 要：通过对上海地区出土的蕴含道教元素的考古遗物的初步梳理，包括文牒、铜镜、厌胜钱及刚卯、魁星、买地券等，结合历史文献和口述资料，对上海地区的道教信仰提出自己的三点看法：（一）上海地区的道教以正一教为主；（二）上海地区的道教信仰有明显的世俗化的特征；（三）上海地区道教虽然以正一教为绝大多数，但其间帮派林立，各行一套。

关键词：出土文物；上海宗教；道教信仰

作者简介：陈凌，上海博物馆副研究馆员，上海大学历史系博士研究生。

一、上海地区道教发展概述

在上海地区，考古出土遗物中有蕴含道教元素的现象，虽然数量不多，但可以作为了解上海地区历史时期道教影响的旁证。

道教作为中国土生土长的宗教，形成于东汉末年，其时传布范围主要在中原和巴蜀地区，尚未覆盖到江南一带。道教最早传入上海，可追溯到东晋时期葛玄和葛洪活动的传说。嘉庆《松江府志》卷七十四"名迹志"称："葛蓬墩。在金山卫西，其地多艾，呼为蓬。以灸病多效，俗传为葛元遗种。"府志中还记载有葛洪的相关遗迹。虽然这些记载都只是传说，但当时由于孙权等吴国君主对方士和道士都采取比较宽容的态度，因此道教在长江以南得以迅速流传和发展。上海虽偏居海隅，也可能或多或少地受到了影响。

据《资治通鉴》记载，晋安帝隆安五年（公元401年），道士孙恩"陷沪渎，杀吴国内史袁山松，死者四千人"。孙恩在上海登陆，并没有给这里留下多少道教遗迹，但当时追随他的下层教徒人数众多，可推测这对于道教在下层民众中之传播还是颇有影响的。

魏晋南北朝时期，道教在江南地区的活动日渐活跃。最高统治者雅好道教，大批高级世族成为道教信徒，使道教在思想内容和组织体系上不断丰富。

唐宋时期,上海地区社会经济发展空前,辟田野,增户口。唐天宝十年(公元751年)置华亭县,宋熙宁七年(1074年)设市舶提举司及榷货场于上海浦,上海之名始著。特别是南宋以来,随着国家政治经济和文化中心的南移,上海地区得到了更大的发展。在道教大为兴盛的时代背景下,上海地区道教也有了很大的发展并粗具规模。

这时在上海地区,出现了虽然具有全国影响但也算数得上名号的著名道士,比如唐代的查玉成、王可交、沈羲,宋代的叶猗兰、汤道亨、叶子琬、欧法师,他们或擅于炼丹,或长于符箓,或精通医术,来历和师承传统各不相同,其渊源主要还是茅山上清派和龙虎山天师道。

作为道教发展的物化标准之一,道观数量从某种意义上可以代表道教发展的程度。从表1可以清楚看到,宋元以来,上海地区的道教发展空前,虽然不能与佛教平起平坐,但呈现出不断上升的趋势。当然,这个比对只能作为参考,因为道观数量并不完全反映道士的多寡。上海地区盛行的正一教是允许道士娶妻生子、不住宫观的,因此,事实上会有大量的散居道士游离于道教宫观之外。相对于明确常驻于各宫观的道士而言,散居道士的人数比例应该要大得多,他们往往边做道士边务农,在有需要的时候帮着做各种道场。

表1 上海地区各时期创建佛道寺观数量比对[①]

	唐以前	唐五代	宋	元	明	清
道观	0	1	24	32	44	73
佛寺	10	22	114	107	122	98

二、上海地区出土道教文物

与数量较多的佛教文物相比,上海地区出土的道教文物数量并不多,主要可以分成以下几类:

(一) 文牒

1962年,在闵行区马桥镇吴会村元代仁济道院废址后园的一座明代双穴砖室墓中,出土了一张道士度牒[②],纵114厘米,横120厘米,纸质柔韧,白色微泛黄,边框四周板印缠枝花边(图1)。从度牒上的文字可知,墓主张永馨于弘治五年(1492年)四月12岁时

---

① 阮仁泽、高振农主编:《上海宗教史》,上海人民出版社1992年版,第56—151页、第353—412页,此表据书中资料自行统计而成。
② 魏德明:《从明代道士张永馨的度牒说起》,《上海文博论丛》2005年第2期。

由其兄长送至仁济道院出家，投礼道士顾瑾为师，修正一道。而度牒的发放是一项极其严肃慎重的事情，度牒上援引了大明律"僧道不给度牒私自簪剃者，杖八十。若由家长，家长当罪。寺观住持及受业师私度者与同罪，并还俗"，填有编号"捌佰肆拾伍号"，并有礼部尚书、左右侍郎及祠祭清吏司郎中、员外郎、主事、都吏、令史共9人的签署画押，在骑缝处和"正德贰年柒月"上还加盖礼部章记。出土时，这张度牒摆放在墓主胸前，基本完好无损，殊为罕见，为研究明代社会制度及官方文凭提供了一份重要的实物资料。双穴墓的另一位墓主为道士顾守清，即度牒中所提及的顾瑾，墓中出土的买地券有漫漶不清的"仁济道院居住奉道□□弟子张永馨为先师□□顾守清□命丙戌年正月二十四日……"的朱砂字样。师徒同葬一座墓圹内，还是首次发现，对研究道教墓葬有重要价值。

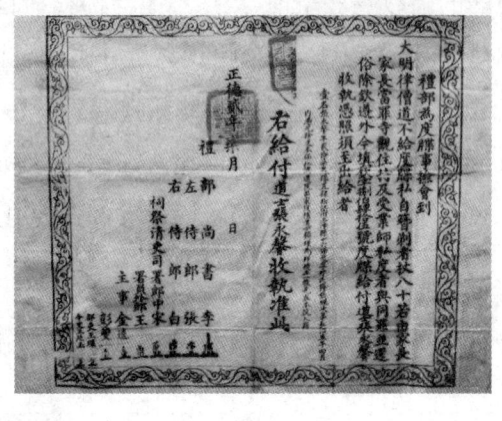

图1　　　　图2

2007年，在对嘉定区李新斋家族墓地的考古发掘中，在李新斋的夫人程宜人墓穴中发现了一册《预修寄库文牒》(图2)。高52.5厘米，宽26厘米，封面左上方有"预修寄库文牒"数字，右下角有"给付生身受度信女程氏收执"字样。内容中见"嘉靖三十九年十一月十八日在家启建正一预修寄库受生文牒一道"，"万历五年九月□日积功成胜天尊。正一教道士沈永忠率领玄众一坛恭就本县依仁乡十二都□都□土地界花园山居启建灵宝"等记载。① 这件《预修寄库文牒》明确显示了程宜人是笃信正一道的信众。出土时文牒置于墓主的胸部。

有意思的是，程宜人的木棺棺盖内面彩绘有北斗七星图(图3)。北斗在上古时代与天极十分靠近，满天星宿仿佛都围绕北斗旋转，因而被认为是宇宙化生的中心，藏布元气，生杀万物，具有崇高的地位。先民这种朴素的宇宙观念深刻地影响了中国古代思想文化，道教承袭并发展了这种观念，认为崇祠北斗掌管人之寿命福禄，可以消灾去厄、延

---

① 黄翔：《上海嘉定区李新斋家族墓发掘简报》，《上海文博论丛》2011年第2期。

命致福,并发展出了完整的斋醮仪式。北斗不仅布发生气,亦按时节收回生气,所以它既有主化育生长的一面,又有主收藏杀伐的一面,《后汉书·天文》中有"北斗主杀""北斗魁主杀"之语。《晋书·天文七》:"招摇北斗间为天库,星去其所,则有库开之祥。"明言北斗为天之府库,人禀天之元气而生,死则元气归于北斗之府藏,与四季万物生杀循环同样道理,所以墓葬中多用北斗图案,以厌劾辟除不祥,甚而希望元气归于北斗,并在北斗化生而重新获得生气。① 也有研究者认为,只有在"寿终正寝"或"修道升仙"之人的墓中,才绘北斗于墓顶,它代表着天国仙境的符号及通天升仙的法门。②

图 3

程宜人的墓志铭保存完好,从志文可知,为其撰写墓志铭的是时任通议大夫礼部右侍郎兼翰林院侍读学士的王锡爵(图4)。而王锡爵本人也是一个道教信众,其女儿王焘贞是当时著名的昙阳子,拥有大量信徒。王世贞曾为她作《昙阳大师传》。《万历野获编》中记载:"王太仓以侍郎忤江陵予告归。其仲女昙阳子者得道化去。一时名士如弇州兄弟、沈太史懋学、屠青浦隆、冯太史梦桢、瞿胄君汝稷辈,无虑数百人,皆顶礼称弟子。"

图 4

---

① 韦兵:《道教与北斗生杀观念》,《宗教学研究》2005 年第 2 期。
② 朱磊:《北斗厌胜信仰的星象学起源考证》,《宗教学研究》2012 年第 2 期。

(二) 铜镜

铜镜是我国古代文化遗产中的珍品，往往铸作精良，图纹考究，考古或传世均有大量发现。铜镜最初是日常生活用品，但经过两汉谶纬神仙思想的改造后，被道教应用于宗教修炼。《抱朴子·内篇·杂应》云："或用明镜九寸以上自照，有所思存，七日七夕则见神仙，或男或女，或老或少，一示之后，心中自知千里之外，方来之事业。明镜或用一，或用二，谓之日月镜。或用四，谓之四规镜。四规者，照之时，前后左右各施一也。用四规所见来神甚多。或纵目，或乘龙驾虎，冠服彩色，不与世同，皆有经图。欲修其道，当先暗诵所当致见诸神姓名位号，识其衣冠。不尔，则卒至而忘其神，或能惊惧，则害人也。为之，率欲得静漠幽闲林麓之中，外形不经目，外声不入耳，其道必成也。"日月镜、四规镜均是当时道士们的存思法，而且这样的修行方法地位很高。

《抱朴子·登涉》则云："又万物之老者，其精悉能假托人形，以眩惑人目而常试人，唯不能于镜中易其真形耳。是以古之入山道士，皆以明镜径九寸以上，悬于背后，则老魅不敢近人。"铜镜清晰照物的功能被无限夸大，一切妖魔鬼怪均会在铜镜的照耀下现出原形的思想应运而生，铜镜被作为照妖和辟邪的法器。

大概在晋代之前，铜镜用于道教修炼的理论已经基本成熟。这些理论被后来的上清派和灵宝派所继承，在他们的早期经书《上清明鉴要经》《太上明鉴真经》《灵宝道士明镜法》中均记载有详细的修镜法。到了唐代，上清派著名道士司马承祯著有《上清含象剑鉴图》。此外，还有《上清长生宝鉴图》《神仙炼丹点铸三元宝照法》等集中讨论铜镜的道经。宋代以后，由于道教内丹术的盛行，铜镜的宗教地位逐渐下降，但对民间的影响仍然很大。①

图5

上海地区出土的铜镜数量颇有可观。其中最典型的与道教有关的当属1996年发现于嘉定区法华塔明代地宫的八卦铭文镜（图5）②。铜镜呈八边形，每边长4.1厘米，轮廓规整，铸造精良。镜背纹饰为八卦图和北斗七星，铭文为"七星朗耀通三界，一道灵光伏万魔"。显然，当时人将这面铜镜放置在地宫中，是为了镇塔和辟邪。法华塔有一个特别之处，即在其明代地宫下继续发现有元代的地宫③，这是佛塔传承有序的表现，在上海的考古出土中极其少见。在法华塔

---

① 韩吉绍、张鲁君：《铜镜与早期道教》，《中国道教》2006年第1期。
② 《古塔遗珍》，《申城寻踪：上海考古大展》，上海书画出版社2014年版，第190页。
③ 何继英：《上海嘉定法华塔元明地宫清理简报》，《文物》1999年第2期。

元代地宫中有一对寿山石小雕像,高约5厘米,宽约5.5厘米,厚约3厘米,用料完全一致,且巧妙利用了石色差异而使雕像的面部与衣物等部位呈色自然和谐。出土时与铜佛像等共置于二龙戏珠石函内,以铜佛像为主尊,两侧分别为两件寿山石小雕像,组成了一个供奉组合(图6)。铜佛像双手合十,结跏趺坐,身着通肩袈裟,形象古朴。寿山石小雕像中的一件身着袈裟,作剃度僧人本相;另一件蓄长髯,盘发披巾,应为道士形象。这对雕像应被视为"一僧一道"。僧、道分属于不同宗教,促使其"成双结对"的原因,与唐宋以后二教的相互影响与融合有关,佛道兼容或杂糅的思想在宋元以后更为常见。在明清的许多小说中都能见到"一僧一道"的经典的超情节人物的出现。①

图6

1969年,浦东陆家嘴陆深家族墓出土一枚四神八卦镜(图7)②,镜呈六瓣葵花形,直径15.5厘米,镜背纹饰为铸造精良的四神和八卦图案。四神是道教中守卫四方的神灵,《三辅黄图》:"苍龙、白虎、朱雀、玄武,天之四灵,以正四方。"汉代,四神体系已基本确立,成为拱卫天帝的四大方镇,代表了东西南北四方星宿的名称。将四神表现在铜镜上,"左龙右虎辟不祥,朱鸟玄武顺阴阳",反映了人们祈求阴阳调和、四方和顺的美好愿望。四神镜是本

图7

地出土铜镜中一个比较常见的品种,在宋蕙家族墓、乔木家族墓、陈所蕴家族墓等多个墓葬中均有出土。陆深家族墓中还出土了一枚仿汉画像镜③,直径18.5厘米(图8)。其图案为神仙人物,表达了人们企慕神仙世界,幻想羽化升天及长生不老的思想。

---

① 《古塔遗珍》,第172—173页。
②③ 何继英主编:《上海明墓》,文物出版社2009年版,第83页。

图 8　　　　　　　　　　　　图 9

博局纹镜也是本地出土较多的铜镜品种,在潘允征家族墓、顾从礼家族墓等均有出土①(图9)。博局纹,又称规矩纹。《墨子》:"天下从事者,不可以无法仪。无法仪而其事能成者,无有也。虽至士之为将相者,皆有法。虽至百工从事者,亦皆有法。百工以方为矩,以圆为规……"司马迁曰:"人道经纬万端,规矩无所不贯。"博局图案摹绘了古人朴素的宇宙观,天人合一,博局镜反映了人们对永久的富贵和无尽的寿命的祈求。

除了纹饰图案,铜镜的摆放位置也是学者研究的内容之一。从闵行张永馨、顾守清两位道士的墓葬出土情况看,墓穴中都有铜镜出土:顾守清墓中铜镜置于胸部;张永馨墓中胸部放置的是度牒,铜镜则挂置在棺后挡板上。从嘉定程宜人墓看,程宜人的胸部放置的是文牒,而在胸部的外衣下还放置了一面铜镜。从上海地区墓葬出土整体情况看,铜镜一般放置于墓主的胸部,如松江的明武略将军杨四山夫妇墓、嘉定的西安府同知宣昶墓等;或者是将铜镜置于棺木前后挡板上(图10),如闵行的南京礼部尚书朱恩夫妇墓、

图 10

---

① 《上海明墓》,第 61、107 页。

黄浦的光禄寺少卿顾从礼家族墓等；也有的既在胸部放置铜镜，又在棺档板上挂置铜镜，如松江的河南府推官诸纯臣墓。①笔者认为，将铜镜置于墓主胸部或棺档板上，作用应该都是伏魔辟邪。还有研究者进一步指出，将铜镜悬于棺壁仅见于上海和四川的明墓。②

（三）压胜钱

压胜钱，又作厌胜钱。《汉书·王莽传》："是岁八月，莽亲之南郊，铸作威斗。威斗者，以五石铜为之，若北斗，长二尺五寸，欲以厌胜众兵。"由此可见，"厌胜"的本意是威慑、震慑的意思，之后逐渐引申到辟邪祈福等方面。人们随身携佩压胜钱，以辟邪祈福、求取吉祥。明清时期，压胜钱的制造数量和工艺水准都达到了鼎盛，内容涉及社会生活的各个领域，可以分为吉语钱、生肖钱、民间传说故事钱等。

在上海地区出土有几枚与道教有关的压胜钱。

1978年，宝山区月浦镇谭伯龙夫妇墓出土了南宋时期的"永保长生"金钱（图11），钱呈方孔圆形，直径4厘米，上部有用以佩戴的小孔。两面分别阴刻"永保长生""道心永固"字样，既表明主人的信仰坚定，又表达了美好的愿望。③

图11

1995年，在修缮松江李塔时，在明代地宫里发现了3枚压胜钱。其中2枚为张天师驱鬼生肖钱，一枚为星官生肖钱。④两枚张天师驱鬼生肖钱的形制、尺寸和图案都完全相同，青铜质地，圆孔圆形，直径7.4厘米。正面为身着道袍正在驱鬼的张天师，威武庄严的天师和矮小单薄的小鬼形成鲜明对比，图上有榜题"张天师"字样。背面为十二生肖图案和楷书十二地支文字。星官生肖钱亦为青铜质地，方孔圆形，直径8厘米。正面为坐于

---

① 《上海明墓》，第19、31、32、74、101、114、134页。
② 王锋钧、杨宏毅：《铜镜出土状态研究》，《中原文物》2013年第6期。
③ 《城镇之路》，《申城寻踪：上海考古大展》，上海书画出版社2014年版，第53页。
④ 何继英：《上海松江区李塔地宫出土压胜钱》，《中国钱币》2002年第4期。

树下的星官,右侧有一侍童,方孔下部有一鹤一龟。背面铸十二生肖图案,十二生肖分置于圆环内,圆环排列错落有致,圆环之间饰云气纹。这两种压胜钱的用途都很广,属于民间比较常见的压胜钱品种(图12)。

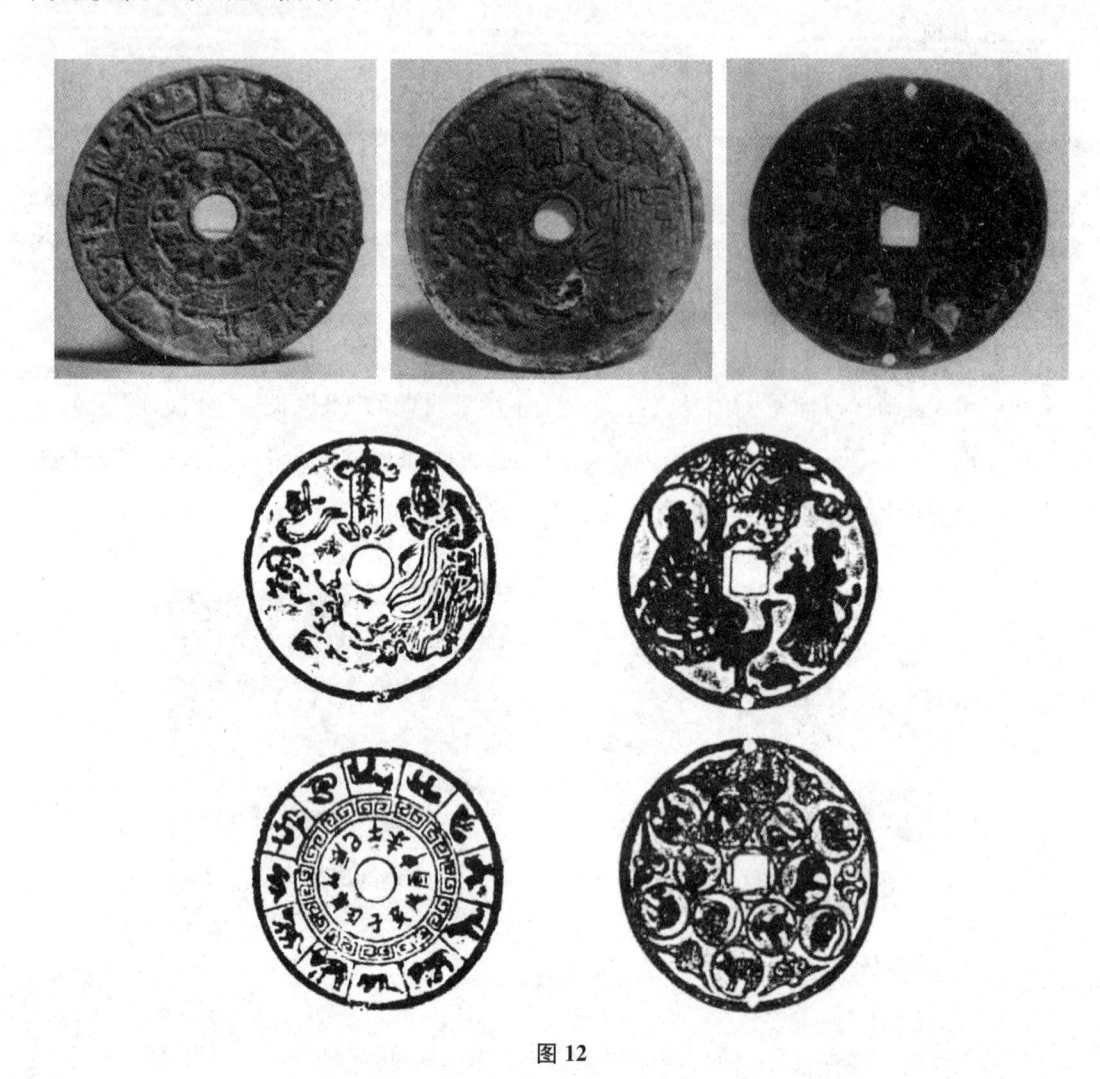

图 12

2007年,嘉定区江桥镇李先芳夫妇墓出土了明代的"五岳真形"金钱①(图13)。钱呈方孔圆形,直径5.5厘米。方孔的上下左右为压制出的符箓图案,制作精良。而这符箓图案就是"五岳真形"。五岳真形图来自道教最令人瞩目的早期经典,五岳之神代表着五方五行,其有着各自的"真象",即五岳真形符。有学者认为符箓性质的"五岳真形图",源自《三皇内文遗秘》中的"五岳真形符"②,随着符箓派在道教中影响的增大,五岳真形图像也

---

① 《城镇之路》,第182页。
② 严耀中、曾维华:《〈五岳真形图〉与道教五行思想》,《学术界》1990年第3期。

愈来愈多见,除了刊存在非道教的史籍中,还出现在铜镜、石刻上。虽然各部经典所记的五岳真形符在内容、画法甚至符数上都不完全一样,但可以确认这枚金钱上的4个符箓应为东、南、西、北四岳,可能以方孔象征中岳,合为五岳。

图 13　　　　　　　　　　图 14

在中岳庙"五岳真形之图"碑的题跋中(图14),引《抱朴子》:"凡修道之士栖隐山谷,须得五岳真形图佩之。其山中鬼魅精灵、虫虎妖怪,一切毒物,莫能近矣。"题跋又说佩戴此图,则"一切邪魔……尽皆隐迹逃遁"①。五岳真形符箓具有特殊的"消灾度厄"之功,其祸福报应已从入山修身、炼丹等重要宗教活动扩展至日常家居生活的一切对象,具有普遍意义。这也应当是人们铸制五岳真形钱的重要原因。

(四) 其他

1. 刚卯和严卯

在道教信仰中,玉为天地之精华,能通灵,可飞升,远祸近福,除恶辟邪。刚卯和严卯是汉魏时期用以驱除疫鬼的祥瑞佩玉,与司南和翁仲并称"辟邪三宝"。在上海地区刚卯和严卯的考古发现并不少见,而且既有后人收藏的汉代遗物,也有后世仿造之物。1993年,黄浦区打浦桥顾叙墓出土了汉代白玉严卯,呈四面方柱体,边长1.1厘米,高2.1厘米。铭文为:"疾日严卯,帝令夒化。慎而固伏,化兹灵殳。既正既直,既觚既方。庶疫刚瘅,莫我敢当。"1969年,浦东新区陆家嘴陆深家族墓地出土了汉代白玉刚卯和明代中晚期仿造的白玉严卯(图15)。②

---

① 马今洪:《"五岳"题材铜镜三则》,《镜映乾坤:罗伊德·扣岑先生捐赠上海博物馆铜镜精粹》,上海书画出版社2012年版。
② 《城镇之路》,第137、153、159页。

图 15

2. 魁星与刘海

魁星是中国历史上重要的科举神祇,与中国根深蒂固的科举选士制度密切相关。对魁星的崇奉大体形成于宋代,明代史料中已出现对魁星具体形象的明确记载,而上海地区出土的明清魁星实物也与之形象基本一致。如 1993 年修缮松江圆应塔时,在塔刹宝珠内发现了清代的银鎏金魁星像①(图 16),高 13.5 厘米,右手提笔上举,左手捧斗于胸前,腹部嵌一颗红色尖晶石,右腿独立,脚踏鳌头,左脚后踢,为魁星点斗形象,寓意文运亨通,吉星高照。但是追溯魁星的源起,则与北斗崇拜有关。魁星一指北斗的前四颗星,或指北斗的第一颗星。

---

① 《古塔遗珍》,《申城寻踪:上海考古大展》,上海书画出版社 2014 年版,第 102 页。

图 16

刘海,号海蟾子,相传为五代人,从汉钟离隐修终南山成仙,后世奉为福神。民间以其号中有蟾字,衍生出"刘海戏蟾"故事。该图样出现于明,流行于清。1969年,浦东新区陆家嘴陆深家族墓地出土一件明代白玉刘海戏蟾佩①(图17),高3.8厘米,玉质细腻清透,刻画生动传神,是同类造像中的精品。

3. 仙人与仙境

对仙人与仙境的描摹刻画,反映了人们对天国仙境的向往和渴望。

图 17

1972年,宝山区月浦镇谭思通家族墓地出土的南宋银瓜棱盒上,就刻画了这样的场景。银盒直径15厘米,高6.5厘米,呈七瓣瓜棱形②(图18)。盖顶图案具有浅浮雕效果,仙山、仙鹤、松竹、祥云及各种奇珍异宝的要素组成了向妇人祝寿的图式,虽然妇人头部形象残缺,身份难辨,但这种图式的主角多为西王母。盒底的

图 18

---

① 《城镇之路》,第156页。
② 《城镇之路》,第48页。

· 121 ·

图案为阴刻梅、竹、小溪,主角是一对梅花鹿,口吐祥云,祥云中托起一个"福"字。上阳下阴的装饰手法与图案纹饰一样,都含有道家的寓意与玄机。

1952年,青浦区重固镇任仁发家族墓地出土的元代澄泥蓬莱仙岛图嵌端石连盖砚上则有仙境的集中表现①(图19)。砚首上方框内刻连绵的山峦,两侧山脚下为简略的水波纹,左右方框内刻"朱明曜真""醴泉华池",方框下从砚首到砚尾构成一座2层顶大殿,檐上挂一横匾,刻"蓬莱仙岛"4字。蓬莱是传说中仙人居住的三座仙岛之一,朱明曜真是道教十大洞天的第七天,亦为仙人统治之所。醴泉和华池位于仙人聚居的昆仑山上。这些对仙人居住场所的刻画,反映了人们向往仙界、祈求长生不老的道家思想。

图19

4. 买地券

1969年,在浦东陆深家族墓地发现了一方木质买地券②(图20),长25厘米,宽21厘米,厚0.6厘米。一面有朱红色画符,另一面为朱书买地券:"维大明国直隶松江府上海县

图20

① 《城镇之路》,第84页。
② 《上海明墓》,第85页。

高昌乡二十五保城隍庙界方浜水南居住信士陆郊伏为显考恩荫太学生小山陆楫存年三十八岁原命乙亥九月二十八日受生弗禄于嘉靖三十一年五月二十日……择得末龙吉地一穴坐属本乡二十四保洋泾庙界……嘉靖三十八年十月初十日……"。书写格式比较特殊,从木板中心开始,由内向外旋写六七圈。字的外圈为朱书八卦图案。从买地券内容可知,这是陆郊于嘉靖三十八年(1559年)为已故的父亲陆楫买墓地的券证。陆楫是陆深之子,字小山,生于正德十年(1515年),卒于嘉靖三十一年(1552年),享年38岁。而从其行文和样式看,陆郊应该是崇信道教的"信士"。

余　　论

通过对上述与道教相关的考古出土文物的初步梳理,能对上海地区历史时期道教的发展和影响有一个比文献更直观的认识。当然,这种认识局限于我们已经发现的考古材料,难免有片面和偏颇。

(一) 上海地区的道教以正一教为主

正一教,相传系东汉末年张道陵所创,以江西龙虎山天师府为祖庭,重视符箓方术和斋醮仪式。元大德八年(1304年),第38代天师张与材被封为"正一教主",总领三山符箓,符箓各派被统称为正一派。上海历史上一直以正一派为主,并主要受到龙虎山、茅山道教的影响。这一方面是上海地理位置所决定;另一方面也与明朝政府扬正一而抑全真的态度有密切关系。以斋醮祈禳为职事,擅长于符箓法术的正一道,更符合本地的宗教习惯。同时,正一教道士可以有家室,不住宫观,无严格的清规戒律,也更符合本地的风俗人情,所以受多数民众的青睐。

这不仅反映在出土文物上,也与上海地区大量的正一教道观、道院相互印证,相传为本地最早的道观的浦东钦赐仰殿,以及城隍庙、关帝庙、龙王庙等都属于正一教道观。

从全国范围看,只有元代全真教可与正一教分庭抗礼。而全真教作为当时新兴的道教宗派,力图革新教理,主张儒、道、释三教结合,在修炼方面,着重于内丹,强调精、气、神的修炼。在当时的社会背景下,许多文人为了避免从政出仕,纷纷入道,形成了士与道的结合,道教领袖人物大多具有较高的文化修养,与文人名士交往密切,形成了一种具有士大夫特色的道教。因此,虽然全真教传入上海的时间相对要晚得多,但还是有一席之地的。比如元代著名的文人赵孟頫,自号水精宫道人、松雪道人,曾在松江北道堂为道士,道号道渊;又如黄公望,黄冠野服,往来于三吴之间,在松江寓于柳家巷,名为"一峰小隐";再如晚年隐居松江的杨维桢,自号铁笛道人,"戴华阳巾、披羽衣",使望之者疑其为谪仙。虽然全真教在元代就传入上海地区,并建有长春道院,但从元大德十年(1306年)以后直到清初,很少有关于全真教在上海活动的资料。具有全真十方丛林地位的海上白云观,则是清朝末期才兴起的:1888年住持徐至成进京嗣法京师白云观,请得明正统道藏8 000余卷,由海路运来"留镇山门",将原来的雷祖殿更名为"海上白云观",同时建立了较健全的戒规。(图21)

图21

(二) 上海地区道教信仰的世俗化

随着宋元道教信仰的兴盛,在教派组织、教理教义和发展传承上都呈现了与此前不同的特征。总体而言,是"圣"与"俗"的界限混融,宗教形态与社会生活更为深入细致地融合,宗教仪轨、教理教义下移为具体生活中的规范、仪式和情感,与普通的人生形态紧密结合为一体。①从这一时期开始,道教不再作为一种单纯的超越于社会生活之外的宗教形态存在,而是作为与现实生活相混融的社会文化形态而存在。

道教世俗化的另一个重要表现是道教努力地消弭与儒家、佛教之间的差别,"儒门释户道相通,三教从来一祖风,悟彻便令知出入,晓明应许觉宽洪",提出"三教同源",主张三教平等。所以在佛塔的地宫、天宫中,我们可以发现道教的文物。事实上,元代上海地区已有"三教堂",著名诗人揭傒斯曾为之记。在记文中他写道:"老氏本清净,法自然,其原出于轩辕,一变而为神仙,再变而为符祝。然与空子皆出中国,常自附于儒者。""其教

---

① 刘敏:《论宋元道教的社会化存在形态》,《社会科学研究》2008年第1期。

之三,欲人为善之心一,合其所以一,而忘其所以三;修其所以三,而敬其所以一,圆通之意不亦旷然乎?"①

从出土文物可以看出,元明是上海地区道教比较兴盛的时期,但无论是正一教还是全真教,在这里都不是迥然有别于世俗的宗教团体,而是更细更深地与世俗生活融合渗透,回归了早期道教起于民间、面向民众的传统。此时的道教不再强调作为一种独立宗教的特殊思想内质,也不着意彰显宗教的神秘性和无限性,而是从常情常理出发,建立符合现实世界认识方式和思维逻辑的理论,深入民间底层,以符合人之常情的心性学说沟通人心人性,以道教特有的"术"服务于社会生活,以个人出世的生活来修入世的功德。这从宗教发展的外部形态上来说,可谓是道教对主流意识形态"权力"干涉的"屈服",但恰恰表现了与道家道教起源之内在精神相契合的历史发展的必然性与合理性。

(三) 上海地区道教虽然以正一教为绝大多数,但其间帮派林立,各行一套

据郭冠福道长回忆,当时上海县城里的道士称"城派",和嘉定的道士、浦东的道士都不一样,彼此间基本互不往来,道场的做法也不同。此外还有外地来的道士,比如宁波、苏州、无锡乃至广东等地的。②虽然郭道长讲述的是民国时期上海地区道士的情况,但其实是有其历史渊源和延续的。当然,这些本地道教派别的分野在文物上的反映,还有待于相关资料进一步的发现和研究。

---

① 康熙《嘉定县志》卷二十二《碑记》。
② 龙飞俊采访整理:《一位上海城派道士的口述史——顾冠福道长访谈录》,《史林》2010年增刊。

史学研究

再论三国时期长江中游的漕运与仓储

□ 张晓东

摘　要:在传统中国社会,漕运是辅助国家体制运行的重要手段。漕仓是古代漕运系统的重要元素。研究漕运必须研究漕仓。由于资料不完整,不少漕仓的识辨比较困难,一般来说,实际漕运活动的发生,特设于水路要冲而非郡县仓都是判断仓储为漕仓的重要标识。长沙走马楼出土三国吴简提供了很多仓储的资料信息,其中有5个仓储可以归于漕仓的行列,分别位于武昌郡和长沙郡的境内,再加上以往对雄父邸阁仓和巴丘仓的研究,可以丰富深化对东吴中游漕运系统的认识。

关键词:漕运;仓储;长江中游;三国时期

作者简介:张晓东,史学博士,上海社会科学院历史所助理研究员,上海郑和研究中心助理研究员。

笔者以前曾对长江中游吴国的漕运有所研究,[①]但如今仍需结合出土吴简之信息与借鉴近年吴简研究之成果结论,以深化对东吴中游漕运系统的认识和理解。

漕仓和运河都是古代漕运系统的重要组成元素。漕仓是专为漕运服务的仓储,属于官方仓储,但又区别于一般的仓储,其界定是个重要问题。根据邵正坤的研究,汉代仓廪分为漕仓、军仓、神仓、常平仓、代田仓五类。[②]张弓认为唐代仓廪可以分为正仓、转运仓、太仓、军仓、常平仓、义仓六种。[③]但是,太仓、军仓、转运仓等仓储都有可能和漕运活动会发生联系,且转运仓基本上就是漕仓,其仓粮来源也多可能通过漕运进出,因此笔者认为漕仓和其他仓储存在交叉现象,具备漕仓的性质的仓储还包括太仓和一些军仓等,但这种多重功能的重合现象有限且需要具体辨识。张弓认为:"历代的某些仓,专门职能还没

---

① 张晓东:《孙吴时期长江中游的漕运与军事》,《史林》2012年第3期。
② 邵正坤:《汉代国有粮仓建置考略》,《首都师范大学学报》2005年第1期;《论汉代国家的仓储管理制度》,《史学集刊》2003年第4期。
③ 张弓:《唐代仓廪制度初探》,中华书局1986年版。

有完全确定,往往兼有后来的几种专门仓的职能。"①此言不虚。笔者以为既要看时代阶段不同,也要承认早期的模糊性。就漕运与仓储而言,秦汉、魏晋南北朝和隋唐相比,甚至和后来的宋元明清来比,肯定是制度化和职能具体化程度要弱,必然有仓储负担多种职能,专门化色彩不明显的现象出现,因此不能否认一仓储具备不同性质和多种职能的现象,其实即使发展到了明清也还是不能排除单个仓储具有数种分类性质,包括身兼漕仓和其他仓储职能的现象。值得注意的是,水运不等于漕运,水运和陆运只是根据地理条件采取的不同运输方式,漕运则是国家主要利用水运进行的战略调配活动,在水运不便的局部地区也有借助于短程陆运连接长途水运的漕运行为,比如古代三门峡漕运存在车船联运,因此汉唐三门峡附近的仓储多是依靠水陆联运建立的漕仓,也是转运仓。魏晋南北朝时期六朝政权立国南方水乡,其境内水运更为普遍,更易建立漕仓,比如文献所见的粮仓多数建在两江相汇或水运便利之处,包括吴国也不例外。

魏晋南北朝是动荡的历史时期,剧烈的军事活动对漕运的发展也构成了强烈的刺激,很多漕仓的出现就是专门为军事服务的,在仓廪体系的分类中同时也为军仓。这些军仓兼漕仓,多是魏晋南北朝时期内修筑,亦多与"邸阁"相合,如孙策与刘繇反复争夺之牛渚邸阁,计足军人四十日粮的南顿邸阁,储米不下三十万斛之荆州雄父邸阁,实皆为东吴之漕仓兼军仓所在。②据王国维考证,"古代储蓄军粮之所,谓之邸阁,其名始见于汉魏之间。"③"邸阁"一词,在今天部分学者看来未必就都是仓储,但是魏晋南北朝仓储确有在文献中被称邸阁者,不少邸阁确有大型粮储存在,此是事实。魏晋南北朝漕仓的共同设置特点除了储备大量粮食,与水运路线相联系,也有不少为有城墙保护的仓城,军事作用突出,很能反映时代特点。

根据笔者多年的漕运史研究心得,即使在古人的明确记述中,漕运活动也分为规律性的和非规律性的,常态和变态的,即漕运包括不仅制度化的周期性常态化运输活动,也包括短时期的临时性运输活动,视具体情况而定,但并不是说发生某次官方组织的水运活动就具有漕运性质。因此,仓储粮也可能被临时或暂时漕运调动以满足国用军需,在漕运制度的框架下进行,但不表示该仓就是漕仓。具备漕仓功能的仓储应当是至少为制度化或经常性的漕运活动服务,因此其漕仓性质才有制度依据,然而这种制度依据的考证依赖于资料的完整性。

漕仓是专门为漕运服务的仓储,属于官方仓储,但又区别于一般的官方仓储,在魏晋

---

① 张弓:《唐代仓廪制度初探》,中华书局1986年版,第167页。
② 张晓东:《汉唐漕运与军事》,上海书店出版社2010年版,第359、369、370页。
③ 王国维:《王国维学术随笔》,《东山杂记》卷一,社会科学文献出版社2000年版。

南北朝时期史料高度缺乏,其界定是个重要问题,而且单一仓储的功能重合现象不少,需要具体辨识。首先可以以运输过程判断运输活动性质和仓储性质,漕运活动存在日常性漕运活动和支援性漕运活动,比如走马楼吴简中东吴将领潘濬的平蛮军事活动所要求的调粮属于后者,但前者后者都是制度化的。孙吴时期中游地区有数个不见于传世文献的仓储,其中若干属于漕仓,除了仓名记载,也有仓储性质和作用的相关记录①,可以拓展我们对漕运仓储史的认识。对于漕仓的判定原则应包括：一是否有直接证据表明漕运活动、水运活动实际发生,即史料中明确记载围绕该仓有漕运活动发生；二是该仓不冠以郡县名称,即并非是自然的郡县官仓,而是特设的转运仓；②三是该仓的地理位置位于水运要冲,漕运条件便利,因此从运行成本角度考量必然发生漕运。太仓是秦汉以来最重要的漕运终点,是否是漕仓不需做专门论证。

结合自文献与出土简牍资料统计得魏晋南北朝漕仓可考的至少包括牛渚仓、邺仓、(北魏洛阳)太仓、石头城仓、东吴苑仓(东吴太仓)、东吴武昌太仓、东吴三州仓、东吴州中仓、员口仓、烝口仓、安城邸阁、安陆城邸阁、舒仓、雄父邸阁、(建业)常平仓、巴丘仓、钓矶仓(豫章仓)、下邳仓、寿春仓、后赵海岛仓、安乐城仓、敖头仓、汶仓、北魏河南八仓、刁公城、彭城仓、洧仓、盆口仓、江陵仓、襄阳仓、龙首仓、台城内仓、钱塘仓、东晋东西太仓、东宫仓、南塘仓、东府仓、彭城仓,共46仓。既有分散出现的军事化漕仓,也有以系统化面目出现的漕仓,还有分散出现的漕仓。其中东吴长江中游漕仓至少有东吴武昌太仓、东吴三州仓、东吴州中仓、雄父邸阁、巴丘仓城、员口仓、烝口仓7仓。

近年来对吴简之研究成果丰富,其中多有考证翔实者,文中引用处尽量指出,皆可称道。根据长沙走马楼吴简中孙吴地方官府文书资料和相关研究的统计,存在武昌地区的大仓、武昌仓、员口仓以及长沙地区的三州仓、州中仓、郡仓、临湘仓、刘阳仓、东部烝口仓、吴昌仓、安成县仓、醴陵仓、醴陵瀌浦仓、重安仓、永新仓多个仓名,均未见传世文献记录,其中笔者认为能够判定为漕仓的包括武昌大仓、员口仓、三州仓、州中仓、烝口仓5仓。

---

① 长沙文物考古研究所、中国文物研究所、北京大学历史学系走马楼简牍整理组编著：《长沙走马楼三国吴简·嘉禾吏民田家莂》《长沙走马楼三国吴简·竹简〔壹〕》；长沙简牍博物馆、中国文物研究所、北京大学历史学系走马楼简牍整理组编著：《长沙走马楼三国吴简·竹简〔叁〕》《长沙走马楼三国吴简·竹简〔肆〕》,文物出版社等1999、2003、2008、2011年版。
② 也有学者提出转运仓没有粮食储备,此种认识不符合历史事实,隋朝为都城洛阳服务的个别转运仓储粮到唐代尚未用完,便是明证。如含嘉仓,位于今天河南省洛阳市老城北,始建于605年(隋大业元年),主要作用是收纳转运京都以东州县所交租米之皇家粮仓,属转运仓,历经隋、唐、北宋,沿用500余年而后废弃。考古发现表明仓城遗址东西长612米,南北宽710米,总面积43万平方米,共有圆形仓窖400余个,其中大窖可储粮1万石以上,小窖也可储粮数千石,到唐天宝八年该仓总储粮仍然约为5 833 400石,故曾被称为中国古代最大的古代粮仓。

一、武昌郡的太仓与员口仓

在六朝都城建业和隋朝的都城洛阳周边都曾出现多处转运仓近途相接的情况,存在借漕运建立大型仓储群的体制,比如洛阳与周边存在太仓、含嘉仓、兴洛仓等多个仓储。以此上溯到三国东吴来观察,东吴建业可考的仓储应有石头城仓、苑仓,周边仓储少资料证据,但是武昌及周围确实存在几个漕仓。

(一) 走马楼吴简中有"大仓"之名,未见传世文献记载,简文缺乏准确地理信息记录,笔者推论为孙权统治时期的武昌太仓

军粮都尉移右节度府黄龙三年八月廿四日□□书给大仓丞 张 □奉□(肆·4713)

简文内容为督军粮的都尉接到右节度府黄龙三年八月的一件文书,令将仓米作为俸禄支给大仓丞。东吴在孙权统治时期,都城曾在武昌与建业间迁移,黄龙三年孙权已经从武昌迁都回建业超过两年,因此有学者认为"大仓"是在建业而非武昌,军粮都尉调粮一事与是年二月潘濬率众五万讨伐武陵蛮有关,大仓丞张某作为协调粮草的官员被派往前线,因此接受军粮都尉发放的俸禄。①

大仓名称的出现还有一处简文:

☒还贷大仓吴平斛米一☒(壹·4298/10)

有学者解读为"是关于交换所贷太仓的米",但也认为"为何会向远在千里之外的建业太仓贷食,原因不明了",并指出走马楼吴简中可以看到当地与建业的"行政往来"②。

但是,笔者认为自建业太仓长途溯流而上运粮到武陵郡于经济和运输的角度看并不合理,调派太仓管理官员前往前线也有不合理之处,因为从建业溯流供应湘江流域成本太高,如孙皓之时再次迁都武昌,"扬土百姓溯流供给,以为患苦",民谣称"宁饮建业水,不食武昌鱼"③。因此,笔者判断简文中的"大仓"应是东吴在定都武昌之后设立的太仓,长沙郡武陵郡和建业之间无疑存在行政联系,但没有理由存在如此长远而昂贵的漕运活动。简文中虽然对当地与建业间的"行政往来"有所记载,但反映的是地方和中央之间的

---

① ② 戴卫红:《长沙走马楼吴简所见孙吴时期的仓》,《史学月刊》2014 年第 11 期。
③ 张晓东:《六朝的漕运、地域格局与国家权力》,《史林》2010 年第 3 期。

一般现象,不能作为长沙郡地方和吴国建业太仓之间调粮往来的参照。吴国孙权、孙皓时期都城曾在武昌和建业间迁移,这与吴国面临之地理局面有关。吴国军事重心在长江中游,面临蜀魏,而经济重心却在长江下游,可是长江运输是以顺流而下为便利,溯流而上却是高成本,定都下游还可以就近使用三吴地区的钱粮。吴国的总体经济实力很难承担长期溯流运粮的高成本,如孙皓时迁都回武昌,陆凯称"国无三年之储"①。另一个直接的证据是东吴在长江中游存在不少军事屯田,这本身也是在弥补东吴中游粮食产量的有限性,武昌仓储得到这些粮储的可能性也较高。

如果远在长江中游以南支流上游的长沙郡缺粮要向下游的建业调拨来自三吴地区的漕粮仓粮,除非中游的荆州粮仓已经掏空而当地又不能及时进行征发,在这种情况下曹魏从荆襄地区发动进攻将会是灭顶之灾。湘江流域地方向建业太仓借粮不太合理。因此笔者认为"大仓"并不是建业太仓,很有可能是武昌的国家级仓储,即武昌建都后设立的太仓。都城太仓一般是漕运的终点,属于漕仓,因此无论如何东吴时期武昌应该曾存在一个太仓级别的漕仓,应就是吴简中的"大仓"。虽然孙权回迁建业之后已历两年,武昌太仓完全有可能依然保持着称谓和中游总大仓的特殊战略地位。孙权的回迁建业也并不一定就是其决定的"长久之计"。黄龙元年(229)四月孙权称帝,建都武昌,九月迁都建业,但是征召上大将军陆逊辅佐太子孙登掌武昌留守事,②说明武昌实际作为陪都存在。黄龙三年潘濬讨伐武陵蛮夷,与陆逊同驻武昌。

另有一史料可做旁证辅佐,据吴简简文,长沙郡当地有借贷员口仓米的记录,史料见下文引用。员口仓属于武昌郡境内。既然可以从员口仓借贷,借贷武昌仓米也没有什么技术困难。但是必须指出的是,武昌虽然是都城所在,除了太仓也应该存在其他一般的郡县仓储,包括武昌郡仓或县仓,但肯定不会称为"大仓"。

(二) 员口仓也应是武昌郡境内的漕仓

对于吴简出现的"员口仓",王子今认为是位于涓水和湘水合流处。涓水源于今湖南双峰蒋市街而后北流,在湘潭北注入湘江,涓水与湘水合流处即涢口,或许就是"员口仓"或"肙口仓"的所在。③戴卫红则认为该仓所在涢口"在孙吴时期属于武昌郡,按其地理位置,在今湖北省武汉市东西湖区新沟镇"④。戴氏借《水经注》与清《汉川县志》考证其地之水路交通便利,认为属于武昌郡,其地理位置在今湖北省武汉市东西湖区新沟镇,结论精

---

① 《三国志》卷61,中华书局1959年版,第1402页。
② 张晓东:《秦汉漕运的军事功能研究——以秦汉时期的漕仓为中心》,《社会科学》2009年第9期。
③ 王子今:《鋆口仓考》,《吴简研究》,第1辑,崇文书局2001年版。
④ 戴卫红:《长沙走马楼吴简所见孙吴时期的仓》,《史学月刊》2014年第11期。

详。江夏郡无员口区划名称①,该仓的位置是处在临近陪都或都城的水运要地,因此也可能有重要的战略价值。

据简牍内容,员口仓米曾用来借贷给长沙郡吏民,如以下两则:

其十斛卒何监还员口仓七年折咸米(壹·2040/6)

入吏赵野还员口渍米三斛一斗五升嘉禾三年正月十三日关邸阁李嵩付仓吏☑(壹·3022/9)

在吴简中该仓是有"关邸阁"的称谓:

入吏赵野还员口渍米五斛嘉禾二年十二月廿六日关邸阁李嵩付仓吏监贤受(壹·3111/9)

笔者推论员口仓是陪都武昌周边相近的一个转运仓。关于直接的水运记录固然缺乏,但是该仓的地理位置和仓名说明其是特设于水路汇合处的仓储,因此应属漕仓。

目前所知秦汉漕仓为数不多,但是多数是沿秦汉大运河自东南向西北大致排列成线,是沿漕运主干线排列的线型结构。②至六朝时期,东晋南朝国家立国水乡,仓储发达,体系化水平高:"其仓,京都有龙首仓,即石头津仓也,台城内仓,南塘仓,常平仓,东、西太仓,东宫仓,所贮总不过五十余万。在外有豫章仓、钓矶仓、钱塘仓,并是大贮备之处。自余诸州郡台传,亦各有仓。"③可见不仅都城及其周边有太仓和多个仓储,州郡台传各有仓储,且有高于州郡仓的"大贮备之处"。"大贮备之处"和京都诸仓的粮草贮备总数估计至少在百万以上。隋朝炀帝兴建东都洛阳,除太仓又建了几个大漕仓,"新置兴洛及回洛仓"④。另外在通济渠、黄河、洛水交汇处置虎牢仓⑤,在洛阳城还修筑了含嘉仓、子罗仓⑥,集中在汴水河口和洛水之间。自通济渠与黄河汇合处至洛阳诸仓排列成线。虎牢仓的位置近似于过去的敖仓,在黄河与通济渠汇合处,沿黄河向关中方向西为河阳仓,沿洛水向洛阳方向西溯为兴洛仓,兴洛仓西沿流为回洛仓,回洛仓西为洛阳城,含嘉仓为洛

---

① 陈健梅:《孙吴政区地理研究》,岳麓书社2008年版。
② 张晓东:《秦汉漕运的军事功能研究》,《社会科学》2009年第9期。
③ 《隋书》,卷24,《食货志》,中华书局1973年版,第674页,册3。
④ 《隋书》,卷24,《食货志》,中华书局1973年版,第672页,册3。
⑤ 当然,通济渠与洛水与黄河分别交汇,虎牢仓在汜水,当黄河入洛水处,但两运口相距不是太远。
⑥ 洛阳博物馆:《洛阳隋唐东都皇城内的仓窖遗址》,《考古》,1981年第4期。

阳城附属仓城,洛阳城中自有太仓,含嘉仓只供转运,本身储备功能有限。这是一个非常密集的线状排列。兴洛仓仓城周围20余里,有3 000个大窖,每窖储谷8 000石,回洛仓仓城周围超过10里,有300个大窖,两仓城共储谷2 640万石。单纯从转运的角度没有必要在一段由黄河洛口经洛水通往洛阳的短途漕运线上设立这么多漕仓,且仓储量远超文帝时期的总和,这样的用意是尽可能地把粮食集中,在洛阳都畿周边建立战略储备。①白隋朝和东晋南朝上溯至东吴,或许已形成在都城周边建构漕仓的体制。

二、长沙郡境内的漕仓

走马楼出土吴简所记载的三州仓、州中仓、烝口仓都在东吴长沙郡境内,均是专门为转运活动而设立,非一般郡县仓储,水运条件便利,应为漕仓。

有关三州仓得名有着不同说法,简牍整理小组对三州仓之名有两种解释:(一)吴国的代称,即意涉吴国全境的荆州、扬州等三州,是吴国中央设置在临湘的全国性转运仓;(二)水中之"洲",即设在"洲"上利于转运的仓。两种观点都认为该仓是转运仓。王素指出"临湘居民缴纳赋税,又多入三州仓。则州中仓、三州仓无疑也在临湘。郡仓、州中仓、三州仓都在临湘,三者的性质及关系成为了问题"②,认为三州仓可能是吴国中央派出临湘的转运仓。③笔者同意三州仓是转运仓的结论,也无意再做论证。水上交通便利之地的转运活动基本都是漕运活动的一部分,水路转运仓一般是为漕运服务的漕仓无疑,该仓属于设立在长沙郡境内的漕仓,其职能包括转运仓的特点。秦汉即已存在全国性转运仓,如敖仓,调运全国范围的漕粮,吴国也并非完全没有可能设立此类仓储,但是需要更多证据去证明该仓转运腹地的范围。

州中仓,以名判断也并非一般的郡仓县仓。简牍整理小组对于州中仓的"州"也有"洲"和"州"两种观点,后者为荆州之"州"解,即州中仓为"洲"上转运仓和荆州派出临湘之正仓两种观点。王素认为是荆州派出临湘的正仓④,则其性质依然是为在州与郡县之间转运活动服务,只不过并非全国性的转运仓,而是荆州地区的转运仓。笔者以往从事漕运研究,一直认为漕仓和正仓、军仓、太仓之间存在交叉关系,后三种仓储都有可能是漕仓,中古转运仓基本上都是漕仓,判断一个仓储是否算是漕仓首先是看它是参与了漕运活动,为漕运活动的开展和漕运系统的运行服务。漕仓当然不必一定是只为漕运一件

---

① 张晓东:《隋朝的漕运系统与政治经济地理格局》,《中国社会经济史研究》2012年第3期。
②④ 王素、宋少华、罗新:《长沙走马楼简牍整理的新收获》,《文物》1999年第5期。
③ 王素:《中日长沙吴简研究述评》,《故宫学刊》第3辑,紫禁城出版社2007年版。

事服务,因为漕运的功能本身就很丰富,秦汉三国时期只为转运漕粮而存在的漕仓几乎是不存在的。专门为漕运系统转运活动服务的仓储是存在的,像两汉京师仓、敖仓,但是战争一发生它们就是军仓。故笔者以为州中仓可以理解为是荆州漕运系统内部的转运漕仓,其他理由还包括:(一)简文反映出州中仓收纳三州仓多次转运来的粮米;(二)州中仓粮米大量运往武陵讨蛮前线,这都是军事后勤漕运活动实际发生的证据。在水上交通便利的状态下,征蛮作战后勤运输发生在广大的地理范围内,转运必是借助于湘、汉间漕运系统来完成。

东吴的征蛮是长期的战略性军事活动,和征讨山越一样是在一定时期内长期执行的国家战略行为,为支持相关军事活动的漕运活动必然也是长期持续的。武陇蛮的叛乱,在孙权时期规模较大。黄初二年(公元221年)七月,刘备为夺回荆州东征,引起"零、桂诸郡犹相惊扰,处处阻兵","至巫山、秭归,使使诱导武陵蛮夷,假与印传,许之封赏。于是诸县及五溪民皆反为蜀"④。次年六月刘备兵败夷陵,东吴则很快平定武陵蛮。到黄龙三年(公元231年)二月,太常潘浚率众5万再次进讨武陵蛮夷,直到嘉禾三年(公元234年)十一月方结束。讨伐期间的竹简内容也颇多军粮调运和军队调动的记载。

戴卫红曾指出过一个重要问题,即从简文看临湘县存在县仓,而且州中仓也被称为州中郡仓,因此她对三州仓、州中、临湘仓、郡仓的性质和关系还是持谨慎态度。但是明显的是,州中仓即使被称为州中郡仓,这名称也说明了它并非普通意义上的郡仓。

东部烝口仓的情况比较特别。该仓是设置在烝口的仓储,位置是烝水入湘江合流之处,利于水运。烝水即承水,汇入湘水。王子今认为这是设置在烝口的储运设施。⑤竹简叁记录烝口属于湘西县境内:

"嵩男弟盛年七岁细小,与嵩移居湘西县烝口"(叁·1631/24)

烝口仓虽然在湘西县内,显然不是湘西县的县仓,否则就叫湘西仓了。仓名之前"东部"这个定语反映了一些有意义的信息:

"其三斛一斗东部烝口仓孙陵备黄龙元年税□米"(壹·2188/6)

"入东部烝口仓吏孙陵所贷黄龙元年租米□☒"(叁·2057/24)

---

④ 《三国志》卷三二,中华书局1959年版,第890页。
⑤ 王子今:《烝口仓考》,《吴简研究》第1辑,崇文书局2004年版。

既然烝口仓名冠以东部二字,则其必非已有建置之郡县仓,或是处于筹建阶段的政区仓储。所谓东部烝口仓的名字含义可以结合汉代的五仓史事来参考,或许是类似案例。在郡县制发展上,"部"的形式有几种,其中包括郡下的治安区划,也有新"郡"的预设阶段,其初创阶段设仓很重要。如公元前111年,西汉设立牂柯、越嶲两郡,公元前108年益州郡建立。随着西南拓边和社会经济的发展,西汉在巴蜀地区增设郡县,同时借助于漕运发展了不少新仓储,其中也有新漕仓成为新县城的建设起点。当时西汉广汉郡新都县境内沱江汇合绵水、雒水再奔流入江,"水通于巴",交通便利,故在当地有"汉时五仓,名万安仓"。同郡新设五城县即由五仓发展而来:"在郡东南。有水通于巴。汉时置五仓,发五县民,尉部主之。后因以为县"。①修筑五仓动用了周边郪县、绵竹县、雒县、涪县、新都县5个县的力量,故名"五"。五城县即后来的中江县,当地中江水势平缓,便于航运,在"五城水口"处入涪江,以利漕运,船只可由涪转巴,这是古代一条经常被利用的水路。主事的是广汉部尉,后以其所驻立县,称五城县。从地图和地方志反映的情况来看,秦汉巴蜀地区的郡县治所大多设在水运要冲,选址符合交通网合理布点的原则,其发育过程和漕运有所联系。五仓是广汉部最初的经济财政支柱,新县城的起点。五城县最初以漕运仓城形态集汇五县钱粮以转运。五仓在水运上的腹地显然包括周边这5个县。史书记载唐蒙通夜郎"发巴蜀吏卒千人,郡又多为发转漕万余人"②,"唐蒙、司马相如开路西南夷,凿山信道千余里,以广巴蜀,巴蜀之民罢焉。……当是时,汉通西南夷道,作者数万人,千里负担馈粮,率十余钟致一石,散币于邛僰以集之。数岁道不通,蛮夷因以数攻,吏发兵诛之。悉巴蜀租赋不足以更之,乃募豪民田南夷,入粟县官,而内受钱于都内。东至沧海之郡,人徒之费拟于南夷"③。这证明巴蜀地区为开边而进行的转运活动规模很大,西南地区之开发因而加快。先有仓或仓城,后有新郡县建立,在秦汉甚至魏晋南北朝历史上并非孤立现象。新设"部"或多有新设仓储支持,而新设仓储可能与漕运有关。东吴治下也有部的设置,比如东吴太平二年"以长沙东部为湘东郡,西部为衡阳郡"④。东部烝口仓很可能是未来新政区的预备设施,其水上交通方便,应也有漕运发生。下文将论及之东吴巴丘城也是漕仓兼军仓发展成为城市的案例。

最后,走马楼吴简简文中出现的郡仓、临湘仓、刘阳仓、吴昌仓、安成县仓、重安仓、永新仓等仓名都是有具体的郡县名称相系,不可能是专门漕仓无疑,唯有"醴陵漉浦仓"一名可保持疑问的。醴陵仓和醴陵漉浦仓是一仓吗?仓储是否是漕仓,仓名如何解释,仓

---

① 〔晋〕常璩著,任乃强校注:《华阳国志校补图注》卷三,《蜀志》,上海古籍出版社1987年版,第166页。
② 《史记》卷一一七,《司马相如列传》,中华书局1959年版,第3044页,册9。
③ 《史记》卷三〇,《平准书》,中华书局1959年版,第1421页,册4。
④ 《三国志》卷四八,第1153页。

和城的关系也是是否为郡县仓的重要辨识依据。漉浦的地名含义不明。笔者感觉这似乎是两个仓储,但即使如此,后者仍功能不明。

三、巴陵仓与巴陵城

巴陵仓城是中古时期长江中游发展最快、最成功的漕仓,最初是东吴漕仓兼军仓,到南朝已是重要州郡。笔者曾作专文论述。①此处再作简述。

在赤壁之战中,孙吴政权开创了巴丘邸阁这一漕仓和军事壁垒,形成争控荆州的战略据点。孙吴主要兵种为水军和船载步兵,军事要冲以水路为主,军用仓储也主要依靠水运来建立。巴丘邸阁在今天的岳阳市,依傍洞庭湖与长江中游水系,地势险要,攻守条件与漕运形势都很有利:

"吴以华容之南乡为南郡,晋太康元年改曰南平也。县有油水,水东有景口,口即武陵郡界。景口东有沦口,沦水南与景水合。又东通澧水及诸陂湖,自此渊潭相接……故侧江有大城,相承云仓储城,即邸阁也。"②

赤壁之战时,周瑜即在巴丘周边的三江口用兵作战:"山有巴陵故城,本吴之巴丘邸阁城也。……巴陵西对长洲,其洲南分湘浦,北届大江,故曰三江也。三水所会,抑或谓之三江口矣。夹山列关。"③孙权则称为之在后方组织后援兵员和后勤运输:"孤当续发人众,多载资粮,为卿后援。"④曹操赤壁之战战败,兵锋即受挫于巴丘,"于巴丘遇疾疫,烧船"⑤。

汉末荆州在地理上大体分南北两部,南为零陵、桂阳、长沙、武陵四郡,北为南阳、江夏、南郡诸郡,大体以洞庭湖划分,洞庭湖以南大部分皆属湘江流域。稻米生产最盛的是南四郡,"江表唯长沙有名好米","味重新城"⑥。北部受战乱影响较大,南部相对较轻。赤壁之战后刘备得南四郡、江夏郡及南郡一部,选择公安屯兵,吴国仅得南郡一部,后又侵占江夏郡,襄阳、南阳都在曹操手中。则孙权所得南郡一部为其东部屏障及其向东北

---

① 张晓东:《六朝的军事、漕运与新兴城市:以巴陵城为中心的考察》,见《魏晋南北朝史的新探索——中国魏晋南北朝学会第十一届年会暨国际学术研讨会论文集》,中国社会科学出版社2015年版。
② 郦道元著,陈桥驿校证:《水经注校证》,中华书局2007年版,第802页。
③ 郦道元著,陈桥驿校证:《水经注校证》,第898页。
④ 《三国志》卷五四,《周瑜传》,中华书局1959年版,第1262页,册5。
⑤ 《三国志》卷一四,《郭嘉传》,中华书局1959年版,第435页,册2。
⑥ 《艺文类聚》卷八五《百谷部》,上海古籍出版社1999年版,第1449页,册下。

方扩张之基地。巴陵属北四郡江夏郡地界,但地接南郡和南四郡的武陵郡,跨三郡交通枢纽,是连接南北之交通要地,且江湖纵横,有水军保护则易守难攻,适合建立漕仓联结四方漕运。孙吴屯兵于此,对中游虎视眈眈。周瑜、鲁肃先后在此治军,相传周瑜死在巴丘,鲁肃埋葬之于此地。建安十九年孙权与刘备第一次争夺荆州,把巴丘再次作为争夺中游的大本营,吕蒙督诸将为前锋,鲁肃统中军驻巴丘:

"权以备已得益州,令诸葛瑾从求荆州诸郡。备不许,……乃遣吕蒙督鲜于丹、徐忠、孙规等兵二万取长沙、零陵、桂阳三郡;使鲁肃以万人屯巴丘以御关羽。权住陆口,为诸军节度。"①

孙吴击破关羽之后,巴丘仍是东吴荆州的交通中心和军事要地,作为西北方边防要地西陵的防御二线。长江中游沿江屯田产粮和经巴丘转运的南方漕粮形成了补充。东吴以西陵为西北国门,以长江为濠,江夏、夏口为前线重镇,乐乡城以上四十余里即"北枕大江,西接三峡"②,曾数度迁都江夏武昌,在建平至江夏一线建立了很多军事据点,驻军8万多人。"西陵、建平,国之蕃表,既处下流,受敌二境。……若有不守,非但失一郡,则荆州非吴有也。如其有虞,当倾国争之。"③巴丘邸阁的军事地理重要性实际并不亚于西陵和乐乡,因为虽然巴丘并不接近最前线,但边关前线有事,可立刻屯兵输粮,以备接应。诸葛亮死后,东吴增巴丘守兵万人,"一欲以为救援,二欲以事分割也"。孙权质问蜀国使臣宗预为何增兵白帝城,宗预回答:"臣以为东益巴丘之戍,西增白帝之守,皆事势宜然,俱不足以相问也。"④宗预说辞拿蜀国东面扼江重镇白帝和吴国巴丘做同等比较。

西陵有屯田,但产量有限,不能满足长期供应,依靠乐乡、巴丘的二线支援。西陵近边界,吴国都城武昌在巴丘北,但巴丘向东北沿江至武昌,向西北沿江到西陵,向南迎北来入湖的湘江、沅江,沅江穿武陵郡北入长江,湘江源自零陵郡,穿零陵郡,充当衡阳、湘东二郡界水,入长沙郡后在巴丘山前入江,再加上江、汉二江还有众多支流,因此,汉魏荆州主要的郡都可以借水路相通。巴丘是荆州江南水路汇合的中心,可集中湘江、沅江及其支流的水运,也是武昌和西陵间江路的中枢,从江南调集的资源先在这里集中,然后才会转运往西陵、武昌,以及在两地间调配分流或送往各处边关。湘江上源接灵渠运河,水

---

① 《三国志》卷四七,《吴主传第二》,中华书局1959年版,第1119页。
② 《晋书》卷七四,《桓彝列传》,附《桓冲列传》,中华书局1974年版,第1951页。
③ 《三国志》卷五八,《陆逊传》,附《陆抗传》,中华书局1959年版,第1359页。
④ 《三国志》卷四五,《宗预传》,中华书局1959年版,第1076页。

路可通岭南,还有支流也来自临贺、桂阳二郡,这样从岭南到江汉就连成了一片。汉末岭南民族问题和豪强问题突出,经东吴多次出兵平定,当时人力物力应也可借灵渠湘江北上巴丘、长江。诸葛亮死后,三国形势震动,东吴增兵巴丘的灵活性远比增兵武昌或西陵为高,既可增援武昌,抵御曹魏偷袭,又可增援西陵,用兵上游。

在六朝的历史上,巴丘发展长兴不衰,西晋时期巴陵仓成为长江中游战略储备所在,设立郡县,形成郡县城市,到东晋晚期,大量漕粮贮备巴陵。南朝巴陵是一个重要的漕运与军事要害,是重要城市。

结　　论

从战略地理的角度讲,东吴在长江中游的领地可以以洞庭湖分南北:北区是抗魏防蜀的边疆和战区,重兵驻扎,屯田很多;南区是大后方,但也是有征蛮活动发生的边疆。从地缘政治的角度看,北区是军事政治中心,一度是首都所在,核心区,而南区就是郡县地方,边缘边陲。传世文献所见东吴中游漕仓以前据笔者发现只有雄父邸阁和巴丘仓城,而简牍中共存在至少五漕仓,武昌大仓、员口仓在北区中心武昌及周围,而三州仓、州中仓、烝口仓在南区长沙郡,烝口仓后属衡阳郡。虽然简牍资料的发现带有不完整性,却仍然丰富了我们的有限的认识途径。

利用此依然呈碎片化的史料,笔者认为结合以往的研究,可以得出如下结论:

(一) 孙吴政权在长江中游的军国需要包括防蜀、抗魏、平蛮三大军事需求和供应首都、支持地方行政两大政治经济需求,漕运系统的建构与运行当然是围绕这一问题展开。中央统治地方的权力在漕运和仓储的辅助下得以大大深入强化。东吴在长江中游的领地主要来自汉末荆州的大部,在东吴占有岭南之前,这一地区曾经几占吴国国土的一半,是吴国重要的边疆地区和经济区,地接蜀魏两邻国,当地族群成分复杂,可谓是吴国战略上最重要的地区。结合简牍与文献可知,东吴在中游地区仓储分布颇多,其中多有漕仓,处于水路要冲,结合于漕运网络之中,相互之间存在密切灵活的调运关系,支持防蜀、战魏、平武陵蛮、供京等军国之需。

(二) 东吴在长江中游的漕仓类型较多,功能也很丰富,除了因定都而设立的太仓,也有在江口设立的转运仓,无论是日常贷给吏民的财政需要还是征伐武陵蛮的军事需要,都得到漕仓或漕运的支持。自古漕运有救灾、赈济等诸般社会功能。自吴简提供的历史信息看,贷米不仅是正仓,也是一些漕仓的重要功能,这在以往的文献资料和漕运研究中是薄弱的环节,有待深入研究。

（三）笔者推论东吴应当在武昌设有一个陪都太仓，至少在一定时期内存在过，它和周围的员口仓、武昌郡仓，可能还包括其他武昌大仓周边的仓储，构成了都城周边漕仓群，内部应该存在系统化关系，是东吴中游的漕运储备中心，这应与东晋南朝隋朝的都城周边仓群体制一脉相承，还需要更多资料证据论证。

（四）长江中游的"蛮"人问题在六朝时期是大问题，孙吴也曾数次讨伐，西晋统一之后杜预沟通长江中游的运河，使运河自汉水南达江陵，东达巴陵，与湘江流域漕路相连，其中也有平蛮的考量①，一部分漕仓是为之服务的。由于东吴中游的洞庭湖南诸郡存在蛮人反抗的问题，当地军事活动一度相当频繁，比如黄龙三年（公元231年）到嘉禾三年（公元234年）十一月，东吴派潘濬和陆逊一起驻军武昌。长沙郡是征讨武陵蛮的重要基地，这不仅是因为地理上临近蛮区，应与漕运交通也有关系。巴丘仓是洞庭湖南北间的战略与交通枢纽，具有征蛮重镇的作用，湖南北的粮食和军人可在此南北调度，而据简牍，东吴在长沙郡境内还有至少两个转运仓，支持征蛮及地方军事财政需要。当然在安定时期，这几个仓储也可以帮助把军粮北运支持北边的军事。笔者推测很可能在东吴长江中游还存在一些具有系统功能的漕仓，但这需要有更多的史料发现才可以证明。

---

① 张晓东：《汉唐漕运与军事》，第303页。

"王世贞吊杨继盛诗"与
"况叔祺告密"说献疑

□ 许建平 周 颖

摘 要:明代嘉靖年间,由杨继盛弹劾严嵩而引发的政治斗争因王世贞的参与而扩大为严嵩父子与王世贞父子的忠奸斗争,父亲被陷害的悲剧结局不仅影响王世贞一生,且成为影响晚明文学创作的重大历史事件。据《皇明通纪集要》《昭代典则》等资料记载,杨继盛因劾严嵩被斩,王世贞以诗哭吊,诗作被况叔祺告于严嵩。严嵩由是衔恨王世贞,祸及其父王忬。此说自明清流传至今,无见有异议者。在王世贞著述中未见其悼杨继盛诗,王世贞自己否定曾作此"翰墨";其写给当时诸辅相为父伸冤的书函中详言被奸相所害三个原因中,无一字提及此悼诗;世贞死后,其子与友人所写行状、墓志铭、传记皆未提及此悼诗;唯王锡爵所作的神道碑文中言及"与诸同舍郎以诗哭之"。经查,"诸舍郎"或为"六子之属",其中吴国伦作哭吊诗六章,世贞与众人共诵而哭悼。况叔祺在世贞"父难"后,两人交往甚洽,互为知己,所谓告密隐害王世贞父亲之说难以成立。故王忬被陷害事与所谓王世贞写悼诗和况叔祺告密无关。

关键词:王世贞;哭吊杨继盛诗;况叔祺告密

作者简介:许建平,文学博士,上海交通大学教授、博士生导师;周颖,上海交通大学人文学院博士生。

一、况叔祺告发王世贞哭吊杨继盛诗的传说

明嘉靖三十四年(1555年)十月,兵部职方司杨继盛以论劾首辅严嵩忤旨,被斩于市。时朝中官员惧严嵩势,大多避匿不欲闻此事。杨继盛挚友、刑部郎王世贞奔走求救,事未成。杨氏既死,王世贞又独与友人收尸入殓,郊外哭祭,又遣仆人护送杨氏家眷归里。众人义举被严嵩探知,由是衔恨。其后,王世贞父、蓟辽总督王忬以滦河战事失利下狱,严党构陷,由是王忬含冤被斩。时人为之扼腕叹息,多认为王忬之死与其子世贞救解、哭吊杨继盛及缮理后事有关。明清以来,或有史料云:杨继盛死,王世贞以诗吊之,而诗作被刑部

同僚况叔祺告密于严嵩,从而为日后王忬被陷埋下祸害。据明陈建《皇明通纪集要》:

> (己未嘉靖三十八年)二月,巡按方辂劾巡抚都御史王忬失策可罪,诏逮之,下狱论死。先是,严嵩杀杨继盛,忬子世贞忿继盛忠言死于权奸,以诗吊之。刑部员外况叔祺遂以世贞诗告嵩。嵩喜叔祺,改礼部,升提学副使。因憾世贞,未有以中之也。①

明黄光升《昭代典则》卷二十八:

> (己未三十八年自四月至于六月)逮大同巡抚都御史王忬下狱,论死。先是,严嵩杀杨继盛,忬子世贞忿继盛忠言死于权奸,以诗吊之。刑部员外况叔祺遂以世贞诗告嵩。嵩喜叔祺,改礼部,升提学副使。因憾世贞,未有以中之也。②

明沈国元《皇明从信录》卷三十二:

> (己未嘉靖三十八年)二月,巡按方辂劾巡抚都御史王忬失策,可罪。诏逮之,下狱论死。先是,严嵩杀杨继盛,忬予世贞忿继盛忠言死于权奸,以诗吊之。刑部员外况叔祺遂以世贞诗告嵩,嵩喜叔祺,吴礼部,升提学副使,因憾世贞,未有以中之也。③

至清代,汪师韩在《谈书录》之《〈一捧雪〉是〈清明上河图〉》中云:"……杨椒山死,弇州以诗吊之,为刑部员外况叔祺告于嵩也。……所云小人,则叔祺、汤臣辈耳。"④以况叔祺告密之行径,将其直斥为"小人"。其后,野史笔记如梁章钜《浪迹续谈》⑤、平步青《霞外攟屑》⑥,皆载有况叔祺告发王世贞吊诗一事。

总之,上述诸家史籍、笔记都记述了这样一种说法:王世贞吊杨继盛诗被况叔祺告于严嵩,况氏以此换得严嵩青睐,由刑部郎转礼部郎并外迁贵州提学副使。陈建、黄光升与况叔祺生活时代大致相同,经历过杨继盛被害、王忬被陷等时政大事,二人之说具有一定

---

① 陈建辑,〔明〕江旭奇补订:《皇明通纪集要》卷三二,《四库禁毁书丛刊》史部第34册,第353页。
② 黄光升:《昭代典则》卷二八,《续修四库全书》第351册,第852页。
③ 陈建著,沈国元订补:《皇明从信录》卷三二,《续修四库全书》第355册,第522页。《皇明从信录》此处引文所依版本存在一些刊刻错误。"忬予世贞"当作"忬子世贞"。"吴礼部"一句,"吴"为讹字,应为"转""改"等字。
④ 汪师韩:《谈书录》,《续修四库全书》第1147册,第568页。
⑤ 梁章钜:《浪迹续谈》卷六《一捧雪》,《续修四库全书》第1179册,第308—309页。
⑥ 平步青:《霞外攟屑》卷七上《弇州山人四部稿》,《续修四库全书》第1163册,第576—577页。

的可信度。

况氏告密一说流传了数百年,几无质疑者。上述几则资料,也被文史研究者视作信史,反复引用不已。然而笔者通过考诸史籍,参之文献,论证此说存疑。况叔祺告发王世贞吊诗之说,包含两个方面:王世贞以诗哭吊杨继盛;况叔祺将王世贞吊诗告于严嵩。本文即从这两个方面出发,分别予以考辨。

二、"王世贞吊杨继盛诗"献疑

王世贞是否写过吊杨继盛的诗呢?笔者认为可能性不大。证据有五:

(一)未见之于王世贞自己编的诗文集。依理,王世贞若写悼杨继盛诗,自应收入自己编的文集中,然遍翻王世贞现存集子,诸如《弇州山人四部稿》《弇州续稿》《弇山堂别集》《凤洲笔记》《嘉靖以来首辅传》《弇州史料》,均未收此诗。①

(二)笔者及同仁在编纂《王世贞全集》时,为体现一"全"字,专门收集其未入集的散佚之诗文50多篇(首),未见此悼诗。②

(三)王世贞曾致书挚友宗臣言及此事,明确否认曾有哭吊杨继盛的"翰墨"。

> 友人浮系吴郡王世贞再拜陨泪,移书故宪使宗君子相。……彼长安人事,大小如蟻蠔之度大空,何挂吾子相目也?今谓吾党日夜簸唇颊非刺长短,不亦缪悖大冤哉!至又谓仆与子相尝为文哭竹书姓名人,以耸动大臣,令甘心我。记其人自陷辟后,不佞窃以国家于法已尽矣,念居平游好,腊肉絮酒,一力助掩,长揖而退。当宽大显信之朝,即虿虺脂习,可免提汤同日之诛,足矣。岂有形之翰墨,以干大僇者哉?子相之于斯人,固未半面也。③

这篇书牍作于宗臣病逝后,乃王世贞致地下之作,字字血泪,句句衷肠,可信度极大。书中所谓"竹书姓名人",隐指杨继盛。竹书,即史册,其意杨继盛已成逝者,形同古人,又

---

① 笔者所检索的王世贞集子范围,参见周颖《王世贞年谱长编》附录一"王世贞著作简目",基本涵盖了海内外现存的各类集子。周颖:《王世贞年谱长编》,上海三联书店2016年版,第784—789页。
② 目前收录王世贞散佚作品最全的当数孙梦迪《王世贞散佚作品研究》一文,在其他的研究论文、论著中还零星地收录了一些作品,皆无哭吊杨继盛文。孙梦迪:《王世贞散佚作品研究》,上海交通大学硕士论文,2015年。
③ 王世贞:《弇州山人四部稿》卷一一九《宗子相》之十五,国家图书馆藏万历五年世经堂刻本,第17a—19a页。

暗含彼将名垂青史之意。杨氏被杀后,时人讹传王、宗二人作哭吊之文,"以耸动大臣",招致权臣(严嵩)衔恨。王世贞则辩白:"岂有形之翰墨,以干大僇者哉?"即无论杨继盛之死冤否,终究死于王法。若"形之翰墨"祭奠其人,就有"干大僇者"之嫌。这里的"翰墨"含义有歧,可泛指一切文章形式,也可仅指别人传闻的所谓"文",但至少包括文章这种形式。倘若理解为一切文字形式,则为了避嫌王、宗二人皆不可能作任何哭吊文字,自当包括诗。但倘若仅仅对应于所谓的"文",则王世贞仅仅否定了曾经作过文却没有否定作过诗,因而作诗也不无可能。倘若王世贞致书地下这一举动不过是为了自表无辜,金蝉脱壳,而在当时严党肆虐、朝野噤声的形势下,王、宗等人即便作过悼念文字,恐怕也不敢留下底稿,可能在哭吊时就投火焚化了。

(四)隆庆元年王世贞伏阙为父伸冤期间,曾向朝中官员如李春芳、杨博、高拱等人致书求助。①此时,新皇登基,颁诏恤录旧臣,杨继盛也将被朝廷平反昭雪,赐恤旌表。②假如王世贞曾作过哭吊杨继盛诗,此时也就无所避讳了,但所有书信言及其父被严嵩构陷的原因时,皆概括为三条:

> 至于严氏所以切齿于先人者有三:其一,乙卯冬,仲芳兄且论报,世贞不自揣,托所知为严氏解救,不遂。已见其嫂《代死疏》辞憨,少为笔削。就义之后,躬视含敛,经纪其丧,为奸人某某文饰,以媚严氏。先人闻报,弹指唾骂,亦为所诇。其二,杨某为严氏报仇,曲杀沈炼,奸罪万状。先人以比壤之故,心不能平,间有指斥。渠误为青琐之评,先人预力,必欲报之而后已。其三,严氏与今元老相公方水火时,先人偶辱见收菹荁之末,渠复大疑,有所弃就,奸人从中构,牢不可解。③

上述所言三条,无一字言及哭吊杨继盛诗。

(五)王世贞逝世后,其子王士骐所作的行状④及友人屠隆所作的传记⑤、陈继儒所作的墓志铭⑥,在记述他义办杨继盛后事一段时,都没有提及所谓的哭吊诗。唯有另一好友

---

① 见王世贞:《弇州山人四部稿》卷一二三《上太傅李公》《上少保高陈二公》《上江陵张相公》《上太宰杨公》诸文。王世贞:《弇州山人四部稿》一八〇卷,明万历五年世经堂刻本,第 3b—5b、5b—7a、7a—8a、8a—10a 页。
② 参见《王世贞年谱长编》嘉靖四十五年、隆庆元年、二年事。周颖:《王世贞年谱长编》,上海三联书店2016 年版,第 309、321—322、352 页。
③ 王世贞:《弇州山人四部稿》卷一二三《上太傅李公》,万历五年世经堂刻本,第 4 页。
④ 王士骐:《明故资政大夫南京刑部尚书赠太子少保先府君凤洲王公行状》,王士骐、王锡爵、屠隆:《王凤洲先生行状》,明万历刻本,第 1 册。
⑤ 屠隆:《大司寇王公传》,王士骐、王锡爵、屠隆:《王凤洲先生行状》,明万历刻本,第 2 册。
⑥ 陈继儒:《见闻录》卷五《王元美先生墓志铭》,《四库全书存目丛书》子部第 244 册,第 195—201 页。

王锡爵在神道碑文中记载"杨临命东市,公又为收其尸治敛具,与诸同舍郎以诗哭之"①。王世贞晚年与王锡爵关系极其密切,二人曾同住昙阳观修道,朝夕相处,无所不谈,"间相对谈平生所经啼哭险夷之境,如梦如醒,且沾沾喜也"②。因此王锡爵所谓"与诸同舍郎以诗哭之"或来自王世贞亲口所言,因此被写入神道碑文中,具有较大的可信度。只是王锡爵的表述十分含糊,大意是包括王世贞在内的刑部诸郎群体曾作过哭吊杨继盛诗,但具体作诗者为谁则无法辨明。当时,与王世贞一同刑场送别、郊外哭吊且经纪杨继盛后事的,是宗臣和吴国伦,而此时宗、吴皆不在刑部任职。③这一点与王锡爵所载"诸同舍郎"的内容不尽相符。若王锡爵所载有误,那么"与诗哭之"事恐怕也难以为实;若王锡爵所载为实,那么彼时与王世贞、宗臣、吴国伦一同哭吊杨继盛的,应该还有刑部的其他同僚。而查阅李攀龙、徐中行、宗臣等人现今留存的集子,皆无哭吊杨继盛诗。或许李、徐、宗三人作过哭吊诗,但出于避祸而不敢收录。吴国伦集中虽也无哭吊诗,但他确实作过,且此诗被人告于严嵩。据冯梦祯《吴明卿先生传》载:

> 会杨忠愍公以曹郎言事,丑诋相嵩,论死,而倡为奔哭、赙赠、作诗挽之且经纪其丧者,皆六子之属。先生所作挽诗六章,犹称悲愤。飞语既闻,相嵩大恚曰:"吾故疑吴生非长者,果然。"时以星变察吏,谪先生江西按察司知事。④

此传中,冯氏将奔哭、赙赠、作挽诗、经纪丧事等行为都归到王世贞等"六子"身上,记述十分笼统,唯一明确指出的就是吴国伦作过挽诗六章,但未见收于吴氏个人集子。另吴氏集中有《冬日即事有感四首(时杨仲芳员外坐劾严相诛)》一诗,其二:"十月咸阳市,霜飞朔气深。高天寒请剑,落日惨援琴。敢有临河叹,弥坚蹈海心。小臣何足惜,行路为沾襟。"其三:"杀气高难散,妖氛黯不收。天心凭一祝,国步在佥谋。各有豺狼畏,非无燕

---

① 王锡爵:《王文肃公文集》卷六《太子少保刑部尚书凤洲王公神道碑》,《四库禁毁书丛刊》集部第7册,第160页。
② 王锡爵:《王文肃公文集》卷六《太子少保刑部尚书凤洲王公神道碑》,《四库禁毁书丛刊》集部第7册,第161页。
③ "诸同舍郎",应指王世贞彼时在刑部的同僚。参考周颖《王世贞年谱长编》嘉靖三十一年、嘉靖三十二年、嘉靖三十四年纪事,彼时王世贞身在"六子"之列,互称莫逆。"六子",是以李攀龙为首形成的文学团体,主张文学复古,且具有鲜明的政治倾向性,成员为李攀龙、王世贞、徐中行、梁有誉、吴国伦(自嘉靖三十二年取代谢榛)、宗臣六人。"六子"中,李攀龙、王世贞、梁有誉、徐中行、宗臣中进士后皆入刑部,之后宗臣改吏部,诸人皆可视为"同舍郎",唯吴国伦先任中书舍人,后改部员。杨继盛被杀之时,梁有誉已死,李攀龙出守顺德,徐中行出役于外,与王世贞一道哭吊杨继盛的,是宗臣与吴国伦二人。而是否还有刑部的其他同僚参与此事,则暂不可考。
④ 冯梦祯:《快雪堂集》卷九《吴明卿先生传》,《四库全书存目丛书》集部第164册,第171页。

雀忧。不知郦坞积,曾殉北邙丘。"①诗句直指严嵩奸党残害忠良的无耻行径,并预告乱臣贼子终得覆灭的下场,言辞毫无避讳,情感悲愤激烈,颇有大义凛然之态,也可为吴氏不惧祸事、敢作哭吊诗作佐证。由此而知王锡爵所言"与诸同舍郎以诗哭之"中的"诸同舍郎"很可能指"皆六子之属",而众人"以诗哭之",并不一定是人人皆作哭悼诗,共作六首,而很可能是吴国伦作哭悼诗六章,而众人共诵而哭悼。因世人未察其中之详,由吴氏一人以诗哭吊杨继盛而泛化至王世贞也作有同类诗歌,之后此说便流传开来。

三、况叔祺"告密"说献疑

前代史料将况叔祺视为告密者,而况氏身上确实具备的一些特殊因素,这些因素可构成他告密的合理依据。《(康熙)江西通志》载况氏传记,其后附按语:

> 况叔祺,字吉夫,高安人。弱冠登进士,授刑部主事。曹署清暇,益肆力学问,与东吴王元美、南昌余德甫游从,以声诗相唱和。历礼部郎中、贵州提学副使。……叔祺负才名,忼直不谐于俗,遂弃官归,卜筑药湖之傍。兴至,买棹下章江,访德甫诸名士,徘徊龙沙、南浦间,吊古赋诗。所著有《大雅堂集》。(《林志》)
>
> 按是时,王李之学方盛行,海内称诗家惟所进退。元美又好为评骘,有"后五子""广五子""续五子""末五子"之目,寻又广为"四十子"。于南昌取两人焉,以余德甫冠"后五子"之首,朱用晦则在"续五子"之列,顾独不及况吉夫。《大雅堂集》世亦罕有传者。(原跋)②

据以上材料,并参考当时朝野形势,可形成两点推测:

(一)况氏与严嵩同乡,理应为严氏所笼络、亲近。况氏一度骤贵,由刑部郎改为礼部郎,又出为贵州提学副使。当时,礼部与其他郎署相比声誉较清贵,而学政之职又是一般郎官外迁难得的美差,这些极有可能与亲附权相严嵩有关。

(二)况氏与王世贞同僚友善,诗文又极相近,而况氏竟未入王氏所选"五子""四十子"之列,这些不能不令人生疑,猜测二人关系中生芥蒂,以致疏远。总之,况氏有着告密的重大嫌疑。

---

① 吴国伦:《甔甀洞稿》卷一一,《续修四库全书》集部第1350册,第170—171页。
② 康熙《江西通志》卷七一《人物六·瑞州府》,《景印文渊阁四库全书》第515册,第482页。

然而，按照常理，假若况氏是所谓王世贞哭吊诗的告密者，王忬含冤被杀后，王世贞势必对况氏视同仇雠，形同陌路。那么，考察况氏是否为告密者，关键证据之一就是"父难"后王氏与况氏交游如何。笔者通过梳理文献，发现父难后王、况二人交游依旧深切，可证实况氏告密说存疑。

《弇州山人四部稿》卷二十一《况子行，答吉甫参政》：

> 况子高眠药湖干，九日散发一日冠。眼前浮云富贵薄，笔底白雪交游寒。二千里外飞尺素，十八年前论寸丹。男儿意气当如此，区区得失那足齿。纵令骂坐灌将军，岂有酏人羊叔子。世上流言穷自定，吾徒傲骨生难已。君不能扬舲下建康，我不能张帆上豫章。长江浮沉恨书驿，落月梦醒愁空梁。豫章宗人贫孟尝，余生少贵输柴桑。大儿文举小德祖，野鹜可似家鸡长。君知犯斗双龙剑，元是吴工冶后霜。①

依据《弇州山人四部稿》卷二十一按成诗时间先后编次诸诗的规律，并参考《王世贞年谱长编》②，可考证此诗作于隆庆六年秋至万历元年秋之间。③此时王氏在家丁母忧，距其父冤死已有10余年之久。而在此诗中，王氏对况氏赞誉不已。"眼前浮云富贵薄，笔底白雪交游寒"一句，直誉况氏蔑视富贵，弃绝俗世。"二千里外飞尺素，十八年前论寸丹"一句，以今日通书念怀之谊，回顾往日交情之笃。王氏将况氏视作"吾徒"，论以同道，其情殷切之至。单凭此诗，则将二人论为知己亦不为过。

值得注意的是《况子行，答吉甫参政》诗中"纵令骂坐灌将军，岂有酏人羊叔子。世上流言穷自定，吾徒傲骨生难已"四句，其意隐晦，大概云况氏遭受流言，世人诽谤他有"酏人"之行。此处是否影射了世人传闻况氏告发所谓王氏吊诗之事，抑或仅指况氏以不谐于俗而罢归，则不得而知了。

另在《弇州续稿》有《况吉夫大参以长笺长律见期，读〈史记〉有感而答》一诗：

---

① 王世贞：《弇州山人四部稿》卷二一，明万历世经堂刻本，第17页。
② 周颖：《王世贞年谱长编》，上海三联书店2016年版，第407—438页。
③ 《弇州山人四部稿》卷二一、二二之编排，大致以时为序。此诗前有《石公山观日没月出歌》《泛湖，风浪小横，嘲诸同游者》《此翁篇再赠陆丈》，参考周颖《王世贞年谱长编》，可知诸诗所述皆为隆庆六年秋与陆治同游洞庭两山事；此诗之后，相隔数诗又有《将抵浔阳，戏作短歌》，已至卷末，其时在万历元年秋七月赴任湖广按察副使之际。下接卷二二，卷首有诗《庐顶放歌》《城西书屋歌，为赵中丞良弼》《题赵品旨〈陶令像〉鲜于太常〈归去来辞〉，赠致政太宰杨公》，所述游匡庐、杨博致仕皆万历元年事。二诗之后诸诗《淮北吟》《甲戌春暮再入都，憩善果寺，逢杏花作》，皆述万历二年入太仆寺事。《弇州山人四部稿》卷二一，明万历世经堂刻本，第16a—19b页；《弇州山人四部稿》卷二二，版本同前，第1a—3b页。

鸿书忽自豫章天,读罢捻须一莞然。续汉中郎空见许,过秦新论有谁传。君怜竹素将来日,我在雌黄未定年。何似扫除千古障,争名空室坐逃禅。①

按此诗中所言,况氏曾寄长诗,以良史之材期许王氏,希望他能续作明史,成就像司马迁、班固一样的伟业。王世贞也曾寄书就作史之事答意况氏,可与上述诗歌相互参照:

用晦使来,承贶书及诗,读之,了知微意所属,令人悚息不敢当,然起色未尝不浸淫满大宅也。仆固不佞,兹意蓄之久矣,虽会出入朝野,未遑息肩,然所以不敢轻举笔者,说有二。其一,尝笔之《卮言》,以为千古而有子长亦不能成《史记》。何也?……窃恐未能继也。其二,则当有罪我者。《史记》,千古之奇书也,然而非正史也。……今欲仿之,则累体;削之,则非故。且天官、礼乐、刑法之类,后几百倍于昔矣,窃恐未可继也。虽然,执事之知我深矣,其属我切矣。不佞焉敢终自弃,以孤君子之明惠意者?其自东京、建武始乎?执事卧家逾十载,岂其已有所撰述,姑欲借仆以自证耶?即有之,幸毋作帐中秘可也。仆生世不谐,终老毁誉间,今获假微遣,偃息泉石,为幸已弘。第春来花竹日新,苦酒食见迫,卒卒无须臾之间,草次奉报,不一。②

参考《王世贞年谱长编》,这封信作于他自郧阳巡抚卸任归里后的第二年,即万历五年春。③况氏以续作明史这项大业属意王氏。王氏本有史才,久怀此愿,自谦之余,不禁发出感慨:"执事之知我深矣,其属我切矣。"这是王氏得遇知音的肺腑之言。王氏一向以文学名世,世人也大多推崇他的文采,而稍稍忽略了他的史才。在他的诸多友人中,用心如此独特、如此看重他的史才的人,恐怕不多。《弇州山人四部稿》《弇州续稿》众多书牍中,与王氏探讨诗文者比比皆是,而如此谈论作史之事的,少之又少。况氏之知人,二人交情之笃,可见一斑。

除此之外,通过考察况氏与其他人的交往情况也可从侧面质疑告密一说。况氏诸友中不乏王世贞的知己好友,李攀龙、吴维岳、吴国伦、宗臣、李先芳等人皆在列。况氏遗集《大雅堂摘稿》仅存上下二卷,其中与李攀龙、宗臣、李先芳等人的唱和之作就占了很大比例。假如那些诗篇有自我标榜之嫌,不足取信,那么吴国伦《题况吉夫药湖别业》④,宗臣

---

① 王世贞:《弇州续稿》卷一四《况吉夫大参以长笺长律见期,读〈史记〉有感而答》,明万历刻本,第6b页。
② 王世贞:《弇州续稿》卷二〇三《答况吉夫》,明万历刻本,第16b—17b页。
③ 周颖:《王世贞年谱长编》,上海三联书店2016年版,第490页。
④ 吴国伦:《甔甀洞稿》卷一八,《续修四库全书》本集部第1350册,第243页。

《同李伯承比部夜过况吉夫膳部,得真字》①、《况吉夫席上留别高伯宗、吴峻伯、汪正叔、李伯承、张子畏诸君,得西字》②、李攀龙《寄题况吉甫药湖别业,在荷山下》③等诗篇皆可为况氏与众人的交情做证。尤其是宗臣《同李伯承比部夜过况吉夫膳部,得真字》,作于况氏自刑部改礼部之后,倘若况氏告密事为真,宗臣以曾经与王世贞同祭杨继盛的经历,在况氏卖友骤贵之后,绝对不会继续与之来往。况氏罢归故里后,与之交往最为密切的,当数同乡余曰德、朱用晦。况氏尝入余、朱等人主持的芙蓉诗社,余曰德《况吉夫来社中》④一诗即记此事。试想,假如况氏是一位卖友求荣、劣迹斑斑的告密小人,与王世贞同列"后七子"之数的余氏怎会终生倾心以交?以上史实足以质疑况氏告密说。

王世贞本人认为哭吊杨继盛事被严嵩得知,中间确实存在告密者。据他回忆:"乙卯冬,仲芳兄且论报,世贞不自揣,托所知为杨氏解救,不遂。已,见其嫂代死疏辞懿,少为笔削。就义之后,躬视含敛,经纪其丧,为奸人某某文饰以媚严氏。"⑤这位"奸人"既然将哭吊一节告于严嵩者,倘若王世贞作过哭吊诗,此人极可能就是哭吊诗的告密者。既然告密者"文饰"其事以媚严嵩,则即便王世贞未作哭吊诗,告密者也极有可能添油加醋地诬陷他作过。当时传闻说王世贞与宗臣作过哭吊文的情况也应该与之相似。那么这个"奸人"究竟为谁?王世贞始终没有言明,很可能他心中的答案也是模糊的。事实上,当时严嵩父子权倾天下,党羽遍布内外,耳目众多,捕风捉影、钻头觅缝以媚严党的奸险小人比比皆是。"六子"又素来恃才傲物,言行张扬,指摘朝政,蔑视公卿,早已招致严党乃至朝中权贵的普遍侧目,何况此时的王世贞等人政治阅历尚浅,甚至认为哭吊、助丧等行为无须隐讳,行事如此不谨,被人告发在所难免。而参与哭吊杨继盛的同朝官员又鱼龙混杂,一时口风不紧而泄密于严党,这种情况也不无可能。

结　　论

综上所述,明代嘉靖年间的一桩疑案,王忬被严嵩隐害原因之一:王世贞写诗哭悼杨继盛,被况叔祺告密于严嵩而遭严嵩陷害事,此事不只关涉王世贞一生的重大转折,而且

---

① 宗臣:《宗子相集》卷八,《景印文渊阁四库全书》第1287册,第70页。
② 宗臣:《宗子相集》卷八,《景印文渊阁四库全书》第1287册,第71页。
③ 李攀龙:《沧溟先生集》卷一〇,《景印文渊阁四库全书》第1278册,第293—294页。
④ 余曰德:《余德甫先生集》卷五,《四库全书存目丛书》集部第122册,第121—122页。
⑤ 王世贞:《弇州山人四部稿》卷一二三《上太傅李公》,明万历五年世经堂刻本,第4页。

成为影响晚明文学创作的重大历史事件,非同小可。笔者经考证,既证王世贞作诗哭吊杨继盛或不可能,又证况叔祺告发王世贞一说难以成立。《皇明通纪集要》《昭代典则》等明清史籍、笔记的相关记载不实。王忬被害一案与所谓王世贞写悼杨继盛诗和况叔祺告密无关。

(基金项目:国家社科基金重大项目"《王世贞全集》整理与研究",编号:12ZD&195。)

历代地方官员与孔氏南宗的发展

□ 吴锡标

摘 要：孔氏南宗自南宋初年南渡以来，"蔚为大宗，历二十余世，均足为乡邦弁冕"，这是历代政府大力推崇与支持、孔子后裔自强不息、江南社会文化积极影响以及广大士人民众崇敬拥戴等诸多因素综合作用的结果。历代政府的推崇与支持所体现的政治意识和国家意识，主要是通过历代地方官员的努力得以实现的。孙子秀、沈杰、左宗棠等历代地方官员的支持与推动对孔氏南宗发展所起的历史作用不容忽视。

关键词：孔氏南宗；地方官员；历史作用

作者简介：吴锡标，衢州学院中国哲学与文化研究中心教授。

自从南宋初年南渡以来的近900年历史中，孔子后裔扎根于以浙江衢州为中心的江南地区，逐渐形成了以孔氏南宗家庙为重要物质遗存、以衢州孔氏为核心、支派遍布江南广大地区的特殊宗族——孔氏南宗，且"蔚为大宗，历二十余世，均足为乡邦弁冕"[①]。孔氏南宗在传承弘扬传统孔氏文化和积极融合江南社会文化的基础上，形成了以儒家思想为内核的、内涵丰富而底蕴深厚的孔氏南宗文化。孔氏南宗文化作为融政治文化、宗族文化、地方文化和思想文化于一体的江南区域文明教化体系，是历代政府大力推崇与支持、孔子后裔自强不息、江南社会文化积极影响以及广大士人民众崇敬拥戴等重要因素合力作用的结果。历代政府的推崇与支持体现出强烈的政治意识和国家意识，这种推崇与支持主要则是通过历代地方官员的积极努力而得以实现的，换言之，孔氏南宗的发展，离不开历代地方官员的重视和支持。然而，由于历代地方官员所处社会背景和自身能力的不同，对孔氏南宗的支持力度和推动程度自然也不相同。但不管怎样，地方官员的重视与支持是孔氏南宗得以持续发展的重要因素。在现存衢州孔氏家庙东轴线上孔塾西侧的报功祠（又名恩官祠），就专门用于祀历代有功于孔氏南宗的官绅，如宋代孙子秀，明代徐郁、彭贯、沈杰，清代左宗棠、李之芳等人，孙子秀、沈杰、左宗棠则是其中的杰出代表。

---

① 徐映璞：《两浙史事丛稿》，浙江古籍出版社1988年版，第26页。

一、孙子秀与孔氏南宗

孔氏南渡之初,时局艰难,衍圣公孔端友及其族属被南宋朝廷赐家定居衢州后,因种种原因,不可能立即兴建家庙。

(一)南宋朝廷面临抗金的现实形势,尽管"战"与"和"争论激烈,但终究抱着"北还"的希望,因而对于朝廷而言,不可能将新建孔氏家庙立即列入议程日程,这也是情理之中的事。

(二)在衢州定居下来之后,衍圣公孔端友等人所面临的首要问题也不是新建家庙,而是解决生存和生计等现实问题。现实问题使得他们没有更多的精力,也来不及考虑新建家庙之事。随着生活的日渐稳定,宗族事务逐渐提到重要地位。在此背景下,家庙问题随之提上议事日程。宋高宗绍兴六年(1136年),"朝命权以家庙寓学官","袭封奉祀者率族拜跪踧踖"[①],正如孔子第50世孙孔拟曾所说:"自南渡后,蒙朝廷念孔氏子孙之无几,计口给田以赡之,乃于衢州拨赐田十顷,且俾春秋两时飨先圣于家庙,州郡差官行礼,较之乡邑十才其一。"[②]我们可以推想,由于宋室一直怀抱"北还"希望,故而在当时的朝廷看来,以州学为庙无非是一个临时性的安排。但令人万万没有想到的是,最终因宋室北还无望,以至于以州学为家庙的历史竟然长达118年之久。由上可知,南渡以来的120多年间,孔氏南宗一直处于"无专飨之庙"的局面,直到南宋末年孙子秀任衢州知州期间,这一历史才得以结束。

孙子秀(1212—1266),字元实,号静见,越州余姚人(今浙江余姚市梁弄),《宋史》有传。绍定五年(1232年)进士,历任吴县主簿、滁州教授、金坛知县、庆元府通判、太常丞、大宗正丞、金部郎官、宁国知府、衢州知府、浙西提举常平、太常少卿兼右司、婺州知府等职。咸淳二年(1266年)病卒于婺州任上,赠光禄大夫。孙子秀出任衢州知州后,十分关注孔氏南宗事务,于是与孔洙上奏宋廷,请求"撤废佛寺,奏立家庙如阙里"[③]。宝祐元年(1253年),宋理宗下诏,同意孔氏南宗衍圣公孔洙、衢州知州孙子秀的奏请,拨款36万缗。这一年仲夏时节开始,在衢州城北菱湖芙蓉堤上兴建家庙,历经大半年,于宝祐二年(1254年)春竣工落成。这就是菱湖家庙,即孔氏南宗历史上真正意义上的首座家庙。龙图阁大学士、礼部尚书赵汝腾为之所作的《南渡家庙碑记》,对菱湖家庙兴建的缘由与重要意义、兴建盛况、家庙布局与功能作了详尽描述:"料院孙侯子秀至,曰:'其子孙之责,

---

① 沈杰辑:《三衢孔氏家庙志·南渡家庙碑记(赵汝腾撰)》,国家图书馆出版社2015年影印本。
② 孔传:《东家杂记》卷下《五十代孙孔拟跋》。
③ 脱脱等:《宋史》卷四二四《列传》第183《孙子秀》。

与郡刺史之任。'毅然请于朝。玉音赐俞,奉常定制。得地于城之东北陬浮屠氏废庐,撤而宫之。枕平湖以象洙泗,面龟峰以想东山。对庙门而中为玄圣殿,西则齐、鲁,后则郓国。祠沂泗二侯于庑之东、西,又别为室,以祠袭封之得祀者。后为堂,曰思鲁,俾之合族讲学,且以志不忘阙里之旧也。堂之东,亭曰咏春,以憩四方之士、仰止高山低回而不能去者。为屋二百二十有五楹。经始于宝祐癸丑仲夏,落成于次年仲春朔。"赵汝腾同时借古喻今,以"夫子多贤子孙,百圣所不能及"勉励孔氏南宗后裔勤勉不懈,孜孜以求,发扬光大先圣的学说和精神,以"名孙亹亹,其将必有达者出焉"表达了对孔氏南宗所寄予的厚望。

（三）孙子秀极力举荐衍圣公孔洙,并与孔洙通力合作,推进地方治理,政绩卓然,"经里、乡两级举荐,孙子秀奏请,宋廷复以年仅二十六岁的衍圣公孔洙添差通判衢州。子秀与洙同衙守衢,可谓相得益彰:他们治水患,使'民国复苏'……以'有补世教之大'"①。

二、沈杰与孔氏南宗

元灭南宋不久,就把孔子嫡裔授爵问题提到重要日程,元世祖于至元十九年（1282年）十一月"召洙至,欲令袭爵",然而让元世祖意想不到的是,"洙以坟墓在衢,力辞,乃让其爵于曲阜宗弟治。自是,曲阜之后世袭为公,而嫡派之在衢州者遂无禄"②。这就是孔氏南宗历史上具有重大转折意义的"孔洙让爵"。"衍圣公"这一至高无上的爵位从此就由北宗孔氏后裔承袭。尽管孔洙因此而获得元世祖"宁违荣而不违亲,真圣人后"③的盛赞,并不断受到后世诸多学者的推崇,但对于孔氏南宗而言,这一事件却造成了无可挽回的严重后果,由此造成了孔氏南宗历史上长达200年之久的家道中落,走向了平民化,甚至于陷入"子孙益多,庙乏主祀,衣冠祭仪,混同流俗"④的困境。期间,孔氏南宗经历了孔子第54世至58世五代嫡孙。这种局面直到沈杰任上时才得到根本性的改变。

（一）推动复爵

孔氏南宗因失爵而造成的不幸遭遇,得到历任地方官员和士绅民众的深切同情,特别是对孔洙让爵以来出现的与"崇正道,植元气",使孔氏"南北子孙均沾恩典"这一宗旨相违背的现实表示极大不满。明代中叶,孔氏南宗的困顿处境更引起了朝廷官员与缙绅

---

① 徐寿昌:《江南名贤孔洙及其子孙》,《衢州名人》,香港天马图书有限公司2003年版,第147页。
② 《武宗实录》卷一四《正德元年六月辛酉条》,上海书店出版社1982年版。
③ 民国《衢县志》卷二二《人物志二·元·孔洙》。
④ 《钦定古今图书集成·明伦汇编·官常典》卷116《圣裔部汇考二》,中华书局影印本。

士人的关注。衢州知府沈杰在孔氏南宗发展史上是值得大书特书的官员，他对孔氏南宗的最大历史贡献是让南宗得以复爵，从而推动南宗走向复兴之路。

沈杰，字良臣，南直隶长洲（今江苏苏州）人，进士。出知归德州，累迁衢州知府。后升山西参政，又进河南右布政使以归。事迹见于康熙《衢州府志·遗爱传》。弘治十八年（1505年），沈杰以孔氏南渡、孔洙让爵等重大史实为依据，上疏明朝廷，请求恢复孔氏南宗爵位。正德元年（1506年），明武宗下诏授孔子第59世嫡孙孔彦绳（字朝武）为世袭翰林院五经博士，秩正八品，享受衍圣公次子待遇。这是孔氏南宗恢复爵位的开始，标志着孔氏南宗由此逐渐走上了复兴之路。继孔彦绳之后，明代有孔承美（字永实）、孔弘章（字以达）、孔闻音（字鲁南）、孔贞运（字开仲）、孔尚乾（字象元），清代有孔衍桢（字泗柯）、孔兴爎（字北衢）、孔毓垣（字东安）、孔传锦（字宫锡）、孔继涛（字念铭）、孔广杓（字衡观）、孔昭烜（字亘青）、孔宪坤（字静一）、孔庆仪（字寿铨）先后承袭翰林院五经博士爵位，直到民国时期废除翰林院五经博士而改称南宗奉祀官，共计15世。孔庆仪既是最后一任翰林院五经博士，又是第一任孔氏南宗奉祀官。

虽然从地位上说，翰林院五经博士与衍圣公不可同日而语，但复爵的历史意义却不可低估，它使孔氏南宗的政治、经济和社会地位都得到显著提高，为孔氏南宗的振兴奠定了坚实的历史和社会基础。

（二）制定颁布《钦定孔氏家规》①

孔氏家族由于身份特殊而得到历代政府的重视和优待，因而也受到广大民众的格外注目。政府、士人和民众都对孔氏南宗寄予厚望，希望其在厉行忠孝、诗礼传家诸方面为其他宗族树立典范，为促进社会文明教化作出贡献。正因为如此，也有人觊觎孔氏南宗的特殊地位，有损于孔氏南宗、孔氏家族声誉以及国家形象的事件在历史上时有发生。鉴于此，沈杰在推动孔氏南宗后裔复爵的同时，于明正德元年（1506年）制定了孔氏家规，并得到明朝廷钦准，这就是在孔氏南宗众多家规中地位最高、影响最大的《钦定孔氏家规》。清代继续沿用《钦定孔氏家规》，并颁发给各地南宗支派遵照执行。

关于《钦定孔氏家规》制定的目的，沈杰在奏书中陈述得十分清楚："恐后在衢子孙繁衍，愚哲不同，诗书少习，礼义或乖；又恐冒收异姓，紊乱圣派，诡寄田地，冒免差徭，未免贻玷斯文，无以倡率文教，必须严立防范，庶可杜绝其弊。……修家规七款，伏乞圣恩敕命礼部，斟酌定制，行令布政司颁降榜文，张挂于孔氏家庙，常训晓谕，使其子孙绳绳遵守，毋得妄行，永为规戒，则先师孔子之道，倡行于家族，统布于四海，垂及万世。"

---

① 本文所涉《钦定孔氏家规》条款，均引自中国社会科学院历史所编《曲阜孔府档案史料选编（第二册）》，齐鲁书社1980年版，第13—18页。

《钦定孔氏家规》共计七条,主要内容可以归纳为3个方面:1.关于南北宗之间的关系问题;2.关于孔氏南宗的宗族教化问题;3.关于异姓冒姓与隐差问题。

1. 关于南北宗之间关系的处理问题

孔氏大宗南渡之后,赐居于浙江衢州。1142年金政权册封曲阜孔拯为衍圣公。这样,孔氏后裔分为南、北两宗。元朝初期,孔洙让爵于曲阜族弟孔治。南、北宗分立的现实以及孔洙让爵可能带来的不可预计的影响,迫使沈杰作出深入思考和合理安排,以防后患发生。鉴于此,《钦定孔氏家规》将如何处理南北两宗之间的关系作为头等重要的问题,做出了制度性设计和安排。

(1)"遵制典。臣切照衢州一派子孙,自宋衍圣公孔洙让爵与阙里子孙孔治承袭公爵,元世祖深加奖谕。自我太祖高皇帝继元以来,列圣相承,遵崇旧制。在衢子孙看其庙墓,优免杂项差徭。曲阜子孙嘉其守护先茔有功于祖,照旧袭封,千载不易。即今百余年,未闻有觊觎争竞之人。窃恐后世两派子孙互相嫌隙,妄起争端,不惟有违圣朝制度盛典,诚又恐背忘伊祖德让之风,合无严立规戒,行令在衢子孙永遵制典,恪守祖风。有违者以不忠不孝论,置之重典,永不叙录。法令昭明,人无异议。"从孔洙让爵到孔彦绳复爵的一百多年中,孔氏南宗"未闻有觊觎争竞之人"。为有效避免"后世两派子孙互相嫌隙,妄起争端",该条款严格要求孔氏南宗子孙"永遵制典,恪守祖风",永远不得觊觎衍圣公之职,否则"以不忠不孝论,置之重典,永不叙录"。"遵制典"将劝勉与诫令相结合,既是为了维护制度的严肃性,又是为了弘扬孔子的德让精神。无论是"有违圣朝制度盛典",还是"背忘伊祖德让之风",都是政府、士人和民众所不愿看到的。可见,这一规定的根本目的既是为了更好地维护孔氏家族的稳定发展,也是为了更好地发挥孔氏南宗后裔的示范作用。

(2)"责报本。臣照得先圣流裔传分两派,南北相隔路涉千程,若不定规谒会,恐后日渐废离,宗谱因而迷失,何以昭报祖德?合无今后令其南渡孔氏子孙,每十年一赴阙里,谒拜圣祖家庙,祭扫山林,以展木本水源时思之敬。就令会同南北宗谱,开保历代子孙名讳,居曲阜县者书引于前,居衢州府者书引于后,庶俾流裔清白,不致泮涣分离,且以见我国家一统,文明之化普及南北,而褒崇之恩无遐迩矣。"该条从南北宗族和睦、孔子裔孙纹脉清晰的目的出发,提出了一系列具体要求:①要求南宗后裔定期北上,"每十年一赴阙里,谒拜圣祖家庙,祭扫山林,以展木本水源时思之敬";②要求南北两宗共同修谱,确保孔子"流裔清白,不致泮涣分离,且以见我国家一统,文明之化普及南北,而褒崇之恩无遐迩矣"。

2. 关于孔氏南宗的宗族教化问题

在中国传统宗族社会,宗子和族长具有极高的地位和权威,这自然也对他们的品行、修养提出了更高要求。要令众人信服,宗子和族长就必须做到身体力行,率先垂范。

(1)"端教源。臣忝授世袭博士,无非欲其统领流寓家庙子孙,主典为博士者,必须修明圣教,身先督率,躬行实践,庶不有负朝廷褒崇圣裔之盛典。博士若倚官威欺凌尊长,败伦伤化,本家如有一切不公不法之事,许子孙具告浙江巡按监察御史径自提问发落。如此,则教源可端,而圣化行矣"。①该条阐明了授五经博士的主要目的,"欲其统领流寓家庙子孙";明确翰林博士作为孔氏南宗宗主的主要职责是主管祭祀、看守坟茔、教育和领导后人等。②该条对五经博士提出了严格要求,"修明圣教,身先督率,躬行实践,庶不有负朝廷褒崇圣裔之盛典"。③该条明确了五经博士与族人的关系,要求博士敬重长者,体恤爱护族人,"不得倚官威欺凌尊长"。同时要求族人尊敬博士,族人不得"倚众恃长欺凌博士",否则就是"悖旨灭祖"。

(2)"示劝惩。臣以厚彝伦,以彰圣德。臣切恐子孙众多,贤愚不一,必须严立劝惩,庶免有玷圣祖。合无立塾于庙左右,平昔有学之人,以礼敦聘充为教读,将年幼子孙旦暮训诲,习读经书,讲明义理。中间有入府县学者,照旧选入,考有成效,收补廪增,照例科贡,以明录用,其有善者,以礼待之;恶者,以法治之。敢有子孙奸顽不守家规,结交恶党,三五成群,赌钱饮酒,为非为恶,生事害人,行凶撒泼,倚强欺弱,教唆词讼,败伦伤化,不公不法,轻则以从博士家规教戒,重则移明官府,律法断问,削除家谱姓名,生不许沾朝廷恩惠免差入庙,死不许归葬圣公坟墓以辱先祖。如此,则礼义兴而风俗厚,教化明而贤才出矣。"针对孔氏南宗子孙日益众多的现实趋势,为使其达到"礼义兴而风俗厚,教化明而贤才出"的重要目的,该条就孔氏南宗族人的教化问题提出了一系列要求。一方面强教育,在家庙左右设立家塾,为孔氏子弟创造良好的"旦暮训诲,习读经书,讲明义理"环境。另一方面明确了对孔氏南宗子孙进行奖惩的基本原则,即"其有善者,以礼待之;恶者,以法治之"。

(3)"守祀田。臣查得宋朝钦赐孔氏祭田五顷,相传奉祀,其田远近不一,恐后世俗变更,人心懈怠,未免产业移易,有失祭祀。合无官置簿籍四本,写立坐都土名四至、画图丘段,承佃户人姓名在上。将二本存入府县,其二本给付孔氏族长与世袭博士收存,永为执照。严禁子孙庶免盗卖。如有买者、卖者,许子孙并佃人随时首告,当就追究前产,仍供祭祀,价钱入官,违犯子孙不许祭祀,送官重治。其岁收祀田租,别立一义仓于庙傍,责令族长、博士公同收贮,除每岁祭祀并修庙之外,若有多余籽粒,周济本族贫难无倚子孙,庶免移流失所,年终开数到官查考,不许侵匿浪费,通同混克。"祭祀是孔氏南宗的重要宗族事务,"孔府祭孔是孔子后裔行'孝道',又是历代帝王行尊圣之礼的一项隆重活动"①。祀田则是孔氏南宗祭祀活动得以持续顺利开展的重要物质基础。为此,该条对孔氏南宗祀

---

① 《衢州孔氏南宗家庙志》,浙江人民出版社2001年版,第82页。

田的管理和经营作出了详尽规定。①明确以"簿籍"为"执照";②明令禁止盗卖祀田行为,并制定了明确而严厉的处罚办法。③明确了祀田田租管理的具体办法,要求设立"义仓",在保证祭祀、修庙事务之外,主要用于"周济本族贫难无倚子孙",同时告诫族人必须反对任何形式的侵吞、隐瞒和浪费行为。

3. 关于异姓冒姓与隐差等社会问题

由于孔氏南宗享有一系列特权,发生异姓冒姓与隐差等社会问题在所难免,这不仅有损孔氏南宗乃至整个孔氏家族的声誉,而且有损国家与社会的尊严。因此,有效防止这种恶劣现象的发生,不仅是孔氏南宗本身,也是地方政府所面临的重要问题。

(1)"防冒姓。臣切惟孔氏相传,历世悠深,子孙繁衍,傍正混杂,恐有异姓冒归孔氏,紊乱先圣宗派,希图隐避差徭,合当严禁,随时查考。将孔氏今后生有子孙,令其每月开报到县,申府立案。候遇大造黄册之年,再行查勘明白,依数登籍。不许收留外姓之人,妄拨宗枝,以乱圣派,隐避差徭。若有故违者,许本族邻里首告。就将妄收冒籍之人,治以重罪,明证归宗,知而不举者,一体连坐,庶冒姓隐差之弊可革,而游惰之民自可无矣。"该条为了防止因南宗"子孙繁衍"而发生"傍正混杂""异姓冒归孔氏,紊乱先圣宗派"的现象,对孔氏南宗新添子孙的户籍申报、查勘以及登记作了明确规定。同时规定"不许收留外姓之人",否则就将"妄收冒籍之人,治以重罪",此外对"知而不举者,一体连坐"。

(2)"严诡寄。臣切照孔氏叨蒙历朝恩例,优免差徭,天长地久,盖尊师重道,崇德报功,故推恩及其子孙。恐有异姓人等,因见孔氏各户田粮得免差徭,故将他人田产冒作孔氏已业,朦胧收册,隐避差徭。合无严立防范,将孔氏各户,自弘治十五年大造黄册已后,买卖田地,随时明告到官,总候造册之年,查对的实,明白推收。如有诡寄田粮,许子孙自相觉举,邻里首告,追究作弊之人,依律治罪。其田入庙祭祀,不许复还民家,杜绝异姓隐差之弊。"该条对"他人田产,冒作孔氏已业"而"隐避差徭"的行为,规定了严厉的惩治措施。一旦有此行为,则"追究作弊之人,依律治罪。其田入庙祭祀,不许复还民家"。

《钦定孔氏家规》作为纲领性家规,是孔氏南宗的共同行为准则。在其引领下,南北两宗和睦相处,共同发展,孔洙让爵所体现的"德让"风范在孔氏南宗族人身上得到传承发扬。明朝廷颁布《钦定孔氏家规》的用意不言而喻,其根本宗旨是希望孔氏南宗族人在厉行忠孝、诗礼传家诸方面成为各宗族之典范。

(三)重刊孔传《东家杂记》和编辑《三衢孔氏家庙志》

孔氏大宗南渡之时,孔传与孔端友"怀宗谱南迁"。该谱成为南宗后裔辨别谱系的重要依据,此所谓"衢鲁源流之分合,实权舆诸此"①。在百废待兴的南渡之初,孔传于绍兴

---

① 萧山:《孔氏宗谱·续修南渡阙里世谱记》,1918年诗礼堂木刻本。

四年(1134年)编成了被称为"孔氏家乘"著作、最早一部"孔氏志书"①的《东家杂记》。孔传的所作所为,为孔氏南宗族人树立了榜样。宋度宗咸淳元年(1265年),孔洙对《东家杂记》重新予以刊刻。明代衢州郡守沈杰对《东家杂记》又进行了重刻,这次刊刻很显然具有抢救性意义:"刻本旧在府治东斋,今遗存者仅半,因索其原本,命工补缀,复以家庙旧藏小影摹刻于前,使读者知所起敬,且以见孔氏文献之足征云。"②

在沈杰看来,孔子道德事功及阙里圣裔已为天下所共知,鉴于三衢孔氏鲜为人知的现状,就组织力量编纂了《三衢孔氏家庙志》,其开篇就阐明了编纂动机与宗旨:"惟衢之有庙,实自四十八代孙宋袭封衍圣公端友扈跸南渡始,世容有未知者,故历采诸书与我朝大典所载,并诸臣记疏,凡系于衢之孔氏者,谨录为《三衢孔氏家庙志》。"该志前有沈杰弘治十八年序、"宋敕建家庙图"和"国朝移建家庙图";正文详载历代所记孔氏南宗家庙史实,并录"制诰奏疏"诸文。所载史事按引书分为"孔氏家典""国朝制书""郡志"三类。"孔氏家典"采自《孔氏宗谱》《历代实录》《孔庭纂要》《东家杂记》《孔颜孟三氏志》,分有"《阙里世系图》题辞""袭封衍圣公""南渡仕宦""历代褒奖""历代袭封""先圣世系""宅庙""历代典章""历代崇奉""南渡家庙""四十八代""天历石刻宗图"等十二目。"国朝制书"采《大明一统志》,主要分"衢州流寓""衢州祠庙"两条。"郡志"为弘治《衢州府志》,分"流寓""祠庙"两条③。《三衢孔氏家庙志》的编纂,一方面扩大了孔氏南宗的影响,另一方面保存了大量珍贵的孔氏南宗史料,对后人认识和研究孔氏南宗都具有重要意义。

三、左宗棠与孔氏南宗

清同治年间,时任浙江巡抚的左宗棠为孔氏南宗做了几件重要事情:(一)解决了最后一任翰林院五经博士的承袭难题,使孔庆仪顺利袭爵;(二)倡议捐修家庙;(三)赎回博士濠田;(四)续置承启家塾,在其倡议下,刘汝璆等官员以及地方士绅纷纷向南宗家塾捐献,加上官方拨款,南宗族学得到了进一步发展。本文就孔氏南宗承袭难题的解决稍作阐述。

孔庆仪之前,孔氏南宗袭封翰林院五经博士的是孔子第72世孙孔宪坤。孔宪坤于道光十九年(1839年)正式担任五经博士,却不幸于当月去世。孔宪坤无子,由其胞弟孔宪堂代袭,等孔宪堂有子后将儿子过继给孔宪坤。咸丰五年(1855年)孔宪堂去世,亦无子。两年后,根据曲阜衍圣公孔繁灏指示,由孔宪型之子孔庆镛袭爵,然而孔庆镛也不幸

---

① 孙聚友、杨晓伟:《孔子家族全书·典籍备览》,辽海出版社1999年版,第77页。
② 沈杰辑:《三衢孔氏家庙志·序跋附·跋〈东家杂记〉后》,国家图书馆出版社2015年影印本。
③ 沈杰辑:《三衢孔氏家庙志》,国家图书馆出版社2015年影印本。

于两年后夭折。此后确定的承袭人选孔庆寿也于同治三年(1864年)夭折。于是,孔氏家族内出现了两种意见:(一)应由孔庆元承袭;(二)应由当年出生的孔宪型之子孔庆仪承袭。当时恰逢浙闽总督左宗棠路经衢州,左宗棠闻知孔氏南宗选嫡之事,亲自介入,并于同治三年(1864年)十一月初十日,做了两个签,分别写上"庆元""庆仪",率领同僚来到孔氏南宗家庙,召集孔氏族人,向孔子祷告,以抽签形式确定袭爵之人。左宗棠抽签,结果是孔庆仪成为翰林院五经博士继承人。衢州知府陈鲁在向曲阜衍圣公孔祥珂呈送的报告中作了详细陈述①。

孔庆仪少年时就具有出众的才华与气度,受到南宗长者和地方士人赏识。郑永禧为其所撰的"墓志"盛赞其"性蚤慧,气象英伟……宗老见之,翕然叹服。少长,善读书,小试辄冠其曹"。孔庆仪于宗族事务,"聿新家祠,更建公署,经营祀产",使孔氏南宗出现了"百废俱举"的崭新气象;有志于发展教育以救世图强,"慨旧学之不足以图存,力与维新,倡立孔氏中学校,培植族内寒畯。复长县立高小学,灌输地方文明"②;在推动衢州经济、社会的近代化方面也富有成效,光绪三十二年(1906年),衢州商会成立时就被推行为商会总理;在政治顺应时势,赞成共和。辛亥革命爆发,革命形势迅速涉及浙江,在衢州光复以及维护地方治安中,孔庆仪发挥了至关重要的作用。"孔博士庆仪为民事长"③,期间虽因"猝膺艰巨",但"处理井然,闾里藉之安堵"。不久"奉省委襄办江山清乡,多所保全,事竣,涖署太平知事篆,几有刑措之风"。于社会事业方面,"创商会,以平市政;督堰工,以兴水利,董率巡察,编查船舶;整理公租,厉行烟禁;谘议局开始筹办初选事宜。凡此种种,莫不得风气之先"④。

关注孔氏南宗的地方官员可谓举不胜举。元末社会动荡,孔氏南宗城南家庙"会兵革,益圮坏不治"⑤。至正十九年(1359年),朱元璋部属攻占衢州,王恺董理衢州军民事务,见家庙破败,命令有司修葺家庙。此后,明初,礼部尚书胡濙路经衢州,倡领修葺家庙;弘治(1488—1505)初,在吏部郎中周木和其他官员的共同努力下,城南家庙完成第三次修葺。家庙残破失修已足见孔氏南宗处境维艰,更为不幸的是,孔氏南宗祭田在明初被当作民田,抄没入官。自此,孔氏南宗的祭祀、节庆等家族活动更加无法维持,直到60年后,在浙江按察司佥事彭贯和衢州知府唐瑜的努力下,祭田才得以归还孔氏南宗,"以俸赎还之,俾孔氏世供祀"⑥。李遂在衢州任职期间,在一次拜谒孔庙时深有感慨,对一同

---

① 崔铭先:《孔夫子的嫡长孙们》,浙江人民出版社2009年版,第446页。
②④ 民国《衢县志》卷二三《人物志三·孔庆仪》。
③ 民国《衢县志》卷九《防卫志·历代兵事记·民国反正之初基》。
⑤ 弘治《衢州府志》卷一四《文·孔氏家庙记(胡翰撰)》。
⑥ 王鏊:《震泽集》卷二五《都察院右副都御史唐公墓表》,文渊阁四库全书本。

前往的程达、何伟、方舟、刘起宗、王洪说,"孔祀弗赡,吾侪之责",于是专门拨出30余亩官田作为祭田,同时"足周其费",在其他方面给予保障,一方面表明这是一名地方官应尽的义务和职责,另一方面以实际行动表达了对孔子及其后人的崇敬之情,所谓"以永吾守土者尊崇之意"①。王阳明得意门生王玑为此撰写了《明嘉靖增孔庙祭田记》。清代咸丰年间(1851—1861),刘成万捐资在家庙东厅建承启家塾。孔氏北宗后裔孔贞锐,于清朝时出任西安知县,他为自己是到衢州任职的第一位北宗士人而感到十分荣幸。到任后,一

表1　孔氏南宗家庙建(缮)历史简表②

家庙	建(修)历史简况		
	原由	发起、修建者	时间
菱湖家庙	当时孔氏南宗在衢并无"专享之庙",难以开展陈列和祭祀等活动	郡守孙子秀	宝祐二年(1254年)(仅存22年,便被兵燹所毁)
城南家庙	菱湖家庙为兵燹所毁,迁城南崇文坊		元初
	历经战乱,"圮坏不治"	朱元璋部属王恺	元至正十九年(1359年)
	家庙圮坏	礼部尚书胡濙	明初
	风雨震凌,不无朽弊	吏部郎中周近仁及知府萧文明、张俊	弘治年间(1488—1505年)
新桥街家庙	南宗再度受封之后,孔承美以为城南家庙浅狭,要求迁建	巡按抵御史唐凤仪、布政使何天衢等	正德十六年(1521年)
	感念南北一脉	(北宗)孔子第63世孙孔贞锐	顺治(1644—1661年)初
	战乱危及,年久失修	五经博士孔衍桢 衢州同知杨道泰	康熙十三年(1674年)
	报部拨款,局部维修		雍正八年(1730年)
	报部重修	68世孙孔传锦	乾隆四十三年(1778年)
	栋宇颓朽,瓴甓缺坏	知府周镐、继任谭瑞东	道光元年(1821年)
	捐修	闽浙总督左宗棠	同治三年(1864年)
	局部维修		同治八年(1869年)
	捐修	金衢严道道台桑树勋	光绪八年(1882年)
	重修及改建	学政徐致祥	光绪二十二年(1896年)
	垣墉倾剥,梁木腐朽	前任郡守洪思亮 知府世善	光绪二十六年(1900年)

---

① 民国《衢县志》卷一六《碑碣志一·家庙·明嘉靖增孔庙祭田记(王玑撰)》。
② 资料来源:《衢州孔氏南宗家庙志》,浙江人民出版社2001年版,第23—30页。

方面出于地方官的职责;另一方面出于南北一家的情结,孔贞锐将孔氏南宗家庙修葺一新,并恢复会族等惯例,从而使孔氏南宗"彬彬穆穆,风气无异洙泗"。他对孔氏南宗的祭祀也十分重视,"置田一区,补庙中夏冬二祭,俾与阙里无异"①。孔贞锐的这些作为,充分体现了孔氏南宗与北宗之间"泗浙同源"、南北一家的情怀。此外,附表所列孔氏南宗家庙的三建及多次修缮历史也在一定程度上折射出历代地方官员对孔氏南宗事务的重视。正是他们的重视和支持,成为孔氏南宗持续不断发展的不竭动力,历代地方官也往往以此为幸,以此为荣。清代官员帅承瀛莅临浙江,得知家庙在衢,深感荣幸:"窃幸生平宦辙所遭,去圣人之居若此其近焉。今者崋落之礼既成,飨献之仪备举,琴管鸣豫,俎豆揭虔,虽未获躬拜墀下,而中心向往之诚,固与南邦诸人士同,此低徊而不能释也。"②

---

① 孔贞锐:《清顺治恭修祖庙并设祭田碑记》,转引自《衢州孔氏南宗家庙志》,浙江人民出版社 2001 年版,第 158—159 页。
② 民国《衢县志》卷一六《碑碣志一·家庙·清道光重修衢州孔氏家庙记(帅承瀛撰)》。

王顼龄与江南文人交游考略

□ 胡春丽

摘　要：王顼龄是清初江南华亭地区较有影响的文人，现阶段对王顼龄的研究处于发轫期，有不少问题尚待进一步研究。本文依据王顼龄《世恩堂诗集》及其交游的别集，对王氏与江南友人的交游略加考索，这不仅有利于进一步认识王顼龄在清初文坛的地位，对了解清初江南文坛也有重要意义。

关键词：王顼龄；江南；文人；交游

作者简介：胡春丽，史学博士，复旦大学出版社副编审。

王顼龄（1642—1725），字颛士，一字容士，号瑁湖，晚号松乔老人，江南华亭人。王广心长子。康熙二年（1663年）举人，十五年（1676年）进士，授太常寺博士。十八年（1679年），举博学鸿词科进士，授翰林院编修，参修《明史》。二十年（1681年），升为日讲起居注官，主顺天府乡试。旋升春坊右赞善，主持福建乡试，提督四川学政，转升侍读学士。三十八年（1699年），迁少詹事，翌年擢宗人府丞。四十二年（1703年），升礼部侍郎。五十一年（1712年），转吏部左侍郎，充任经筵讲官。五十二年（1713年），升工部尚书，充会试主考官。五十七年（1718年），拜武英殿大学士兼工部尚书，兼任御批《书经传说汇纂》的总裁。雍正元年（1723年），加封太子太傅。三年（1725年），卒，赐谥文恭。著有《清峙堂稿》《索笑檐稿》《紫兰山馆稿》《华黍楼稿》《赐书楼稿》《含晖堂稿》《画舫斋稿》，汇为《世恩堂诗集》。集中收录了王顼龄大量的酬唱寄送诗词，可以看出王顼龄交游十分广泛。王顼龄与时人的交往，势必会影响其思想、学术的转变。因此，对其交游群体进行考察，有助于深入了解王氏的生平、思想、创作及其在清代学术史上的地位。

一、王顼龄与乡邦文人的交游

"乡邦文人"指华亭本地的文人。王顼龄未仕时，与华亭本地文人交往颇多。这个群体中有达官,有"几社"遗民,也有乡之俊彦。主要有沈荃、施维翰、钱芳标、田茂遇、吴懋谦、董俞、顾衡、张豫章、周茂源、周纶等。

沈荃(1624—1684),字贞蕤,号绎堂,又号充斋,华亭人。顺治九年(1652年)探花,授编修。累官詹事府詹事、翰林院侍读学士、礼部右侍郎兼詹事。卒谥文恪。工书法,宗法米芾、董其昌,书风雍容闲雅。著有《一砚斋诗集》。康熙六年,王顼龄入京会试,被放南归,沈荃过别相送并赠诗相勉,王顼龄有诗志谢,见王顼龄《世恩堂诗集》(以下简称本集)卷一《清峙堂稿上·被放南归沈绎堂先生过别赠诗赋此志谢》。十二年(1673年),沈荃五十初度,王顼龄填词贺寿,见本集卷二《满江红·寿沈绎堂先生五十》。康熙十七年后,沈荃与王顼龄同在京为官,沈荃为长辈,王顼龄为乡之后进,沈荃对王顼龄多所提携。沈荃书法名重一时,康熙帝尝召其入内廷论书,并跟随沈荃学习书法,沈荃利用自己的影响力,经常招集京中文人聚会,王顼龄时时与会,见本集卷五《华黍楼稿上·沈绎堂先生招饮紫藤花下和家弟俨斋韵》、卷七《赐书楼稿上·重阳后三日宫詹沈绎堂崔玉阶两前辈招同徐健庵先生秦对岩严存庵孙屺瞻诸前辈暨严荪友朱锡鬯归惺崖潘次耕诸同年宴集限灯字》。二十二年(1683年)九月,沈荃六十初度,王顼龄作诗贺寿,见本集卷八《赐书楼稿下·寿宫詹沈绎堂先生六衮》。

施维翰(1621—1684),字及甫,号研山,华亭人。顺治九年(1652年)进士。历官临江推官、职方主事、监察御史、山东巡抚、浙江总督,殁于福建总督任,卒谥清惠。康熙十年(1671年),施维翰五十初度,王顼龄作诗祝寿,见本集卷二《清峙堂稿下·施研山先生五十奉柬》。施维翰升御史,王顼龄作诗赠之,同书同卷《奉赠施研山先生三十韵》。

钱芳标,原名鼎瑞,字宝汾,一字葆馚,华亭人。康熙五年(1666年)举人,官内阁中书。工词,与董俞齐名,人称"钱董",是云间词派后期代表人物。著有《湘瑟词》。康熙三年正月,王顼龄以会试入京,钱芳标招饮长椿寺,见本集卷一《清峙堂稿上·甲辰人日至京遇雪葆馚招饮长椿寺》。十四年,王顼龄思念旧友,作《怀友》诗八首,其五为钱芳标,见本集卷三《索笑檐稿·怀友八咏》。

田茂遇,字楫公,号髴渊,华亭人。顺治十四年(1657年)举人。授直隶新城知县,不赴。康熙十八年(1679年),应试博学鸿词科,报罢。少负时名,陈子龙以"伟器"称之。家贫好客。子龙殁后,代其子还官田租20年,又为梓其遗集。著有《水西草堂集》。康熙十二年,《清峙堂稿》成,田茂遇为作序,载王顼龄《世恩堂诗集》卷首。十八年,田茂遇之济南抚幕,王顼龄作诗送行,见本集卷六《华黍楼稿下·送田髴渊秦方回之济南抚幕》。田茂遇五十,王顼龄填词贺寿,见王顼龄《世恩堂词集》卷二《水龙吟·寿田髴渊先生五十步辛稼轩寿韩尚书原韵》。

吴懋谦(1615—1687),字六益,别号华苹山人,晚号独树老夫,华亭人。少从陈子龙、李雯游。明亡,隐居不仕。诗宗汉魏、盛唐。著有《苎庵集》。康熙十四年(1675年),王顼龄思念旧友,作《怀友》诗八首,其二为吴懋谦,见本集卷三《索笑檐稿·怀友八咏》。

董俞(1631—1688),字苍水,号樗亭,别号莼乡钓客,华亭人。顺治十七年(1660年)举人,坐奏销案除名,因弃举业,致力于诗词辞赋。诗文与兄含齐名,时称"二董"。著有《玉凫词》《樗亭诗稿》《浮湘草》《度岭草》。康熙六年(1667年)仲冬,王顼龄父广心招周茂源、董俞饮,王顼龄有诗答董俞,见本集卷一《仲冬朔日家大人招釜山先生雪峰苍水饮次韵答苍水》。王顼龄未仕时,与董俞等乡邦文人常常集会宴饮,见本集卷二《清峙堂稿下·五日前一日同鹰垂弟俨斋邀宋荔裳先生吴六益张砚铭董阆石苍水泛舟龙潭雨阻移席周子春晖堂分韵得厄字》《秋日田髯渊先生张研铭招同魏惟度赵双白徐松之吴六益董苍水沈彦澈张徕远弟薛澂俨斋宴集赋此》。十年,董俞游粤西,王顼龄填词送之,见王顼龄《世恩堂词集》卷二《满江红·送董苍水游粤西》。十四年,王顼龄思念旧友,作《怀友》诗八首,其四为董俞,见本集卷三《索笑檐稿·怀友八咏》。十八年,董俞应博学鸿词试报罢,自京还里,王顼龄作诗送之,见本集卷六《华黍楼稿下·送董苍水还山》。

顾衡,字孝持,一字霍南,号藿庵,华亭人。工诗古文词,善书画。康熙二十三年(1684年),以贡任临淮训导。著有《鹤巢诗钞》《盘谷诗钞》。顾衡入京,王顼龄作长歌送之,见本集卷一《清峙堂稿上·长歌送顾子孝持》。王顼龄病,顾衡作诗相慰,王顼龄病起,作诗答顾衡,见本集卷一《病起答孝持》。王顼龄未仕时,与顾衡时常聚会,相与赏桂赏菊,见本集卷一《晚秋偕顾孝持家弟薛澂俨斋访菊》《北游赋别孝持家弟薛澂俨斋》《偕服西孝持园亭赏桂次服西韵》。十四年,王顼龄思念旧友,作《怀友》诗八首,其七为顾衡,见本集卷三《索笑檐稿·怀友八咏》。

张豫章,原名张翼,字寄庭,号寄亭,青浦人。康熙二十七年(1688年)进士,授翰林院编修。三十年,任会试同考官。四十一年,任河南乡试主考官。升为司经局洗马洗马,出任贵州学政。康熙四十年,王顼龄《西征草》成,张豫章为作序,载王顼龄《世恩堂诗集》卷首。十四年,王顼龄思念旧友,作《怀友》诗八首,其八为张豫章,见本集卷三《索笑檐稿·怀友八咏》。十六年夏,张豫章自京南归,王顼龄作诗送别,见本集卷四《紫芝山馆稿·送张寄亭南归》。二十一年,张豫章下第还里,王顼龄作诗送之,见本集卷七《赐书楼稿上·送张寄亭下第归里》。二十五年,张豫章入都,王顼龄以诗送行,见同书卷八《赐书楼稿下·易州使院元夕用花字韵送张寄亭入都即有中州之行》。三十四年四月,张豫章招王顼龄赴丰台看芍药,见本集卷十一《画舫斋稿一之上·四月廿九日少司成张寄亭招饮丰台宛平相国园亭看芍药率赋》《重经祖园时偕张少司成寄亭钱明经亮功家弟薛澂》。三十九年秋,张豫章招饮碧山堂,见本集卷十八《画舫斋稿四之下·张寄亭洗马招饮碧山堂双桂下率成三绝句时中秋后六日》。四十年四月,张豫章复招王顼龄赴丰台看芍药,见本集卷十八《画舫斋稿四之下·四月二十二日洗马张寄亭招集丰台看芍药花即事和洗马韵四首》。四十六年夏,张豫章招王顼龄饮怡园,见本集卷二十三《画舫斋稿七之上·初夏张寄亭宫庶招饮怡园李寅谷孝廉出示和韵诗即次酬之》。

周茂源(1614—?),字宿来,号釜山,华亭人。曾入几社。顺治六年(1649年)进士。授刑部主事,升郎中,恤刑河南,平反冤狱以千计,出为处州知府。后以逋赋罢归。著有《鹤静堂集》。康熙九年,王顼龄《清峙堂稿》成,周茂源为作序,载王顼龄《世恩堂诗集》卷首。周茂源初度,王顼龄作诗赠之,见本集卷二《清峙堂稿下·奉赠周釜山先生》。

周纶,字鹰垂,华亭人。周茂源子。康熙初,以贡生官国子监学正,受业于王士禛。著有《不碍云山楼稿》。周纶读书山中,王顼龄作诗寄怀,见本集卷一《清峙堂稿上·怀鹰垂山中》。王顼龄病起,周纶过寓视疾,两人匆匆言别,王顼龄以诗赠周纶,见本集卷一《病起周子鹰垂归自江上过余山园匆匆言别诗以赠之》。康熙六年(1667年)冬,王顼龄与周纶饮清逸堂,畅谈往事,见本集卷一《禹服徕远招饮清逸堂同鹰垂谈往事有感》。十三年,周纶在苏州,有书寄王顼龄,王以诗答之,见本集卷三《索笑檐稿·周鹰垂从吴间寓书却寄》。十八年,周纶试博学鸿词。报罢,将返里,王顼龄作诗送之,见本集卷六《华黍楼稿下·送周鹰垂》。二十年,周纶下第返里,王顼龄招周纶等小饮,兼以诗送行,见本集卷七《赐书楼稿上·秋夜招鹰垂辉六汉茂虞门菊前小饮和鹰垂来韵》《用俨斋三弟韵送鹰垂下第归里》。

王顼龄与乡邦文人的交往,即有思想的沟通,也有诗词的酬唱,具体表现在互相作序题词、书信论学、诗词唱和、聚会宴游等方面。在与他们的交往中,王顼龄的人生阅历不断增多,学识也得到提高。

二、王顼龄与江南同年的交游

王顼龄于康熙二年(1663年)中举,十五年中进士。十八年,又中博学鸿词科进士。三榜同年中张英、刘始恢、汪懋麟、徐嘉炎、龙燮、汪霦、乔莱、李铠、周清源、汪晋征等,均与王顼龄交往颇深。

张英(1637—1708),字敦复,号圃翁,安徽桐城人。康熙二年(1663年)举人,六年进士。历官翰林院编修、侍读学士、兵部右侍郎、工部尚书、礼部尚书。著有《文端集》。康熙二十一年,张英葬亲假归桐城,王顼龄作诗送之,见本集卷七《赐书楼稿上·送学士张敦复前辈给假葬亲》。三十五年,王顼龄谒张英于赐第,从容话旧,见本集卷十二《画舫斋稿一之下·孟冬谒大宗伯张敦复前辈于赐第从容话旧欣慨交并率成三首奉柬》。三十五年冬,张英六十初度,王顼龄作诗贺寿,见本集卷十三《画舫斋稿二之上·寿大宗伯张敦复前辈六十》。四十年,张英予告还里,王顼龄作诗送之,见本集卷十九《画舫斋稿五之上·送桐城张相国予告还里》;本年除夕,张英以御赐荔酒、白鱼分饷王顼龄,王顼龄作诗志谢,见本集卷十九《画舫斋稿五之上·除夕桐城张相国分饷御赐荔酒白鱼赋谢》。

刘始恢,字价人,江苏淮安人。康熙二年举人,九年(1670年)进士,授大理评事。历吏部考功郎,转文选郎。康熙二十年,刘始恢典试福建,王顼龄作诗送之,见本集卷七《赐书楼稿上·送刘价人典试福建》。三十六年,王顼龄为刘始恢、刘愈兄弟小照题诗,见本集卷十三《画舫斋稿二之上·题刘文起大行价人选郎小照》。

汪懋麟(1639—1688),字季角,号蛟门,又号十二砚斋主人,晚号觉堂,江苏江都人。康熙二年(1663年)中举,六年成进士,授内阁中书。二十二年,补刑部浙江清吏司主事。因徐乾学荐,以刑部主事入史馆充纂修官,与修明史。著有《百尺梧桐阁诗文集》《百尺梧桐阁遗稿》《锦瑟词》。康熙二年,王顼龄与汪懋麟同举省试,觞宴于徐达旧园,志意投合①。十八年,两人遇于京师,汪懋麟为王顼龄《华黍楼诗》作序,见汪懋麟《百尺梧桐阁文集》卷二《华黍楼诗序》,王顼龄《世恩堂诗集》卷首亦载汪序。

徐嘉炎(1631—1703),字胜力,号华隐,浙江秀水人。康熙十八年(1679年),召试博学鸿词,授翰林院编修。官至内阁学士,兼礼部侍郎。著有《抱经斋诗集》。康熙十七年,徐嘉炎之任城,王顼龄作诗送之,见本集卷五《华黍楼稿上·送徐胜力之任城》。三十四年,徐嘉炎招鸿博诸同年游崇效寺饮古槐下,见本集卷十一《画舫斋稿一之上·阁学徐华隐诸年友招游崇效寺饮古槐下》;同年仲夏,鸿博诸同年集目耕园,互有诗赠答,见《画舫斋稿一之上·仲夏望后四日同人集目耕园迟义山不至即用来韵酬之》《游目耕后华隐贻诗二章即次来韵》。三十五年正月初三日,王顼龄招徐嘉炎等鸿博同年饮寓宅,见本集卷十二《画舫斋稿一之下·春王三日雪崖招同华隐公凯杜少雷岸小饮》。三十八年,徐嘉炎请告还里,王顼龄作诗送行,见本集卷十六《画舫斋稿三之下·送同年徐华隐阁学请告还里即次留别原韵八首》《华隐治装未发再迭前韵八首》。

龙燮(1640—1697),字理侯,号石楼、改庵,又号雷岸、桂崖,晚号琼花主人,安徽望江人。康熙十八年(1679年),举博学鸿词科进士,授翰林院检讨,与修《明史》。左迁大理寺评事,后官至中允。著有《琼花梦》传奇、《芙蓉城》杂剧。康熙三十四年,龙燮作《春寒》《春晚杂感》诗,王顼龄作诗和之,见本集卷十一《画舫斋稿一之上·春寒二首和龙雷岸韵》《和龙雷岸春晚杂感韵三首》;同年,王顼龄为龙燮画册题诗,见本集卷十一《画舫斋稿一之上·题龙雷岸画册》;同年岁暮,龙燮作诗赠王顼龄,王以诗答之,见本集卷十二《画

---

① 汪懋麟:《百尺梧桐阁文集》卷二《华黍楼诗序》:"忆癸卯之秋,与王子瑁湖举省试,觞宴于中山旧园,志意投合,即欢如平生。"

舫斋稿一之下·次韵答龙雷岸比部岁暮作》。

汪霦,字朝采,号东川,浙江钱塘人。康熙十五年(1676年)进士,官行人。十八年,举博学鸿词,改翰林院编修。历官国子祭酒、内阁学士兼礼部侍郎、户部右侍郎。康熙三十五年夏,汪霦服阕还京,王顼龄与鸿博诸同年陪汪霦饮崇效寺,见本集卷十二《画舫斋稿一之下·徐华隐招陪汪东川饮崇效寺和庞雪崖韵》。三十六年四月,汪霦招鸿博诸同年集寓斋,见本集卷十三《画舫斋稿二之上·四月廿八日汪东川招同杜少雪崖雷岸小集寓斋即事》。三十八年正月,汪霦复招鸿博同年小集,见本集卷十六《画舫斋稿三之下·春正三日东川招同年小集漫赋》;季春,王顼龄招鸿博诸同年及同馆诸人兴胜寺看杏花,见本集卷十六《画舫斋稿三之下·季春望日偕同年李公凯汪东川曹蓼怀沈东田同馆史冑司徐子贞兴胜寺看杏花》《和汪同年兴胜寺看花五十韵》;是年以后,王顼龄屡有诗和汪霦,见本集卷十六《画舫斋稿三之下·东川感赋牡丹诗索和五迭前韵酬之》《六迭前韵酬东川思归作》《余既和东川思归诗复迭前韵以广其意》《八迭前韵感旧贻东川》《九迭前韵酬东川天坛道观看牡丹因忆往事有感》《十迭前韵酬东川重过高炼师山房话旧作》《十一迭前韵酬东川念座主沈文恪作》;卷十七《画舫斋稿四之上·次韵酬汪东川同年见赠之作》《书怀迭前韵柬东川》《秋兴三迭前韵答东川》《画舫斋即事四迭前韵柬东川》《思归五迭前韵酬东川》《遣怀六迭前韵酬东川》《感事七迭前韵柬东川》《东川以元唱书扇头见赠入迭前韵志谢》;卷十七《画舫斋稿四之上·迭前韵酬谢汪东川同年午日之作》《汪东川祭酒依韵分题遂得十章枉示各迭前韵奉答》《东川病足余亦患腹疾浃辰不相闻问诗以代柬》《东川祭酒枉诗见存即次来韵赋谢》《书怀三迭前韵柬东川》《论诗四迭前韵酬东川》《雨窗即事迭前韵贻东川》。四十年正月初二,汪霦招诸同年小集,见本集卷十八《画舫斋稿四之下·新正二日汪东川祭酒招诸同年小集赋谢》。四十一年冬,汪霦以木瓜饷王顼龄,王顼龄作诗志谢,见本集卷二十《画舫斋稿五之下·汪东川同年饷以木瓜赋谢》。

乔莱(1642—1694),字子静,号石林,江苏宝应人。康熙二年举人,六年进士。授内阁中书。康熙十八年,举博学鸿词进士,授翰林院编修,与修明史。升侍讲,转侍读。中蜚语罢归,潜心读《易》。著有《归田集》《易俟》。康熙十八年秋,王顼龄过乔莱斋,乔莱留饮,见本集卷六《华黍楼稿下·秋日过乔石林斋留饮闻雁同曹峨眉汪舟次两同年赋》。乔莱作《秋日闲居》诗,王顼龄作诗和之,见本集卷六《华黍楼稿下·和乔石林秋日闲居韵十首》。二十年,乔莱典试广西,王顼龄作诗送行,见本集卷七《赐书楼稿上·送乔石林同年典试粤西》。

李铠(1638—1707),字公凯,江苏淮安人。顺治十八年(1661年)进士,官奉天盖平县知县。康熙十八年(1679年),举博学鸿词科试,授翰林院编修,与修《明史》,官至内阁学士。著有《读书杂述》《史断》。康熙三十五年正月,李铠招鸿博诸同年饮寓斋,见本集卷十二《画舫斋稿一之下·十四日集公凯寓斋用前韵》。三十六年,王顼龄为李铠画册题诗,见卷十三《画舫斋稿二之上·题李公凯画册》;同年春,王顼龄与李铠相约弈棋,见本集卷十三《画舫斋稿二之上·前诗偶及弈棋之约公凯戏答三章》。三十七年,王顼龄为李铠《松阴读书图》题诗,见本集卷十五《画舫斋稿三之上·题同年李公凯松阴读书图》。四十年正月,李铠复招诸同年小集,见本集卷十八《画舫斋稿四之下·正月二十七日李公凯通政招同诸同年小集赋谢》。四十二年,李铠扈从阅河,王顼龄作诗送之,见本集卷二十《画舫斋稿五之下·送大银台李公凯同年扈从阅河》。四十四年正月初二,王顼龄招李铠等饮寓宅,见本集卷二十二《画舫斋稿六之下·春王二日同人小集寓斋李公凯阁学佳咏先唱即次元韵奉酬》;同年正月十七日,李铠招诸同年小饮,见本集卷二十二《春王十七日李公凯阁学招同诸年友小饮五迭前韵奉束》;同年春,节铠致政归里,王顼龄作诗送之,见本集卷二十二《送李公凯阁学致政归山阳四首和曹蓼怀少司马韵》;同年冬,王顼龄有诗寄怀李铠于山阳,见本集卷二十二《寄怀同年李公凯于山阳》。

周清源(?—1707),字浣初,一字雅楫,号蓉湖,又号且朴,江苏武进人。康熙十八年(1679年),举博学鸿词科进士,授翰林院检讨,充《明史》纂修官。康熙三十六年夏,周清原招诸同年饮宅中,见本集卷十三《画舫斋稿二之上·孟夏望前二日周蓉湖招同杜少雪崖雷岸雪石饮借绿轩即事次雷岸韵》《蓉湖招饮即事再和前韵答雪崖》。三十九年五月,周清原招饮借绿轩,见本集卷十七《画舫斋稿四之上·五月十日周蓉湖通政招饮借绿轩适太夫人迎养至邸登堂拜见即事奉束》。周清原作《双剑歌》,王顼龄作诗和之,见本集卷十八《画舫斋稿四之下·和周蓉湖通政双剑歌》。四十年正月,周清原再招诸同年饮寓宅,见本集卷十八《画舫斋稿四之下·元夕前一日周蓉湖通政招同诸同年饮于有绿轩赋谢》。同年冬,周清原母八十初度,王顼龄作诗祝寿,见本集卷十九《画舫斋稿五之上·同年周蓉湖太夫人八十诗以贺之》。四十二年冬,周清原复招诸同年饮有绿轩,见本集卷二十一《画舫斋稿六之上·腊月十二日周蓉湖通政招诸同年饮有绿轩次公凯韵》。四十三年正月,周清原再招诸同年饮有绿轩,见卷二十一《画舫斋稿六之上·新正十一日周蓉湖通政招诸同年饮有绿轩奉束》;同年三月,同人再集周清原有绿轩丁香花下,见本集同卷《三月望后一日同人偶集周蓉湖通政有绿轩丁香花下即事》。四十四年,同人又集周清原有绿轩,见本集卷二十二《画舫斋稿六之下·三月六日饮有绿轩白桃花下》《三月望前一日再饮有绿轩白桃花下五迭前韵束蓉湖太常》;同年八月,周清原招饮有绿轩,见本集同卷《八月二十日周蓉湖太常招饮有绿轩即事六迭前韵》。四十五年十月,周清原招鸿博诸同年集有绿轩看菊花,见本集卷二十三《画舫斋稿七之上·十月朔日少司空周蓉湖招同诸同年集有绿轩看菊花赋此代束》《再迭前韵束蓉湖少司空》《三迭前韵酬蓉湖少司空》。

汪晋征(1639—1709),又名王晋征,字符尹,号涵斋,安徽休宁人。康熙十六年举人,十八年成进士。历任光禄寺卿、顺天府府尹、左副都御史、户部侍郎。著有《宋元明正学录》《双溪草堂诗集》。康熙四十年正月,汪晋征招诸同年小饮,见本集卷十八《画舫斋稿四之下·元夕后一日汪涵斋少廷尉招同诸同年小集赋谢》。四十三年正月,汪晋征复招诸同年小饮,见本集卷二十一《画舫斋稿六之上·元宵前二日汪涵斋光禄招诸同年小饮奉柬》;同年,王顼龄为汪晋征《竹林观水图》题诗,见本集卷二十一《题同年汪涵斋光禄竹林观水图》。四十四年正月,汪晋征再招诸同年小饮,见本集卷二十二《画舫斋稿六之下·初六日汪涵斋大京兆招集同人小饮复迭前韵奉酬》;同年夏秋,汪晋征招王顼龄陪诸人宴集,见本集卷二十二《四月十二日汪涵斋大京兆招陪诸公至天坛道院看牡丹和壁间李西涯先生韵》《七月望前一日汪涵斋中丞招陪诸同年饮有绿轩即事三迭前韵》《九日汪涵斋中丞招饮寄园登高即事》。

在与诸同年吟咏酬唱、诗书往返过程中,王顼龄创作了大量的诗词,思想和观念也受到了不同程度的影响,为王顼龄在清初学界地位的确立奠定了基础。

三、王顼龄与"南党"领袖的交游

王顼龄除与乡邦文人、同年文人交往颇密外,与"南党"领袖如高士奇、徐乾学也有较深的交往。同"南党"领袖的交往,使得王顼龄的社会关系网得到了扩大,社会声望亦得到了相应的提高。

高士奇(1645—1703),字澹人,号江村,又号竹窗,浙江钱塘人。康熙十四年(1675年),升为内阁中书。历官詹事府少詹事兼翰林院侍读学士、礼部侍郎。卒谥文恪。一生工诗文,擅书法,精考证,善鉴赏,所藏书画甚富。著有《左传纪事本末》《清吟堂集》等。高士奇与王顼龄为儿女亲家,高士奇第三女适王顼龄子图炅。①康熙十六年,王顼龄有诗赠高士奇,见本集卷四《紫芝山馆稿·贺高澹人中舍》。二十二年,高士奇招王顼龄等同饮,见本集卷八《赐书楼稿下·高澹人招同周广庵高谡苑家仲薛澂小饮》。三十一年,高士奇题画寄王顼龄,见高士奇《独旦集》卷二《题画寄瑁湖学士二首》《瑁湖学士和前韵见答复赋此寄怀四首》。三十三年夏,高士奇屡有诗寄王顼龄,并为王顼龄小照题诗,见高士奇《独旦集》卷八《闻端午和瑁湖学士韵》《再用前韵柬瑁湖学士》《题瑁湖学士小照三首》。三十四年秋冬,高士奇屡有诗与王顼龄往返,见本集卷十二《画舫斋稿一之下·再迭韵酬江邨詹事见怀之作》《三迭前韵柬江邨詹事》《四迭前韵答江邨詹事》《五迭前韵答江邨詹事冬夜有感作》《六迭前韵再柬江邨詹事》;高士奇《苑西古今体诗》卷二《秋怀和瑁

---

① 高兆瀛:《渤海高氏宗谱》:"高士奇……女四……三适华亭监生王大学士顼龄子、大学士鸿绪胞侄图炅。"

湖学士韵》《晚坐怀瑨湖再迭前韵》《答瑨湖学士三迭前韵》《冬夜有感柬瑨湖四迭前韵》《岁暮柬瑨湖学士倒次前韵》。三十六年,王顼龄为高士奇画册题诗,见本集卷十四《画舫斋稿二之下·题高江村詹事画册》;同年秋,高士奇请养归里,王顼龄送至张湾,并作诗送之,见同书同卷《送高江村詹事请养归里》《送高江村詹事至张湾归途口占十首》。王顼龄《世恩堂经进集》成,高士奇为作序,载王顼龄《世恩堂经进集》卷首。

徐乾学(1631—1694),字原一,号健庵,江苏昆山人。康熙九年(1670年)进士,授编修。先后担任日讲起居注官、《明史》总裁官、侍讲学士、内阁学士,累迁左都御史、刑部尚书。著有《憺园文集》。康熙十四年秋,徐乾学入京赴补,王顼龄作诗送之,见本集卷三《索笑檐稿·送徐健庵先生赴补北上》。二十三年,徐乾学作《除夕》《元旦》诗,王顼龄作诗和之,见本集卷八《赐书楼稿下·和徐健庵先生除夕元旦韵》。三十二年,王顼龄屡有诗和徐乾学韵,见本集卷十《含晖堂稿下·蜘网落花和大司寇徐健庵先生韵》《柳絮和大司寇徐健庵先生韵》;是年中秋前一日,徐乾学过王顼龄秀甲园,见本集卷十《中秋前一日大司寇徐健庵先生观察许鹤沙先生盛诚斋侍御过余秀甲园适往白下有失接待赋此志谢》;季秋,徐乾学以《通志堂经解》赠王顼龄,王顼龄作诗志谢,见本集卷十《季秋大司寇徐健庵先生枉札贻诗兼赠所著经解一书赋谢》。王顼龄与"南党"领袖的交往,足以说明王顼龄在清初官场的影响力。

纵观王顼龄与江南文人的交游,可以看出,王氏结交面非常之广,从遗民隐士到新科进士,从博学鸿儒到当朝权贵,其交游对象在社会地位、学识才情、生活地域、修养境界等方面均有所不同,可见王顼龄在清代这一文化空间的个人选择。王顼龄生长的华亭地区,既是江南的经济重心,也是文化荟萃之地,学术氛围浓厚,在与诸位江南师友的交往中,王顼龄在思想观念、学术创作等诸多方面都得到了一定的提高,思想日趋成熟,创作了大量的诗词。尤其值得注意的是,王顼龄受华亭云间学派的影响,他的《世恩堂诗集》及后所附诗余,究其思想之渊源,则在其江南众师友中。广泛的交游扩大了王顼龄的声望,也在相当程度上提高了王顼龄的社会地位。王顼龄与其众多交游一起成为了江南文化承载者。从这个行为角度看,个体就不再是孤立的个体,其行为也成为关联深广的文学活动或者说文学行为,"而那些看来似乎琐细的并无深意的文学互动行为,则因其是有助于说明某一时代的某些作家为什么如此做而不如彼做的实存行为"[①]。因而,考察王顼龄与江南文人的交游活动,不仅还原了其个人的生活轨迹和文化选择,也可以从中窥探清初江南文坛的士习与风气,进而挖掘出文学史行进至清初时的特点,在文学史和文化史上具有一定的意义。

[①] 解志熙:《文学史的"诗与真":中国现代文学文献校读论集》,北京大学出版社2013年版,第189页。

乾嘉循吏诗人李符清年表

□许隽超

摘　要：广东合浦人李符清(1751—1808)，是乾嘉时期著名的循吏诗人。他早岁得闻方苞古文义法，复受知于学政翁方纲。服官直隶二十载，身先吏役，策蹇濮阳，修葺学宫，捐建书院，士民拥戴。主修《束鹿县志》《开州志》，政事裕如，有"仙吏"之称。公事之暇，不废吟咏，与同官杜群玉齐名，人称"李杜"。舒位《乾嘉诗坛点将录》，比之青眼虎李云。李符清工书，喜鉴藏碑帖书画，藏杜甫《赠卫八处士》墨迹，颜书室曰"宝杜斋"。李符清身后名姓不彰，兹参以相关档案、地方志、年谱、别集等史料，勒此年表，就教于学界同道。

关键词：李符清；循吏；诗人；年表
作者简介：许隽超，文学博士，黑龙江大学文学院教授、博士生导师。

广东合浦诗人李符清，是乾嘉时期著名循吏。他早岁受知于合浦令汪度涵，得闻方苞古文义法。翁方纲督学广东，拔之于童子科，作诗为学，多所指授，李符清遂终生服膺之。后服官直隶，迄二十载，身先吏役，策蹇濮阳，修葺学宫，捐建书院，士民拥戴。主修《束鹿县志》《开州志》。政事裕如，几同吏隐，至有"仙吏"之称。

公事之暇，李符清不废吟咏，与直隶同官杜群玉往来唱和，诗名相埒，人称"李杜"。舒位《乾嘉诗坛点将录》，比之青眼虎李云。叶德辉《郋园读书志》，言李符清诗"七古、七律独擅胜场。七古学杜，波澜老成，一篇之中，字斟句酌，无不稳固之韵。七律首尾一气衔贯，化去对偶之迹，笔如转圜，意态极新"。殆非虚誉。李符清工书，喜鉴藏碑帖书画，藏有杜甫《赠卫八处士》墨迹，颜书室曰"宝杜斋"。所藏《圣教帖》《群玉堂帖》，亦世所罕见。

李符清身后，无行状、墓志传布，兼之子嗣凋零，故名姓不彰。兹以整理《李符清集》之便，参稽相关档案、地方志、缙绅全书、年谱、别集、笔记等史料，勒此年表，俾呈现李符清一生仕履、交游之概况，岁仅一二条，力避枝蔓，以就教于学界同道。

乾隆十六年辛未(1751年) 1岁
九月，李符清生。

李符清《海门诗钞》卷十一《五十初度》诗二首，其一："四十九年岂尽非，二毛已及壮心违。吏能免俗多消福,老不如人未得归。"前一题为《九日同陈远香、方符衷、殳雅堂、俞南溪,暨露园弟,儿侄辈鹿城南楼登高》诗,再前七题为《庚申春日寄怀谷正定》诗,知嘉庆五年作,据推。同书卷十《丁巳初度》诗,前一题为《九日古槐署斋席上呈张蘅皋、方损斋、赖翁亭诸同年,即次原韵》诗,应诞于季秋。

李符清《海门文钞》之《重修家谱前序》文有云:"吾祖自正德癸酉(1513年)由闽来廉,垂二百八十余年,传十三世。而八世以前,名代之可考者,赖伯祖酣亭公之作谱也。"合浦,广东廉州府首县,今属广西北海市。

乾隆三十一年丙戌(1766年)16岁

本年,举县试第一,受知于知县汪度涵,得闻方苞古文义法。

李符清《海门文钞》之《冯母陈太孺人墓志》文有云:"予髫年试童子第一,而吾友正宇冯君越年试亦冠军,俱出邑侯新息汪龙冈先生之门,相得甚欢。"又,《新息宗母张太夫人六十寿序》文有云:"乾隆丙戌,新息汪龙冈师宰合浦,识拔余于童子试。余甫十四龄,龙冈师几以刘嵩阳之待张肖甫,杨邃庵之待家崆峒者待余。……方子望溪之志其族娣高孺人曰:'倘使为男子,节操志事当何如!'望溪,吾师之师也,敢书此言,以为太夫人寿。敦复兄年方未艾,奉母训子,褆躬笃祐,又当何如!言不过物,爱至望深,故不以颂而以规。龙冈师尝述望溪所指授古文义法诲余者也,敢溢美以阿于宗耶?"

按,乾隆三十一年秋《大清缙绅全书》广东廉州府合浦县栏载:"汪度涵,龙冈,河南息县人。乙卯,三十年十一月选。"汪度涵为雍正十三年(乙卯,1735)举人,去岁十一月选合浦令,到任应在本年上半年。

乾隆三十二年丁亥(1767年)17岁

本年,补诸生,受知于学政翁方纲。

广东学政翁方纲乾隆三十二年闰七月二十六日《奏为岁试情形》折有云:"嗣于今年二月岁试广州府,四月由省起程,岁试高州、廉州、雷州三府,七月到琼州府。现于闰七月二十四日办理岁试竣,各处文风,皆较臣上次科试,略有长进,诗帖虽声律未尽谐合,而皆已能成篇。"乾隆三十三年八月初二日《奏闻科试情形》折有云:"窃于上年闰七月办起科试,至年底,考过肇庆、高州、廉州、雷州、琼州、南雄六府,罗定一州。"本年廉州岁、科二试,李符清为合浦县试案首,例得入学。补廪日期俟考。

乾隆三十六年辛卯(1771年)21岁

本年,营亡父墓田于乌家庄。

李符清《海门文钞》之《书乌家庄事》文有云:"余别业在乌家庄。乾隆辛卯,余籍诸生,方弱冠,营先君墓田于庄侧。"

乾隆三十八年癸巳(1773年)23岁

四月,康基田知廉州,设法调剂盐商。

康基田《茂园自撰年谱》卷上:"乾隆三十八年癸巳,四十五岁,在钦州。二月十九日,特旨授廉州府知府。四月十五日,卸钦州事,到廉州府任。廉地滨海瘠苦,太守兼领盐务,前课多缺。余亟请调剂于制府李公侍尧,不许,且严檄禁追,另募殷商接充,令下,人心皇皇。余不得已,密召疲商数十人,谕以祸福,发库贮备公银万两借给,先期得价,皆踊跃急公。于是灶无不积之盐,商有盈余之利,期年而廉场七十二埠之亏帑,悉归如额,制府始奇之。事详文集中。"

乾隆三十九年甲午(1774年)24岁

本年,康基田开泄水渠,招商贾。建海门书院,增学舍,文风遂昌。

康基田《茂园自撰年谱》卷上:"乾隆三十九年甲午,四十六岁,在廉州。郡城距海仅四十里,地卑土薄,晨夕雾昏,春夏雨淫,人多中湿发瘴毒。向无泄水沟渠,余寻得故水洞于东南城下,设法疏治,泄城中积水,开通龙江入海故道八百余丈。东关外,筑廛舍二百余间,复古卫民墟,以招徕商贾,访东坡井亭故址,葺而新之。建海门书院,增立学舍,凡诸工役,余皆召父老,面授机宜,令民自为之,不发牒征夫,使里正累民。按,合浦自康熙以来,七十余年,无登贤书者。自是领乡荐,入词垣者,不一其人。如冯敏昌、李符清、李馥香、陈邦泰、蓝应元、赖景泰、陈宏猷诸君,皆一时英俊,联袂并进,谓非地效其灵哉!"

乾隆四十二年丁酉(1777年)27岁

夏,赴省城广州,应拔贡复试。

按,山东学政钱载乾隆四十二年六月二十二日《奏为报满科考事》录副奏折云:"今通省共拔得一百三十三名,日内循例在省取齐,会同护抚臣,定于七月初一日严行复试一场,再即会同验看,分别一二三等,发榜即日,会稿具题。"依例,李符清取为拔贡后,应夏间到省复试。时广东学政为汤先甲,本年十一月二十二日,与继任学政李调元交代。十二月十九日,汤先甲病故于广东曲江县北上舟中。又,李符清本年秋是否应广东乡试,尚不得知。

乾隆四十三年戊戌(1778年)28岁

夏,应拔贡朝考,被黜。

韩封《年谱》本年条:"五月二十二日,朝考。钦命四书题'仲尼亟称于水,曰水哉水哉';论题'主善为师',诗题'诗书敦夙好'。读卷官为武进相国程文恭公景伊,大宗伯满洲钟公英,总宪涪州周文恭公。"按,徐凌霄、徐一士《凌霄一士随笔》卷一《副榜无益优贡实优》条云:"拔贡朝考获售,一等用七品小京官或知县,二等用教官及佐职。优贡一等用知县,二等用教官。如得一等,亦仕宦快捷方式。举人三科后始能大挑,一等亦不过知县。"

《清实录》乾隆十六年十二月十四日条载:"定拔贡朝考选用例。谕:'各省选拔贡生,经朕降旨,以十二年举行一次,计至癸酉年,即届选拔之期。惟是来京朝考,拣选引见,札监读书,或以知县等官试用,或以教职即用,或以教职归班序选,条例屡经更定。……所有选拔贡生赴部验到,作何定限,及朝考录用,一切规条,俱应详悉酌定,永着为令,大学士、九卿集议以闻。'寻议:各选拔赴部,应以该年十月起限,云南、贵州、四川、广西、广东、甘肃,限次年五月到部;湖南、福建、江西、浙江、湖北、陕西,限次年三月;江南、河南、山东、山西、奉天、直隶,限次年正月。其有患病事故者,许呈明咨部。朝考之法,除前项选拔补考人少,仍照向例在礼部考试外,其新选拔,应照拟定限期,分为三次,由礼部奏请,钦点大臣,于午门内考试,拟定等第进呈。"是为李符清初次晋京。

七月,呈明充四库誊录,旋乞假归里。

中国第一历史档案馆(以下称"一档馆")藏直隶总督梁肯堂乾隆五十六年正月二十一日《题报署天津县知县李符清丁忧事》题本有云:"(李符清)由丁酉科拔贡,朝考后,充补四库馆誊录。"《乾隆朝上谕档》载:"乾隆四十三年七月十八日,内阁奉上谕:'本年选拔贡生,除引见分别录用外,其余已经考试各生,如有情愿自备资斧,在四库全书馆效力者,准其呈明充当誊录,即以到馆写书之日为始,扣足五年,期满照例核办。钦此。'"

李符清《海门诗钞》卷一有《戊戌七月,陶然亭同冯鱼山编修、廉山侄,送叶崧厓、赖翕亭同年归里,用杜工部题终明府水楼二首韵》《郁林遇雨》《横州道中》诗。郁林、横州皆属广西。冯敏昌《小罗浮草堂诗集》卷十七有《送李载园南还,口占一律》诗,系于四十三年。冯敏昌本年四月成进士。

李符清《海门文钞》之《从兄德盛墓碑》文有云:"己亥,余校书馆局假旋,而兄已遘瘵疾,卧床褥,余视之,自知不起,执余手曰:'生死数也。吾之得见吾弟,死无憾矣。惟亲老子幼,不能尽子道父道,又未能以文章报国,遽至于此,此不能无憾耳!'相与歔欷流涕不已。寻卒,尚在殡,而余复匆匆还都。"抵里或已在乾隆四十四年春。

乾隆四十四年己亥(1779 年)29 岁

夏,冯敏昌来访。

冯敏昌《小罗浮草堂诗集》卷十七《夏日至郡,馆于李载园之碧云堂,赋赠载园昆玉》诗,有"怀亲先后返乡园,求友迁回入梦魂"句。李符清本年秋是否应广东乡试,俟考。

冬,偕侄北上赴都,度岁湘潭。

李符清《海门诗钞》卷二《度骑田岭》《郴州道中》《湘潭舟中除夕》诗。

乾隆四十五年庚子(1780 年)30 岁

九月初九日,偕冯敏昌等访菊崇效寺。

李符清《海门诗钞》卷二《和冯鱼山编修同游崇效寺访菊元韵》诗。冯士镳《先君子太史公(冯敏昌)年谱》载:"乾隆四十五年庚子,三十四岁。是年二月还京,携五弟幼吉晖叔同往。……既至,散馆以二等,奉旨授职编修,遂读书中秘。重阳,偕李载园孝廉叔侄,暨幼吉叔,游崇效寺访菊。"李符清秋间抵都,充补四库誊录生,本年是否应北闱俟考。

乾隆四十七年壬寅(1782年)32岁

夏,偕冯敏昌督建廉州会馆。

冯士镳《先君子太史公(冯敏昌)年谱》载:"乾隆四十七年壬寅,三十六岁,是年在京供职校书。于四月初七,买置廉州会馆地基,在粉坊琉璃街中。八月起上创建后座,十一月十九起中座,十二月起头座。虽合郡捐费,而有无迟速之事,先君与李载园明府,竭尽心力焉。"

乾隆四十八年癸卯(1783年)33岁

九月,举顺天乡试。

李符清《海门文钞》之《新息宗母张太夫人六十寿序》文有云:"余以丁酉选拔,赴都校录四库全书,癸卯秋,幸登京榜"。又,《栾母王太安人悫思录序》文有云:"余癸卯登顺天贤书,与飞泉栾君为同榜友。"

冯敏昌《小罗浮草堂诗集》卷二十一《癸卯九日偕友人李载园,伯颖、文彝叔侄,暨舍弟幼吉过崇效寺访菊,值海棠数树杂开,因题寺壁》诗。

乾隆五十一年丙午(1786年)36岁

四月,以誊录期满议叙,分发直隶,到省听候差委。

一档馆藏直隶总督梁肯堂乾隆五十五年九月二十四日《奏请以李符清调补天津县知县事折》云,李符清"由乾隆丁酉科拔贡,充四库馆誊录,中式癸卯科举人。期满议叙一等,分发签掣直隶,以知县试用,题署今职,于五十三年八月到任"。直隶省会保定府,首县清苑县。

李符清《海门诗钞》卷三《武清旅舍,徐安肃慎斋以和王太守镇之、王司马少林绀云精舍之作见示,因次元韵》诗,"青骢曾系酒楼边,池馆莺花四月天"句,自注:"丙午四月,随牒保阳,憩于安肃香露主人别馆,并访韦静山。"

离都时,赖名伶陈银儿资助,始得赴官。

张太复《秋坪新语》卷一《西川海棠图》条:"载园之初入都门也,虽耳陈名,固未之识。一旦友人偕造其寓,陈一见倾心,捉臂言欢,如旧相识,咄嗟命酒,珍错毕备。饮酣,自起侑觞,曼态娇声,浅斟低唱,扇影灯光之下,掩映生姿,载园不禁为之心醉。自是往来莫逆,每值梨园演剧,载园至,陈必为致看核,数下场周旋,观者万目攒视,咸啧啧叹羡,望如天上人。……岁丙午,载园试宰直省,向因挥霍,负欠累累,竟难出春明。陈为之广张华筵,演剧于宜庆堂中,大招宾客,无不乐为解囊,遂获千金。又出己资,代偿债家数处,载园乃得脱然去。"蜀人陈银儿名渼碧,京师宜庆部名伶,李符清倩人绘《西川海棠图》,题咏甚众。张太复亦乾隆四十二年拔贡,与李符清交好。

秋,署顺天府保定令。

李符清《海门诗钞》卷三《观水行》《保定县杂诗六首》《丙午七夕》《秋夜同廉山侄话旧》《保定县西斋夜雨呈曾霁堂明府》诗。《观水行》诗小序云:"保定县北有玉带河,频年秋水汛涨,河北十五村,田禾皆为巨浸,居民苦之。丙午闰月,余同主簿陈君泛舟勘阅,诗以纪之。"《保定县杂诗六首》诗,其一有"午衙吏散槐阴静,闲捡新诗写硬黄"句,知服官不废吟咏。

据乾隆五十二年秋《大清缙绅全书》,保定县在京城南180里,地丁银1 550两,仓谷5 000石,杂税银16两,养廉银600两,办公银100两。保定令曾日景,广东陵水举人,五十一年八月选,尚未到任。

乾隆五十二年丁未(1787年)37岁

三月,署大名府清丰令,浚陶北河,两阅月竣事。

李符清《海门诗钞》卷三《保定县西斋夜雨呈曾霁堂明府》诗,有"春深一夜雨,青满六郎城"句,知三月仍在保定令任。后一题为《濮阳道中》诗:"河干两月为鸠工,风雨归来车马穷。一匹蹇驴三百里,无人知是李清丰。"本年三月,清丰令仲贻桂调补首府清苑令,董姜签掣清苑令,尚未抵任,总督檄饬李符清暂署。

清丰,在大名府南90里。据乾隆五十二年秋《大清缙绅全书》,清丰县地丁银40 681两,仓谷14 000石,杂税银525两,养廉银800两,办公银100两。

李符清《海门文钞》之《濮阳策蹇图记》文云:"乾隆丁未春,余摄清丰宰,奉檄浚长垣之陶北河,直达山左菏泽境。率役夫千人,眠食河干,两阅月始蒇事。归途值大雨泥泞,车不能进,仅仆留视行李,余携一役乘马行,马跛,遂策蹇驴,着芒鞵,戴草笠,取道濮州,遇逆旅人满,与负贩者同宿檐下。僻道无旅店,于荒村市饼以食,三日始达清丰,得得入城。至大堂下,隶役呵止,余不顾,直入内署。署中人见之骇然,审视,乃相与围绕匿笑。余盥洗毕,揽镜自照,亦不识为故吾矣,因成绝句一首。庚戌于津门,倩沈君延年写照,黄君吟川补图,以志于役之苦云。"按,长垣,大名府属县。菏泽县,属山东曹州府。濮州,属山东东昌府。黄掌纶号吟川,江苏丹阳人。

十一月,署保定府满城令。

李符清《海门文钞》之《玉川书院增置膏火地亩记》文有云:"丁未冬十一月,余摄宰满城。"满城,在省城西北四十里。据乾隆五十二年秋《大清缙绅全书》,满城县地丁银6 937两,仓谷10 000石,杂税88两,养廉银600两,办公银160两,陉阳驿马114匹。知县李棠,福建永安人,乾隆五十年四月题。

另，据直隶总督刘峩乾隆五十三年五月初四日《奏为大名县知县出缺拟以李棠调补》折，五十二年十月，大名令叶旸以杖毙二命革职，寻以李棠署理，李符清即接署满城令。

乾隆五十三年戊申(1788年)38岁

八月二十四日，准到保定府束鹿令任。

一档馆藏直隶总督梁肯堂乾隆五十六年正月二十一日《题报署天津县知县李符清丁忧事》题本有云："(李符清)由丁酉科拔贡，朝考后，充补四库馆誊录，中式癸卯科举人。期满议叙，分发直隶，以知县试用，题署束鹿县知县。奉部覆，准于乾隆五十三年八月二十四日到任。委署今职，于五十五年六月初二日到任。"按，吏部议准应在后，李符清稍前或已就任。

束鹿县，在保定府南二百四十里，本年四月，县令王殿光升署顺天府大兴县知县，李符清接署。据乾隆五十三年春《大清缙绅全书》，束鹿县地丁银35 730两，仓谷18 000石，杂税249两，养廉银1 000两，办公银100两。

本年，捐俸修束鹿城隍庙。

李符清《重修束鹿县城隍庙记》文有云："余以乾隆五十三年宰是邑，下车谒庙，见堂除、庙庑，半为风雨所蚀，遂捐俸构材鸠工，择邑绅士之能者董其事。于是饰其旧者，增其新者，廓而大之，视前之所修，更焕然壮观矣。工甫竣，余调任天津，未遑纪之也。"

光绪《保定府志》卷三十七《工政略·坛庙》载："(束鹿)城隍庙，一在县治西北，明天启六年，知县宋之儁建。国朝顺治九年知县杨宏功、十二年知县沈元忠各有增修。乾隆三年知县王天庆、五十三年知县李符清先后修葺。"

乾隆五十五年庚戌(1790年)40岁

六月初二日，到署天津府天津令任。

一档馆藏直隶总督梁肯堂乾隆五十六年正月二十一日《题报署天津县知县李符清丁忧事》题本有云："(李符清)由丁酉科拔贡，朝考后，充补四库馆誊录，中式癸卯科举人。期满议叙，分发直隶，以知县试用，题署束鹿县知县。奉部覆，准于乾隆五十三年八月二十四日到任。委署今职，于五十五年六月初二日到任。"

一档馆藏直隶总督梁肯堂乾隆五十五年九月二十四日《奏请以李符清调补天津县知县事折》有云："惟查有束鹿县知县李符清，年三十七岁，广东合浦人。由乾隆丁酉科拔贡，充四库馆誊录，中式癸卯科举人。期满议叙一等，分发签掣直隶，以知县试用，题署今职，于五十三年八月到任。该员才具敏练，办事稳实，平日留心河务。本年天津地方被水，现委该员署理，数月以来，查勘被淹地亩，抚恤穷黎，俱能悉心经理，以之调补天津县知县，堪胜沿河要缺之任。惟尚未实授，且历俸未满三年，与调补之例稍有未符。缘要缺需员，谨遵人地实在相需之例，专折奏请。"天津县，为天津府首县，知县金之忠，升署河间府河捕同知。据乾隆五十三年春《大清缙绅全书》，天津县地丁银 8 332 两，米折谷 80 石，仓谷 14 192 石，杂税银 1 280 两，养廉银 1 000 两，办公银 300 两。

光绪《重修天津府志》卷四十《宦绩》载："李符清，字海门，广东合浦举人，乾隆五十五年任天津知县。重文学，能制强悍。"

秋，邀同年蒋攸铦来署阅卷。

蒋攸铦《绳枻斋年谱》卷上："（乾隆）五十五年庚戌，二十五岁。秋，天津李载园明府邀阅邑试卷。"按，蒋攸铦为李符清乡试同年，四十九年成进士，散馆授编修。去夏丁外艰，客冬葬父满城。蒋攸铦《绳枻斋诗钞》卷二有《天津李载园明府同年署中闻雁》诗。所阅试卷，当为天津县童试之卷。

十月，以派役不慎受质。

《乾隆朝上谕档》载："乾隆五十五年十月初九日，奉旨：'此案着军机大臣会同刑部严审，分别定拟具奏。委员严肇华着革职拿问。天津县知县李符清，派役不慎，亦着解任，一并来京质审。奉天委员户部员外那沽，着交部议处。余依议。钦此。'办理军机处，为飞提事。运送奉天黑豆，掺水霉变一案，奉旨交军机大臣，会同刑部严审。相应专札飞提，即饬通州，将案内船户、差役，并革职巡检严肇华，一并派委妥员，速解到刑部衙门候审，务须于初九日晚间解到，毋得刻迟。须至札者。右札通永道，准此。"按，此案未见下文，李符清应亦未革职，俟考。

十二月二十七日，母杨氏在署病故，旋丁忧。

一档馆藏直隶总督梁肯堂乾隆五十六年正月二十一日《题报署天津县知县李符清丁忧事》题本，引李符清呈称："今有亲母杨氏，年柒拾肆岁，迎养在署。因染患痰喘病症，于五十五年十二月二十七日在署病故。职系亲子，并无过继，例应丁忧，拟合出具亲供，详报查核。"

冯敏昌《小罗浮草堂诗集》卷二十八《李明府载园符清令母杨孺人挽诗》，次年春作。据诗中"孝敬隆华发，仁恩逮小星"句，知李符清尚有庶母。

乾隆五十六年辛亥（1791 年）41 岁

八月十五日，与牛坤别于京师。

李符清《海门诗钞》卷四《中秋夜都门别牛次原孝廉》诗。李符清至都缘由不详。

十二月二十日，除夕，偕子璋香、侄馥香度岁津门。

李符清《海门诗钞》卷四《辛亥除夕十咏》诗。其四云："丁沽去岁同书闷，卯酒明朝自拥炉。遥忆篝灯人独坐，金钱五夜卜征夫。寄内。"其五诗尾自注："示璋儿。"其六"十二年来同度岁，年年潦倒在天涯"句自注："示廉山侄。"

乾隆五十七年壬子(1792年)42岁

二月,携侄馥香奉母榇南返,夏抵里。

李符清《海门诗钞》卷五《二月南还取道彭城喜晤康龙山即别》《淮徐舟中同廉山侄夜话寄康龙山》《嘉兴道中》《由天津还里度大庾岭》诗,皆途中作。

李符清《海门文钞》之《冯母陈太孺人墓志》文有云:"及任天津时,丁吾母忧,于壬子夏奉榇归里。"

十二月日,除夕,家人团聚。本年复改建大宗祠,倡修康王庙。

李符清《海门诗钞》卷五《除夕兄弟子侄齐集,钦州潘氏姊,小江吴氏姊,亦归度岁,喜志一律》诗。

李符清《海门文钞》之《重修康王庙记》云:"壬子夏,以守制归来,瞻拜之余,即存修建之意。会同里旧好,以改造相商,遂薄捐百两为创,而吾宗及里中诸公,亦踊跃捐输,匝月而工成,神之灵也。"

乾隆五十八年癸丑(1793年)43岁

五月,服满北上补官。

李符清《海门诗钞》卷六《仲春谒射螺岭祖墓遇雨宿村舍》《夏五北上,取道灵山,徐牧园明府招饮三海岩》诗。灵山县,在廉州府北百八十里,知县徐德谦(牧园),山东泰安人。三海岩,在县西二里。李符清五十五年十二月丁忧,依例共二十七个月,本年四月服阕。

十一月二十日,抵直隶省城。

中研院史语所藏直隶总督梁肯堂乾隆五十九年二月初九日《奏请以周世繁升署沧州知州所遗束鹿县知县委李符清署理》题本有云:"李符清,年肆拾壹岁,广东合浦县人。由乾隆丁酉科拔贡,充四库馆誊录,中式癸卯科举人。五十一年期满议叙,签掣直隶,以知县试用,五十三年题署束鹿县知县。五十五年六月内,委署天津县知县,十二月内在署任丁母忧,回籍守制。服满赴直委用,于五十八年十一月二十日到省。"李符清官年较实年少两岁。

乾隆五十九年甲寅(1794年)44岁

春,署天津府沧州牧,旋署束鹿令。

李符清《海门诗钞》卷八《沧州喜雨》《沧州署中得雨偶成》诗。

嘉庆元年春《大清缙绅全书》直隶栏:"束鹿县知县加一级李符清,广东合浦人,癸卯(举人),五十九年三月题。……沧州知州加三级周世繁,河南祥符人,进士,五十九年二月升。"民国《沧县志》卷七《职官》,所载乾嘉之际知州,无李符清之名。《乾隆朝上谕档》载:"直隶总督梁肯堂题请以候补知县李符清署理束鹿县知县一本,现经吏部议,俟束鹿县知县周世榮引见准升后,准其署理。臣等查束县系繁难中缺,李符清系委用知县请署知县,与例相符,是以照例议准。谨奏。(乾隆五十九年)五月初二日。"按,据《乾隆帝起居注》,周世榮于六十年闰二月初六日引见,准升署沧州牧,李符清准署束鹿令。

六月,束鹿县境被水,委勘衡水县灾情。

李符清《海门诗钞》卷八《勘衡水水灾纪事》诗:"受水勘他水,舍田芸人田。平原成巨浸,弃马还乘船。……行当谋赈恤,安居无播迁。"衡水,冀州直隶州属县,与束鹿相邻。

本年,修缮束鹿县学。

光绪《保定府志》卷二十九《礼政略·学校》载:"束鹿县学。文庙在县治东,始建无考。金天会中,知县韩某重修。……乾隆六年知县王天庆,十一年知县陈文合,二十七年知县李文耀,四十六年知县杨彬各重修。五十九年,知县李符清修。《县志》。"

乾隆六十年乙卯(1795年)45岁

二月初九日,由束鹿赴省,覆车祁州。

李符清《海门诗钞》卷八《覆车》诗,小序云:"二月九日,从深泽夜渡祁州三岔口,仆夫不戒堤,倾车仰覆,余为行李倒压,气闷半响,忽车门洞开,始为仆夫抱出,经时方苏,恍惚梦境也。寻投宿村舍,口占二律以志之。"

光绪《保定府志》卷四十九《列传》载:"李符清,合浦拔贡,嘉庆初年知束鹿县。修葺学宫,捐建书院,拨田亩,助膏火,延名师主讲,文风丕振。邑乘残缺,征古采今,勒辑成书。百废具兴,厘然毕举,至今称道勿衰。采访册。"

嘉庆元年丙辰(1796年)46岁

春,与王汝璧、杨暎昶等晤于省城。

王汝璧《铜梁山人诗集》卷十七《保阳晤李载园、杨米人、彭芝峰,再用昌黎寄崔二十六韵寄怀索和》诗。

嘉庆三年戊午(1798年)48岁

二月,主修《束鹿县志》,十月书成。

《束鹿县志》十卷,李符清修,裴显相、沈乐善纂,嘉庆三至四年刻本。卷首李符清序有云:"余两任八年,于疆域财赋、风土人物,悉之尤稔,更不敢不亟为采辑,以信今而传后也。适裴宿塘农部读礼保阳,来为南池堂长;而沈秋雯太史亦以请假故,道过鹿岩。因相与商榷,共襄斯举,于春仲开局,阅八月而告竣。胪为十门,旧志之缺者补之,讹者正之,凡未经采录者,以次编入。"

秋,署正定府正定令。

李符清《海门文钞》之《节孝杨母李恭人传》文有云:"嘉庆戊午秋,符清调署正定。"又,《丁郁兹诗钞序》文有云:"戊午秋,余调摄镇州,延旧好杨君云珊,课儿署中。"按,正定县,为正定府首县,时顺天府涿州牧徐用书署冀州直隶州牧,正定令刘浩署涿州牧,李符清递署正定令。

本年,梓行《海门诗文钞》。

李符清《海门文钞》,不分卷,牌记题"嘉庆戊午镌,镜古堂藏版",卷首翁方纲嘉庆元年冬月手书序。正文分论、传、序、记、碑、墓志、记事、跋,共收文三十三篇。

《海门诗钞》十卷,牌记题"嘉庆戊午镌,镜古堂藏版",卷首吴省钦嘉庆二年十二月序。诗起乾隆四十一年,止嘉庆三年。镜古堂,李符清书斋名。

嘉庆四年己未(1799年)49岁

七月,回束鹿令本任。

李符清《海门诗钞》卷十《七月奉檄回束鹿任,留别正定绅士》诗。按,清河令文调元本年九月调补正定令,七月当已抵正定接署。

嘉庆五年庚申(1800年)50岁

六月二十三日,引见,以卓异回任候升。

《嘉庆帝起居注》五年六月二十三日条:"是日,吏部将嘉庆四年大计,山西巡抚伯麟保荐卓异官,忻州直隶州知州李会观,曲沃县知县侯长熺;直隶总督胡季堂保荐卓异官,束鹿县知县李符清,大名县知县张极带领引见。奉谕旨:'李会观、侯长熺、李符清、张极,俱准其卓异,加一级,仍注册,回任候升'。"

嘉庆六年辛酉(1801年)51岁

六月,束鹿被水,蠲免本年应征钱粮。

李符清《海门诗钞》卷十二《六月大雨,滹沱河涨,鹿城西北七十村俱浸涝,恻然有作》诗有云:"我为司牧人,一夫惧失所。嗟尔七十村,何术以安抚?兀坐生烦愁,鬓丝添几缕!"

《嘉庆朝上谕档》载:"嘉庆六年六月二十七日,奉上谕:'同兴奏委员分解银两,给被灾州县急赈一折。……兹续据同兴奏称,该县(宁河)兴唐县、束鹿、景州,青县、静海、怀来、元城等州县,田禾均有被淹之处。着传谕熊枚,即速查明各该州县被灾处所、分数,据实具奏,候朕加恩'。……嘉庆六年七月二十一日,内阁奉上谕:'熊枚奏续报被水各州县,分别灾分轻重,开单进呈一折。内除勘不成灾各州外,所有续行查明被灾较重之宁河、唐县、束鹿、景州、天津、静海、巨鹿、南和、鸡泽、大名、元城、玉田、丰润、柏乡、武强、沧州、平乡、清河十八州县,着加恩将本年应征钱粮,全行蠲免'。"

光绪《保定府志》卷三十七《工政略·坛庙》载:"(束鹿)滹沱河神庙,一在县城南门外,康熙三十五年,知县陈德远建。乾隆间知县陈文合、嘉庆初知县李符清各有修葺。"李符清修缮滹沱河神庙,当在水灾之后。

嘉庆八年癸亥(1803年)53岁

二月,升大名府开州牧,三月抵任。

嘉庆九年春《大清缙绅全书》开州栏载:"知州加一级李符清,载园,广东合浦人。癸卯(举人),八年正月升。"《嘉庆帝起居注》八年二月二十五日条:"是日,吏部议直隶总督颜检题开州知州员缺,请以束鹿县知县李符清升补一疏,奉谕旨:'李符清依议用。余依议'。"按,去岁十一月,署开州事下江通判刘若璹(尚书刘权之之子),以玩纵行劫重案,奉旨革审。颜检题本应在正月,吏部议覆直至降旨,已在二月。开州知州秩从五品。

开州在大名府南一百二十里,地丁银七万二千四百五十四两,仓谷二万二千石,杂税五十七两,养廉银一千两,办公银一百二十两,驿马十匹。据光绪《开州志》卷二《建置·廨署》,知州署在城西北隅,李符清抵任后,改署中不愧堂为敬事堂。

李符清《海门诗钞》卷十四有《改官开州,留别束鹿四首》诗。李符清《瑕丘记》文有云:"开州古为卫地,城南十八里曰瑕丘,即《檀弓》所载公叔文子与蘧伯玉同升处也。嘉庆癸亥暮春,余来牧斯土,公余访其迹,遥望丘高数寻,岿然独峙。"载嘉庆《开州志》卷八《艺文·记》。

三月,聘张晋为西宾,课其子璋香。

张晋《艳雪堂诗集》卷一有《癸亥春夜与李二峩璋香小饮,醉后有赠》《秋日载园刺史约同人游瑕丘作》《移家澶渊呈载园刺史》诸诗。按,张晋曾为李符清选《海门诗文集》,《海门诗选》《海门文选》各三卷,稍后梓行。

九月十四日,黄河漫口,州境被水,率工堵筑。

李符清《海门诗钞》卷十五《秋郊行》诗,"不见去秋河决霜后雨"句,自注:"癸亥九月十四日,黄池河决,霜降后五日也。"

《嘉庆帝起居注》本年十月初三日条载:"又奉谕旨,现在直隶长垣、东明、开州三州县,因豫省黄河漫口下注,被水成灾,已饬令布政使瞻桂,携带银两,前往办理抚恤事宜。但时届冬令,小民田庐储蓄,猝被淹浸,饥寒交迫,朕心深为轸念。着再派鸿胪寺卿通恩、候补卿姜开阳驰驿前往该处,督同地方官实力经理,务令惠泽及时下逮,灾黎不致失所。"

光绪《开州志》卷一《地理·堤圩》载:"司马堤,在州东南。嘉庆八年秋,封丘漫口,黄水自长垣、东明,流入州境。知州李符清率州判李武曾,在司马集雇民夫二千余人,筑堤七十余里,西北数百村,得免水患。"又,李符清四弟是秋殁于州署,《海门诗钞》卷十四有《哭四弟德成》诗。

十二月初七日,以堵御有功,交部议叙。

《嘉庆朝上谕档》载:"嘉庆八年十二月初七日,内阁奉上谕:'颜检奏长垣、东明、开州三州县,堵御漫水,实心为民之牧、倅等官,及急公好义之绅士,恳请加恩一折。本年长垣等三属地方,猝被水灾,该牧、倅、绅士等,率众修筑堤埝,防护村庄,抚恤难民,均属出力。通判富英、知州李符清、知县林煜堂,俱着交部议叙。候补直隶州知州徐用书、州判李武曾,亦着一体议叙。其文生员吕元弼、李德沛,着加恩赏给训导职衔。监生马空群、冷天增,着赏给巡捡职衔。武生范逢时、冷天魁,着赏给外委职衔,以示奖劝。该部知道。钦此。'"又,嘉庆帝翌年二月初七日降旨,当年地粮正耗,缓至秋后开征。

本年,捐资续修文昌宫,新建奎星阁。

据光绪《开州志》卷二《建置·坛庙》载:"文昌宫,一在城内东南隅。……一在州署西南,康熙六年,知州孙荣创建。嘉庆五年,知州张极重修。七年,署知州孙树本劝捐增建,工始兴,旋卸任去。八年,知州李符清复捐资踵成之。有祀,载《艺文志》。奎星阁,在西文昌宫前,知州李符清建。"

嘉庆九年甲子(1804年)54岁

正月,煮赈三月。以拿获邻省巨盗,奉旨送部引见。

光绪《开州志》卷二《蠲赈》载:"嘉庆九年,饥,知州李符清赈民,自正月起,煮粥三月。"

《嘉庆朝上谕档》载:"嘉庆九年正月二十七日,内阁奉上谕:颜检奏,接据开州知州李符清禀报,督率干役,在该州王助村地方,拿获强劫邻省盗犯张惠等犯一案。当即提犯,审讯明确,请张惠斩决枭示等语。该犯张惠,胆敢随同张大、李大等,白昼乘马持械,行劫过路客商,自应严办示惩,不必交部核议。着该督将张惠一犯,即行斩决。盗首张大、李大,业已畏罪自戕身死,仍着斩首,同张惠首级,解往豫省行劫地方枭示。知州李符清,于捕役禀知张大等形迹可疑,即亲往督拿,将首伙巨盗三人堵截,不能逃逸,洵属能事,着加恩送部引见。至捕役白忠等四人,随往围拿,身受砖伤,着该督量加奖赏。其快役陈开添一人,被刀砍伤,并着从重给赏,用示奖励。余依议。钦此。'"

《嘉庆朝上谕档》十年闰六月二十六日载:"臣庆桂等谨奏,为遵旨会同审拟具奏事。前据直隶藩司袭行简奏,南乐县典史杨道纯呈递封折,内称颜检误国害民,冈上私行,列款讦告一案。嘉庆十年六月二十八日奉旨,杨道纯着革职拿问,解送来京,交军机大臣,会同刑部,严审定拟具奏。钦此。……又如南乐县易文炳,开州牧李符清,俱系拿获邻境盗犯,办理两岐一款。据供,南乐县拿获山东逸犯胡四,通缉文内有抢劫拒捕字样,与开州拿获河南截劫盗犯,事同一例。乃颜检一则批解山东,一则自行奏办,并将李符清保奏,明系徇庇同乡,有心提拔等语。查胡四系山东省通缉人犯,拿获后,例应归案;且拟结罪名,止系抢夺拟徒,加等拟流,与开州拿获劫盗例应斩枭者,迥不相同,颜检自应分别奏咨,岂得谓之徇庇同乡,有心提拔?"知颜检提携李符清,直隶官场不无非议。

六月初一日,在京引见,以直隶州知州即用。

《嘉庆帝起居注》九年六月初一日条:"(吏部)又将拿获邻省巨盗之直隶开州知州李

符清带领引见,奉谕旨:'李符清着仍发往直隶,以直隶州知州即用'。"《清代官员履历档案全编》第二册,李符清条载:"(嘉庆)嘉庆八年九月内,因在河工出力,又拿获邻省盗犯,交部议叙,以直隶州知州用。"光绪《开州志》卷四《职官·知州》栏载:"(嘉庆)八年,李符清,广东人,举人,修《州志》。十年,周履衢,贵州毕节人,拔贡。"李符清卸开州任具体日期俟考。

光绪《开州志》卷二《蠲赈》载:"李符清,字仲节,号海门,广东合浦举人,嘉庆八年知州事。值衡家楼黄水漫溢州境,筑堤赈恤,民被其德。九年,修《州志》,旋升任深州直隶州知州,犹携所哀集,邮寄津门沈戟山侍御,往复辩论。至十一年书始成,镂板都中,终蒇其事。"

回任前,朱鹤年为写《载书图》,翁方纲、法式善题诗。

翁方纲《复初斋集外诗》卷二十四《李载园〈载书图〉二首》诗,其一:"朱生画借麘提传,伊守签题说米船。持向苏斋书榻对,麘提拈出镜中禅。予出禹慎斋画《渔洋载书图》同观。"其二:"籤厨东观到山阴,《后汉书》《南唐书》诸补注,皆在行笈。小印装铃赵孟林。载园家僮,精于装潢。米老竹西真气在,累余挥汗屡摹临。新收诸迹,以绍兴辛酉上石之米书大字第三卷为冠。"

法式善《存素堂诗初集录存》卷二十《送李载园回任题朱野云画〈载书图〉后》诗:"世间读书人,多为名利误。循吏兹报最,萧然托寒素。生平慎积蓄,图书实满库。斯须不远离,藉以慰朝暮。朱生好手笔,又凤谙掌故。渔洋《载书图》,风流咫尺晤。青山何处无,白发良何惧!谁谓龚黄流,而必鄙章句。牖下叹我衰,时复得佳趣。晨接南洲鸿,夕逐西涯鹭。"

邀沈乐善纂《开州志》。

李符清《嘉庆开州志序》文有云:"岁癸亥,余来牧斯土,访求旧志,惟孙本尚存,事迹疏略,载述舛误,慨然思有以补辑之。会衡家楼黄流漫溢州境,筑堤赈恤无暇日。明年夏,恭奉恩命入觐,时老友天津沈戟山侍御,朝夕过从邸舍,侍御学问渊博,余曩宰束鹿,曾延修县志。因复以州志属之,定凡例,分类目,还延同志数君子,分司其事。乙丑春,寄所哀集于侍御。嗣余改官深州,迁秩守邑,再入都,与侍御商榷疑义,往复辩论,必详必慎,以期信今而传后。今年二月书始成,凡八卷,目八十有二,图十有六,于旧志之缺者补之,讹者正之。"载光绪《开州志》卷八《艺文·旧序》。李符清宰天津时,拔识沈乐善于县试,沈乐善时官监察御史。

嘉庆十年乙丑(1805年)55岁

二月,补深州直隶州牧。

《嘉庆帝起居注》十年二月二十八日条:"是日,吏部议直隶总督颜检题,深州直隶州知州员缺,请以开州知州李符清补授一疏,奉谕旨:'李符清依议用。余依议'。"深州直隶州知州秩正五品。据嘉庆十一年春《大清缙绅全书》，深州在京师南六百里，地丁银21 470两，仓谷18 000石，杂税355两，养廉银1 000两，办公银160两，驿马50匹。

按，李符清去秋或已署深州牧。据《嘉庆朝上谕档》，直隶深州牧陆香森，九年七月十四日引见，交军机处记名；九年十一月初十日，补授山西大同府知府。

九月，抵都，腊底度岁正定。

李符清《海门诗钞》卷十六《重阳前五日易州道中同叶石亭明府作》《九日崇效寺访菊有怀冯鱼山比部却寄》《除夕正定喜傅竹猗先生至同宿隆兴寺》诗。按，除夕诗为十六卷《海门诗钞》最后一首，此后所作，未见传本。据嘉庆十一年春《大清缙绅全书》，张孔源本年六月升深州直隶州知州，李符清是时或已与张孔源交代。傅修，字竹猗，广东海阳人。

《清代官员履历档案全编》第二册，李符清条载："（嘉庆）十年三月内，补授深州直隶州知州。遵衡工例，捐升知府，分发签掣直隶。"李符清此行赴都，应与捐升知府有关。

嘉庆十一年丙寅（1806）五十六岁

二月，在都引见，以知府候补。旋告病。

《清代官员履历档案全编》第二册，李符清条载："（嘉庆）十年三月内，补授深州直隶州知州。遵衡工例，捐升知府，分发签掣直隶。十一年二月内，发往直隶候补知府。"夹注："嘉庆十一年二月内引见，似可。嘉庆十三年三月内引见，似可。"眉注："十一年二月内，发往直隶候补知府。患病。"时直隶总督为裘行简。

三月，与同年韩崶晤于直隶省城。

韩崶《还读斋诗稿》卷八《保阳赠李载园符清同年二绝》诗，其一："岭南诗派旧清真，合浦珠光老更新。（君岭南合浦人。）闻说春风满畿辅，可知循吏是诗人。"其二："从来李杜得名齐，饭颗山前手共携。苦为作诗清瘦甚，西风肠断浣花溪。君与杜梅溪明府为诗友，最契。梅溪于去年下世，为之泫然。"韩崶三月出都，赴湖南布政使任，其与李符清皆乾隆四十二年拔贡。

四月，作别颜检后，浪游吴越。

颜检《衍庆堂诗稿》卷三《李载园太守复来白泉，时有江南之役》诗二首，其一有"春光正留恋，夏景方徘徊"句。其二云："君今已三至，拂簟供清娱。青山日相对，故人时与俱。谓傅竹猗廉访。执酒共斟酌，送君游江湖。江湖亦自适，行矣毋踟蹰。"颜检嘉庆七年五月署直隶总督，嘉庆十年六月革职，时以主事衔在西陵吉地效力。颜检在任时提携同乡李符清，李符清引疾南游，或与颜检失势有关。

陈廷庆《谦受堂全集》卷十九《岁暮怀人》诗，其二十一《李载园太守》诗，"邻女东来问西子，梦婆春去惜秋娘"句，自注："夏秋来，太守自蓟于役来吴，并游西子湖，有书述及冶游"。知李符清沿运河南下，尝过苏州，抵杭州。

嘉庆十二年丁卯(1807年)57岁

本年,与吴绍浣、钱泳,共赏杜甫、颜真卿真迹于苏州。

钱泳《履园丛话》卷十载:"颜鲁公竹山书堂联句诗真迹,书于绢素,雄古浑厚,用墨如漆,迥非后人所能模仿。国初藏真定梁相国家,刻入《秋碧堂帖》者是也。乾隆辛亥岁,为毕秋帆先生所得。先生殁后,图籍皇散,又为扬州吴杜邨观察所有。嘉庆丁卯岁,粤东李载园太守来吴门,携有杜少陵《赠卫八处士》诗墨迹卷,其书皆狂草,如张长史笔意。而杜村观察适至,颜册亦在箧中。余因邀二君各持墨迹,同观于虎邱怀杜阁下。余笑曰:'颜、杜生于同时,而未及一面。今千百年后,使两公真迹聚于一堂,实吾三人作介绍也。'按《新唐书》,天宝十二载,安禄山反,鲁公守平原,少陵避走三川。后鲁公以元载谤贬湖州,在大历初年,正少陵出瞿塘,下江陵,溯沅湘时也。"按,吴绍浣,字杜村,江苏仪征人,乾隆四十三年成进士,仕至河南南汝光道。

嘉庆十三年戊辰(1808年)58岁

三月,在京引见,旋赴直候补。

《清代官员履历档案全编》第二册,李符清条夹注:"嘉庆十一年二月内引见,似可。嘉庆十三年三月内引见,似可。"李符清时病愈起复。

秋,病卒于直隶。

刘大观《玉磬山房诗集》(嘉庆刻本)卷六《挽李同年载园》诗:"斯人剧如此,能得不生哀!地速欲收骨,天何必降才?哭声纷旧治,钱纸冷新灰。岭上铭旌过,梅花未忍开。"本年秋作。刘大观亦乾隆四十二年拔贡,时任山西河东道。

陈昙《邝斋杂记》卷二载:"合浦李载园太守符清,起家县令,任直隶束鹿县。与同官杜梅溪大令群玉、蒋师退大令知让诸公,常以诗相唱和。后李援例捐升知府,需次省垣者数年。蒋大令奉差出省,在某县署,梦中恍惚见一人,持一函投递,面题'束鹿县正堂封'。因拆阅之,则李载园手札也。内云:'师退足下,不复相见,能不恨然!愚再世为雁门冯氏,门祚甚厚,颇胜前生。兹因公复过束鹿,事竣,即将西去也。'又云:'在冥中,所见刀山剑树,历历不爽,如某某皆在彼受无量苦,殊足警也。'阅毕而寤,曰:'嘻!载园死矣。'披衣而起,秉烛待旦,而讣至矣。其子二峨大令樟香与余善,为余言若此。"据此,知李符清卒于直隶。

按,汪仲洋《心知堂诗稿》卷九,有《李二峨招饮即席有赠》诗,本年六月作。若彼时李符清已殁,其子或不宜宴客。后一题为《赵菊嵩招饮不往赋寄》诗,自注:"名盛奎,直隶深州人。"李符清或即卒于深州。

(基金项目:国家社科基金一般项目"洪亮吉年谱"阶段性研究成果,编号:15BZW101。)

"良贾何负闳儒"本义考
——明清商人社会地位与士商关系问题研究再思考

□梁仁志

摘　要：明徽州人汪道昆"良贾何负闳儒"一语，被许多学者引为明清商人社会地位提高与士商融合之论据，汪道昆也因此被视为"商人阶层的代言人"或"徽商的代言人"。然考诸汪道昆原意及传统文献表达习惯，"良贾何负闳儒"并非是说商人地位之提高，而应指"良贾"在躬行"儒行"方面并不见得不如"闳儒"，类似"贾名儒行"之说。"贾名儒行"中之"儒行"当指社会伦理道德之规范或标准，而非具体指像士人一样从事某种行为。在明清及更早的文献中，不仅有"贾（商）名儒行"，也有"仆名儒行""医名儒行""吏名儒行""佛（释）名儒行""道（老）名儒行"之谓，故对"良贾何负闳儒"不宜作过度解读。以往学界在讨论明清商人社会地位与士商关系问题时，对传统史料误读甚至断章取义之处甚多，从而造成对一些问题的误解。从对相关史料的重新解读出发，对既有研究进行系统反思实有必要。

关键词："良贾何负闳儒"；汪道昆；明清；士商关系；贾名儒行

作者简介：梁仁志，史学博士，安徽师范大学历史系副教授。

准确解读史料是史学研究的前提和基础。柯林武德说："历史学是通过对证据的解释而进行的。……历史学家们都会同意历史学的程序或方法根本上就在于解释证据。"[①]然而由于文本所呈现的通常只是表象或片段，"历史上任何人物的任何行为，都仅仅是整个情境中的一部分而已"[②]。加之受研究者主观态度或客观知识水平等因素的影响，准确解读史料并非易事。由此，对一些历史问题的片面认识甚至误解便在所难免。以往学界在讨论明清商人社会地位与士商关系问题时，就存在误读史料的情况。如一些学者将"弃儒就贾"之"弃儒"者直接视为儒生或士人，进而推导出士商融合与商人社会地位提高之结论。通过系统的考证可知，"弃儒"者并非都是儒生或士人，也不必然"就贾"，据此得

---

① [英]柯林武德著，何兆武、张文杰、陈新译：《历史的观念》（增补版），北京大学出版社2010年版，第11页。
② [英]郝伯特·巴特菲尔德著，张岳明、刘北成译：《历史的辉格解释》，商务印书馆2012年版，第15页。

出的结论自然需要重新审视①。明汪道昆"良贾何负闳儒"之语,也常被学者引为明清商人社会地位提高与士商融合之重要论据,道昆因此被视为"商人阶层的代言人"或"徽商的代言人"②。但何为"良贾何负闳儒",却未见明确界定或系统讨论。作为明朝显宦和封建文人代表的汪道昆能否成为"商人阶层的代言人"? 明清商人社会地位与士商关系究竟如何? 这些都是颇值得讨论的问题。鉴于此,本文拟从考证"良贾何负闳儒"一语本义入手,再对相关研究加以思考。不当之处,尚祈方家批评指正。

一、汪道昆说"良贾何负闳儒"之原意

汪道昆(1525—1593),字伯玉,号南溟,又号太函。歙县西溪南人。出生徽州盐商世家,其祖父守义、父良彬、叔父良直及"诸昆弟子姓十余曹皆受贾"③。道昆自幼受到良好教育,3岁时,祖父"口授古诗百篇,辄成诵。客至,令诵诗行酒以为常"④。嘉靖二十五年(1546年)参加科举并中应天府乡试。次年中进士,与王世贞同年。随即任义乌知县,开始仕途生涯。后历任武选司署郎中事员外郎,襄阳知府,福建按察使,福建、郧阳、湖广巡抚、兵部左侍郎等职。他文武兼备,工诗文,通音律,与王世贞并为当时诗坛领袖,称"两司马",是明代"复古主义文风的倡言人之一"⑤。道昆著述颇丰,有诗文集《太函集》《太函副墨》及杂剧《高唐梦》《五湖游》等众多作品存世。可见,汪道昆虽为徽商子弟,但本人并未经过商,是一位典型的封建官员和文人。

"良贾何负闳儒"语出汪道昆《太函集》卷55《诰赠奉直大夫户部员外郎程公暨赠宜人闵氏合葬墓志铭》,为避免断章取义,引用其主要内容如下:

> 大江以南,新都以文物著。其俗不儒则贾,相代若践更。要之,良贾何负闳儒,则其躬行彰彰矣! 临河程次公升、槐塘程次公伃与先司马并以盐策贾浙东西,命诸

---

① 相关讨论具体参见梁仁志:《"弃儒就贾"本义考——明清商人社会地位与士商关系问题研究之反思》,《中国史研究》2016 年第 2 期。
② 参见谭廷斌:《明清"士商相混"现象探析》,《湖北师范学院学报》1990 年第 1 期;郝继涛:《明清时期的商业伦理体系》,《山西财经大学学报》2004 年第 4 期;徐彬:《论明清徽州家谱编修与徽商的互动》,《学术研究》2011 年第 6 期;王鹏:《徽州历史人物碑传研究》,安徽大学 2012 年博士学位论文,第 73 页;余英时:《明清变迁时期社会与文化的转变》,《余英时文集》第 3 卷《儒家伦理与商人精神》,广西师范大学出版社 2014 年版,第 192 页;张健:《徽州鸿儒汪道昆研究》,安徽师范大学出版社 2014 年版,第 106 页。
③ 汪道昆著,胡益民等点校:《太函集》卷四三《行状八首·先大父状》,黄山书社 2004 年版,第 919 页。
④ 汪道昆著,胡益民等点校:《太函集》卷四三《行状八首·先大父状》,第 920 页。
⑤ 徐子方:《汪道昆及其杂剧创作》,《学术界》2003 年第 6 期。

子姓悉归儒。不佞道昆附临河仲子金,丙午同籍。明年,从槐塘伯子嗣功。释褐后六年,癸丑,仲子始对公车,授南水部郎,母闵见倍。其后谪安吉,倅长沙,贰河间,且入尚书省,适次公以大耋终。穆考即位,得赠父奉直大夫、户部员外郎,母宜人,皆不逮矣。伯子始以驾部封,父母卒,加赠南少司徒。先司马暨先淑人受封者十年,幸被恤典。人言三家若屈、昭、景,鼎足而居。三君子以贾代兴,则奉直公为贾人祭酒。三长者子以儒代起,则仲子矕然以贞白鸣,其后最汉阳,格不得加赠,遂请老。则以倍亲而仕,思博再命以显吾亲,显之不遑,仕于何有!……公始倡众建祠事,入祠田,于是祀有常所,有常经矣。公大父士华、父廷实世受贾,而公幼以偶句惊塾师。父携之吴,辄能代父兄任贾事。……公字启明,质直好古,吴越人称古愚先生而不名公,其托于贾游乎!顾持大体,策事若观火。不操利权,部使者行部中,必任之以纪纲之役。即诸豪贾善握算,必就公受成。①

余英时曾说:"明清变迁时期一个非常具有意义的社会转变就是'士'与'商'的关系。……到16世纪士人阶层与商人阶层的传统界线已经变得非常模糊。当时除有由士转商的例子外,也有由商转士的例子。如文学家李梦阳(1473—1529)与汪道昆(1525—1593),理学家王艮(1483—1541),以及顾宪成(1550—1612)、顾允成(1554—1607)兄弟等,都是比较有名的例子,他们皆出身商人家庭。……有些作家,像汪道昆,就可以说是商人阶层的代言人。例如,当他谈到自己的故乡——安徽新安时,就说道:'大江以南,新都以文物著。其俗不儒则贾,相代若践更。要之良贾何负闳儒!'……尤其是最后一句这样傲慢的话,是过去的商人连想都不敢想的话。"②将汪道昆视为"由商转士"的代表、"商人阶层的代言人",将"良贾何负闳儒"称作"傲慢的话"和"过去的商人连想都不敢想的话"。可见,余先生显然是将该句话理解为商人社会地位并不比士人低之意。③

叶显恩也曾说:"徽州就有'士商异术而同志''以营商为第一生业''良贾何负闳儒'的石破天开的说法,彼此呼应。这意味着徽州力图把'商'置于'农工'之上而与'士'并列。"④张明富说:"汪道昆出身商人家庭,他的观点可以说是代表了商人的心声:'大江以

---

① 汪道昆著,胡益民等点校:《太函集》卷五五《墓志铭七首·诰赠奉直大夫户部员外郎程公暨赠宜人闵氏合葬墓志铭》,黄山书社2004年版,第1146—1149页。
② 余英时:《明清变迁时期社会与文化的转变》,《余英时文集》第3卷《儒家伦理与商人精神》,广西师范大学出版社2014年版,第190—192页。此处原文"良"字误为"量"。
③ 孙勇才在《道不同不相为谋——论余英时与现代新儒家》一文中也认为:"余先生指出……所谓'其业则商贾也,其人则豪杰也'、'良贾何负闲儒'等都表明明清时期价值观念的变化。"参见孙勇才:《道不同不相为谋——论余英时与现代新儒家》,《河南师范大学学报》2005年第2期。
④ 叶显恩:《论徽商文化》,《江淮论坛》2016年第1期。

南,新都以文物著。其俗不儒则贾,相代若践更。要之,良贾何负闳儒,则其躬行彰彰矣。'在徽州地区,明中叶后,儒贾界限模糊不清,贾而有士行者比比。商人通过文人之口,发出了不平的呼喊,也是欲与士子争高低的宣言。"①高建立提出:"到了明代,由于商品经济发展和资本主义的开始萌芽,商路得到了进一步拓展……不仅促进了传统集市贸易的发展,而且也带动了许多工商业城镇的兴起,新兴市民阶层开始崛起。市民阶层的崛起,打破了传统四民社会的等级秩序,对传统的四民观提出了挑战,人们对商人和商业的认识也开始有了很大转变……晚明的汪道昆则发出'良贾何负闳儒'的呐喊。"②陈爱娟也说:"随着商业的发展,商人地位的提高,社会上崇商心理的出现,士子对商业和商贾的看法逐步有了改变。……商人的社会价值和地位亦得到士子的重新评价。……汪道昆所谓'大江以南,新都以文物著,其俗不儒而贾,相代若贱更。要之,良贾何负闳儒',则起了鼓励士子从传统的四民观念中解放出来,大胆地弃儒就贾的作用。"③可知,上述学者也同余英时一样,均明确认为汪道昆说"良贾何负闳儒",乃是表达他对当时商人社会地位的高度肯定。但揆诸汪道昆原话全文及他的其他类似论述,原意恐非如此。

道昆原文有三处值得关注:

(一)"临河程次公升、槐塘程次公佫与先司马并以盐策贾浙东西,命诸子姓悉归儒。"如若当时徽人多认为商人地位不在士人之下,则程升、程佫及道昆父亲这三位成功的徽商为何均作出"命诸子姓悉归儒"的决定?这在逻辑上似乎不太合乎情理。可能的解释是,这三位徽商并非如此认为。他们尚且如此,则身为典型的封建大官僚和文人的汪道昆怎么可能"傲慢"地认为商人地位并不比士人差呢?

(二)"其俗不儒则贾,相代若践更"。"不儒则贾"竟成为徽州之"俗","贾"和"儒"在徽州之重要性可见一斑。但必须指出的是,此处之"贾""儒"显然是指职业。事实上,经商和业儒对当时的徽人而言的确都是极为重要的谋生之道。王世华就说:"业儒和服贾成了徽人所从事的两项主要职业。"④赵华富也指出:"明清时期,徽州有三种儒贾观:'右儒左贾''右贾左儒'和'儒贾并重'。就一个家庭来看,有时'右儒左贾',有时'右贾左儒',有时'儒贾并重'。就徽州社会来看,有人'右儒左贾',有人'右贾左儒',有人'儒贾并重'。"⑤这种看似混乱的儒贾观若从整体上解读,恰体现了徽人对贾、儒二业均高度重视。可见,汪道昆所谓"不儒则贾",只是客观地陈述了明代徽人在职业选择上的一个基

---

① 张明富:《论明清商人商业观的二重性》,《史学集刊》1999年第3期。
② 高建立:《明清之际士商关系问题研究》,《江汉论坛》2007年第2期。
③ 陈爱娟:《晚明商潮中儒士的价值取向及其心态》,《安徽史学》1999年第4期。
④ 王世华:《"左儒右贾"辨——明清徽州社会风尚的考察》,《安徽师范大学学报》1991年第1期。
⑤ 赵华富:《明清时期徽州的儒贾观》,《安徽大学学报》2011年第6期。

本现实,对士商社会地位进行比较的意味并不强烈。其实,他在《太函集》中还有一段类似论述:

> 新都三贾一儒,要之文献国也。夫贾为厚利,儒为名高。夫人毕事儒不效,则驰儒而张贾。既则身飨其利矣,及为子孙计,宁弛贾而张儒。一弛一张,迭相为用,不万钟则千驷,犹之转毂相巡,岂其单厚然乎哉,择术审矣。①

"儒"和"贾""一弛一张,迭相为用",无疑是"不儒则贾"内容的具体化。"岂其单厚然乎哉"一句则清楚表明,徽人并非只重视经商或只重视业儒,服贾还是业儒乃是基于"择术审矣"之考量。何炳棣就将此称为徽人"现实的社会策略"②。这进一步表明,汪道昆对贾儒的态度是非常清楚的,他并没有认为经商比业儒更了不起或商人社会地位不比士人差。

(三)"则其躬行彰彰矣"。据表达方式和内容判断,此句与"良贾何负闳儒"显为因果关系,或者说它是"良贾何负闳儒"之具体表现。后文"公始倡众建祠事,入祠田,于是祀有常所,有常经矣。公大父士华、父廷实世受贾,而公幼以偶句惊塾师。父携之吴,辄能代父兄任贾事。……质直好古,吴越人称古愚先生而不名公,其托于贾游乎! 顾持大体,策事若观火。不操利权,部使者行部中,必任之以纪纲之役。即诸豪贾善握算,必就公受成"则是"躬行"之内容。显然是在描述程升在躬行"儒行"方面并不比"闳儒"差,只是对以程升为代表的部分徽商群体的肯定、溢美之词,远没有上升到士、商地位比较的层面。事实上,在《太函集》中还有两段论述也可反证这种解释:

> 余闻本富为上,末富次之,谓贾不耕若也。吾郡在山谷,即富者无可耕之田,不贾何待? 且耕者什一,贾之廉者亦什一,贾何负于耕? 古人病不廉,非病贾也。③

---

① 汪道昆著,胡益民等点校:《太函集》卷五二《墓志铭七首·海阳处士金仲翁配戴氏合葬墓志铭》,黄山书社2004年版,第1099页。"岂其单厚然乎哉"一句,《明清徽商资料选编》引为"岂其单厚计然乎哉",经核对《四库全书存目丛书》所影印北京大学图书馆藏明万历刻本,亦无"计"字,《明清徽商资料选编》标注版本为"万历十九年金陵刊本",与北京大学版本同。然"计然"乃传说中大贾范蠡之师,春秋战国时著名的经济学家,后人常用"计然之术""计然之策"代指经商发财之道。故"岂其单厚计然乎哉"一句较"岂其单厚然乎哉"表达方式更准确,意思也更明确。故"多出"之"计"字颇有玄机,原因待考。参见张海鹏、王廷元主编:《明清徽商资料选编》,黄山书社1985年版,第438、506页;四库全书存目丛书编纂委员会编:《四库全书存目丛书》集部第117册,齐鲁书社1997年版,第627页。
② 何炳棣著,徐泓译注:《明清社会史论》,台北联经出版事业公司2013年版,第87页。
③ 汪道昆著,胡益民等点校:《太函集》卷四五《墓志铭八首·明处士江次公墓志铭》,黄山书社2004年版,第1099页。

> 儒者以诗书为本业,视货殖辄卑之。藉令服贾而仁义存焉,贾何负也!①

"贾何负于耕"与"良贾何负闳儒"之语同出道昆之口,且表达句式完全一致,故对"何负"含义之理解也应相同。假若上述学者对"良贾何负闳儒"之解释符合道昆原意,则"贾何负于耕"也应理解为商人的地位怎么会比农民低呢?这样就无法合理解释"古人病不廉,非病贾也"之语。再者,汪道昆在《太函集》中既说商人之地位不比"闳儒"低,又说商人之地位不比农民低,那其意义又何在?似乎不太符合逻辑。

综上,我们从躬行"儒行"的角度来理解作为徽商子弟出身的封建显宦和文人汪道昆的话,应更符合客观事实和正常逻辑。有学者就指出:汪道昆的"思想中封建儒家的正统观念是主导方面"②。胡益民先生在《太函集·点校前言》中也说:"需要特别指出的是,我们高度估价《太函集》的文献价值,并不意味着对其思想价值取向的完全认同。作为一位出自所谓'程朱阙里'的上流社会文人,汪道昆在思想上受程朱理学影响至深至巨;由于出身商人家庭,他固然说过'贾何负于耕''要之农贾各得其所'之类的话,但这并不表明他像李贽、王畿等人那样,是站在新兴市民阶层立场上为工商业者立言,有着多少先进意识;恰恰相反,程朱理学中最落后的层面——宗法观念,特别是'存理灭欲'的理学人性论,在其文章中表现得特别突出。"③作为点校者,胡先生显然通读过该书,对汪道昆思想的认识也更全面和有说服力。他们的论点无疑也佐证了我们的推论。与此同时,明休宁《汪氏统宗谱》中也有一条材料常被学者引以论证明代商人地位之高:

> 古者四民不分,故傅岩鱼盐中,良弼师保寓焉。贾何后于士哉!世远制殊,不特士贾分也,然士而贾其行,士哉而修好其行,安知贾之不为士也。故业儒服贾各随其矩,而事道亦相为通,人之自律其身亦何艰于业哉?……处士讳远,字万里(明成化嘉靖间休宁人)。……公贾而儒行者也,其裕父之志,启诸子以儒,精勤心思在焉。又让所丰于昆季,而自居其瘠者,诸细行不悉数。儒者所谓躬行率先宜乎。④

余英时就曾说:"'良贾何负闳儒''贾何后于士'这样傲慢的话是以前的商人不敢想的。这些话充分地流露出商和士相竞争的强烈心理。"⑤但须注意的是,谱中对"贾何后于

---

① 汪道昆著,胡益民等点校:《太函集》卷二九《传七首·范长君传》,黄山书社 2004 年版,第 638 页。
② 金宁芬:《关于汪道昆的几个问题》,《文学遗产》1985 年第 4 期,第 102 页。
③ 胡益民:《点校前言》,汪道昆:《太函集》,黄山书社 2004 年版,"点校前言"第 21 页。
④ 《汪氏统宗谱》卷一六八。转引自张海鹏、王廷元主编:《明清徽商资料选编》,黄山书社 1985 年版,第 439 页。
⑤ 余英时:《中国近世宗教伦理与商人精神》,台北联经出版事业公司 1987 年版,第 110 页。

士哉"之论证乃是基于"儒者所谓躬行率先宜乎",其落脚点则是"公贾而儒行者也"。显然,徽商汪远之所以不"后于士",正是由于他能像"儒者"一样"率先"躬行"儒行",即"让所丰于昆季,而自居其瘠者"。"儒者所谓躬行率先宜乎"与"则其躬行彰彰矣"两句所表达的意思本质上几乎完全一致。这绝非偶然,从而也进一步证明了我们对于汪道昆说"良贾何负闳儒"之本意的理解。但发人深思的是,以前研究者在引用"良贾何负闳儒"及"贾何后于士"时却常常将这两句话省略,是否断章取义不敢妄论,但正是对这两句话的省略却可能最终导致了引用者对"良贾何负闳儒"或"贾何后于士"的误读,进而误识了明清商人社会地位与士商关系之一般真相。

二、"良贾何负闳儒"与"贾名儒行"

在讨论"良贾何负闳儒"问题时,不能不提及"贾名儒行"。因为汪道昆"良贾何负闳儒"之立论正是基于以程升为代表的部分徽商能够躬行"儒行";明休宁《汪氏统宗谱》中"贾何后于士哉"之立论,也是基于徽商汪远能够"贾而儒行"。因此,理清"贾名儒行"之含义,将有助于我们进一步准确理解"良贾何负闳儒"之本义。通过检索传统文献可知,明清及以前文献中不只有"贾(商)名儒行",还有"医名儒行""吏名儒行""佛(释)名儒行""道(老)名儒行"之类的记载,可以说"某种身份+名儒行"或"某种身份+名而儒行"是一种习惯性表达。宋吕祖谦编《宋文鉴·赵延嗣传》中记载了这样一则故事:

> 赵邻几舍人死,遗三孤女、一老乳母而已。内无兄弟以御其侮,外无期功强近之亲。女稚弱,衣服饮食须人,何恃?不以冻馁死,则为强梁暴之矣。有赵延嗣者,仆于舍人,顾是诸孤,义不可去,竭力庇养之。舍人死,无一区宅、一廛田,延嗣为营衣食之资,身为负担,霑体涂足,不避寒暑,如是凡数十年如一日,未尝少有懈倦之色。事三孤女,如舍人生。三孤女自幼至长,使其女与同处,女之院延嗣未尝至其门。女皆适人,延嗣终不识其面。初寓于宋,三女俱长,延嗣晨起,白堂前,将西走京师。赵氏始不知,谓舍去,皆哭。延嗣以女长未嫁,将访舍人之旧,求所以嫁。至京师,见宋翰林白、杨侍郎徽之,因发声哭,哭止,且道赵氏之孤,且言长将嫁。二公惊愧,谢曰:"吾不及汝,吾被服儒衣冠,读诵六经,学慕古人,况与舍人友,舍人之孤,吾等不能恤,汝能养之,吾不及汝远矣。"二公因为迎入京师,与宅居之,徐相与求良士为婿。长配枢密直学士戚公纶犹子、职方郎中维之子、太庙斋郎舜卿;次并适屯田

员外郎张君文鼎之子、乡贡进士季伦。三女皆归,延嗣始去赵氏门。延嗣可以谓之贤仆夫矣。①

传记作者石介感叹曰:"延嗣可谓仆名而儒行者矣。吁!仆名儒行,见之延嗣。夫儒名而仆行者或有其人,焉得不愧于延嗣哉!"②此后赵延嗣"仆名儒行"之事迹屡被后人提及,以说明仆人是如何以替主人尽心抚养幼孤而躬行"儒行"的。如明秦夔《黄氏小传》中说:"昔石守道传赵良嗣事,谓其仆名儒行,节义不愧颜叔子、韩吏部。愚意良嗣固贤仆夫,然视不出闺阃之女子,其事之难易又何如耶?更其生而为男子,使人之托则其所成就,又岂出赵朔、霍子孟下哉!'"③

嘉靖《彰德府志》中也有一则故事:

> 元符守信,总管符翁仆也,姓郎氏。符翁爱其谨信,字之若子。符翁得痺疾,长卧床褥,家贽浸废,又无田。守信日夕奔走市井,竞微利以养,肉食、茶果常继凡二十年。翁卒,寿八十五,守信卜安阳西原葬焉。又事主母凡三年,卒,合葬,治坟树表。嗟乎!古所谓仆名儒行,守信近之矣。④

从故事内容可知,无论赵延嗣、黄氏还是符守信,他们的"仆名儒行"都不可能理解为"仆人"与士人关系密切,也不存在仆人与士人社会地位比较之可能,而仅仅是说他们替主人尽心抚养幼孤之事已达到"儒行"之标准。

再如"医名儒行""吏名儒行"之记载。张元善,元"江浙行中书省官医提举阶保冲大夫,卒,中书左丞周伯温铭其墓,称以医名儒行"⑤。慕完,"年十三而孤贫,不能卒儒业,习法家,即有声,由府宪史掾礼部……儒之与吏,幼而诵习也同出儒师,特所取有多寡之不同,尔得山林之一木,江河之杯杓,已适于小用矣,既乃仇之何也?……盖吏名而儒行殊途而同归"⑥。徽商子弟吴某,其父"客死于楚","既失怙恃……以湖阴江左饶沃地,谋僦

---

① 石介:《赵延嗣传》,《宋文鉴》卷一四九,吉林人民出版社1998年版,第1311—1312页。引文及标点略有误,引文据四部丛刊景宋刊本改正,并重新标点。
② 石介:《赵延嗣传》,〔宋〕吕祖谦编:《宋文鉴》卷一四九,吉林人民出版社1998年版,第1312页。
③ 秦夔:《五峰遗稿》卷二二《杂著·黄氏小传》,明嘉靖元年刻本;该故事又见黄蛟起:《西神丛语·婢守节》,"丛书集成续编"第51册"史部",上海书店出版社1994年版,第920—921页,内容基本相同,文字略有出入。
④ 嘉靖《彰德府志》卷八《杂志第九·义仆》,明嘉靖刻本。
⑤ 祝颢:《明故太医院御医致仕张公墓志铭》,钱谷:《吴都文粹续集》卷四〇《坟墓》,清文渊阁四库全书补配清文津阁四库全书本。
⑥ 许有壬:《至正集》卷五九《碑志·故中奉大夫侍御史慕公墓志铭》,"北京图书馆古籍珍本丛刊"第95册,书目文献出版社2003年版,第303—305页。

居为治生计",后因俞君之助,"修贽就外傅,力学。居无何,俞君逝。欲卒业,橐垂无寸钱。喟然曰:'儒者业不讳治生,顾今衣食靡所资,而株守一褐,奚为者?'遂与兄禅改业贾,以信义著称,交游资用藉藉起。则又幡然曰:'吾大者既不能业儒,其次尚可以刀笔自奋,幸藉二先人宠灵,获挂一命,树尺寸功,可无负七尺,能役役老阛阓间耶?'始循例补郡功曹,洁廉自持,吏名儒行"①。"杜溥,字浩卿,冠氏人。至元二十八年为济阳县尹。天资英爽,莅事明敏,而以忠敬将之。振刷惟新,威惠并著,五事就绪,亟以兴建学校为务。意向所在,耆艾豪右争先趋而相之。未几落成,县宇精彩为之一变。雅尚文学,喜与士人游。其所守所行近于道而中于理,吏名而儒行。兴利除害,与百姓休息,实心实政,至今尸祝之。祀名宦。"②

文献中"佛(释)名儒行""道(老)名儒行"之事迹也颇多。如元程端学在《跋浮屠信中孚游蓬莱诗卷后》中说:"若中孚者,非佛名而儒行者欤?中孚气清意淡,工于词华,乐与大夫士交。而所寓必焚香扫地,披经读书,挥弦洒翰,有出尘趣。凡东南山水之胜,未尝不躞蹀担簦以嬉。"③清李伍汉在《跋北游赠言》中说:"昙上人,盖释名而儒行者也。图书满架,诗草盈箧,而自视甚虚,不以闭户所得自饫也。"④道光《宁国县志》中载:"仁庵上人以优德腊膺冠服,适儒绅数十辈从余问《易》,延庆因请一言赠之,余曰:'噫嘻!上人浮屠氏,习浮屠者恒外而仁义,而上人以"仁"名庵,倘亦慕吾儒道而?'有觉者与吾试以《易》语之。《易》曰:'元者,善之长。'仁之源也。又曰:'天地之大德曰生。'发之蕴也。彼浮屠教云:不增不减,不生不灭。其于吾善之长奚自?其于吾德之生奚自?而上人志焉所谓释名而儒行,非欤?且也德非仁不立,而上人固非儒者,何以优于德?寿非仁不致,而上人固非儒者,何以优于腊?德、腊俱优,仁之征也,儒道也,而《易》之理亦若有契焉者矣。老氏云:仁者,赠人以言不以财。仁,吾不敢当,而不敢不以仁者之言赠,遂取授二三子者授之,俾勿忘云。"⑤元陈楚望《清虚大师把君道行录》载:道士把德伸,"幼而好学,事亲以孝闻。学广闻多,而以老氏虚心体道之要,为入道之门户。值贞祐南迁,挈家襄陵十余载,二亲相继而逝。既终丧,欲访异人,辞故里,南游至蒙山,受道于无尘子卫君。……以治国犹治身之说纳诲于睿宗。……以有道荣膺召命,他日奏对,必能以正心诚意,开物成务

---

① 胡应麟:《少室山房集》卷九一《行状二首·别驾吴君行状》,"四库明人文集丛刊"第1290册,上海古籍出版社1993年版,第666—667页。
② 道光《济南府志》卷三四《宦迹二·元·济阳》,清道光二十年刻本。
③ 程端学:《积斋集》卷四《跋浮屠信中孚游蓬莱诗卷后》,李修生主编:《全元文》,凤凰出版社2004年版,第175页。
④ 李伍汉:《罂云篇文集》卷三《跋北游赠言》,清康熙懒云堂刻本。
⑤ 何应元:《延庆寺仁庵叙略》,道光《宁国县志》卷一〇下《杂文》,清道光五年刊本。

之学,启沃圣心,其视子微治国治身之语,殆异世而同符矣。仲直老名而儒行者也"①。元张之翰《西岩集》载:"吾友马君希骥,晨持二诗轴为请,曰:'此四方士夫赠相下刘法师祈雨救病之所作也。今应诏阙庭,欲求台阁诸君盛制,合而为一,请吾子为序其大略。师盖愿而信,直而义,谦而不柔,质而不蔽,虽以道陵教受圣天子知,非上命有所祈禳,未尝一语自及。每与吾辈游,凡论好善嫉恶之事,则津津然喜见眉睫间。较其云为,实道名而儒行者也。'"②

毫无例外,上述记载均是表达这些人能够躬行"儒行"之意,与社会地位之比较并无关联。且可以推论的是,在"某种身份+名儒行"或"某种身份+名而儒行"这种习惯表达中,"儒行"应是指当时社会伦理道德之规范或标准,并非具体指像士人一样从事某种行为。在"独尊儒术"时代,士人作为儒家文化的代言人,以道德楷模自居,他们的行为规范自然也就成了社会规范,是否符合"儒行"也就成了评判一个人行为的重要标准。以"某种身份+名儒行"或"某种身份+名而儒行"称某人,也就在一定意义上成为对一个士人之外的人的高度肯定。因此,"贾名儒行"是对商人从道德上加以肯定,并不存在商人与士人社会地位比较或说明士商关系融合之意。

宋以后,学者对本应作为儒家道德楷模的士人空谈儒学而缺少实践深感忧虑,故不断强调躬行之重要性。朱熹说:"曾子之为人敦厚质实,而其学专以躬行为主,故其真积力久而得以闻乎一以贯之妙。然其所以自守而终身者,则固未尝离乎孝敬信让之规,而其制行立身又专以轻富贵、守贫贱、不求人知为大。是以从之游者所闻虽或甚浅,亦不失为谨厚修洁之人;所记虽疏,亦必有以切于日用躬行之实。"③冯椅说:"人之成德以躬行为基,足履实地,立德之始也。"④汪应辰说:"盖笃意于圣人之学,专以躬行为本者也。"⑤明方学渐说:"先高祖以明善为宗,以躬行为本,以崇实为教,尝谓:'言非行匹,恶非善匹,盖知圣贤之所重也。'"⑥顾应祥说:"人有才艺而不自表暴、不言而躬行者最为难得。……君子之学当以躬行为本,而不在言语之间也。"⑦罗洪先说:"世儒常言:'由知见而践履,由践履而自得。'此言似矣而实未尽也。人之为学有起于知见者,自以了悟为明,而忽于责实。有务为践履者,惟以躬行为验。而昧于辩几,此二者谓之非学不可谓,为圣学之的则非也。"⑧

---

① 陈楚望:《清虚大师把君道行录》,李道谦编:《甘水仙源录》卷七,明正统道藏本。
② 张之翰:《西岩集》卷一三《序·刘法师诗序》,李修生主编:《全元文》,凤凰出版社2004年版,第281页。
③ 朱熹:《晦庵集》卷八一《书刘子澄所编曾子后》,四部丛刊景明嘉靖本。
④ 冯椅:《厚斋易学》卷四六《易外传第十四》,清文渊阁四库全书本。
⑤ 汪应辰:《文定集》卷一二《题跋·跋谭师直士训》,清文渊阁四库全书本。
⑥ 方学渐:《心学宗》续编卷一《方明善先生》,清康熙继声堂刻本。
⑦ 顾应祥:《静虚斋惜阴录》卷一〇《论杂》,明刻本。
⑧ 罗洪先:《念庵文集》卷三《书·与徐大巡》,清文渊阁四库全书本。

这些思想不能不对汪道昆产生深刻影响,故他在《太函集》中就曾明确指出:"善教者躬行为上,科察次之。"①既如此,则道昆以"儒行"作为评判徽商之标准自然在情理之中。由此更能证明,无论"良贾何负闳儒"还是"贾名儒行",都并非表达商人社会地位并不比士人低之意,而是在强调商人在躬行"儒行"也即儒家伦理道德规范方面并不一定比士人差。

三、余　　论

考诸汪道昆原意及传统文献表达习惯,可知"良贾何负闳儒"之语并非是说商人社会地位并不比士人低,也不是说当时士商关系如何密切,其本义当是指商人在躬行"儒行"方面并不见得不如士人,类似"贾名儒行"之说。但此处之"儒行"是作为社会伦理道德之规范或标准而存在的,并非具体指像士人一样从事某种行为。在明清及更早的文献中,不仅有"贾(商)名儒行",也有"仆名儒行""医名儒行""吏名儒行""佛(释)名儒行""道(老)名儒行"之谓,故对"良贾何负闳儒"不宜作过度解读,也即将其作为明清商人社会地位提高与士商融合之论据并不恰当,将汪道昆视为"商人阶层的代言人"或"徽商的代言人"的观点也应重新检讨。

事实上,除"弃儒就贾""良贾何负闳儒"外,以往学者在讨论明清商人社会地位与士商关系问题时,对史料的误读还有很多。例如"徽州风俗以商贾为第一等生业,科第反在次着"这句话,余英时说:

> 我们可以从冯梦龙所编《喻世明言》中的一则故事,发现一个新的谚语:"一品官,二品贾。"这清楚地说明商人的社会地位已经大为提高了。同样,何心隐也同意将商人放在仅次于士人的地位。另外,凌濛初的崇祯本《二刻拍案惊奇》卷三十七称:"徽州风俗以商贾为第一等生业,科第反在次着。"其他当时的作品也可以证实以上的论述②。

文中的"第一等"显然被余先生理解为"第一等级"或"第一品级"之意了,可若将其理解为"最主要"当更符合原意。正如前文所述,经商和业儒是明清徽人最为重要的两条谋生之道。可在当时科举录取率很低的情况下,徽人依靠经商维持生计者毫无疑问较依靠

---

① 汪道昆著,胡益民等点校:《太函集》卷一《送吴先生视学山东序》。
② 余英时:《明清变迁时期社会与文化的转变》,《余英时文集》第3卷《儒家伦理与商人精神》,广西师范大学出版社2014年版,第194页。

"科第"成功而维持生计者多。故此句话应同汪道昆所谓"不儒则贾"一样,也是对当时徽人职业选择现状的一个客观描述,并非是强调商人地位之高。而理解了这点,也就可进而明白徽州所谓"士而成功也十之一,贾而成功也十之九"[①]这句话的含义也并非如今天一些学者所理解的那样。综上可知,从对相关史料的重新解读出发,对既有明清商人社会地位与士商关系问题之研究进行系统反思实有必要。

---

① 吴自有:《百岁翁状》,吴吉祜辑:《丰南志》卷六《艺文志》,《中国地方志集成》乡镇志专辑第17册,江苏古籍出版社影印本1992年版,第378页。

《四库提要》的接受对象与学术功用

□ 曾志平

摘　要：《四库提要》在清后期产生了比较大的影响，但其影响主要限于一部分学者。《四库提要》在清后期的功用有二：一为撰著之源泉；二为治学之津梁。学者以《四库提要》为案头必备之书，借以评骘著述，论述取材，判断古书真伪。《四库提要》是一把双刃剑，它既对编撰著述、读书治学产生了积极的影响，也在某些程度上成为学术发展的阻碍因素。出现这一现象的缘由在于：《四库提要》出自钦定，《四库提要》的学术水准被高估。《四库提要》的不利影响延续至今，对四库学的学术史作全盘考察，势在必行。

关键词：《四库提要》；清代学术史；四库学

作者简介：曾志平，武汉大学中国传统文化研究中心博士研究生。

《四库全书总目提要》（以下称《四库提要》）是一部重要的学术著作。余嘉锡对《四库提要》在清后期的影响有简短的概括，他认为："故曰自《别录》以来，才有此书，非过论也。故衣被天下，沾溉靡穷，嘉、道以后，通儒辈出，莫不资其津逮，奉作指南，功既钜矣，用亦弘矣。"[①]余嘉锡所述较有见地，业已成为学界引用的经典论断。但此论不免过于笼统和模糊。《四库提要》是否一直有巨大影响？哪些地区的"通儒"将《四库提要》"奉作指南"？普通读书人是否受《四库提要》的影响？《四库提要》在哪些方面发挥着作用？诸如此类问题，目前仍然知之甚少。学界对《四库提要》在目录学界的影响略有论及[②]，而对其他问题罕有涉及。鉴于此，本文以《四库提要》问世至清朝覆灭为考察时段，对其功用作初步的梳理。

一、《四库提要》的接受对象

探究《四库提要》的功用，首先需要明晰《四库提要》的接受对象。《四库提要》编纂之

---

① 余嘉锡：《四库提要辨证·序录》，中华书局2007年版，第49页。
② 王重民：《中国目录学史论丛》，中华书局1984年版，第246—248页。

时,已有抄本在民间流通,如乾隆五十六年(1791年),胡虔已阅读《四库提要》抄本,并将《四库提要》存目类书目单独抄录,编成《四库全书附存目录》。早期抄本毕竟流通稀少。乾隆五十八年(1793年),江南三阁《四库全书》陆续到位,乾隆六十年(1795年),浙本、殿本《四库提要》刊刻,《四库提要》真正得以流传。

江南三阁与北方四阁有所不同,江南三阁面向读书人开放。其中,文澜阁《四库全书》开放程度最高,前往阅读誊写的读书人接踵而至,一度出现"承学之士,抄录尤勤,毫楮丛集,求者不给"的盛况。① 如张海鹏从文澜阁抄录图书,后以此刊刻《墨海金壶》《学津讨原》丛书,书前即附有提要一篇。李调元从文澜阁抄录《苏氏演义》《产育宝庆集》等以刊刻《函海》,并为之作序,而《苏氏演义序》《东原录序》即是袭用《四库提要》文字而成。②

殿本《四库提要》流传极为有限③,浙本传播范围校对较广。阮元在《浙江刻〈四库提要〉恭跋》中称:"兹复奉命视学两浙,得瞻仰文澜阁于杭州之西湖,而是书适刊成。士林传播,家有一编。由此得以津逮全书,广所未见。"④《四库提要》作为钦定之书,"士林传播",自然在情理之中,但"家有一编",显然过于夸张,仅是阮元一厢情愿而已。

事实上,在很长的一段时间内,《四库提要》的传播范围有限,它的影响远非想象中那么高。《四库提要》的传播受到诸多因素的制约。二百卷的《四库提要》,并非普通人能够购买,前往文澜阁的读书人,数量也较为有限。在《四库提要》流传的核心区域,近在咫尺的海宁藏书家吴骞(1733—1813),在他《日记》中并未提及《四库提要》⑤,虽不能就此断定他未曾阅读《四库提要》,至少说明,在他的阅读视野中,《四库提要》不占据非常重要的地位。另一位海宁读书人管庭芬(1797—1880),在道光中期以前,也不曾阅读《四库提要》。⑥ 管庭芬与钱泰吉、周勋懋等10余位友人频繁地互通书籍⑦,却从不见互借《四库提要》的记载。道光二十九年(1849年)三月十二日,管庭芬与友人首次前往文澜阁,"以观秘书钥藏之处"。昆山读书人潘道根(1788—1858),仅对《四库全书》的编修有粗浅了解,从不见提及《四库提要》。⑧

同治以后,随着《四库提要》不断被传抄、翻刻,其流传范围稍有扩大,文集、笔记中对《四库提要》提及的次数日渐增多。然而,从张之洞的描述中得知,光绪年间,《四库提要》

---

① 阮元:《浙江刻〈四库提要〉恭跋》,《揅经室集》二集卷八,中华书局1993年版,第565页。
② 周中孚:《郑堂读书记》,上海书店出版社2009年版,第878页。
③ 崔富章:《〈四库全书总目〉版本考辨》,《文史》第35辑。
④ 阮元:《浙江刻〈四库提要〉恭跋》,《揅经室集》二集卷八,第565页。
⑤ 张昊苏、杨洪升整理:《吴兔床日记》,凤凰出版社2015年版。
⑥ 张廷银整理:《管庭芬日记》,中华书局2013年版。
⑦ 徐雁平:《〈管庭芬日记〉与道咸两朝江南书籍社会》,《文献》2014年第6期。
⑧ 参见罗瑛整理:《潘道根日记》,凤凰出版社2016年版。

的传播依旧有限。光绪初年,张之洞任四川学政,他在所作的《輶轩语》中说道:

> 今为诸生指一良师。将《四库全书总目提要》是一书名。省文可称《四库提要》读一过,即略知学问门径矣。析而言之,《四库提要》为读群书之门径。《提要》较多,未必人人能置一编,别有《四库简明目录》,乃将《提要》约撮而成,书止一帙。大抵初学须先将经、史、子、集四种,分清何书应入何类,于此憬然,则购书读书,皆有头绪。然《简明目录》太略,书之得失,亦未详说。且四库未收者,《提要》尚列存目于后,《简明目录》无之,不得误认为世间所无也。略一翻阅,然后可读《提要》。①

《輶轩语》面向生员,透过张之洞的话语,可以看出,四川普通读书人对《四库全书简明目录》(以下省称《简明目录》)都较为陌生,勿论《四库提要》。生于光绪十年(1884年)的余嘉锡,他的父亲余嵩庆是进士,余嘉锡幼时,即由父亲教授五经、四史,具备些许文化修养的余嵩庆,似并不知晓《四库提要》,余嘉锡在阅读《輶轩语》后,才获知世间有《四库提要》这一奇书。光绪二十六年(1900年),余嵩庆至省城长沙,始为余嘉锡购得《四库提要》。光绪末年,《四库提要》问世已100余年,《輶轩语》刊行也已20余年,而《四库提要》在湖南的流通仍然不够广泛,普通读书人对《四库提要》并不熟悉,他们获取一部《四库提要》,具有一定的难度。《四库提要》流通有限,可想而知,它在湖南、四川等地学者中的影响自然也不如江南广泛。

早在《四库提要》编纂之时,清高宗已意识到它过于繁复:"至现办《四库全书总目提要》,多至一万余种,卷帙甚繁,将来抄刻成书,翻阅已颇为不易,自应于《提要》之外,别刊《简明书目》一编。只载某书若干卷,注某朝某人撰,则篇目不繁而检查较易。"②《简明目录》因精简、价格相对低廉等优势,充当了辅助传播《四库提要》的作用。如吴骞在日记中未提及《四库提要》,却出现了《简明目录》。有些人甚至直接将《简明目录》等同于《四库提要》。如《(同治)清泉县志》载:

> 读《钦定四库全书提要》谓武功康书削地志繁滥之习,书止七篇,义例分明,纲目具括。朝邑韩书,止二十余页,上下数千年,包括巨细,若有余闲,无局促束缚之迹。此足见文简事核,志书之体要在此,即志书之能事尽此。③

---

① 张之洞撰,司马朝军注:《輶轩语详注》,华东师范大学出版社2010年版,第139页。
② 中国第一历史档案馆编:《纂修四库全书档案》,上海古籍出版社1997年版,第229页。
③ 张士宽:《(同治)清泉县志序》,《中国地方志集成·湖南府县志辑》第37册,江苏古籍出版社2002年版,第435页。

《四库提要》并无上述文字,所谓的《钦定四库全书提要》,实质上是指《简明目录》。《简明目录》载:

  《武功县志》三卷。明康海撰。是书削地志繁滥之例,……故书止七篇,而义例分明,纲目具括。
  《朝邑县志》二卷。明韩邦靖撰。……书止二十余页,而上下数千年,包括巨细,叙次点缀,若有余闲,无局促束缚之迹。①

《(同治)清泉县志》的编纂者应当未曾阅读《四库提要》,误以为《简明目录》的解题文字与《四库提要》一致。又如谭献记载,光绪元年(1875 年),"十二月初五日,借仲容《四库书目》校本来一阅。盖从邵位西文本过录,予别有论"②。邵懿辰撰有《四库简明目录标注》,孙诒让在此基础上作了补注。谭献所提到的《四库书目》,实则指代《简明目录》。《四库提要》传抄书目,也在某些程度上扩大了《四库提要》的影响。如嘉庆二十一年(1816 年),管庭芬姑丈赠予他《四库全书附存目》,管庭芬早期对《四库提要》收录书目的认识,即来自《四库全书附存目》。胡虔编有《四库全书附存目录》,管庭芬所得《四库全书附存目》,可能即是《四库全书附存目录》。

如前所述,《简明目录》也并非人人可见,而《四库提要》传抄书目毕竟过于简略。《四库提要》主要在北京、江南学者中流通,而在其他地区的影响相对不如江南广泛。时常混迹于北京、江南的其他地区学者,也较为容易了解《四库提要》。至于普通读书人,即使在江南,他们也未必熟悉《四库提要》,而在其他地区,普通读书人更是难以购置《四库提要》。《四库提要》的接受对象,是讨论《四库提要》功用的前提。

二、《四库提要》是撰著之源泉

《四库提要》作为钦定之书,具有权威性,后人编撰著作之时,或是在形式上参考借鉴《四库提要》,或是直接采用《四库提要》的解题文字。《四库提要》对诸多著述的编撰产生了示范作用,如以下几种著述类型:

---

① 永瑢等:《四库全书简明目录》卷七,上海古籍出版社 1985 年版,第 265 页。
② 范旭仑、牟晓朋整理:《谭献日记》,中华书局 2013 年版,第 232 页。

（一）私家目录

《四库提要》是目录学著述,故它对目录学界的影响极为明显。王重民已指出这一现象,他认为,《四库提要》对私家目录的影响表现在两个方面:1.目录的分类和编排;2.提要的方法和方式。①《四库提要》对私家目录的影响不止于此。私家目录不仅在形式上参考《四库提要》,有些私家书目直接"借用"《四库提要》的解题文字,如周中孚《郑堂读书记》。《慈云楼藏书志》一般认为是《郑堂读书记》的底稿,早在《慈云楼藏书志》编纂之初,龚自珍已指出,《慈云楼藏书志》"一以《四库提要》为宗法"②。作为在《慈云楼藏书志》基础上修订而成的《郑堂读书记》,自然与《四库提要》有较大的关联。如《郑堂读书记》载:

> 《谈薮》一卷,《古今说海》本。旧题宋庞元英撰。元英仕履见杂家类,《四库全书存目》。《宋志》及诸家书目俱不载,盖明代人所伪撰也。况懋贤为元丰间人,何得记及宁宗、理宗时事,此其依托之显然者也。大都从说部中录出,二十五条别为标目,当出于书贾所为,后人不加深考,而采用其书,陶珽且摘取十一条补入《说郛》为一种云。③

《四库提要》卷一百四十三载:

> 《谈薮》一卷,旧本题宋庞元英撰。元英有《文昌杂录》,已著录。案元英为宰相籍子,乃元丰中人。此书乃多述南宋宁、理两朝事,相距百载,其伪殆不足攻。书中凡载杂事二十五条,皆他说部所有。殆书贾抄合旧文,诡立新目,售伪于藏书之家者。厉鹗等《南宋杂事诗注》,亦误采之,盖偶未考。然尤侗《明史·艺文志》作于康熙己未,业已著录,则其伪作自前明矣。④

比对可知,《郑堂读书记》与《四库提要》并无二致。经过核对,《郑堂读书记》除集部解题文字与《四库提要》有一定的差异外,经部、史部、子部解题文字大量出自《四库提要》。近年对《郑堂读书记》的关注度有所提升,但核对史源后可知,其学术价值不应高估。

《四库提要》对私家目录编撰的贡献显而易见。相对于《四库提要》流通以前私家目

---

① 王重民:《中国目录学史论丛》,中华书局1984年版,第246—248页。
② 龚自珍:《慈云楼藏书志序》,《龚自珍全集》,上海古籍出版社1975年版,第203页。
③ 周中孚:《郑堂读书记》卷六四,第1047页。
④ 永瑢等:《四库全书总目》卷一四三,中华书局1965年版,第1217页。

录的混乱状况,私家目录在编撰体例上对《四库提要》的模仿,无疑是一种进步。然而,私家目录在分类和解题上对《四库提要》过度因袭,基本上是依样画葫芦,《四库提要》得,私家目录亦得,《四库提要》失,私家目录亦失。唯张之洞《书目答问》不落窠臼,在分类方式上对《四库提要》稍有改动,间有可取之处,刘咸炘对此有所论及。①

(二) 地方志

较之数量有限的私家目录,《四库提要》对地方志编纂的影响,更为值得注意。历来认为,章学诚在方志学理论与修志实践方面作出了杰出的贡献②,事实上,《四库提要》对方志编纂的规范也产生了很大的影响。地方志由地方官府主修,较易获得《四库提要》。《四库提要》对地方志最为显著的影响,体现在艺文志一目。清前中期的方志在艺文志的编纂上混乱不堪,各艺文志多以选录诗文为主,罕有记载经籍目录者。《四库提要》问世后,方志"艺文志"编纂的混乱有了较大改观,采用《四库提要》方式以编纂艺文志的方志日益增多。

《四库提要》对方志"艺文志"编纂的影响主要体现在两方面:1.目录分类;2.解题文字。如《(嘉庆)四川通志·凡例》称:"艺文志例起班氏《汉书》,后作史者改为经籍志,不过条其篇目,撮其指意而已。三通中经籍、艺文考略率循此体,后代志乘博采诗文,既乖义例,且多挂漏。今敬遵《钦定四库全书提要》之例,凡蜀人著录,分经史子集,汇为一编。"③又如《(嘉庆)松江府志》载:"地志旧例多录题咏碑记汇为一集,标曰'艺文',颇为尘冗。今取名流著作,附见各门本条之下,以备考稽。而艺文一志,谨遵《四库全书目录》之例,只载书名,金石亦只载碑目。"④又有大量方志直接抄录《四库提要》的解题文字。如《(嘉庆)直隶太仓州志》。

《直隶太仓州志》编成于嘉庆七年(1801年),题名王昶等总修。《直隶太仓州志·艺文》对所引用的著作,或注明出处,或付之阙如,给人留下了疑惑。《直隶太仓州志》的编修距《四库提要》刊行不过6年,经考察,文中未标明史源的解题文字有一部分来自《四库提要》,如:《直隶太仓州志》卷五十三《艺文》二载:

《史乘考误》十卷。是书一曰《二史考》,凡八卷;二曰《家乘考》,凡二卷。二史

---

① 刘咸炘:《推十书》丁辑,上海科学技术文献出版社2009年版,第47—87页。
② 仓修良:《方志学通论》,华东师范大学出版社2013年版。
③ 常明、杨芳灿等:《(嘉庆)四川通志·凡例》,《中国地方志集成·省志辑·四川》第1册,凤凰出版社2011年版,第29页。
④ 宋如林、孙星衍等:《(嘉庆)松江府志·凡例》,《中国地方志集成·上海府县志辑》第1册,上海书店出版社2010年版,第13页。

者,国史、野史也,皆胪举讹传,一一考证,已载入《弇山堂别集》中,此其单行之本也。①

《四库提要》卷九十《史乘考误》提要载:

> 《史乘考误》十卷,明王世贞撰。世贞有《弇山堂别集》,已著录。是书一曰《二史考》,凡八卷;二曰《家乘考》,凡二卷。二史者,国史、野史也,皆胪举讹传,一一考证,已载入《弇山堂别集》中,此其单行之本也。②

对比可知,《直隶太仓州志》与《四库提要》完全一致。整理得出,《直隶太仓州志·艺文》借用《四库提要》文字的条目有:王世贞《史乘考误》《嘉靖以来首辅传》,陆廷灿《续茶经》《艺菊志》《南邨随笔》,王履《医经溯洄集》,何焯《义门读书记》,吴台硕《心印正说》,孙致弥《秋左堂诗集、词、续集》,赵俞《绀寒亭诗、文集》,张锡爵《吾友于斋诗钞》,王辅铭《练音集补》《国朝练音集》,纳兰性德《合订删补大易集义粹言》。

参考《四库提要》的方志数不胜数,如《(道光)广东通志》《(光绪)湖南通志》《(光绪)广州府志》《(同治)番禺县志》《(同治)畿辅通志》《(光绪)顺天府志》《温州经籍志》等。《(道光)广东通志》《(光绪)湖南通志》等不但参考《四库提要》的分类法,还大量征引《四库提要》的解题文字,《(道光)广东通志》征引《四库提要》近200次。其中,有必要辨析的是《(光绪)顺天府志》。《(光绪)顺天府志》署名张之洞、缪荃孙总纂,艺文志由缪荃孙负责编撰。《顺天府志·艺文志》未标注史源,有论者已指出"《顺天府志·艺文志》中有的解题文字采自《四库全书总目》"③,经过考察,《顺天府志·艺文志》并非仅仅是"有的解题文字采自《四库全书总目》",而是大幅取材《四库提要》。统计得出,《四库提要》共著录顺天府作者30人,著述73部,而缪荃孙选取了其中29位作者的67部著述。《四库提要》所著录的顺天府著者及其著作,《顺天府志·艺文志》几乎全部收入。《顺天府志》有"精博典核,为近世方志之冠"④的好评。考察史源后可知,仅以艺文志而论,《顺天府志·艺文志》已名实不副。

《四库提要》在很大程度上规范了方志艺文志的编撰,但它从另一方面束缚了方志的编撰,诸多地方志在艺文志的编撰上少有创见,通常是"前人栽树,后人乘凉",对艺文志

---

① 王昶等:《(嘉庆)直隶太仓州志》,《续修四库全书》第698册,上海古籍出版社2002年版,第105页。
② 永瑢等:《四库全书总目》卷九〇,第762页。
③ 杨洪升:《略论缪荃孙的方志学特色》,《中国地方志》2008年第8期。
④ 王云五主持:《续修四库全书提要》,台湾商务印书馆1972年版,第1831页。

的编撰较为敷衍。

(三) 总集

《四库提要》评骘古今诗文集数千部,为后世诗文总集的编撰提供了丰富的素材。参考《四库提要》的著述有:王昶《国朝词综》,张维屏《国朝诗人征略》,阮元《两浙輶轩录》,陶梁《词综补遗》《国朝畿辅诗传》,陈田《明诗纪事》,陈鸿墀《全唐文纪事》,谢朝征《白香词谱笺》,丁宿章《湖北诗征传略》,杜文澜《古谣谚》,等。

通过总集,《四库提要》的文学观念在清后期产生了较大的影响,以致20世纪以后的诸多文学史著作,仍或多或少地取资《四库提要》。《四库提要》中的一些错误文学观念,也通过总集、文学史著述层层累积,以讹传讹,有人为此对《四库提要》的明代文学史建构作了辩驳。①

三、《四库提要》是治学之津梁

清高宗在《简明目录》《四库提要》编修初期,已经明确指出:"俾学者由《书目》而寻《提要》,由《提要》而得《全书》,嘉与海内之士考订源流,用昭我朝文治之盛。"②不管清高宗的真实意图如何,《四库提要》问世之后,的确发挥了读书、治学门径的作用。

清后期一些学者将《四库提要》视为案头必备之书。如龚自珍提到:"年十六,读《四库提要》,是平生为目录之学之始。"③龚自珍在嘉庆早年已阅读《四库提要》。周中孚以《四库提要》为治学门径④,对《四库提要》娴熟于心,故在《郑堂读书记》中频繁"征引"《四库提要》。又如梁章钜将读书笔记编为《退庵随笔》。徐兆玮在其日记中指出,梁章钜《退庵随笔》读经部分多述纪昀之说,实《四库提要》之续余。⑤有人进一步指出,《退庵随笔》读经、读史、读子、学文诸类所论,多采自《四库提要》。⑥梁章钜对《四库提要》已将《四库提要》经史子集通读一遍。徐兆玮对《四库提要》也较为熟悉,故他能发现《退庵随笔》转述《四库提要》成说。以《四库提要》为治学门径,已成为一部分学者的共识,是以张之洞向读书人推荐《四库提要》。《四库提要》作为案头之书,在读书、治学方面的用途广泛,如以下几例:

---

① 何宗美、刘敬:《明代文学还原研究——以〈四库总目〉明人别集提要为中心》,人民出版社2014年版。
② 中国第一历史档案馆编:《纂修四库全书档案》,第229页。
③ 龚自珍:《己亥杂诗》《龚自珍全集》,上海古籍出版社1975年版,第515页。
④ 戴望:《外王父周先生述》,周中孚:《郑堂读书记》,上海书店出版社2009年版,第1页。
⑤ 徐兆玮:《徐兆玮日记》,黄山书社2013年版,第219页。
⑥ 徐德明:《清人学术笔记提要》,学苑出版社2004年版,第135页。

(一) 以《四库提要》评骘书籍优劣

如叶廷琯《吹网录》卷四《读书敏求记校本》称:"《四库提要》深讥遵王编次无法,品骘多讹,故仅列之存目中,然又谓其述授受之源流,究缮刻之同异,见闻既博,辨别尤精,但以板本而论,亦可谓之赏鉴家,则仍未尝不节取之。"①文廷式《纯常子枝语》卷二十载:"傅维鳞《明书》一百七十一卷,其体例之不善,《四库提要》论之。"②徐兆玮在阅读张金吾《爱日精庐藏书志》后称:"张氏此书分类悉遵《四库》,故无编录失次之讥。"③

(二) 以《四库提要》为论述之依据

《四库提要》既有对单一著述优劣的评价,也有对经学、史学、理学、文学的总体判断,它的不少论断,成为后世学人参据的蓝本。如方浚师《蕉轩续录》卷二《论竹垞读书诗》载:"浚师按:《皇极经世》一书,《四库提要》引明何瑭之论详矣。"④方浚师将《四库提要》论述视为定论。李慈铭《越缦堂读书记》载:"读惠定宇氏《易例》,是书草创未定,故体例不一,《四库提要》言之甚当。"⑤李元度在有些序跋中不时地借用《四库提要》,以作为论述之资。⑥又如《四库提要》认为,东汉以后2000年的学术史,不过是汉学、宋学两家互为胜负,并将学术史划分为六期。皮锡瑞《经学历史》对经学史的论述,即主要取自《四库提要》。

(三) 以《四库提要》判断古书真伪

《四库提要》辨别伪书,成为后世学人判断伪书的依据。如陈履和所作崔述《古文尚书辨伪跋》称:"伪书二十五篇,人人童而习之,昔贤辨论尚未必首肯,何况晚出之作,众难群疑固然不足怪。伏思我朝《四库全书总目提要》一书,皆奉高宗纯皇帝钦定,刊布海内。古文二十五篇之伪,朝廷早有定论,非草茅下士一人一家之私言也。"⑦叶廷琯《吹网录》卷六《岩下放言》称:"伏读《四库提要》,言世所传郑景望《蒙斋笔谈》,其文全与叶某《岩下放言》同,但删去数十条。暇日取《稗海》中《蒙斋笔谈》校勘,始知《笔谈》剽取此书,分作二卷。"⑧《吹网录》卷五《画墁集补遗》载:"《岩下放言》,旧误作《蒙斋笔谈》,经《四库提要》辨明改正。鲍氏于嘉庆甲子刻此集补遗'纨扇'诗下,仍沿误注作《蒙斋笔谈》。"⑨又如徐兆

---

① 叶廷琯:《吹网录》卷四,《续修四库全书》第1163册,上海古籍出版社2002年版,第62页。
② 文廷式:《纯常子枝语》卷二○,《近代中国史料丛刊续编》第137册,台北文海出版社1975年版,第1178页。
③ 徐兆玮:《徐兆玮日记》,黄山书社2013年版,第109页。
④ 方浚师:《蕉轩续录》,中华书局1995年版,第568页。
⑤ 李慈铭:《越缦堂读书记》,中华书局2006年版,第7页。
⑥ 司马朝军、曾志平:《〈天岳山馆文钞〉与〈四库提要〉——兼论〈四库提要〉的传承研究》,《人文论丛》2015年第二辑,武汉大学出版社2015年版,第259—269页。
⑦ 陈履和:《古文尚书辨伪跋》,《崔东壁先生遗书》下册,北京图书馆出版社2007年版,第295页。
⑧ 叶廷琯:《吹网录》卷6,《续修四库全书》第1163册,第92页。
⑨ 叶廷琯:《吹网录》卷5,《续修四库全书》第1163册,第75页。

玮读《赵飞燕》后称:"《飞燕外传》,旧题汉伶元撰,《四库存目》始辨为后人依托。"①张之洞劝诫读书人以《四库提要》为治学之门径,"诸古书宜分真伪",即是应当学习的一个方面。他认为,辨伪一事,"本朝诸老论之最详,辨之最精。即《四库提要》中已具大略,试取观之,自然昭若发蒙"②。《书目答问》所列《神异经》《十洲记》《洞冥记》《搜神记》《搜神后记》《述异记》《关尹子》等伪书,即是依据《四库提要》。梁启超大谈辨伪之学,他对辨伪的认识,也有一部分得自《四库提要》。

当然,学者并非全然以《四库提要》之是非为是非。自《四库提要》问世之初,已有一些学者对其作了批评。余嘉锡即指出:

> 余谓《提要》之言,苦心分别,未为大失。惜乎其于古书之体,未达一间耳。若夫严氏之论《鬻子》,《漫稿》卷五《鬻子序》。孙星衍之论《晏子》《问字堂集》卷三《晏子春秋序》。《燕丹子》,平津馆刻本卷首。孙诒让之论《墨子》,《墨子间诂》后附《墨子传略》。皆谓古书不必自著,是皆好学深思,通知古今著述体例者,其言可以互考也。《提要》之于周、秦诸子,往往好以后世之见议论古人,其言似是而实非,今亦不欲以空言多所争辩,姑发其凡于此。③

严可均、孙星衍等人对《四库提要》在古书辨伪方面的疏漏提出了异议。道光以后,对《四库提要》作批评已渐趋普遍,如李慈铭对《四库提要》作有评价:

> 然文达名博览,而于经史之学实疏,集部尤非当家。经史幸得戴邵之助,经则力尊汉学,识诣既真,别裁自易,史则耳山本精于考订,南江尤为专门,故所失亦尠。子则文达涉略既遍,又取资贷园,弥为详密。集部颇漏略乖错,多滋异议。④

又如魏源《书宋名臣言行录后》,徐时栋《烟屿楼读书志》"群经总义""绍兴十八年同年小录"等条目对也有所辩驳。有人认为:"实际上,学者间对《四库提要》一直是有看法的,但慑于钦定官书,嘿不敢议,直到清末皇权式微,学人才敢肆意讥评。李慈铭曾特别指出'集部颇漏略乖错,多滋异议'。"⑤此说法受到了余嘉锡的观点影响,余嘉锡认为:"乾、嘉

---

① 徐兆玮:《徐兆玮日记》,黄山书社2013年版,第95页。
② 张之洞撰,司马朝军注:《𬨎轩语详注》,华东师范大学出版社2010年版,第201页。
③ 余嘉锡:《四库提要辨证》,第610页。
④ 李慈铭:《越缦堂读书记》,第1119页。今按:此种臆测之辞不足为据。
⑤ 蒋寅:《纪昀与〈四库全书总目〉的诗歌批评》,《学术界》2015年第7期。

诸儒于《四库提要》不敢置一词,间有不满,微文讥刺而已。道、咸以来,信之者奉为三尺法,毁之者又颇过当。"①余嘉锡的论述未必恰当。

尽管学者对《四库提要》有所批评,但并未达到"毁之者又颇过当"的地步。学者对《四库提要》的批评,恰恰使《四库提要》的影响进一步加深。魏源不过是对《四库提要》扬汉抑宋有所不满,他对《四库提要》的学术水准并无异议。徐时栋《烟屿楼读书志》也只是指出了《四库提要》的个别瑕疵。李慈铭对《四库提要》确实有所不满,总体上仍倾向于肯定《四库提要》,仔细查阅《越缦堂读书记》所标注的读书日期,从咸丰初年到光绪中期几十年的读书笔记中,李慈铭频繁地提到《四库提要》,可见,李慈铭将《四库提要》作为案头必备之书,不时地翻阅以作为治学之参考。

《四库提要》作为治学的入门阶梯,清后期诸多学者都曾从中汲取营养,同时,应该注意的是,《四库提要》也造成了明显的负面影响。有些学者直接袭取《四库提要》成说而未加考证。如郝懿行有《与李月汀比部论杨倞书》,李璋煜所举证的观点实袭自《四库提要》②,不知者则可能误以为出自李璋煜,而《四库提要》有关杨倞的论述并不甚恰当,李璋煜显然缺乏辨别能力。许瀚《读〈四库全书提要〉志疑》对《四库提要》"集古录"条目作了辨证,《四库提要》误将曾巩《金石录跋》作《金石录序》,并称"序存《元丰类稿》中",许瀚提到,孙冯翼《金石考序》、李芝龄《金石存》关于曾巩《金石录序》的文字,均袭《四库提要》之误。③李元度借用《四库提要》文字,也不免为《四库提要》所误。同时,《四库提要》的某些治学方法,也易诱人致误。《四库提要》考辨古书过于轻率,对《古文尚书》《孔子家语》伪书定案起到了推波助澜的作用。张之洞、梁启超等对古书辨伪的认识,即在某些程度上为《四库提要》误导,经张之洞、梁启超等宣传后,《四库提要》的不利影响进一步放大。《古文尚书》《孔子家语》是否为伪书,在今日已引起反思。④

结　　论

通过考察《四库提要》对著作编撰、读书治学的影响,可以得出,应该辩证地看待《四库提要》在清后期的功用,《四库提要》是一柄双刃剑,它既在某些方面促进了清后期学术的发展,又在一定程度上成为学术发展的制约因素。之所以出现这种现象,与两个原因

---

① 余嘉锡:《四库提要辨证·序录》,第48页。
② 余嘉锡:《四库提要辨证》,第521页。
③ 余嘉锡:《四库提要辨证》,第494页。
④ 如杨善群、张岩等发表有关《古文尚书》真伪的相关文章。刘巍发表有关《孔子家语》真伪的文章。

有关:

第一,过于信奉。《四库提要》作为钦定之书,在普通读书人中,自然具有很高的权威,以致过于信奉《四库提要》。

第二,以讹传讹。《四库提要》之学术水准,在清后期被过分地抬高。李慈铭等人认为戴震、邵晋涵、周永年等学者在《四库提要》编修中起到了重要作用,实则戴氏不过是撰修了极少数的提要①,至于总纂官纪昀,虽享有"南钱北纪"之誉,实际上并不足以望钱大昕项背。②阮元、张之洞等学者对《四库提要》递相传述,阮元评价纪昀称:"凡六经传注之得失,诸史记载之异同,子集之支分派别,罔不抉奥提纲,溯源彻委。所撰定《总目提要》多至万余种。考古必衷诸是,持论务得其平。"③这些评价既推动了《四库提要》的流传,也造成了学者对《四库提要》的过分信奉和依赖。所有这些因素,导致清后期的诸多学者窥一斑而不知全貌,故能够对《四库提要》做考辨工作的学者终究只是少数,且仅是对《四库提要》作了部分订正,无法全面系统地认识《四库提要》。

有人认为,"长期以来人们对《总目》取信者多,置疑者少","目前《总目》仍然是一部引用率极高的权威性著作,引用时不加甄别而随意取舍的情况屡见不鲜"。④事实上,当下学界对《总目》的信奉态度,渊源有自。清朝覆灭后,《四库提要》出自钦定的光环虽已褪去,但它并未受到《四库全书》那般攻击,迷信权威的惯性依旧没有改变。在学者的传述下,《四库提要》进一步扩大了影响,乃至成为普通学人的案头必备之书。虽然已有余嘉锡等学者对《四库提要》作有辨证,但远未达到刨根问底的地步,《四库提要》的"庐山真面目"依然未能揭开。对《四库提要》作全面地清理,全盘地考察其200年的学术史,势在必行。

---

① 司马朝军:《〈四库全书总目〉编纂考》,武汉大学出版社2005年版,第9—21页。
② 余嘉锡:《四库提要辨证》,第429页。
③ 阮元:《纪文达公集序》,《揅经室集》三集卷五,第678页。
④ 何宗美、刘敬:《明代文学还原研究——以〈四库总目〉明人别集提要为中心》,人民出版社2014年版,前言第5页。

也论顾颉刚与王国维的学术关系

□赵保胜

摘　要：通过对顾颉刚与王国维生平各种材料的考察，顾氏与王氏学术结缘之始当不晚于1911年，而媒介当为《国粹学报》；对于顾氏在晚年日记中称自己早年"学术上的导师"是王国维而非胡适的问题，顾氏对于胡适之追随，乃是对于一时学术风气之趋附；顾氏对于王国维的钦仰，则出于对学术榜样之爱戴；对风气之趋附具有时限性，而对于学术榜样之爱戴则具有永久性。因此，顾氏自承导师是王国维而非胡适，并不值得大惊小怪。

关键词：顾颉刚；王国维；学术结缘；治学理路

作者简介：赵保胜，文学博士，宝鸡文理学院文学与新闻传播学院讲师。

民国时期不同学派之间互相影响的情形相当复杂。以学风或方法上的借鉴而论，作为"疑古派"主将的顾颉刚，就曾在诸多场合表示过对"考古派"领袖王国维（1877—1927）和罗振玉（1866—1940）的敬重。①尤其对于王国维，顾氏甚至有想要追随杖履而不得之叹。②而今，我们通过钩稽《顾颉刚全集》中的相关文献，足以对顾氏这一心路历程作一简要寻绎，其目的则是要说明顾氏在近现代学术史之语境中，为破除门户之见、倡导分工合作所作出的努力。这一问题涉及以下三方面：（一）顾颉刚与王国维之学术结缘始于何时？（二）如何认识顾氏称王氏为其"学术上的导师"问题？（三）顾氏治学理路与王氏有何不同？为何会如此？王氏对顾氏在学术上影响表现在哪些方面？限于篇幅，这里仅讨论前两个问题，后者另文详述，此不赘。

一、关于顾颉刚与王国维之学术结缘所始问题

作为中国近现代学术史上有数的大师级人物之一，王国维在新、旧两派学人中都有

---

① 此处笔者所使用"疑古派""考古派"等概念，皆循学界之共识，仅为标明其相异之点。
② 详见下文顾氏日记所示。

较高的声望,就连留美归国的洋博士胡适之都对他推崇备至。这一点从两件事情中可以证明。一件是胡适在1922年8月28日的日记中写下的一段话:

> 现今的中国学术界真凋敝零落极了。旧式学者只剩王国维、罗振玉、叶德辉、章炳麟四人;其次则半新半旧的过渡学者,也只有梁启超和我们几个人。内中章炳麟是在学术上已经半僵了,罗与叶没有条理系统,只有王国维最有希望。①

另一件是胡适在1924年频频写信给王氏,请教有关词曲之学的问题②,并在该年秋向清华大学校长曹云祥推荐王氏担任研究院国学门导师。此事乃是民国学术史上众口哄传的佳话之一。

作为胡适早期的得意弟子之一,顾颉刚对王国维的倾慕之忱几十年如一日,虽然这种学术上的钦敬不一定完全是受到乃师胡适的影响。

顾氏在其一生不同时期的各种公开或私密的文字中,多次表达过对王国维学术成就的倾慕之意。虽然他跟王氏一共只见过两次面,一次是在1922年;另一次是在1925年,但王氏对他的影响却是历久弥新的。

1922年的3月,顾氏因祖母病重请长假回苏州省亲,时在上海定居的王国维已允为北京大学研究所国学门通讯导师。4月18日,经负责国学门考古学组的马衡引荐,顾颉刚与郑介石一同到王国维在上海的家中拜访。这次拜访的详细情形已不得而知,仅从顾氏日记中寥寥数语,却足见其对于王国维印象甚佳。在此年4月18日的《日记》中顾氏记述了初见王国维先生的情景:

> ……剃头,到静安先生处。……罗振玉书上海竟买不到,可叹!王静安极朴诚,蔼然可亲。其寓所甚不考究。③

"极朴诚""蔼然可亲"云云,表达了后学得到前辈爱接之后的欣喜。这是顾颉刚对王国维最初的印象。在这之后不久的4月24日,他在给王国维的信中更加热切地表达了愿"附于弟子之列"的想法:

---

① 胡适:《胡适日记全集》第三册,台北联经出版公司2004年版,第734页。
② 相关书信见耿云志、欧阳哲生编:《胡适书信集》,北京大学出版社1996年版。
③ 顾颉刚:《顾颉刚日记》,中华书局2010年版,第227页。下文《顾颉刚书信集》《顾颉刚古史论文集》等皆同此版本。

服膺十载,前日得承教言,快慰无既。惟以拙于言辞不能自达其爱慕之情,私衷拳拳,欲有所问业,如蒙不弃,许附于弟子之列,刚之幸也①。

三天后,顾颉刚接到王国维的答书,云:

前日获奉教言,甚为钦迟。顷辱手翰,猥荷奖饰。丽泽讲习,正朋友之事,何为挢谦乃尔耶!②

王氏实际上等于婉拒了顾氏的拜师请求,但顾氏并未因此放弃向王氏请益的机会。在《顾颉刚书信集》中,还收有同年5月22日和5月28日顾氏写给王国维的两封信,请教有关《尚书·顾命》中"康王受册命之地"的问题,于中可见顾氏对王国维的态度极是钦敬。

如5月22日条载:

承许问业,感甚。刚近读《顾命》,稽之大著《礼征》,知康王受册命之地,为庙而非寝,启受童蒙,忻幸无极。惟尚有怀疑者……凡此疑点,愿闻教诲。③

5月28日条又载:

顷接赐书,诵悉壹是,童蒙之求,承为析示,不胜感荷。……自恨读书不多,不能求一适当之解答。幸接大师,敢复请益,一再之渎,惟先生谅恕之。④

顾氏信中一再以"童蒙"自居,足见其对于王氏之钦仰出于至诚。实际上,这种钦仰之情,终顾氏一生都缠绕不去,还时常形诸梦寐。试举《日记》中的两条材料。

1923年3月6日条载:

梦王静安先生与我相好甚,携手而行,同至蒋企巩家。企巩之母谈及我祖母临终时情形,不禁大哭而醒。呜呼,祖母邈矣!去年此日固犹在也!我如何致力于学问,使王静安先生果能与我携手耶?⑤

---

① ② 顾颉刚:《顾颉刚书信集》,中华书局2010年版,第107页。
③ 顾颉刚:《顾颉刚书信集》,中华书局2010年版,第108页。
④ 顾颉刚:《顾颉刚书信集》,中华书局2010年版,第109页。
⑤ 顾颉刚:《顾颉刚日记》,中华书局2010年版,第333页。

1924年3月31日条又载:

> 予近年之梦,以祖母死及与静安先生游为最多。祖母死为我生平最悲痛的事情,静安先生则为我学问上最佩服之人也。今夜又梦与静安先生同座吃饭,因识于此。①

最可玩味的,是顾氏在时隔四五十年之后的1970年代,追记于此条日记下的文字,虽然内容已经有所残缺,具体写作时日亦不可确考,但对于后人了解顾氏对王氏终其一生的景仰之情无疑是有帮助的:

> 看此段文字,知我那时引为学术上之导师的,是王国维,不是胡适,而数十年来,人多诋我为"胡适门徒",则以《胡适文存》销行之广,决非《观堂集林》可比也。胡适利用我能为彼搜集资料,以此捧我,又给我以生活费,是我甘心为他使用,与朱家骅之百般接近我,以金钱为饵,同为政治手段。此种手段,只能买我一时,决不能买我永久。至于我之心仪王国维,则是我一生的不变看法。我之成绩不及彼,则是时代动荡所构成,非(下缺)……②

以上,我们征引了顾氏日记和书信中对王国维表达钦敬之忱的文字,现在有几个问题就出现了:首先,顾氏对王氏的关注是否始于1920年代初?其次,顾氏在晚年"自承"早年引为导师的人是王而非胡,对此问题我们该如何看待?下面,先来回答第一个问题。

关于顾、王文字结缘之始点问题,前此已有学者著文论及,但大致都将顾氏关注王氏及大量阅读王氏著作的时间推定在1921年、1922年顾氏供职北大时期。如夏雨云:

> 1921年北京大学设立研究所国学门,沈兼士请顾颉刚任助教。当时,研究所内书籍资料非常充裕,他经常在里面看书,每至深夜方才离开。研究所内藏有王国维所有的著述,由此,顾颉刚这才知晓王国维对于古史已经在甲骨文、金文、敦煌经卷和新疆木简等实物上做过种种的研究。……综上所述,自顾颉刚在北大国学门读到王国维的很多著述……③

---

①② 顾颉刚:《顾颉刚日记》,中华书局2010年版,第471页。
③ 夏雨:《顾颉刚与王国维》,《文史杂志》2005年第2期。

稍后,曹书杰与杨栋亦云:

> 1920年夏,28岁的顾颉刚在北京大学毕业留校任图书馆编目。1921年春,北京大学研究所国学门筹办,顾颉刚受聘兼任助教,并开始接触罗振玉、王国维的著述,始知他们对于古史已在甲骨文、金文、敦煌经卷、新疆竹木简等实物上作过种种研究。①

从以上引文中,不难领会作者的看法。笔者通过对顾氏早期日记、年谱和其他自述性文字的考索认为,顾颉刚与王国维在文字上结缘,其实远远早于他们第一次见面(1922年),其最早应该可以上推至辛亥革命之前,而二人结缘的媒介是《国粹学报》。

推定这一点的最直接证据,是顾氏的两句话。一句见于上引1922年4月24日顾氏写给王氏的书信,即"服膺十载,前日得承教言,快慰无既";另一句见于顾氏1927年所写的《悼王静安先生》一文,文中云:"我对于他虽向少往来,但是恋慕之情十年来如一日。"②与前引书信内容相较,顾氏再次重申对于王氏的"恋慕之情十年来如一日",可见他对于王氏的关注其实是很早就开始了。如果将1922年顾氏信中所言"服膺十载"的话作为写实,那么顾氏至少在辛亥革命前后(甚至更早)就已经开始注意王氏的相关论著了。由此前提,有理由推断,顾氏较早接触王氏的著作应该是通过《国粹学报》。何以言之?

在《古史辨》第一册《自序》中有这样一段话:

> 在小学时曾生了两个月的病,……又在报纸上见到《国粹学报》的目录,里面有许多新奇可喜的文题;要去买时可惜苏州的书肆里没有。直到进了中学堂,始托人到上海去买了一个全分。③

顾颉刚之女顾潮先生编著的《顾颉刚年谱》(以下简称《顾谱》)将顾氏初见《国粹学报》目录这一年定在1906年,顾氏时年14岁。④就在之后的1907年,顾氏入高等小学,开始阅读《国粹学报》,并且"自此成为经常读物,阅至辛亥革命"⑤。而翻一翻《王国维年

---

① 曹书杰、杨栋:《疑古与新证的交融:顾颉刚与王国维的学术关联》,《文史哲》2010年第3期。
② 顾颉刚:《悼王静安先生》,原载《文学周报》第二七六期,1928年。收入《宝树园文存》卷一,第268页。
③ 顾颉刚:《顾颉刚古史论文集》,中华书局2010年版,第12页。
④ 顾潮:《顾颉刚年谱》(增订本),中华书局2011年版,第19页。
⑤ 顾潮:《顾颉刚年谱》(增订本)1907年条:"读《国粹学报》,请父亲买回两册,看不释手。自此成为经常读物,阅至辛亥革命。"(见第19页)1908年条:"读《国粹学报》,'进了中学,托人到上海购买前三年的一个全份,在校翻读,竟忘记了考试,被监学先生斥责了一顿,他以为我规避考试呢。'"(见第21页)1909年8月条:"读《国粹学报》。"(见第23页)1910年条:"读《国粹学报》。"(见第24页)1911年8月条:"读《国粹学报》。"(见第25页)

谱新编》就可知,王国维《人间词话》前 21 则,即于 1908 年 12 月在《国粹学报》第 47 期刊出。①紧接着,在 1909 年年初,王氏又在《国粹学报》第 49 期、第 50 期连刊《人间词话》43 则,合 1908 年所刊之 21 则,共刊出 64 则。②顾氏既然从 1907 年起将《国粹学报》当作经常读物,而王氏《人间词话》发表之后在当时的学术界引起了巨大反响,故顾氏当是曾经予以关注过的。

不特此也。据《王国维年谱新编》载,就在 1909 年的 11 月,王国维将"《宋大曲考》《优语录》《戏曲考源》及同时所作《录曲余谈》4 种,均寄邓实(秋枚),于上海《国粹学报》刊之"③。对作为戏曲爱好者的顾氏而言,④王氏的这些著作肯定也在必读之列。实际上,时隔 10 余年之后,在顾氏的日记中还能找到其阅读王氏所著《宋元戏曲史》的记载。如《顾颉刚日记》1921 年 4 月 25 日条:"动身(赴津),缉熙陈玉送上车。在车看《宋元戏曲史》三十页。"⑤又,4 月 27 日条:"早理物讫,待送客许升不至,阅《宋元戏曲史》三四十页。许升来,即到总站上车,虽挤幸得一坐。在车上把《宋元戏曲史》看毕。"⑥这样看来,顾氏与王氏文字结缘之最早媒介之一,应该是创刊于 1905 年的《国粹学报》。由于今存顾氏日记始于 1913 年 10 月,而他之前的经历,除见于其自述(比如《古史辨》第一册《自序》《顾颉刚自传》等)和《顾颉刚年谱》的相关文字以外,不可得而详焉。如此一来,似乎推定顾氏对王国维的关注始于辛亥之前的证据链不够完整,但这一缺陷基本可以由二者与《国粹学报》的密切关系这一点得到补充。按照法国思想家让·鲍德里亚(Jean Baudrillard,1929—2007)所谓"地下茎"(rhizome)的观念,我们对长在地上的树很了解,两棵树可以看起来毫不相关,可是忘了下面的树根完全可能纠缠在一起。⑦同理,虽然现存文献中难以找到早在 1922 年之前顾颉刚就已经开始关注王国维的直接证据,但却并不妨碍前者可能很早就仰慕后者这一事实的成立,更何况还有一个重要的媒介——《国粹学报》的存在呢!

综上所述,顾氏与王国维文字结缘的具体时间虽难以确定,然于辛亥(1911 年)前后乃至稍前,则当无所疑。至于其媒介,则为《国粹学报》。

---

① 孙敦恒:《王国维年谱新编》,中国文史出版社 1991 年版,第 27 页。
② 孙敦恒:《王国维年谱新编》,中国文史出版社 1991 年版,第 28 页。
③ 孙敦恒:《王国维年谱新编》,中国文史出版社 1991 年版,第 31 页。
④ 关于顾氏早年在京读书时的戏迷生涯,其本人在《古史辨》第一册《自序》以及后来所作的《顾颉刚自传》中都有生动的描述,不烦赘引。
⑤ 顾颉刚:《顾颉刚日记》,中华书局 2010 年版,第 117 页。
⑥ 顾颉刚:《顾颉刚日记》,中华书局 2010 年版,第 118 页。
⑦ 王汎森:《执拗的低音:一些历史思考方式的反思》,三联书店 2014 年版,第 8 页。

二、关于如何认识顾氏以王氏为学术导师的问题

对于这一疑问①,即前文所引顾氏写于1970年代的日记中说王国维才是其学术上之导师的问题,我们在此简要作一分析。

这段日记中的文字有几点值得注意:

(一)顾氏补记时,距1924年已近50年之久。这么长的时间跨度,加之此间发生了"翻天覆地"的变化,很难保证顾氏本人的思想不会发生变化。再说,由"看此段文字,知我那是引为学术上之导师的,是王国维,不是胡适",我们能明显感觉到其中某种程度上叠加的后来者视角之痕迹。

(二)顾氏之所以刻意强调其学术上之导师是王而非胡,或多少带有迎合政治需要之嫌,也不无引用早先的日记为自己辩护的意思。读者要注意,顾氏这段追记文字是在怎样一个特殊时代背景下所写。

(三)之所以人多诋之为"胡适门徒",而较少将其与王国维联系在一起,一方面固然由于在民国学界、政界和一般民众中,胡适的知名度远非王静安可比;②另一方面,顾氏的北大背景及其从学于胡适之事实,及古史辨运动兴起之前胡适在辨伪方面给予他的引导与扶持,乃是众所周知之事。③这是从客观的角度上看。从顾氏自己主观的角度看,其在1949年之前写信给胡适总是自署"学生",其在《日记》中,凡提及胡适也一律称"适之先生",足见是他本人以"胡适门徒"自居,而非别人强加此称号于他。只不过,在1949年之前以"胡适门徒"自居多少还算是某种荣耀,而在20世纪50年代批胡运动开始之后,对于留在大陆的顾氏而言,这一头衔就变成了抹不掉的"政治污点"。相比之下,王国维与顾氏从相识到其自沉,仅仅5年时间,其间二人仅见过两面,通信见于两家书信集者各三通而已。顾氏虽曾分别在《古史辨第一册自序》和《悼王静安先生》两文中表达对王氏学术成就的景仰和想要追随杖履的愿望,但大多数读者想来只会将之作为新进后生对于硕

---

① 之所以成为一个疑问,是因为学者如余英时对此有不同看法,详见下文所引。
② 正如唐德刚所说:"'胡适'在中国近代文化史上已不是个单纯的人名,它代表一个'文化整体'(cultural entity)。因为胡老师已不只是某一行的老师,他简直是众多重要文化行道中的共同宗师,……近七十年来的中国思想家——不管他是反胡的、拥胡的……都是围绕着胡适在打转,不提胡适,话便无从讲起了。"见氏著《书缘与人缘》,广西师范大学出版社2015年版,第17—18页。此话固然不无过分夸大胡适影响之嫌,但胡适在整个中国近代思想史、文化史上的地位之重要确实是国内国外研究者都不能否认的。王国维虽然在民国时期就身居清华四大导师之列,但他的影响毕竟仅限于国学领域。
③ 如原载《现代评论》第四卷第91至92期(1924年9月4日至11日)后来收入《古史辨》第二册的《介绍几部新出的史学书》,就可充分体现胡适之在古史辨初期对顾颉刚的扶持。

学前辈的仰慕之言,不大会有人去较真。何况学者们大都会注意到顾氏的《古史辨》和王氏的《古史新证》在学术宗旨上有所不同①,而很容易将顾氏之言作为"溢美之词"的客套话来对待。

最后一点,从这段话可以看出,顾氏对于王国维之"心仪",实主要着眼于王氏所取得的学术"成绩",而他对于王氏的不能彻底疑古这一点是不大认同的,这点已由《古史辨》第一册《自序》中可见。正如余英时所言:"他(顾氏)一方面接受了胡适的启发而推动'古史辨',另一方面把王国维的造诣悬为将来努力的榜样,二者之间是可以并行不悖的。"因为当时不光顾颉刚崇拜王国维,"胡适当时也是最推重王国维之一人"。这从其推荐王国维去清华任教可知②。

实际上,顾氏终其一生都以能在学术成绩上赶超王氏为自己的奋斗目标。请看其1950年8月15日《日记》中的一段话:

> 重抄《司马谈作史考》,并改定,得两千五百言。……《司马谈作史考》一文,尚系去秋所草,一年以来颇有新得,昨今修改又易稿两次。虽是一短文,而谨严精湛,可置于《观堂集林》中而无愧。假使天与我读书时间,容我作此类文百篇,则即使其他著作悉未有成,亦为传人矣。③

由这段话不难看出,王国维的代表作《观堂集林》对顾颉刚而言意味着怎样的学术高度。考王氏《观堂集林》于1923年12月由蒋汝藻以聚珍版印行④,其时距顾氏写下这段日记已将近30年,30年间学术的进步所带来的新成果不无能够补苴王氏旧说之不逮者,然顾氏仍悬之以为自己治学之鹄的,其对于王氏学术成就之认同,于此可见。

综上,笔者认为对于顾颉刚在日记中说自己"那时引为学术上之导师的,是王国维,不是胡适"这句话,应作如下理解:

(一) 顾氏对王国维的敬仰之情几十年如一日,这种感情是真挚的;虽然王国维没有将其收归门下,但顾氏却将王氏的学术成就悬为鹄的,作为自己治学的榜样,这也是真实

---

① 虽然在顾颉刚看来,王氏的《古史新证》及其他研究成果未必不能跟自己的《古史辨》在最终建设真古史这点上"殊途同归",但余英时等则认为王氏《古史新证》之出,实为纠"古史辨派"勇于疑古之偏,如此一来,顾氏认为的"殊途同归"就多少有些一厢情愿,但其注意到"破坏"和"建设"两者在最终目的上的一致性,也是其不以家派自限而能观其会通的广大学术胸怀的体现。
② 余英时:《未尽的才情——从〈日记〉看顾颉刚的内心世界》,《顾颉刚日记》,台北联经出版公司2007年版,第24页。
③ 顾颉刚:《顾颉刚日记》,中华书局2010年版,第673页。
④ 孙敦恒:《王国维年谱新编》,中国文史出版社1991年版,第125页。

的表达。

(二)胡适和王国维对顾氏产生影响的先后不同,所影响的方面也不同。胡适的影响在先,王国维的影响在后;胡适的影响在实验主义的方法和态度;王国维的影响则主要是榜样的力量。

(三)我们须明白,顾氏是在时隔数十年,即在对胡适和王国维的学术成就有了相对客观的比较之后才说这段话的,除去政治上的需要以外,多少有类暴发户修家谱故意攀附贵人的嫌疑。①

(四)顾氏1970年代补记这段话的最后一句也不应轻轻放过。其云"我之成绩不及彼,则是时代动荡所构成,非……"云云,跟1950年8月15日的日记正好形成对应。然而时隔20年,后人可以从日记中清晰地读出顾氏一前一后的心态已经发生了巨大的改变。何以言之? 1950年之《日记》云:"假使天与我读书时间,容我作此类文百篇,则即使其他著作悉未有成,亦为传人矣。"②这句话要放到1950年前后的背景中来理解。由《顾颉刚年谱》可知,1950年顾氏及家人身居上海③(顾氏及家人于1946年5月离渝抵沪,直至1954年8月任中国科学院历史研究所第一所研究员,乃离沪赴京),他不光担任着大中国图书局总经理④,还同时在成明文学院、复旦大学等学术教育机构任职,虽然一家五六口人要应对物价飞涨带来的严峻局面,但他仍然能够勉强继续自己的学术事业和出版计划。他一些很有分量的论文也于这一时期写成。因而可以说,此时的顾氏心态总体上还是积极的。虽然对于未来的时局会如何发展,他一时还难以把握。所以才会有"假使天与我读书时间"这句话。然而不幸得很,在历史的潮流面前,个人就像泥沙一粒,往往被时代所裹挟而不得自主。做人文社会科学研究的人就更是如此。顾氏抵京以后,许多事前恐怕他从未想到的尴尬局面接踵而至⑤。从1954年到顾氏补记这段日记的1970年

---

① 因为即便站在今天看去,我们也都承认胡适是"但开风气不为师"的,他的学术方法和学术范式对近现代学术转型影响甚大,但其个人在具体的学术成果方面确实远不如王国维多。
② 顾颉刚:《顾颉刚日记》,中华书局2010年版,第673页。
③ 关于顾氏在鼎革前后之行止及其相关问题,当另文详之。
④ 《顾颉刚年谱》(增订本)1946年7月1日条:大中国图书局在沪开幕,被推为总经理,一因年龄最长,二因在教育界工作数十年,交游众多,乃书局做生意不可缺之联络,故虽坚辞而不获;又兼编辑部主任。……是时该书局营业甚佳,居地图出版业之首。见《顾颉刚年谱》(增订本)第378—379页。另,顾氏1947年11月27日致胡适信云:"我也成了一个小股东。我深感到经济基础不稳定,无论办事或治学总是没有根的,所以很想藉此打好我的经济基础,再来埋头读书。这真是学术界的悲哀,也是我们国家的耻辱。"见《顾颉刚书信集》卷一,第495页。
⑤ 先是研究计划被无限期搁置,以往几十年的工作被尹达评为"大而无当"。接着就是参加批判胡适思想之运动(1954年12月开始),参加肃反运动,批判胡风,兼自检讨(1955年6—7月)。接下来是1957年的整风运动和反右斗争,反右结束后虽有几年大体比较平稳的时期,但1966年"文革"爆发,之后就是长达10年的动乱,顾氏的学术研究几乎全部瘫痪。

代,差不多20年的时间,如果这段时间政治清明,社会稳定,正处于学术成熟期的顾氏可以毫无后顾之忧地从容进行学术研究,则其所取得成就实不可以《观堂集林》自限,然而可悲的是,20年间顾氏自己原本的研究计划被迫停止不说,就连有关方面交给的古籍整理任务也几经政治运动打断而一拖再拖,这对于以往惜时如金、常恐年岁之不吾与的顾氏而言,实在是极为痛苦而又莫可如何的事,宜乎其在1970年代这段补记的文字中有"我之成绩不及彼,则是时代动荡所构成,非……"之说。

余　论

余英时在《未尽的才情——从〈日记〉看顾颉刚的内心世界》一文中称,顾氏晚年自陈在1924年前后在学术上引为导师的是王国维而不是胡适这一点"是绝对不能成立的"[①],笔者认为,余先生可能没有注意到1922年5月顾氏写给王国维的那两通信,至少是没能对其进行深入的分析和寻味。虽然1924年正是古史辨运动进行得如火如荼的时候,顾氏的辨伪与疑古思想也与胡适有很大关联,但仍不能断然否定顾氏可以同时以王国维先生为导师的可能。盖胡适作为顾氏在北大读书时的老师虽然对其影响甚巨,但其影响多在精神层面和方法层面。虽然王国维在对待古史方面的态度相对保守,但其在古史研究上取得之成就实际上却远远超过胡适,这是不争的事实。可以这样说,顾氏对于胡适之追随,乃是对于一时学术风气的趋附;顾氏对于王国维的钦仰则出于对学术榜样的爱戴;对风气的趋附具有时限性,而对于学术榜样的爱戴则具有永久性,因此,顾氏自承导师是王国维而非胡适,并不值得大惊小怪。

---

① 余英时:《未尽的才情——从〈日记〉看顾颉刚的内心世界》,《顾颉刚日记》,台北联经出版公司2007年版,第23页。

文献考证

《德清县续志》校读记

□ 许建平

摘　要:《德清县续志》在周绍濂任德清县令期间编纂,于嘉庆十三年(1808年)修成。此志为侯元棐《康熙德清县志》之续书,体例大体承袭侯志,在分类方面略有损益。本文所校主要是嘉庆本有误而石印本改正者,嘉庆本不误石印本有误者亦适当出校,但只校那些不易察觉其误而需要适当考辨者。

关键词:《德清县续志》;江南方志;校勘

作者简介:许建平,文学博士,浙江大学古籍所教授、博士生导师。

《德清县续志》,10卷,周绍濂主修,张凯、孔继洙编次,举人邵保初、吴曾贯及秀才徐养原、邵保和、蔡蘖榜、戴高、蔡廷华、蔡梦炎纂辑,许宗彦复审①。

周绍濂,字敬岩,直隶大兴(今北京大兴区)人,乾隆四十四年(1779年)己亥恩科中举(《光绪顺天府志·人物志·选举四》遗漏其名)。嘉庆元年(1796年),由安吉县调任德清县令,嘉庆十年因病离职,十二年病愈复任。事迹详《德清县续志》卷五《职官志·县令》及《德清县新志》卷七《治行志》。

《德清县续志》在周绍濂任德清县令期间编纂,嘉庆十三年(1808年)修成。此志为侯元棐《康熙德清县志》之续书,体例基本上承袭侯志,其所不同者,分类略有改变或增损,如侯志之《食货志》分户口、农桑、物产、税粮、贡办、征榷、盐䴹、俸给八类,续志认为农桑、物产今昔无别,无需重复;盐法国家专司,不必于县志专列;贡办、征榷、俸给乃属钱粮,没必要单列,可归入钱粮类下,以故《食货志》只列户口、钱粮二类。又如侯志之《人物志》分类过烦,其标目亦未尽洽,故除释老、列女,其余诸传不再分类。改变较大者唯《艺文志》,周氏认为,侯志之《艺文志》,仅载书名,过于简略,今则全标以卷帙,并注明出处,或略作

---

① 宋慈抱《两浙著述考·地志考·方志类》著录此志,以作者为许宗彦,并谓"周绍濂主修,宗彦秉笔"(浙江人民出版社,第1041页),此不解"复审"一词之意而误,"复审"即再次审核,相当于现在所说的"审订",也就是书稿的最后审读者,并非作者。

解题。其于辨章学术,考镜源流,价值远胜于侯志。但续志将侯志"宫室考"之名改为"建置志",不仅无此必要,反而淆乱名义。"建置"一词不仅指建造房屋,亦可指设置行政区划,如《同治湖州府志》即以湖州府之沿革为《建置表》。因周氏认为"公署、廨舍、寺庙皆不得称宫,宫室之名不当",须知宫犹室也,室犹宫也,"宫室"为房屋之通称。

此志卷四《法制志》之"乡约类",记载了3篇告示,《严禁敢山凿石碑》《禁阻葬碑》及《抚宪阮禁棚民示》。《严禁敢山凿石碑》与《抚宪阮禁棚民示》皆是关于水土保护的政策,可为地方政府环境保护之借鉴。卷八《人物志》"人物类"的《蔡启僔传》,言蔡奕琛在前明福王时,因钱谦益之荐而为东阁大学士,而这在《康熙德清县志》的《蔡奕琛传》中未言。因康熙朝时,对前明遗臣尚多禁忌。而经过乾隆一朝对明季忠臣的褒扬,至嘉庆朝时已无禁忌,故此志得追述侯志不详之处,以补侯志《蔡奕琛传》之不足。

《德清县续志》有嘉庆十三年刻本(后简称"嘉庆本"),藏于浙江图书馆,但此本已有破损,有后人于背面衬纸并于正面补描者。民国元年(1912年)德清县续修县志事务所又有石印本(后简称"石印本"),其所据底本即嘉庆本。嘉庆本已由国家图书馆出版社于2011年在《浙江图书馆藏稀见方志丛刊》第29册影印出版,本文所据者即此影印本。通过与石印本对校的情况来看,石印本在印刷前,是经过校勘的,但由于写稿时不够严谨,又产生了很多新的错误。如230页第4行"迄今嘉庆三年",石印本"今"误作"令"。240页第7行"知县冯壮、教谕孟士模二主",石印本"二"误作"三"。本文所校主要是嘉庆本有误而石印本改正者,嘉庆本不误石印本有误者亦适当出校,但只校那些不易察觉其误而需要适当考辨者,简单的形误字不再出校。每条后括号内之页码行数是嘉庆本此段文字所在之位置。

[1] 邑人蔡君蘘榜、徐君养原等为之搜访,编成稿本(218页第3行)。徐养原,字新田,天柱子,副榜。(352页第6行)

养原,石印本均作"养源"。

孙星衍《诂经精舍题名碑记》有德清人徐养灏、徐养原①,钱仪吉《徐新田墓志铭》云:"德清徐氏……新田,君字也,讳养原,又字饴庵。……嘉庆六年充浙江副贡。"②张履《徐饴庵先生传》:"饴庵徐先生,讳养原,字新田,先世自余姚迁德清。……仪征阮公元抚浙,筑舍西湖上,选高材生数十人诂经其中,先生与其弟养灏与焉。"③可证作"源"者为误字。

---

① 孙星衍:《诂经精舍题名碑记》,见《孙渊如先生全集·平津馆文稿》卷下,《清代诗文集汇集》第436册,上海世纪出版股份有限公司、上海古籍出版社2011年版,第242页。
② 钱仪吉:《徐新田墓志铭》,见缪荃孙纂录《续碑传集》卷七二,《清代传记丛刊》第119册,台北明文书局1985年版,第174页。
③ 张履:《徐饴庵先生传》,见缪荃孙纂录《续碑传集》卷七二,《清代传记丛刊》第119册,台北明文书局1985年版,第176—177页。

《左传·僖公二十八年》:"原田每每,舍其旧而新是谋。"杜预注:"高平曰原。喻晋军美盛,若原田之草每每然,可以谋立新功,不足念旧惠。"《尔雅·释地》:"田一岁曰菑,二岁曰新田,三岁曰畲。"故其名为原,而字曰新田。

[2] **按敖《志》原载三十二主,侯《志》增载十主,钱《志》稿又增载明方应时,国朝蔡启樽……蔡启贤十六主。乾隆四十一年,奉部文行查,惟报蔡启樽、徐倬、胡会恩三主。(240页第9行—241页第1行)**

蔡启樽,石印本皆作"蔡启傅"。

按:嘉庆本误。蔡启傅是康熙九年庚戌科状元[①]。又卷八《人物志》有《蔡启傅传》(391页第8行),仍作"傅"。

[3] **查祠内尚有胡胄、蔡奕琛、胡麒生三主,不知何时增入。(241页第2行)**

胡胄,石印本作"胡公胄"。

据明代进士题名录,浙江湖州府德清县人氏胡公胄是万历癸丑科三甲同进士[②],应即此人。卷二《建置志·寺观》"高士庵"下有"合于胡公胄《高士庵记》所云'山当鹑火之方,宜韬光敛焰'之意"句(251页)。嘉庆本误脱"公"字。

[4] **建于明万历间,壁有碑记,额曰"旃林胜迹",为署县周忠毅公宗建题。(252页第2行)**

旃林,石印本作"梅林"。

佛教重旃檀木,此木可用来雕刻佛像,也常用来制作檀香,故以"旃林"喻寺庙。《鹤林玉露·丙编》卷三"静坐"条:"尝闻南岳昔有住山僧,每夜必秉烛造旃林,众生打坐者数百人,或拈竹篦痛笞之,或袖中出饼果置其前,盖有以窥其中之静不静,而为是惩劝也。"[③] 王逢《钱塘春感六首》之一:"苍山楼阙旃林里,赤羽旌麾野庙中。"[④]

[5] **乾隆四十年,钱塘汪隆文重修。(252页第5行)**

钱塘,《德清县续志》中凡"钱塘"字石印本均作"钱唐"。

按:唐、塘古今字。《说文》无"塘"字。《汉书·地理志上》会稽郡下辖有"钱唐"县[⑤],但《清史稿·地理志十二》浙江省杭州府下辖"钱塘"县[⑥],此书为嘉庆时所作,地名应写作"钱塘",石印本作"钱唐"者,从古地名而改。

---

① 《明清历科进士题名碑录》第3册,台北华文书局1969年版,第1573页。
② 《明清历科进士题名碑录》第2册,第1164页。
③ 罗大经:《鹤林玉露》丙编卷三,中华书局1983年版,第290页。
④ 张景星、姚培谦、王永琪合编:《元诗别裁集》卷六,中华书局1975年版,第83页。
⑤ 《汉书》卷二八上《地理志上》,中华书局1962年版,第1591页。
⑥ 《清史稿》卷六五《地理志十二》,中华书局1977年版,第2128页。

[6] **吴潜、游文、刘光祖三贤祠二祭,在祭祀余银内支给文庙香烛银一两六钱,土牛春酒银二两。(268页第9行)**

土牛,石印本作"上牛"。

《礼记·月令》:"季冬之月……命有司大難,旁磔,出土牛,以送寒气。"后世因以立春日造土牛以劝农耕,象征春耕的开始。陆游《戊辰立春日》:"卧听城门出土牛,罗龤应笑雪蒙头。但须晨起一厄酒,聊洗人间千种愁。"①富察敦崇《燕京岁时记》"打春"条云:"《礼部则例》载:立春前一日,顺天府尹率僚属朝服迎春于东直门外,隶役舁芒神土牛,导以鼓乐,至府署前,陈于彩棚。立春日,大兴、宛平县令设案于午门外正中,奉恭进皇帝、皇太后、皇后芒神土牛,配以春山。府县生员舁进,礼部官前导,尚书、侍郎、府尹及丞后随,由午门中门入,至乾清门、慈宁门恭进,内监各接奏,礼毕皆退。府尹乃出土牛环击,以示劝农之意。"②石印本"土"作"上"者,应是形误。

[7] **古者名山、大川、广谷无禁,恣民之所使之,故送死无憾。(298页第6行)**

恣民之所使之,石印本作"恣民之所便近"。

按:此为李赓芸《掩埋记》文。"古者"前杂引《北周书》《潜溪集》及《周礼》之文。考《战国策·赵策四》:"太后曰:'诺。恣君之所使之。'"③即"恣民之所使之"句之所出。"古者名山、大川、广谷无禁"出《礼记·王制》"天子祭天下名山大川""广谷大川异制"以及《孟子·梁惠王下》"关市讥而不征,泽梁无禁"句,下"故送死无憾"出《孟子·梁惠王》"养生丧死无憾,王道之始也"句。是此诸句皆暗引典籍之文。石印本作"恣民之所便近",应是抄写者不解其意而臆改。

[8] **查克萨,厢黄旗汉军,二十年署任。(304页第7行)**

厢,石印本作"镶"。

"厢"为"镶"之音误字,卷七《治行志·令佐》有"查克萨,汉军镶黄旗人"条(383页),不误。

[9] **三十年辛未戴有祺榜。(325页第2行)**

戴有祺,石印本作"戴有淇"。

按:康熙三十年辛未科,一甲第一名为江南省金山卫人戴有祺④,石印本作"淇"者为误字。

---

① 钱仲联:《剑南诗稿校注》第7册,上海古籍出版社1985年版,第4094页。
② 富察敦崇:《燕京岁时记》,《帝京岁时纪胜 燕京岁时记 人海记 京都风俗志》,北京古籍出版社1981年版,第47页。
③ 刘向集录:《战国策》卷二一《赵策四》,上海古籍出版社1985年版,第770页。
④ 《明清历科进士题名碑录》第3册,第1651页。

[10] 蔡诒构,有传。(332页第4行)

蔡诒构,石印本作"蔡贻构"。

按:卷六《选举志·举人》康熙四十七年戊子科有蔡日燦,谓"诒构子,字秀东"。(335页)卷八《人物志·人物》:"蔡诒来、诒谷、诒构,并官诒子。……诒构,字瑶席,父殁时年十三,举家避兵,诒构独守尸不去,贼义之,得免,康熙时为内阁中书。"(412页)又《人物志·列女》有蔡诒构妾沈氏(466页)。是石印本误"诒"为"贻"。

[11] 程凤彩,字雍陶,罗次县知县。程凤洲,字雍陶,罗次县知县。(344页第3—4行)

两处"字雍陶罗次县知县",石印本皆无。

按:石印本无者,当是无法判定"字雍陶罗次县知县"属于程凤彩抑或程凤洲,故一并删去。查卷六《选举志·封赠》有程雯,小注云:"以子凤洲封文林郎,罗次知县"(372页),则"字雍陶罗次县知县"者乃程凤洲,"程凤彩"下小注当删。

[12] 王澧,字兰洲。丁酉拔贡,奉新县丞。(359页第1行)

王澧,石印本作"王澧"。

按:《楚辞·湘夫人》有"沅有芷兮澧有兰,思公子兮未敢言"句①,名澧,故字兰洲,当以作"澧"为是,"澧"为误字。

[13] 国初,浙江治经学者,靳县万期大、萧山毛奇龄、嘉兴徐善、秀水朱彝尊。(397页第9行—398页第1行)

靳县万期大,石印本作"靳县万斯大"。

邵廷采《明遗民所知传》:"鄞县万斯大,字充宗。……斯大承父志,不事科举之学,精《五经》。"②阮元《儒林传稿》卷二《万斯大传》:"万斯大,字充宗,鄞县人。"③是"靳"为"鄞"之误,"期"为"斯"之讹。

[14] 孙十人,彦颖、彦辅、彦昇知名。(398页第2行)

十人,石印本作"十八"。

杭世骏《胡东樵先生墓志铭》作"孙十人"④,是石印本误"人"为"八"。

[15] 因延广文沈君时偕邑绅阶五徐先生以升、孝廉徐绍桢,明经周郲、谈加词,文学嵇綖诸君子。(518页第3—4行)

谈加词,石印本作"谈加谨"。

按:查卷六《选举志》"举人"康熙四十七年戊子科有"谈加谨",小注云:"副榜,汤溪教

---

① 朱熹:《楚辞集注》卷二,人民文学出版社1953年影印宋端平本,第35B页。
② 邵廷采:《思复堂文集》卷三《明遗民所知传》,浙江古籍出版社2010年版,第222页。
③ 《丛书人物传记资料类编·学林卷》第7册,北京图书馆出版社2006年版,第111页。
④ 杭世骏:《道古堂文集》卷四〇,《清代诗文集汇集》第282册,第397页。

谕。"(336页)是嘉庆本作"词"为误字。

[16]《晋书》:"温峤执愉手而流涕曰:'天下丧乱,忠孝道发。能持古人之节,岁寒不凋者,唯君一人耳。'"(527页第8—9行)

发,石印本作"废"。

按:《晋书·孔愉传》作"废"①,嘉庆本误。

[17]**最爱晚风沈落照,一声欸乃破烟来。(539页第6行)欸乃船归天欲晓,一群鹅鸭乱溪声。(548页第6行)**

欸乃,石印本同。

按:黄生《义府》卷下"欸乃"条云:"欸乃,舟人节歌声。本有声而无字,诗家因取字音相近者书之。如元结、柳宗元作欸乃,刘言史则作暧乃,刘蜕则作霭乃,是也。"②柳宗元《渔翁》:"烟销日出不见人,欸乃一声山水绿。"③"一声欸乃破烟来"句即仿柳诗而作,是"欸乃"当作"欸乃","欸"乃"欸"之误字。关于"欸乃"一词的考释,可参黄时鉴《欸乃》(《文史》第22辑,中华书局1984年版,第176页)。

[18]**族弟敬亭弢言亦庚戌进士,福建连江令。(602页第2行)**

敬亭,石印本同。

按:卷六《选举志·武科》乾隆二十一年丙子科有武举人蔡典昭,小注云:"锡爵子,字敬亭,贵州籍。建昌卫千总。"(364页)非此"敬亭"也。据卷八《人物志·戚弢言传》,弢言字魏亭,雍正八年庚戌进士,任福建连江县知县(420页)。此处"敬亭"应是"魏亭"之误。

(本文的撰写得到浙江大学2017年度"双一流"学科建设启动经费的资助)

---

① 《晋书》卷七八《孔愉传》,中华书局1974年版,第2052页。
② 黄生、黄承吉:《字诂义府合按》之《义府》卷下,中华书局1984年版,第214页。
③ 柳宗元:《柳河东集》卷四三《古今诗》,上海人民出版社1974年版,第740页。

《朝鲜古写徽州本朱子语类》未见于卷首之三家门人考述

□ 胡秀娟

摘 要:《朝鲜古写徽州本朱子语类》文本中语录末尾有未见于卷首朱子门人名录者16家,今对其中3家进行考述。首先,朝鲜本中有"一之"与朱子问答内容,亦有其所记语录,且文本中还曾出现"林一之""刘一之"等姓名。经考辨,一之即林一之,名易简,又名撰,漳州人。而刘一之乃笔误,朱子门人中并无"刘一之"此人。朝鲜本中又有"鲁叔"所记语录一则,经考据,朱鲁叔,仙游人,乃清江门人,并非朱子门人。又,朝鲜本中有名"公谨"者:李公谨、周公谨。经考辨,除明确有"周公谨"姓名的语录,仅二则为周介(公谨)所录,其余记为"公谨"所录之朱子语录均为李文子(公谨)所记。

关键词:朱子门人;一之;鲁叔;公谨

作者简介:胡秀娟,文学博士,上海师范大学古籍研究所博士后。

朱子的理学思想影响十分深刻而广泛,这与庞大的朱子门人集团密切相关。因此,朱子门人研究历来是朱子学研究的重要分支。而对朱子门人的研究绕不开《朱子语类》这一著作。

《朱子语类》是朱熹与其弟子答问语录的汇编。《朱子语类》最早是由眉州黄士毅草创类分朱子语录而成,其后黎靖德编纂"四录二类",咸淳年间总成《朱子语类》(省称"咸淳刻本")。现存最早的且保存较完善的《朱子语类》是成化年间由陈炜复刻(省称"成化本"),它是黎靖德编纂的咸淳刻本的翻刻本。此后产生了许多成化本的复刻本,如万历本、院本、贺本等。可以说,当前广泛使用的是黎靖德编纂的《朱子语类》版本内容。另外又有保存于日本九州大学图书馆的《朝鲜古写徽州本朱子语类》(以下称"朝鲜本"),它是《徽州刊朱子语类》(以下称"《徽类》")宝祐二年再校正本的抄写本。1982年它在日本影印出版,人们由此得知《徽类》的出版情况与内容。《徽类》成书时间早于黎靖德编纂的咸淳刻本,它与咸淳刻本规模相当,内容相似;然而朝鲜本中又提供了咸淳刻本系统中所没有的朱子语录内容及其他新资料,其中包括出现了咸淳刻本中所没有的记录者姓氏,如

"庚辛"二家等,这些新材料为朱子门人研究提供了新的线索。

朝鲜本卷首有朱子门人姓氏汇总,然而文本语录中不乏抄录者姓名未见于卷首者,如"一之""傅""文秉""文寿"等约有 16 家,这些姓氏只在文本中出现,仅凭一二字难以判断他们的具体姓氏、字号、籍贯、著述等,这给朱子门人研究乃至对朱子思想的研究带来了一定的困难。今笔者选其中"一之""鲁叔""公谨"三家进行考述。

一、一　之

《朱子语类》朝鲜本与成化本中多处均有"林一之"之名,然而此姓名并未见于二本卷首朱子门人姓氏。如成化本 C21-100、C28-15、C36-132、C63-109、C72-14、C120-89、C120-90;朝鲜本 K3-47、K28-12、K72-12 等①,其中 K72-12 有提及"林一之"姓名、字里:

> 林一之,名易简,乡人。问:"凡有动皆为感,感则必有应,是如何?"曰:"如风来是感,树动便是应;树拽又是感,下面物动又是应。如昼极必感得夜来,夜极又便感得昼来。"曰:"感便有善恶否?"曰:"自是有善恶。"曰:"何谓'心无私主,则有感皆通'?"曰:"心无私主,不是溟溟没理会,也只是公。善则好之,恶则恶之;善则赏之,恶则刑之,此是圣人至神之化。心无私主,如天地一般,寒则遍天下皆寒,热则遍天下皆热,便是'有感皆通'。"曰:"心无私主最难。"曰:"只是克去己私,便心无私主。若心有私主,只是相契者应,不相契者则不应。如好读书人,见读书便爱;不好读书人,见书便不爱。"淳。

据以上淳录"林一之,名易简,乡人"可知,淳与林一之籍贯相同,且同时从学于朱子。那么,"淳"系何人?朝鲜本有"淳"所记语录:"郡中元自出公牒,延郡士黄知录樵、施允寿、石洪庆、李唐咨、林易简、杨士训及淳与永嘉徐寓八人入学……"②成化本亦录此条。又,《朱子文集·别集》中《漳州延郡士入学牒》一文亦载:"绍熙二年(1191 年)朱子守漳州,延郡士林易简、杨士训、陈淳、徐寓等八人入郡学。前州学施学正允寿、石学正洪庆皆以耆艾之年进学不倦,强毅方正,众所严惮。林贡士易简、李进士唐咨或究索精微,或持

---

① 为方便引用成化本与朝鲜本中的朱子语录,笔者对《朱子语类》成化本与朝鲜本分别逐卷逐条编号,成化本简称 C,朝鲜本简称 K。如 C21-100 即《朱子语类》成化本第 21 卷第 100 条,K72-12 即《朱子语类》朝鲜本卷 72 第 12 条。全文同此例。

② 《朝鲜古写徽州本朱子语类》,日本中文出版社 1982 年版,第 1489 页。

循雅饬,察其志行,久益可观。贡士陈淳、太学生杨士训齿虽尚少,学已方知。永嘉学生徐寓,务学求师,志尚坚确。凡此数士,当职所知。若悉招延,异其礼祭,则凡学之子弟,藏修游息,无适而不得良师畏友之益,庶几理义开明,德业成就,仰副圣朝教养作成之意。"①综合《朱子语类》《朱子文集》中材料可知,淳即陈淳无疑。陈淳、林易简等为漳州人,与永嘉徐寓于绍熙二年同时入漳州郡学。朱子对陈淳评价"齿虽尚少,学已方知",认为林易简"究索精微,持循雅饬,察其志行,久益可观",又评徐寓"志尚坚确"。故上文所举朝鲜本"淳"记语录中所言"林一之名易简,乡人"则可解。

那么,《朱子语类》中所提到的"一之"就是林易简吗?《考亭渊源录》卷十八②有"林揆"条:林揆字一之。其后有备遗二条。其一作:

> 先生以林一之问卷示诸生,曰:"一之恁地沉沦,不能得超脱。他说生物之心,我与那物同,便会相感。这生物之心,只是我底,触物便自然感;非是因那物有此心,我方有此心。且赤子不入井,牛不觳觫时,此心何之?须常装个赤子入井,牛觳觫在面前,方有此恻隐之心;无那物时,便无此心乎?又说义利作甚?此心才有不存,便错了。未说到那义利处。"

《朱子语类》C120-89亦有此条语录,末尾则记"淳"录。③结合《朱子语类》语录内容,显然《考亭渊源录》认为此条"林一之"为林揆。那么,《朱子语类》中多处"林一之"究竟是林易简,还是林揆?如何区分林易简与林揆?

陈荣捷《朱子门人》"林揆"条作:"《文集》《语类》凡只云'一之'或'林一之'者,皆指易简也。"④然而笔者对比《朱子文集》中《答林一之揆》与《答林易简》发现:《答林一之揆》⑤三书,其一为朱子答林揆问"至诚""性命",其三为朱子答其问读书如《西铭》《论语集注》等,并谈及"气性"等问题,后又细谈"公田"一题。其二则为朱子答林揆论"读贤者书有繁杂牵连之病"与"养气",前者与《考亭渊源录》"林揆"备遗二⑥同,且C120-90徐寓所记语录中亦与林一之提及"引证"之事,并有"恁地泛泛引证,作何用"之语。以《答林一之揆》

---

① 朱杰人等主编:《朱子全书》,上海古籍出版社、安徽教育出版社2002年版,第25册,第4998—4999页。
② 宋端仪撰,薛应旂重辑:《考亭渊源录》,《续修四库全书》,上海古籍出版社2002年版,第517册,第743页。
③ 朝鲜本中散佚卷一一八至卷一二二,后以万历本补入,此五卷内容与成化本一致,故不列举。
④ 陈荣捷:《朱子门人》,华东师范大学出版社2002年版,第103页。
⑤ 朱杰人等主编:《朱子全书》,第23册,第2695页。
⑥ 宋端仪撰,薛应旂重辑:《考亭渊源录》,《续修四库全书》,第517册,第743页,卷十八"林揆"备遗二:先生答一之书,向来见贤者言语议论多繁杂牵连之病,今者所示复如此。此是大病,须痛扫除,凡有文字只就一段内看,并不须引证旁通,如此看得久之,自直截也。

第二书与《考亭渊源录》备遗二及成化本一则语录的内容来看,又再对比林易简与朱子问答"感应"事,即上列 K72-12 条语录内容,与林撰备遗中朱子评论"感应"事相近,而《朱子文集》中又有《答林易简》二书①,亦主要以答易简问孝弟、敬、礼制、养气、读书为主,所论主题与答林撰书亦相近。故笔者以为,林易简与林撰应为同一人,陈荣捷《朱子门人》则未明此事。

根据上文所论,徐寓、陈淳、林一之同在绍熙二年入漳州郡学,且《朱子语类》中有数条徐寓、陈淳记语录作"林一之问",当均为绍熙二年间漳州郡学所记朱子语录,其中提及"林一之"即林易简,亦即林撰。《朱子语类》中"一之"所记语录或有与陈淳、徐寓同,或按"寓同"者,亦可确定"一之"即为林一之。

但是,朝鲜本语录中出现"一之"有姓者除林一之外,还有一条徐寓记语录即 K20-52,末尾有"刘一之"之名,具体语录内容如下:

> 寓问:"其为人也孝悌,而好犯上者鲜矣。有犯上者,已自不好,又何至于'作乱'? 可见其益远孝弟之所为。"曰:"只言其无此事。论来犯上,乃是少有拂意便是犯,不必至陵犯处乃为犯也。若作乱,谓之'未之有也',绝无可知。"寓。按刘一之录同。

那么"刘一之"是否确有其人,并且与徐寓同时问学于朱子?

综观朝鲜本和成化本语录,仅一条末尾记"刘一之"姓名,且为按语,与徐寓录相同。如上文所论,徐寓与林一之同时入漳州郡学,受教于朱子,所学内容包括孝悌、论语、礼制、养气、养性、感应等诸目问答,上引寓录、刘一之录同之语录内容亦从"孝悌"说开,故推论"刘一之"为笔误。又,"刘一之"此名未见于诸本朱子门人资料,故上引语录按语所提当为"林一之"。

《朱子语类》中除了有姓之"一之",还有 12 条"一之"所记语录,仅末尾作"一之"。综合上文考述,《朱子语类》中"一之"者即"林一之"。林一之,名易简,又名撰,漳州人。

二、鲁 叔

《朱子语类》成化本中无"鲁叔"所记语录,然朝鲜本中有一则,内容与成化本一致:

---

① 朱杰人等主编:《朱子全书》,第 23 册,第 3113 页。

"理者,天之体;命者,理之用。性是人之所受,情是性之用。"成化本末尾记"道夫",朝鲜本末尾记"鲁叔"。又 C97-91、K97-61 有相同语录一则,均记为道夫录,段首作"鲁叔问……"①据此可知,道夫与鲁叔曾同时问学于朱子。《朱子实纪》《考亭渊源录》《道南源委》《儒林宗派》《宋元学案补遗》《朱子门人》均以"鲁叔"为朱鲁叔,仙游人,朱子门人。

道夫即杨道夫。《道南源委》记:杨公道夫字仲思,浦城人,与从兄与立、子昂同时受学于朱子。②《朱子语类》卷 115 有训道夫数条,其中道夫自述"道夫在门下虽数年,觉得病痛尚多"③,可知杨道夫从学朱子时间较长。统察《朱子语类》中道夫或记作"仲思"者与朱子问答或记录情况,与道夫同时求学者还有刘砥(C101-158)、童伯羽(C97-31)、蔡行夫(C18-29)、徐寓(C46-3)、陈庭秀(C18-29)等人,其问学时间自淳熙十六年(1189 年)始,虽尚不能断定其何时结束学业,但可明确直至绍熙三年时(1192 年)道夫仍在崇安。据上文所论,朱鲁叔曾与道夫问学时间重合,应在淳熙十六年(1189 年)及之后数年间。

《朱子实纪》《儒林宗派》《宋元学案补遗》《考亭渊源录》《道南源委》等均以朱鲁叔为朱子弟子。陈荣捷《朱子门人》中虽提及"想其友辈关系为多,师生关系为少",但仍列朱鲁叔为朱子门人。然笔者以为鲁叔并非朱子门人。

《朱子文集》中有《跋刘子澄与朱鲁叔帖》:"观亡友刘君子澄手墨,为之陨涕。其言当看切己文字,分别义利之间,所以期吾鲁叔者为不浅矣。鲁叔商勉旃哉。丹阳朱熹仲晦父书于临漳郡斋,绍熙庚戌(1190 年)中冬十一日。"④据朱子所言"刘子澄期鲁叔不浅"可知,朱鲁叔当为刘清之门人。"刘清之,字子澄,子和之弟也,学者称静春先生。因往见朱文公,慨然有志于义理之学。"⑤因朱子与刘子澄相交,故而结识刘子澄"期望不浅"的门人朱鲁叔。

然而朱熹对朱鲁叔并不熟悉,据《朱子文集·别集》中有《答余景思》:"朱、赵相继沦没,深为可念。闻宜春人欲留学古卜葬于彼,遂为留居之计,不知果然否?鲁叔子弟几

---

① 鲁叔问:"温公薨背,程子以郊礼成,贺而不吊,如何?"曰:"这也可疑。"或问:"贺则不吊,而国家事体又重,则不吊似无可疑。"曰:"便是不恁地。所以东坡谓'子于是日哭则不歌',即不闻歌则不哭。盖由哀而乐则难,由乐而哀则甚易。且如早作乐而暮闻亲属缌麻之戚,不成道既歌则不哭!这个是一脚长,一脚短,不解得平。如所谓'三揖而进,一辞而退',不成道辞亦当三!这所在以某观之,也是伊川有些过处。"道夫问:"这事,且看温公讳日与礼成日同,则吊之可也。或已在先,则更差一日,亦莫未有害否?"曰:"似乎在先。但势不恁地,自是合如此。只如'进以礼,退以义','罪疑惟轻,功疑惟重',天下事自是恁地称停不得。"道夫。
② 朱衡:《道南源委》,中华书局 1985 年版,第 84 页。
③ 朱杰人等主编:《朱子全书》,第 24 册,3637 页。
④ 朱杰人等主编:《朱子全书》,第 22 册,3893 页。
⑤ 黄宗羲著,全祖望补修:《宋元学案》,中华书局 1986 年版,第 1940 页。

人? 今皆年几何? 莫亦能自卓立否?"①余景思,即仙游余元一,因娶黄干(朱熹之婿)女弟,而与朱子关系亲近,或因余景思与朱鲁叔为乡人有旧,故在朱鲁叔殁后,朱子询问其子弟情况。由此侧面表现出朱子对朱鲁叔颇为关怀,如《朱子文集》有《答朱鲁叔》一书:"刘守请祠未报,计须且留。知早晚得亲炙,又与程弟讲学,甚善甚善。风俗不好,直道而行便有窒碍。然在吾人分上,只论得一个是与不是,此外利害得丧有所不足言也。为学之要,先须持己,然后分别义利两字,令趣向不差,是大节目。其他随力所及为之,务在精审而不贵于泛滥涉猎也。"②观朱子言语之间循循诱导之意甚浓。再结合上述二则材料,或因朱子与刘子澄友好③,进而对刘氏门人朱鲁叔颇多关切。朱子语中多涉及为学之要,并告诫分别义利等。

又据《与朱鲁叔》:"所欠人家志铭之属积压无数,摆拨不行,恐未暇为吾弟记此也。然亦未敢不为,俟定居后看如何。或人事稍简,试即为思之也。斋记大字亦然。"④书中朱子称朱鲁叔为"吾弟",可见二人并非师生关系。

综合以上材料,笔者以为:朱鲁叔,仙游人,乃清江门人。朱鲁叔虽曾问学于朱子,然实非朱子门人。

三、公　　谨

《朱子语类》中有"公谨"全名者二,一为李公谨,一为周公谨。

成化本与朝鲜本中仅一则 C120-11⑤ 提及"李公谨问读书"之语录,为叶贺孙所记录,可知彼时李公谨当与叶贺孙同在朱子门下,其时约为辛亥(1191年)以后。"李文子,字公谨,号耕叟,邵武军邵武人,方子弟,从朱熹学。登绍熙四年(1194年)第,历知绵、阆、潼川。在官搜采史传,命郭允蹈作《蜀鉴》十卷。见嘉靖《邵武府志》卷八、一一,《宋元学案》卷六九。"⑥《道南源委》载:"文子持橐蜀中二十年,以道学倡,蜀人宗之。"⑦据《经义考》,

---

① 朱杰人等主编:《朱子全书》,第 25 册,第 4779 页。
② 朱杰人等主编:《朱子全书》,第 22 册,第 2124—2125 页。
③ 朱杰人等主编:《朱子全书》,第 24 册,第 4087 页:予以无能,蚤结交好,切磋之益,岁晚益亲。
④ 朱杰人等主编:《朱子全书》,第 25 册,第 4937 页。
⑤ 李公谨问:"读书且看大意,有少窒碍处,且放过,后来旋理会,如何?"曰:"公合下便立这规模,便不济事了。才恁地立规模,只是要苟简。小处晓不得,也终不见大处。若说窒碍,到临时十分不得已,只得且放下。如何先如此立心!"贺孙。
⑥ 曾枣庄等主编:《全宋文》,上海古籍出版社 2002 年版,第 301 册,第 3 页。
⑦ 朱衡:《道南源委》,第 40 页。

李公谨为朱子授礼弟子。①另在"朱子授诗弟子""朱子传易弟子"中则不见其名。故据以上材料推论,李公谨或于1191—1194年问学于朱子,此后登进士第,入蜀为官二十年,声誉斐然。

提及"周公谨"之语录有：K27-35(C27-35 少异)、K53-103、C120-10、C124-27,其中K53-103为去伪所录,又注"周公谨同",C124-27为泳录,注"周公谨记",其余二则语录则有"周公谨问",均为泳录。朱子门人有胡泳、汤泳,然《朱子语类》中胡泳所记语录末尾均记作"胡泳",故此"泳"应指汤泳。汤泳所记语录出自池录三三,注乙卯(1195年)所闻②,可见汤泳、周公谨、金去伪于1195年曾同在朱子门下求学。周介,字公谨,初姓叶,一字叔瑾。③《宋元学案》记：周介,字叔谨,括苍人也。从东莱、晦翁游。④《朱子文集》中用公谨字,有《答周叔谨》五书⑤,所答问内容以义理、仁说、涵养省察工夫、论丧服礼制、读书为学等为主,与上述四则语录内容相契。

二本《朱子语类》中另有记为"公谨"之语录。其中成化本7则、朝鲜本8则相互对应语录,为公谨与方子或贺孙或端蒙所录,如K1-3(C1-3 方子)、K5-3(C5-3 贺孙)、K53-73(C53-66 方子)、K55-23(C55-23 方子)、K95-33(C95-26 端蒙,K95-31 贺孙)、K98-25(C98-38 方子)、K136-8(C136-10 方子、伯丰、䉙)。据上文所论,李公谨为李方子弟,亦曾与叶贺孙等同时问学,故以上成化本7则、朝鲜本8则"公谨"所记语录应为李公谨,朱子所论涉及太极、性命、四端、名物制度、体用工夫、心统性情、历代诸事。其中黄䉙问学时间为戊申年(1188年),吴伯丰则记于戊申(1188)、己酉(1189),与上文所推断李公谨曾在1188—1194年之间问学相符。K136-8应为李公谨于戊申(1188)年间所记语录。虽《经义考》中列李公谨为朱子授《礼》弟子,而传《易》、授《诗》弟子中不见其名,然观《朱子语类》中公谨所学并不局限于"礼"一门,实际上类目颇杂。

此外,《朱子语类》成化本与朝鲜本还有"公谨"所记语录,二本语录内容一致,分别为：C9-2与K9-3论知行,C67-31与K67-32论《易传》,C85-43与K85-56论君臣之礼,C112-10与K136-41论《唐鉴》,C130-69与k130-44论东坡议论,K130-35与C134-46论《唐鉴》。朝鲜本中另有一则K76-110论《易》,成化本中则无此则语录。对比此数则语录内容与上文推论李公谨所记内容,如"太极、性命、四端、名物制度、体用工夫、心统性情、历代诸事"等主题,实有相合之意。

---

① 朱彝尊：《点校补正经义考》,台湾"中央研究院"中国文哲研究所筹备处,1997年,第544页。
② 黎靖德编：《朱子语类》,中华书局1986年版,第15页。
③ 宋端仪撰,薛应旂重辑：《考亭渊源录》,《续修四库全书》,第517册,第696页。
④ 黄宗羲著,全祖望补修：《宋元学案》,第2448页。
⑤ 朱杰人等主编：《朱子全书》,第23册,第2551页。

另有 K11-86(C11-108 与此少异,为学蒙所录)论及看文字异同,当为公谨与学蒙同时所闻。因学蒙所记语录出自饶录三二,为 1194 以后所闻,然李公谨登绍熙四年(1194年)进士第,此条语录为李公谨所记可能性较小。又因周公谨、汤泳、金去伪等人曾于 1195 年同在朱子门下求学,故笔者以为 K11-86、C11-108 应为周公谨与林学蒙一时所闻。统察《朱子文集》与《别集》,朱子与周公谨书信往来五篇,一论涵养工夫不可支离;二论看文字勿枝蔓;三论丧服礼制;四论涵养省察工夫;五论收拾放心、为学与讲学工夫。因此,推论 K11-86、C11-108 为周公谨所录亦为合理。

　　周公谨虽亦曾向朱子学礼,然主要涉及丧礼服制等内容,如《朱子文集》中有《答周叔谨》书中记:"丧礼前书已报大概,适再考仪礼,经,五服皆有之,一在首,一在要,大小有差。斩衰条下,传中已言之,故不复言耳。要经之下又有带,斩衰绞带、齐衰布带是也。……"① 对比 C85-43、K85-56 两则语录中朱子论君臣之礼,实不相关。另有朱子《答吕子约》② 提及:"公谨前日一二书来问所疑,觉得都似稍通晓,胜往时也。此一等人不能谈王说霸,然终是壳实谨厚,是这一边人。鄙意觉得只爱此等人也。"《答吕子约》③ 又云:"公谨之言,不记云何。来喻云云,得无有尤人之意邪?"又有《答窦文卿》④ 朱子提及公谨,云:"公谨未及附书,相见烦致意。渠从吕东莱读《左传》,宜其于人情物态见得曲折,今乃如此不解事,何耶?"据朱子答书与上文所论可知,朱子反复对周公谨论为学涵养工夫等,强调"不可枝蔓""切勿支离"等语。

　　综合上述各种材料,对比李公谨、周公谨与朱子所论内容,笔者推论:除明确有"周公谨"姓名的语录,仅 K11-86、C11-108 二则为周介(公谨)所录,其余记为"公谨"所录之朱子语录均为李文子(公谨)所记。

---

① 朱杰人等主编:《朱子全书》,第 23 册,2553 页。
② 朱杰人等主编:《朱子全书》,第 22 册,2199 页。
③ 朱杰人等主编:《朱子全书》,第 22 册,2208 页。
④ 朱杰人等主编:《朱子全书》,第 23 册,2822 页。

林茂春《文选·赋》简端记

□南江涛

摘 要：林茂春是清代文选学家，是《文选旁证》作者梁章钜的老师，著有《文选补注》一书，惜未传世。此前，学界知道林茂春对《文选》的研究，多赖梁章钜《文选旁证》一书所引条目，略可窥见一斑。该文将藏于影印本《梁章钜批校昭明文选》中《赋》部分（即卷一至十九）与《文选旁证》进行对比阅读，发现批校本中存林茂春批语197条（其中7条未标明，据《旁证》"林先生曰"补入），《旁证》未见者108条，已见者46条，梁章钜袭用而未注明者43条。又从《旁证》"林先生曰"补得批校本所无者13条。这108条未见于《旁证》的林茂春批语，对阐释校勘《文选·赋》相关条目是难得的资料。

关键词：《文选》；林茂春；梁章钜

作者简介：南江涛，安徽师范大学文学院博士研究生、国家图书馆出版社副编审。

古代、近体诗、近世诸公选集，如是者垂五十年，成《左传补注》《汉书补注》《文选补注》诸书若干卷，弟子梁章钜自言作《文选旁证》，所述师说为多。茂春与知名士立程限攻经史，为读书社，社友最著者如龚景瀚、林乔荫与其弟澍蕃、林其宴、陈登龙，皆以文章经济名于时。茂春官终漳州府学教授，朴拙不交当路，为诗肆力韩苏，专学其七言古体，存稿颇多。①这是民国《闽侯县志》中林茂春的传记资料。如传内所言，林氏是清代的文选学家，是《文选旁证》作者梁章钜的老师，著有《文选补注》一书，可惜未能传世。此前，学界知道林茂春对《文选》的研究，多赖梁章钜《文选旁证》（下简称《旁证》）一书所引条目，略可窥见一斑。2016年，国家图书馆出版社影印出版了福建师范大学图书馆藏《梁章钜批校昭明文选》②，笔者将其《赋》部分（即卷一至十九）与《文选旁证》③进行对比阅读，发现批校本中存林茂春批语197条（其中7条未标明，据《旁证》"林先生曰"补入），《旁证》未

---

① 民国《闽侯县志》卷七一"文苑上"，1933年刻本。
② 2函24册，三色套印，国家图书馆出版社2016年6月出版，本文迻录林茂春批语，均出自该书，各卷之下，每条后面标明所在页码。
③ 梁章钜：《文选旁证》，福建人民出版社2000年版。

见者108条,已见者46条,梁章钜袭用而未注明者43条。又从《旁证》"林先生曰"补得批校本所无者13条,认为批校本乃梁氏《旁证》较早的工作底本,其后陆续有增补①。这108条未见于《旁证》的林茂春批语,对阐释校勘《京都赋》相关条目是难得的资料,今将林氏批语按卷次篇目逐条迻录,并标出《旁证》"已见""未见"和"袭用"等,同时将不见于批校本的13条一并迻录,供大家参考。

卷　　一

班孟坚《西都赋》：

1. "《西都赋》",林曰："章怀注：高祖五年,娄敬说上都关中,上疑之。左右大臣皆山东人,多劝都洛阳,此为有意都河洛矣。张良曰：洛阳四面受敌,非用武之地；关中金城千里,天府之国也。于是上即日西都关中。此为辄而弗康。"(2下,袭用)

2—3. "黄支之犀,条支之鸟。逾昆仑,越巨海。殊方异类,至于三万里。"林曰："《平纪》应劭曰：黄支在日南之南。献犀元始二年事。"(5上,未见)林按："班书《西域传》：大雀之群食于外国。又《拾遗记》：章帝时条支国贡异瑞,有鸟名鸡鹕,形高七尺,解人语。其国太平则群翔。"(5上—下,袭用《拾遗记》句)

4. "昭阳特盛,隆乎孝成。"林按："孝成时赵昭仪姊妹专宠,居昭阳故殿,饰极盛。"(6上,未见)

5. "翡翠火齐,流耀含英。"林按："《拾遗记》：周穆王时,梁国贡火齐镜。"(6上,袭用,按,义移《西京赋》注于此注"翡翠")

6. "前唐中而后太液,览沧海之汤汤。"林按："《黄图》：唐中池周回十二里,在建章宫太液池南。"(8下,袭用)

7. "于是天子乃登属玉之馆,历长杨之榭。"林按："《宣纪》：甘露二年幸萯阳宫,属玉观。善注引萯阳作长杨,误。"(9下,袭用)

8. "鸟则玄鹤白鹭,黄鹄鸡鹕。"林按："《昭纪》：元年黄鹄下太液池。"(10上,未见)

班孟坚《东都赋》：

9. "且夫建武之元,天地革命。四海之内,更造夫妇,肇有父子。君臣初建,人伦实始。斯乃伏牺氏之所以基皇德也。"林按："《白虎通》：伏羲因夫妇,正五行,始定人道。"

---

① 南江涛：《梁章钜批校翻刻汲古阁本〈文选〉及其价值——以〈魏都赋〉为例》,《国学季刊》第三辑,山东人民出版社2016年10月。

(12下,袭用)

10—11."制同乎梁邹,谊合乎灵囿。"林按:"邹、驺同。贾谊曰:驺者,文王之囿名。"又按:"驺,虞天子掌鸟兽之官。《礼》云:乐官备也。"(13下,未见)

12."登玉辂,乘时龙。"林按:"汉无玉辂。《宋志·礼论》:周玉辂最尊,汉制乘舆金根车,如周玉辂之制。"(13下,已见)

13."遂集乎中囿,陈师按屯。骈部曲,列校队。勒三军,誓将帅。"林按:"《续汉志》:大将军营五部,校尉一人,部下有曲,曲下有屯长一人。已见前赋注。"(14上,未见)

14."先驱复路,属车按节。"林按:"《通典》:汉制九斿车九乘,大驾为先乘。"(14下,未见)

15."自孝武之所不征,孝宣之所未臣。"(林先生曰):"范书作'孝武所不能征,孝宣所不能臣',语实失体,兹云云想是昭明改笔耳。"(14下,已见。按此条未标"林曰",据《旁证》"林先生曰"补)

16—17."列金罍,班玉觞。嘉珍御,太牢飨。"林按:"《士冠礼》疏:金罍亦汉制,黄香《天子冠颂》:咸进爵乎金罍。"(15上,已见)又按:"《前汉·乐志》:朝贺置酒陈殿下。《匡衡传》:朝贺置酒,以飨万方。"(15上,已见)

卷 二

张平子《西京赋》:

1."汉氏初都,在渭之涘。"林按:"《水经》:渭水东北径黄山宫南。《三辅黄图》:渭水贯都象天河。"(1下,未见)

2."于后则高陵平原,据渭踞泾。"林按:"《水经注》:渭水径长安城东北,合昆明故渠。"(2上,未见)

3."洪钟万钧,猛虡趪趪。"林按:"《后汉》注:钟虡以铜为之,故贾山上书云:悬石铸钟虡。音义曰:虡,鹿头龙身,神兽也。"(3下,未见)

4."翡翠火齐,络以美玉。"林按:"翡翠有二,一鸟名,一石名。《续博物志》云:翡翠屑金,盖石也。善注单言鸟,非。"(4下,已见,移注《西都赋》)

5."柏梁既灾,越巫陈方。建章是经,用厌火祥。"林按:"《通鉴》:齐永元二年后宫灾,有赵鬼者能读《西京赋》。言于齐王曰:柏梁既灾,建章是营。于是乃大起芳乐、玉寿诸殿。"(5下,未见)

6."櫼栌重沓,锷锷列列。"林曰按:"重屋之制,别立栋以架橑,橑谓之橑,栋谓之棼,橑栋既重,则轩宇垂檐壁板皆重矣。《周礼》谓之重屋,《明堂位》谓之重檐,《招魂篇》谓之层轩,《汉书·张敞传》谓之重橑,《景福殿赋》谓之重桴,此赋谓之重轩,又曰重棼,盖举其一言之耳。形制累复,可谓之阁。《张临传》'每登殿阁',古诗'阿阁三重阶'是也。亦可谓之楼,《灵光殿赋》'高楼飞观,轩槛蔓延'是也。"(6上,未见)

7. "乃有昆明灵沼,黑水玄址。"林按:"玄址本黑水所渚,远在三危地,汉宫特拟其形耳。"(9上,已见)

8. "天子乃驾雕轸,六骏駁。"林按:"《隋志》:舆,汉室制度以雕玉为之。王符《羽猎赋》:天子乘碧瑶之雕轸。"(10上,已见)

9. "于是蚩尤秉钺,奋鬣被般。禁御不若,以知神奸。螭魅魍魉,莫能逢旃。"林按:"《汉书》:祠黄帝,祭蚩尤于沛庭而衅鼓旗。应劭曰:蚩尤,古天子,好五兵,故祭之。臣瓒曰:蚩尤,庶人之贪者。吴仁杰曰:蚩尤之旗,类彗而曲,象旗,见则王者征伐四方,则所祭者天星也。《封禅书》:祠八神,一主兵,为蚩尤星。兹所谓蚩尤盖亦指此,若李注则虓乱之鬼耳,奚足禁御不若哉。"(10下,已见)

10. "叉蔟之所挽捎,徒搏之所撞拯。"(林先生曰):"蔟同籍。殷敬顺《列子释文》:籍,谓以竹木围绕。"(11上,已见。按此条未标"林曰",据《旁证》"林先生曰"补)

11. "及其猛毅髵髵,隅目高眶。"(林先生曰):"《相马经》:眼欲高眶。"(11下,已见。按此条未标"林曰",据《旁证》"林先生曰"补)

12. "揸猵獌,批窳狻。"林按:"猵猵,《说文》作貗貗,《吴都赋》作萬萬,《汉书》作鸣羊,实一物也。"(11下,按,袭用《说文》句,又移注《吴都赋》"萬萬笑而被格")

13. "陵重巘,猎昆驳。"林按:"《尔雅》注:騉驳,蹄平而健,上巘,秦时有騉蹄苑。"(12上,未见)

14. "尔乃建戏车,树修旃。"林按:"角抵诸戏,此赋述之最备,然尚有散见者。戏车、山车、兴雨、动雷、激水、转石、嗽雾、扛鼎,见李尤《长乐观赋》;蔓延鱼龙象人见《西汉书》;怪兽舍利见《后汉书》;紫鹿跂行巨象行乳见《晋书》;跳铃掷剑见《梁书》;高絙凤皇安息见《邺中记》。"(14下,未见)

卷 三

张平子《东京赋》:

1. "沂洛背河,左伊右瀍。"林按:"洛水在洛阳县西南三里,河南县北四里。"(4上,未见)

2. "造舟清池,惟水泱泱。左制辟雍,右立灵台。"林按:"《隋·牛宏传》云汉明堂有璧水。李尤《明堂铭》:流水洋洋。"(7上,未见)

3—5."乃整法服,正冕带。"林按:"《晋志》:汉明帝采诸儒说,备衮冕之服。"(9上,未见)又按:"《后汉纪》:永平二年春,宗祀明堂,帝及公卿列侯始服冠冕、衣裳、玉佩、绚履以行事。"(9上,袭用)"珩纮纮綖,玉笄綦会。"林按:"珩字当作衡,衡,所以维持冠,若珩则所佩之玉矣,当从《左传》。"(9上,已见,有残字,据《旁证》补)

6."羽盖威蕤,葩瑶曲茎。"林按:"《王莽传》:莽作华盖九重金瑶羽葆。师古曰:瑶谓盖弓头为爪形。"(9下,未见)

※"顺时服而设副,咸龙旗而繁缨。"注:"五时之服,各随其车。"林先生曰:"汉制:五时变服。《礼仪志》:立春,京师百官衣青,立夏衣赤,先立秋十八日衣黄,立秋衣白,立冬衣皂,迎气衣绛,求雨衣皂。"(按,此条不见梁章钜批校本,据《旁证》94页补于此,不列条目,仅供参考)

7."尔乃孤竹之管,云和之瑟。"林按:"《述异记》:东海畔有孤竹,斩而复生。中为管。周武王时,孤竹国献瑞笋一株。"(10上,未见)

※"冠华秉翟,列舞八佾。"林先生曰:"《后汉书·东平王苍传》:中兴三十余年,苍与公卿议定光武庙八佾舞数。"(按,此条不见梁章钜批校本,据《旁证》96页补于此,不列条目,仅供参考)

8—9."扬槱燎之炎炀,致高烟乎太一。神歆馨而顾德,祚灵主以元吉。"林按:"《汉书》:惟泰元尊,媪神蕃厘。师古曰:泰元,天也;媪神,地也。吴仁杰曰:泰元者,泰一也;泰一与天地并,而非天也。《志》载天子祠三一、天一、地一、泰一。媪神媪作煴,煴神者,爇烟以祀神。《东京赋》所谓'致高烟乎泰一'是已。《礼》:祭天以烟为歆神始,祀泰一之礼,同于祀天,故燎熏皇天,皋摇泰一,扬子云以为并称云。"(10下,已见)林又按:"《郊祀志》:神君最尊曰太一。王伯厚曰:太一与泰一不同。武帝祀太一于甘泉,就阳位也;若泰一祠坛,则立于东南郊,盖异祭。"(10下,已见)

10—11."设业设虡,宫悬金镛。藙鼓路鼗,树羽幢幢。"林按:"《通典》:虡上树羽,旁悬流苏,周制也;悬以崇牙,殷制也;饰以博山,后代所加也。"(11下,未见)又按:"《汉礼器制度》曰:树羽为龙头,及领曰衔璧,璧下有旄牛尾。"(11下,未见)

※"中畋四牡,既佶且闲。"林先生曰:"《左传》:浑良夫乘衷甸两牡。衷甸者,一辕车也。……"(按,此条不见梁章钜批校本,据《旁证》101页补于此,不列条目,仅供参考)

12."度秋豫以收成,观丰年之多稌。"林按:"《后汉纪》:永平九年大有年。十年二月诏,昔岁五谷登衍,今兹蚕麦善收。十二年,岁比登稔,百姓殷富,粟斛三十,牛羊被野云。"(15上,未见)

13."思仲尼之克己,履老氏之常足。"林云:"西京尚黄老,始于曹参,盛于窦后。故终东汉之世,与孔氏并称。"(16上,已见)

卷　　四

张平子《南都赋》：

1. "绿碧紫英,青䨼丹粟。"林按:"丹粟疑即丹砂。"(1下,已见)

2. "昆仑无以参,阆风不能逾。"林按:"《海内经》:昆仑去中国五万里,天帝之下都也,其山层城九重,面九井,以玉为槛,旁有五门,开成兽守之。"(2上,未见)

3. "流湍投濈,砏汃輣轧。"林按:"汃字《说文》引《尔雅》:西至于汃国,音作府巾切。杜牧诗:小溪光汃汃。自注:普八切。宋黄仁杰曰:汃,音怕,平声。"(2下,未见)

左太冲《蜀都赋》：

4. "金马骋光而绝景,碧鸡儵忽而曜仪。"林按:"王褒《颂》曰:敬移金精神马缥碧之鸡处南之荒。"(9上,未见)

※"其深则有白鼋命鳖,玄獭上祭。"林先生曰:"焦赣《易林》:鼋鸣岐野,鳖应于泉。"(按,此条不见梁章钜批校本,据《旁证》139页补于此,不列条目,仅供参考)

卷　　五

左太冲《吴都赋》：

1. "鶢鶋避风,候雁造江。"林按:"爰居,杂县也。《尔雅疏》:汉元帝时,琅琊有大鸟如马驹,人谓之爰居。"(3下,未见)

※"纶组紫绛,食葛香茅。"林先生曰:"刘注谓食葛,蔓生。又云:根大,美于芋。"(按,此条不见梁章钜批校本,据《旁证》152页补于此,不列条目,仅供参考)

2. "柚梧有篁,篻簩有丛。"林按:"《文苑英华辨证》云:《吴都赋》篻簩有丛,《类聚》载筋竹,《初学记》载蔓竹。"(6上,已见)

3. "鹧鸪南翥而中留,孔雀绰羽以翱翔。"林按:"《南越志》:鹧鸪虽东南回翔,然开翅之始,必先南翥,其鸣自呼杜薄州。"(6下,未见)

※"造姑苏之高台。"林先生曰:"按《吴地记》:吴王阖闾,十一年起台于姑苏山,因名。夫差复因而饰之。"(按,此条不见梁章钜批校本,据《旁证》159页补于此,不列条目,仅供参考)

4. "起寝庙于武昌,作离宫于建业。"林按:"黄龙元年九月,权迁都建业,因故府不改馆,召陆逊辅太子,登掌武昌留事。"(8上,未见)

5. "桃笙象簟,韬于筒中;蕉葛升越,弱于罗纨。"林按:"《论衡·浮侈篇》:葛子升越,筒中女布。升庵所引《荆州记》云云,盖女布也,非升越,见《后汉》注。"(9下,袭用《浮侈篇》句)

6. "吴钩越棘,纯钧湛卢。"林按:"陈琳《武库赋》:弓则乌号越棘,注以为戟,似误,然旧注实本康成《礼》注。"(10上,未见)

7—8. "儋耳黑齿之酋,金邻象郡之渠。"林按:"黑齿国在青邱北,为人黑齿,见《山海经》"(10下,未见)又按:"《南夷志》:黑齿蛮在永昌关南,以漆漆其齿。"(10下,未见)

9. "回靶乎行邪,睨观鱼乎三江。"林按:"行邪睨三字当衍一字,想是地名。"(12下,已见)

※"筌鲲鳣,鲡鳋鲹。"林先生曰:"筌罦罬皆实字,则绷字义亦当配。"(按,此条不见梁章钜批校本,据《旁证》159页补于此,不列条目,仅供参考)

10. "简其华质,则觊奰锦缋。"林按:"《通雅》曰:觊奰,犹出纳之吝也。《方言》:贪而不施曰觊,或谓之啬。《汉书》:不足以壹奰,讹为觊,《方言》臆度之耳。左思采获之耳。"(13下,已见)

卷　　六

左太冲《魏都赋》

1. "孰愈寻靡萍于中逵。"林按:"《楚词》旧注靡萍九衢,言其枝九出耳。《山海经》有四衢五衢之语是也。太冲以衢为逵,自是误解。"(2上,不见)

2. "剑阁虽嶒,凭之者蹶,非所以深根固蒂也。洞庭虽浚,负之者北,非所以爱人治国也。"林按:"凭剑阁指公孙述,负洞庭指有苗,借往事以斥吴蜀。"(2下,不见)

3. "而是有魏开国之日",林按:"《魏志》,建安十八年策命公为魏公。秋七月,始建魏社稷。"(3上,不见)

4. "藏气谶纬,阁象竹帛。"林按:"谶纬,如汉当涂高之文。"(4上,不见)

5—6. "造文昌之广殿,极栋宇之弘规。"林曰:"《南齐书·礼志》:魏武都邺,正会文昌殿,用汉仪,设百华灯。"(4下,已见)林按:"《水经注》:文昌殿,文石为基,一基下五百武,屈柱跌瓦,悉铸铜为之。"(4下,不见)

7. "旅楹闲列,晖鉴柍桭。"林按:"子云赋:日月才经于柍桭。柍桭,屋上栋隆之所居也,宜从木旁。"(5上,袭用)

8. "楸梓木兰,次舍甲乙。"林按:"宫中舍宇以甲乙分上下等。《汉书》:元帝在太子宫生甲观画堂、《元后传》言见于丙殿、《清河孝王庆传》遂出宫人至丙社可证。"(6上,袭用)

9—10. "长涂牟首,豪徽互经。"林按:"《汉书》注:牟首,孟康以地名,上有观;如淳以为屏面;臣瓒以为池名,在上林苑中;师古曰:瓒说是;渊林注无所出。"(7上,袭用)又按:"刘敞曰:牟首,岑牟也。岑牟盖鼓角士胄,即祢衡为鼓角吏所著者。"本《汉书刊误》。林按:"《汉官旧仪》云:上林苑中昆明池、镐池、牟首诸池取鱼鳖给祠祀用。据此,牟首实池名。臣瓒之说本此。"(7上,袭用)

11. "洗兵海岛,刷马江洲。"林按:"《六韬》:武王问太公:雨辎重至轸何也?云:洗甲兵也。"(10下,已见)

12. "丧乱既弭而能宴,武人归兽而去战。"注文:"《尚书》曰:往伐归兽。"林曰:"按往伐归兽见《书》序。《匡谬正俗》云:兽当作嘼。"(11上,不见)

13. "鏊首之豪,鐻耳之杰。"注文:"《山海经》曰:青要之山,魑武罗司之,穿耳以鐻。郭璞曰:鐻,金银之器名。魑,音神。"林曰:"按《五经集韵》:鐻,耳环,与璩同。"(11上,不见)

14. "山图其石,川形其宝。"林曰按:"《张掖传》:青龙四年,张掖川溢,宝石负图,仓质素章,麟凤龟马,焕炳成形。高堂隆以为东序之世宝。事班天下。"(12上,不见)

15—16. "莫黑匪乌,三趾而来仪。莫赤匪狐,九尾而自扰。"林曰:"《文帝纪》注:五彩之鱼,杂沓其间。"(12上,不见)又林曰按:"《瑞应图》:九尾狐,六合一同则见。文王时,东夷归之。《吕氏春秋》:禹行涂山,有白狐九尾造焉。《山海经》:青丘之山,有兽如狐而九尾。《援神契》云:德至鸟兽,则狐九尾。《竹书》:伯杼征于东海,及三寿,得一狐九尾。"(12下,不见)

17. "宵貌蕞陋,禀质莲脆。"林按:"形容短矮曰莲。《唐书·王伾传》:形容莲陋。宵通肖。"(16上,不见)

18. "风俗以瞿果为爐。"林按:"《通雅》曰:瞿一作僵,狭也。《仓颉篇》'果敢'作'猓敢'。爐,古音'坏',与'快'近,盖言风俗以隘狭果敢为快也。《史通》'苍梧人风果爐'正用此。"(16下,不见)

卷 七

扬子云《甘泉赋》:

1. "平原唐其坛曼兮,列新雉于林薄。"林按:"《本草别录》:辛雉木苦而香,温可作?药实如桃,与辛夷为二物。"(2下,不见)

2. "攒并闾与茇藄兮,纷被丽其亡鄂。"如淳注:"并闾其叶随时政,政平则平,政不平则倾。"林曰按:"师喜如氏所说,自是平虑耳。"(3上,不见)

· 240 ·

3."翠玉树之青葱兮,璧马犀之瞵珣。"林按:"玉树,颜注以为武帝所作,集众实为之,与李注同意;实则《三辅黄图》所云槐树为是。杨震《关辅古语》记所云者老相传咸谓槐树即《甘泉》所云玉树也。又《隋唐嘉话》《国史纂异》亦皆言汉宫以槐为玉树。"(3上,已见)

4."金人仡仡其承钟虡兮,嵌岩岩其龙鳞。"林按:"《续博物志》:霍去病讨幽屠王,获其祭天金人。武帝以为神仙,列于甘泉。"(3上,已见)

5."前殿崔巍兮,和氏玲珑。"林曰:"孟康注以和氏璧为梁壁带,其声玲珑也。"(4上,袭用)

6."乃搜逑索偶皋伊之徒,冠伦魁能。"林按:"《汉书》冠伦魁绝句。"(4下,不见)

7."相与齐乎阳灵之宫。"师古曰:"齐,同也,同集于此也。"林曰:"按《汉旧仪》:皇帝祭天,居云阳宫斋百日,同此例。师古以斋为齐,盖误。"(5上,已见)

8."梁弱水之潆滢兮,蹠不周之逶蛇。"林曰:"按《括地志》:弱水有二原,俱出女国北阿傉达山,南流会于国北,又南历国北,东去一里,深丈余,阔六十步,非乘舟不可济,流入海。"(5上,不见)

9."想西王母欣然而上寿兮,屏玉女而却宓妃。"林按:"《大荒经》:西王母其状如人,豹尾虎齿,蓬鬓穴居。《酉阳杂俎》曰:姓杨名回,字婉姈。"(5下,未见)

※"屏玉女而却宓妃。"林先生曰:"《汉书》:是时,赵昭仪方大幸,每上甘泉,常法从,在属车间豹尾中,故雄聊盛言车骑之众,参丽之驾,非所以感动天地,逆厘三神。又言'屏玉女,却宓妃',以为戒斋肃之事。"(按,此条不见梁章钜批校本,据《旁证》228页补于此,不列条目,仅供参考)

10."玄瓒觩觩,秬鬯泔淡。"林按:"《诗》兕觥其觩。觩,曲貌;觩,有棱貌。"(5下,已见)

潘安仁《藉田赋》:

11.题下注:"臧荣绪《晋书》曰:泰始四年正月丁亥,世祖初藉于千亩,司空掾潘岳作《藉田颂》也。"林曰:"此篇赋多颂少,自宜为赋,臧书列为颂,未当。"(6下,用通奉公说,意同)

12."于是前驱鱼丽,属车鳞萃。"林曰:"按《通典》:晋属车因后汉制。东晋属车五乘,加绿油幢、朱丝络。"(7上,已见)

13."金根照耀以炯晃兮,龙骥腾骧而沛艾。"林曰:"按《独断》曰:永安七年,建金根车,一辕,箱轮皆以金镈,正黄两黄臂,前后刻金以作龙虎鸟龟形,上以青缣为盖,羽毛无后户。"(7下,"无"当为"为",未见)

14."中黄晔以发晖,方彩纷其繁会。"林按:"《晋志》:晋平吴后,造五牛建棋车,设五牛,青赤在左,黄在中,白黑在右。"(8上,未见)

15."贵贱以班,或五或九。"林按:"《晋·舆服志》:玉、金、象、革、木五辂,并天子法车,皆朱班漆轮,画为鹹文,朱椽两箱后皆玳瑁为鹈翅,加以金银雕饰。"(8上,未见)

16."蹋蹋侧肩,掎裳连袂。"《晋书音义》:"袂,音艺。"林曰:"按《新唐书·刘文静传》:奋袂大呼,用古袂字。"(8上,未见)

17."靡谁督而常勤兮,莫之课而自厉。"林按:"《释名》:谁,推也,有推择言,不能一也。《晋书》作推督是,义通也。"(8下,袭用)

司马长卿《子虚赋》:

18.题下注:"《汉书》曰:相如游梁,乃著《子虚赋》。"林按:"《汉书》未云游梁乃著在《子虚赋》,当是《史记》。"(10上,未见)

19."瑊玏玄厉,碝石碔砆。"林曰:"《中山经》:扶猪之山,其上多礝石。"(11上,未见)

20."靡鱼须之桡旃,曳明月之珠旗。"林按:"《尚书大传》:桡旃即曲旃也。《世本》黄帝作旃,《韩诗外传》共工之妻曰此弓是太山南乌号之柘。"(11下,未见)

21."徼𫄧受诎。"林曰:"按《说文》:𫄧,劳也,燕人谓劳曰𫄧。"(12上,袭用)

22—23."于是郑女曼姬,被阿锡,揄纻缟。"林曰:"按文颖曰:郑国出好女,曼者其色理曼泽也。"(12下,袭用)又林按:"《列子》被阿锡,张湛注:阿,细縠。锡,细布。杨升庵曰:此文阿锡对齐纨,阿亦地名,齐有东阿,亦出丝布,若以阿为细布,字义不通。"(13上,袭用)

24."错翡翠之威蕤,缪绕玉绥。"林按:"以玉饰绥,谓郑女曼姬之容,服绥即今采缦垂镊。"(12下,袭用)

25."弋白鹄,连驾鹅。"林曰:"《中山经》:青要之山,是多驾鸟。郭注驾宜为鴐。"(12下,不见)

26—27."而盛推云梦以为高,奢言淫乐而显侈靡。"林按:"张楫曰:在南郡华容县。郭璞曰:江夏、安陆、南郡、枝江俱有云梦城;华容,巴邱湖,俗云即古云梦泽,张楫所云指此。"(13下,未见)"且齐东陼钜海,南有琅邪。"张楫曰:"琅邪,台名也。在渤海间。"(林)又按:"琅邪在东海滨,不在渤海,张说误。"(13下,已见)

28."浮渤澥,游孟诸。"林按:"《齐都赋》:海旁曰渤,断水曰澥。"(14上,未见)

卷　八

司马长卿《上林赋》:

1—3."左苍梧,右西极。丹水更其南,紫渊径其北。"林曰:"按《刊误补遗》:《山海经》:南有丹穴之山,丹水出焉,南流注于海。《甘泉赋》云:南阳丹崖。皆指丹穴之水言之。旧注非。"(1下,袭用)又按:"《山海经》:都州在海中,一曰郁州。郭注:今在东南朐县,世传此山从苍梧东南徙来,上皆有南方物。《舆地广记》云:郁州山,一名苍梧。未知相如果用此否。"(1下,未见)又按:"《正义》:《山海经》云紫渊水出根耆之山,西流注河。"(1下,袭用)

4. "九嵕巀嶭,南山峨峨。"林按:"《音义》云:巀嶭山在池阳县北。又云此处只宜作活字解。"(2下,袭用)

5—6. "灵圉燕于闲馆,偓佺之伦暴于南荣。"林按:"郭璞曰:灵圉、淳圉,仙人名也。《淮南子》曰:骑飞龙从淳圉是也。"(4上,袭用)又按:"《列仙传》:偓佺,槐里采药父也。食松,形体生毛,方眼,行逮走马。"(4上,袭用)

7. "晁采琬琰,和氏出焉。"林按:"《周礼典瑞》注:琬圭无锋芒,琰圭以易行,使有锋芒。"(4上,不见)

8. "留落胥邪,仁频并闾。"林按:"留,即《吴都赋》之探榴。"(4下,不见)

9. "孙叔奉辔,卫公参乘。"林曰:"按《刊误补遗》曰:孙叔、卫公非时人,盖指古之善御者耳。孙叔即《楚词》所谓'骥踌躇于弊辇,遇孙阳而得代'者是也。卫公即《国语》所谓'卫庄公为右,吾九上九下,击人尽殪'是也。此与《羽猎》所用'蚩尤并毂,蒙公见驱',《二京》所用'大丙弭节,风后陪乘'同,非实有其人也。"(5下,袭用)

10. "扈从横行,出乎四校之中。"林按:"《公羊传·宣十二年传》:厮役扈养。何休注:养马者曰扈。然则扈从谓主牧圉之役。"(5下,已见)

11. 同上。林按:"《石林燕语》:从驾谓之扈从,始自《上林赋》。张楫谓跋扈云云。颜注因之,亦以为跋扈恣纵而行,侍天子而言跋扈可乎?唐封演以为扈养以从,犹云仆御。此或近之。"(6上,袭用)

12. "射狸首,兼驺虞。"林曰:"按射礼于《狸首》注:《逸诗》曾孙也,狸之言不来也。《汉书·郊祀志》云:周灵王即位,诸侯莫朝,苌弘乃明鬼神事,设射不来。徐广曰:狸,一名不来。"(8上,不见)

杨子云《羽猎赋》:

13. "淫淫与与,前后要遮。"林曰:"按《淮南子》曰:善用兵者击其犹犹,陵其与与。"(11上,未见)

14. "逢蒙列眦。"林按:"列眦疑作裂眦,张目也。"(12上,已见)

15. "三军芒然,穷冘阏与。"林曰:"按《刊误补遗》马援言冘豫未决注:冘,行貌;豫,未定也,与豫字同。赋言三军捕禽兽行者,穷追之未定者,阏止之耳。冘、与二文相对。颜监乃以阏与为容眼之貌,于义未安。五臣注以冘为柔肿切,云穷冘倦怠貌,悉失之矣。"(13上,已见)

16. "拂灵蠵。"林曰:"应邵曰:蠵,大龟也,雄曰毒冒,雌曰觜蠵。"(13下,袭用)

17. "鞭洛水之宓妃,饷屈原与彭胥。"林按:"此二语,刘知几讥其无理,信然。"(13下,已见)

18. "上犹谦让而未俞也,方将上猎三灵之流,下决醴泉之滋。"林曰:"按《鹖冠子》曰:圣人之德,上及太清,下及太宁,中及万灵,则礼泉出。"(14上,未见)

卷　　九

杨子云《长杨赋》:

1. "驱橐驼,烧熉蠡。"林按:"烧熉蠡。张楫说为长,盖烧其草使不得牧畜,所以困之也。此即后世烧荒以防边意。"(4上,已见)

2—4. "喙铤瘢者。"林曰:"按臣似曰:《说文》:铳,侍臣所执兵。孔传《尚书》云:锐矛属,疑旧作铳,后传写作锐耳。《说文》:锐,芒也,与矛不类。"(3下,袭用部分)又曰:"按师古曰:铳,箭括也。吴仁杰从似作铳,谓《周书》铳作锐。盖铳锐铳,三写之误,非《说文》则不可复证。《序传》:定陶王为太子,数遣中盾。师古曰:盾读曰允,则字书于盾下,当云通作锐,允或省。五臣曰:喙,稍也,甚无据。"(3下,不见)又按林曰:"耆当作着。"(3下,不见)

5. "麾节西征,羌僰东驰。"林曰:"《史记正义》曰:今益州南戎州北临大江古僰国。韦昭曰:僰属犍为。"(4上,不见)

潘安仁《射雉赋》:

6—7. "聿采毛之英丽兮,有五色之名翚。"林曰:"《尔雅》:雉有数种,青质五色为鷮雉,黄色为鹇雉,黑为海雉,白鹇即白雉,似山鸡而小为鷩雉。"(5下,未见)"厉耿介之专心兮,参雄艳之婍姿。"又按:"《埤匹》:雉死耿介,妒垒护疆,善斗。"(5下,已见)

8—13. "奋劲骹以角槎,瞵悍目以旁睐。莺绮翼而轻挞,灼绣颈而裒背。郁轩𦒕以余怒,思长鸣以效能。尔乃擎场挂翳,停憧葱翠。"林曰:"按《礼记》:雉曰疏趾。鸭雁丑指间有幕,其足蹼;鸡雉丑指间无幕,其足疏,所谓劲骹也。"(6上,未见)又曰:"《说文》:瞵,目精也。《仓颉篇》:瞵,视不了也。《集韵》:瞵,怒目貌。左思《吴都赋》:鹰瞵鹗视。"(6上,未见)又曰:"《说文》:睐,目瞳子不正也。"(6上,未见)又按:"《礼记注》以挞为肒。《说文》:肒,高腽胫;《五音集韵》:腽,髀股也。"(6上,未见)又按:"《玉篇》:翳,障也。郑玄《礼记注》:毕翳射者,所以自隐也。"(6上,已见)又按:"陈萧有《射雉诗》:插翳依花合,芟场向野开。击场即芟场之谓。"(6上,已见)

14. "摛朱冠之艳赫,敷藻翰之陪鳃。首药绿素,身抣黼绘。"林曰:"陪鳃槊鬣通,药通约,抣同拖。"(6下,不见)

15."班尾扬翘,双角特起。"林曰:"按《埤雅》:鹰顶有毛角微起,谓之角鹰,盖鸟之善斗者。有毛角,所云双角是也。"(6下,不见)

16—17."山鷮悍害,猋迅已甚。"林曰:"《埤雅》云:鷮赋性悍,庆憨害飞,走如风之猋,故潘赋云云。"(7上,不见)又按:"刘熙《释名》:鷮,雉之憨恶者,山鸡也。《埤雅》:雉飞如矢,一往而坠。"(7上,不见)

18—20."瞻挺穟之倾掉,意淰跃以振踊。"林曰:"按淰,五臣作渗。《礼记》郑注:淰之言闪也。《韵会》《正韵》:淰音闪,或作渗。(7下,不见)'望廛合而弊晶,雄胅肩而旋踵。'按《集韵》:胅音胁,腋下也。观善注,当与胁通。"(7下,不见)又按:"《尔雅》:其踵企,郭注:飞即伸其脚跟。"(7下,不见)

21."麋闻而惊,无见自鷩。"林按:"《篇海》:鷩,鸟惊视貌。"(7下,不见)

22."彳亍中辍,馥焉中镝。"林曰:"馥当通作翩。《玉篇》:翩,飞也。"(8上,不见)

23."乐而无节,端操或亏。"林云:"按《禽经》云:霜传强枝,鸟以武生者少;雪封枯原,鸟以文死者多,雉之谓也。"(8下,不见)

班叔皮《北征赋》:

24."慕公刘之遗德,及行苇之不伤。"林曰:"按《后汉书》:寇荣上书云:公刘敦行苇,世称其仁。王符曰:公刘厚德,恩及草目,牛羊六畜,犹且感德。赵长君曰:公刘慈仁,行不履生草,运车以避葭苇。是汉儒皆以行苇为公刘诗也。长君从杜抚受学业,当是《韩诗》,非齐、鲁矣。"(9上—下,袭用)

卷 十

潘安仁《西征赋》:

1."彼负荷之殊重。"林曰:"按《晋书·杨骏传》:骏初为骁骑镇军二府司马,后以后父超居重任,封临晋侯。尚书褚、郭奕并表骏小器,不可以任社稷,武帝不从。"(1下,袭用)

2."无危明以安位,祗居逼以示专。陷乱逆以受戮,匪祸降之自天。"林曰:"按《晋书》:上疾笃,后乃奏骏辅政,帝领之。惠帝即位,进骏为太傅、大都督,假黄钺,录朝政,百官总己。贾后欲预政事,惮骏未得逞,令殿中中郎李肇,大司马、汝南王亮,使连兵讨骏。又报楚王玮。玮至孟观,李肇乃启帝,遣使奉诏废骏,以侯就第。东安公繇率殿中四百人随其后以讨骏。骏逃于马厩,以戟杀之。观等受贾后密旨,诛骏亲党,夷三族。"(1下—2上,袭用缩略)

3."匪择木以栖集,鄼林焚而鸟存。"又:"按《晋书》岳本传:杨骏辅政,引岳为太傅主簿。骏诛,除名。初,谯人公孙宏善鼓琴,颇能属文。岳为河阳令,爱其才艺,待之甚厚。至是,宏为楚王玮长史,专杀生之政。时骏纲纪皆当从坐,同署主簿朱振已就戮。岳其夕取急在外,宏言之玮,谓之假吏,故得免。未几,选为长安令。"(2上,袭用)

※"尔乃越平乐,过街邮。"注《水经注》曰:古旧亭处,即街邮也。林先生曰:"'旧'当作'瞥'。今《水经注》十五云:其上平敞,古瞥亭之处也,即潘安仁所谓越街邮也。"(按,此条不见梁章钜批校本,据《旁证》306页补于此,不列条目,仅供参考)

4. "澡孝水而濯缨,嘉美名之在兹。"林曰:"按《中山经》:西十里曰庾山,俞随之水出于其阴。吴任臣注:俞随水,世谓之孝水。"(4上,袭用)

5. "降曲崤而怜虢,托与国于亡虞。"林曰:"按《春秋》:虢有二,郑庄言虢仲死于制,盖东迁时为郑所灭,此东虢也。晋师虞师灭下阳,此西虢也。"(5上,不见)

6. "蹑函谷之重阻,看天险之衿带。"林曰:"按颜注:今桃林县南有洪溜涧水,即古所谓函谷也。"(6上,袭用)

7. "汉六叶而拓畿,县弘农而远关。"林曰:"按文颖注:新关在河南谷城,即新安也。"(6下,不见)

8—9. "问休牛之故林,感征名于桃园。"林曰:"按《汉书·高纪》:立司马欣为塞王。韦昭注:在长安东,名桃林塞。师古曰:取河华之故为扼塞耳,非桃林也。然则桃林有二。"(7上,袭用)林按:"《雍录》云:桃林一以为潼关,一以为阌乡,一以为灵宝。《元和志》则曰:灵宝县西至潼关,俱为桃林塞。"(7下,袭用)

10. "北有清渭浊泾,兰池周曲。"林曰:"按《沟洫志》:泾水一石,其泥数年。"又曰:"按《黄图》:秦始皇微行咸阳,逢盗兰池。"(8上,不见)

11. "籍含怒于鸿门,沛局蹐而来王。"林曰:"按孟康注:鸿门在新丰东十七里,旧大道北板下口名也。"(9上,不见)

12. "婴胃组于轵涂,投素车而肉袒。"林曰:"按师古曰:轵道亭在霸城观西四里。"(9下,不见)

13. "命有始而必终,孰长生而久视?武雄略其焉在,近惑文成而溺五利。"林曰:"按《郊祀志》:齐人上疏言神怪奇方者以万数,乃发船,令数千人求蓬莱神人。《封禅书》:天子遣方士入海,求安期羡门之属。"(11下,不见)

14. "纵逸游于角抵,络甲乙以珠翠。"林曰:"按文颖曰:角抵戏盖杂技乐,巴俞戏鱼龙曼衍之属。"(11下,不见)

15—16. "超长怀以遐念,若循环之无赐。"林按:"《字典》引作若循环而无锡,解云:尽也。《唐书·李密传》:敖庾之藏,有时二锡。"(12上,袭用)又按:"言铤赐朴渐皆尽也。"(12上,不见)

17. "掩细柳而抚剑,快孝文之命帅。"林曰:"按如淳曰:长安细柳仓在渭之北,近石徼。张楫曰:在昆明池南,今有柳市是也。颜注则据《匈奴传》置三将军之长安西细柳、渭北棘门、霸上,此则细柳不在渭北。楫说是也。"(12上,不见)

18. "儒林填于坑穽,诗书炀而为烟。"林曰:"按卫宏《古文奇字序》:秦改古文以为篆隶,国人多诽谤。秦患天下不从,而召诸生至者,皆拜为郎,凡七百人。又密令冬月种瓜于骊山硎谷之中。温处瓜实,诏博士诸生说之,人人各异。则皆使往视之,而为伏机,诸生方相论难,因发机,从上填之以土,皆终命也。"(13上,袭用)

19. "门磁石而梁木兰兮,构阿房之屈奇。"林曰:"《长安志》:阿房宫三面有墙,南面无墙,周五十里,崇八尺。"(15上,不见)

卷 十 一

王仲宣《登楼赋》:

1. "挟清漳之通浦兮,倚曲沮之长洲。"林云:"胡三省《释文辨误》云:荆山漳水,今在襄阳南漳县界,《左传》所谓江汉沮漳楚之望也。"(1下,不见)

※"循阶除而下降兮,气交愤于胸臆。"林先生曰:"项平甫《信美楼记》:谓此赋非但思归之曲,仲宣少依天室,世受国恩,遯身南夏,系志西周,冀王路之一开,忧日月之逾迈,故以是不可久留云云。"(按,此条不见梁章钜批校本,据《旁证》324页补于此,不列条目,仅供参考)

孙兴公《游天台山赋》:

2. "荫牛宿以曜峰,托灵越以正基。"(林先生曰):"徐灵府《记》云:天台山,神邕山图采浮屠氏说,以为阎浮,震旦国极东处或又号灵越,即赋所云'灵越正基'者,是也。"(3下,已见,按批校本未标注,据《旁证》补)

3. "释二名之同出,消一无于三幡。"(林先生曰):"放翁云:善注《头陀寺碑》'穿穴三藏',注《天台赋》'消释三番',至今法门老宿未窥其奥。"(5下,已见,按批校本未标注,据《旁证》补)

鲍明远《芜城赋》:

4. "观基扃之固护,将万祀而一君。"林曰:"万祀一君,犹《秦本纪》所云由二世以至万世。"(7上,不见)

王文考《鲁灵光殿赋》:

5—6. "尔乃悬栋结阿,天窗绮疏。圆渊方井,反植荷蕖。"林云:"《周礼郑注》:四阿屋四注,盖四面皆有溜也。"(10下,不见)又《梦溪笔谈》:"屋上覆橑,古人谓之绮井,亦谓之覆海令,今文中谓之斗八,吴人谓之罳顶,今惟佛寺有之。"《海录碎事》云:"藻井者,屋栋之间为井形而加水藻之饰,所以厌火灾。"(10下,不见)

7."绿房紫菂,窟咤垂珠。"林云:"窟咤音咄嗟,潘岳《芙蓉赋》亦云:窟咤星罗。"(10下,不见)

8."神仙岳岳于栋间,玉女窥窗而下视。"林云:"古人窗间多刻饰玉女,庾子山赋云'倚弓于玉女窗扉',李玉溪诗'寒气先侵玉女扉',李太白赋'玉女攀星于网户'是也。"(11上,已见)

何平叔《景福殿赋》:

9. 题下,林曰:"唐李华《含元殿赋》初成,萧颖士见之,曰:《景福》之上,《灵光》之下,然则《景福》之不及《灵光》,唐贤已有定论矣。"(12下,不见)

10."缀以万年,綷以紫榛。"林曰:"按万年,枝盖冬青树,《诗疏》谓之檍。陆玑曰:叶似杏而尖,白色,皮正赤,木多曲少直,华似练而细,蘂正白,今宫园有之,名曰万岁,取名于亿也。"(15上,袭用)

11."皎皎白间,离离列钱。"林曰:"按杜诗'白间剥画虫',注则云:黼扆,画雉饰之。《考工记》:两夹牕白盛。白盛者,以蜃灰垩其壁。据此,则白间者,壁间牕也,云黼扆非。"(15下,不见)

※"遂及百子,后宫攸处。"林先生曰:"《困学纪闻》谓唐钱起有《百子殿诗》即此。"(按,此条不见梁章钜批校本,据《旁证》341页补于此,不列条目,仅供参考)

卷 十 二

木玄虚《海赋》:

1."影沙砾石,荡飓岛滨。"林按:"影沙言沙之有文如画也,即下所云'云锦散文于沙汭'也。"(1下,已见)

卷 十 三

宋玉《风赋》:

1."有风飒然而至,王乃披襟而当之曰……"林曰:"此与晏子对齐景,雨雪三日不寒

同旨,欲其体恤民隐也。"(1下,不见)

贾谊《鵩鸟赋》:

2."傅说胥靡兮,乃相武丁。"林曰:"《尚书》:傅是傅说,代胥靡佣力;而张晏注云:传说被刑,筑于傅岩。皆误以'传说'为'刑人'。"(11上,袭用)

3."愚士系俗兮,窘若囚拘。"林曰:"欺全为人肩伛偻。"(11下,袭用)

4."乘流则逝兮,得坻则止。"何曰:"坻字,《汉书》作揣坎。"林按:"今本《汉书》作坎,殆误。"(12上,袭用)

卷 十 四

颜延年《赭白马赋》:

1."袭养兼年,恩隐周渥。"林云:"夏《归藏》云:士无兼年之食,见《西溪丛语》。"(1下,不见)

2."故能代骖象舆,历配钩陈。"林曰:"《郊祀歌·赤蛟章》:灵椳椳,象舆辒,师古曰:山出象舆,瑞应车也。相如《大人赋》曰:驾应龙象之蠖略委丽。"(2上,不见)

卷 十 五

张平子《思玄赋》:

1."登蓬莱而容与兮,鳌虽抃而不倾。"林曰:"按《道经》:海外蓬莱阆苑有五岳,东岳曰广乘,南岳曰长离,西岳曰丽农,北岳曰广野,中岳曰昆仑,昆仑在八海间,上当天心,形如偃盖,东曰樊桐,西曰元圃,南曰积石,北曰阆苑。"(4下,不见)

2."魏颗亮以从治兮,鬼亢回以毙秦。"注,林按:"此条注有复沓,不若章怀《后汉》注简而明,今依《后汉》注删正。"(8上,已见)

3."瞻昆仑之巍巍兮,临萦河之洋洋。"林曰:"昆仑有二:西凉酒泉太守马岌上书言,酒泉南山即昆仑之体,穆王见西王母即此山,有石室王母堂,此小昆仑也。《括地志》:阿耨达山亦名昆仑山,恒河、淠海、黄海三水所从出,其入海各三万里,此大昆仑也。"(10上,不见)

4."观壁垒于北落兮,伐河鼓之磅砣。"林曰:"星有壁垒阵,又一星名北落师门。"(11下,不见)

卷 十 六

潘安仁《闲居赋》：

1. 题上，林曰："按《野客丛书》：曹植、庾阐皆有《闲居赋》，其后沈约赋郊居，谢灵运赋山居，今人但知潘赋耳。"(1上，不见)

2. "太夫人乃御版舆，升轻轩。"林曰："岳谄事贾谧，谧二十四友岳为其首，数诮之曰：尔当知足，而干没不已乎？后被诛，曰：负阿母，是知失其身而能事其亲者，未之有也。板舆奉母，世引为美谈，岂知正不足为孝。"(4下，已见)

向子期《思旧赋》：

3. "昔李斯之受罪兮，叹黄犬而长吟。"林曰："以李斯比叔夜，自是不伦，难免刘勰之讥也。"(8上，袭用)

潘安仁《寡妇赋》：

4. "归空馆而自怜兮，抚衾裯以叹息。"何曰："寡妇不夜哭、空馆二句有病。"林曰："叹息非哭也，有声有泪为哭，叹息正合不夜哭之义。"(13下，已见)

江文通《恨赋》：

※"闭关却扫，塞门不仕。"注"司马彪《续汉书》曰：赵壹闭关却扫，非德不交。"林先生曰："'壹'当作'典'。"(按，此条不见梁章钜批校本，据《旁证》448页补于此，不列条目，仅供参考)

※"左对孺人，顾弄稚子。"林先生曰："冯衍子名姜豹。衍与妇弟书曰：姜豹常为奴婢，此顾弄稚子所为可恨也。"(按，此条不见梁章钜批校本，据《旁证》448页补于此，不列条目，仅供参考)

卷 十 七

傅武仲《舞赋》：

1. "马材不同，各相倾夺。"(林先生曰)"'舞马'，《竹书纪年》有之。又按《山海经》：述大乐之野，夏后启于此舞九代马。赋本咏舞，末详绘及马，盖以马亦舞物也。"(14上，已见，按批校本未标注，据《旁证》"林先生曰"补)

卷 十 八

马季长《长笛赋》：

1. "律吕既和，哀声五降。"茂春按："五降谓宫、商、角、徵、羽五音，各有全律，半律惟变宫、变徵，不可为调，无半律，故音止五降而止。"(4下，已见)

2. "刳其上孔通洞之，裁已当簻便易持。"林曰："按《西溪丛话》据《说文》：簻、挝同音，张瓜反，棰也，不闻以簻为乐管，潘岳《笙赋》乃用挝字，自与簻字不同，言羌人裁之以当马策，易执持而复可吹也。存中牵强为说，□非。"(7下，袭用)

潘安仁《笙赋》：

3. "辍张女之哀弹，流广陵之名散。"林曰："《广陵散》散字多作平声用，此作仄声，据卢氏《杂说》：韩皋谓叹王淩毋邱俭兵败于广陵，魏之散亡，自此始则作仄音自得。"(15上，不见)

成公子安《啸赋》：

4. "音均不恒，曲无定制。"林曰："均，调乐器也。伶州鸠曰：律所以立，均出度也。注：均者，钟木，长七尺，有弦繋之以均钟者，度钟大小清浊也，汉大予乐官有之。"(18下，不见)

卷 十 九

宋玉《高唐赋》：

1. "王雎鹂黄，正冥楚鸠。"曰："《大射礼》注：正，鸟名，齐鲁之间名题肩，《玉篇》正，□鴠，未知即正冥否。"(5上，已见)

衢州古代著述及其考订概说

□魏俊杰

摘　要：衢州古代各类著述，今可考者有1 600多种，存者280多种，涉及经史子集各部类，其中集部著述最多，主要撰述于宋元明清时期，以宋代佳作为多。考订地方古代著述，需要充分利用各种文献资料和图书数据库，并详加考辨。在考订内容中，应为撰者立小传，著录佚书见存序文，指出佚书佚文所在，为见存之书撰写提要。最好还能附以表格，不仅直观展示衢州各类著述，且可弥补同一人著述割裂于不同部类之下的缺陷。

关键词：衢州；古代著述；考订

作者简介：魏俊杰，史学博士，衢州学院中国哲学与文化研究中心副教授。

张元济在《印行四部丛刊启》中言："睹乔木而思故家，考文献而爱旧邦。"地方著述类文献是地方学术文化的重要载体，整理地方古代著述对于传承地方文化意义重大。当前，地方文献整理特别受到重视，影印或点校地方古籍蔚然成风。整理地方著述类文献，要以深入考订地方古代著述为基础。本文对衢州古代著述及其考订加以概说，供批评指正。

一、考订衢州古代著述的学术基础

西汉之季已有经籍志书，刘向、刘歆父子整理群书，编制目录，撰写提要，《别录》《七略》遂问世。东汉班固撰《汉书》，依《七略》而成《汉书·艺文志》，此为现存最早群书目录。自魏晋以降，官私书目迭出，《中经》《七志》《七录》等先后纂辑。北朝时，宋孝王始开地方目录先河，刘知幾《史通·书志》载："宋孝王《关东风俗传》亦有《坟籍志》，其所录皆邺下文儒之士，雠校之司。所列书名，惟取当时撰者。"自南宋高似孙《剡录》而下，地方志书列有艺文、经籍之门逐渐常见。

明代已见地方经籍志书，雍正《浙江通志·经籍志》著录有李堧《甬上著作考》。清代以来,出现不少地方经籍簿录,而浙江尤多,湖州、金华、温州、杭州、台州、绍兴、嘉兴、宁波等皆有经籍志书①,且海宁、平湖、永嘉、上虞、海盐、瑞安、长兴一邑甚至南浔一镇也有经籍书目②。各经籍志书或存佚兼收,或仅守当时所存之书,或仅备书名,或为存书提要,或有作者小传,或有所辩证,或收录有序文,内容各有不同。民国时,在陈训慈先生主持下,浙江省图书馆曾编《浙江省郡邑总集》《乡贤遗书》《乡贤遗书书目》③,所收为当时所见浙江乡贤书籍。宋慈抱有《两浙著述考》,惜此书无集部著述,所收经、史、子部遗漏也不少。洪焕椿编著《浙江方志考》,林正秋主编《浙江方志概论》,魏桥等著《浙江方志源流》,均为浙江方志专门之作,洪著偏于考辨,林书详于评述,魏作重在考订源流④。

衢州此前尚无专门经籍之作,仅浙江通志、衢州方志中有涉及有衢州经籍内容。就各方志史源来说,后成之书往往采择前书,收书数量一般多于前书。就著录衢州著述各书目而言,后来书目不仅收录著述数量增多,且体例相对较完善。如光绪《开化县志》以前县志,其著录开化著述编排可谓混乱,光绪《县志》相关内容则条理相对清晰。表1所列各书目,除民国以来书目外,其他各书目基本无解题或提要。各书目在著录同一种著述时,可能在撰者、撰者籍贯、撰者时代、书名、卷帙等方面有异。以往各地志书的艺文志、经籍志,所收地方著述往往会有遗漏,也会有误收之作。表1所列收录衢州著述诸作,以民国《重修浙江通志稿》所收衢州著述最多。据笔者目前考订,衢州古代各类著述1650多种。对比可知,以往各书目遗漏不少。不仅如此,各相关书目多少会有误

---

① 卢正言《中国古代书目词典》(广西教育出版社1994年版)、来新夏《清代书目提要》(齐鲁书社1997年版)收录有郑元庆《湖录经籍考》、胡丹凤《金华文萃书目提要》、胡宗楙《金华经籍志》、孙诒让《温州经籍志》、吴庆坻《杭州艺文志》、金嗣献《台州书目》、项士元《台州经籍志》、赵亮熙《台州艺文略》、杨晨《台州艺文略》、鲁迅《旧绍兴八县乡人著作目录》、嘉兴市图书馆编《嘉兴地方文献草目》、绍县志修委会编《会稽经籍志》。《地方经籍志汇编》(北京图书馆出版社2008年版)收录有佚名《台州经籍志》、张寿镛《四明经籍志》、佚名《宁波学人著书录》、周广业《两浙地志录》。另有陈桥驿《绍兴地方文献考录》,浙江人民出版社1983年版;虞红鸣主编《处州古代著述考》,浙江古籍出版社2008年版;王增清主编《湖州文献考索》,社会科学文献出版社2015年版。

② 《中国古代书目词典》《清代书目提要》收录有陈敬璋等《海宁渤海陈氏著录》、管庭芬《海昌艺文志》和《海昌经籍志略》、陆惟鋆《平湖经籍志》、彭润章和叶廉锷《平湖经籍志》、孙依言《永嘉书目》、钱枚《上虞书目》、颜氏《海盐先哲著述目录》、陈谧《瑞安经籍志》、沈登瀛《南浔著述总录》。另外,《地方经籍志汇编》收录有吴骞《海宁经籍志备考》,浙江图书馆有邹存淦《海宁州志著述备考》、《国朝海宁著述未刊书目》、蒋学坚《海昌著录续考》;浙江省图书馆编《乡贤遗书》有王修《长兴先哲遗著征》,载《浙江省文献展览会专载》,《文澜学报》第二卷第三、四期,1937年。

③ 浙江省图书馆:《浙江省郡邑总集》《乡贤遗书》,《乡贤遗书书目》,载于《浙江省文献展览会专载》,《文澜学报》第二卷第3、4期,1937年。

④ 洪焕椿编著:《浙江方志考》,浙江人民出版社,1984年。林正秋主编:《浙江方志概论》,吉林省地方志编纂委员会、吉林省图书馆学会1985年印行。魏桥等著:《浙江方志源流》,浙江人民出版社1988年版。

收之作①。

表1 各书目收录衢州著述表

收录衢州著述的书目	收书	误收	收录衢州著述的书目	收书	误收
民国《重修浙江通志稿·著述考·衢州经籍》	867	21	宋慈抱:《两浙著述考》	342	21
天启《衢州府志·艺文志》	298	13	康熙《衢州府志·艺文考》	567	25
嘉庆《西安县志·经籍志》	337	11	民国《衢县志·艺文志》	486	23
万历《龙游县志·艺文志》	68	12	康熙《龙游县志·艺文志》	89	10
民国《龙游县志·艺文考》	214	12	雍正《常山县志·艺文志》	60	2
嘉庆《常山县志·书目志》	117	5	光绪《常山县志·艺文志》	135	5
天启《江山县志·建置志·学校》、康熙《江山县志·建置志·学校》	47	2	康熙《江山县志·邑人著述》	73	5
乾隆《江山县志·艺文志》	93	6	同治《江山县志·邑人纂述书目》	103	6
雍正《开化县志·艺文考》	193	1	乾隆《开化县志·经籍志》	153	1
光绪《开化县志·艺文志》	209	2	雍正《浙江通志·经籍志》	267	5

除上述书目相对集中著录衢州著述外,另有许多著述散见于其他各类文献中。就方志来说,不仅经籍志或艺文志有专志,其人物志也常有著述,且人物志有不少著述不见于同书经籍志、艺文志,有些选举志中也会列有科贡人士著述,其他志在征引文献时也会涉及不少著述。因此,考述衢州著述,不仅要参考经籍志、艺文志、人物志,还要查看方志其他相关内容。以往的各类官私目录著作以及正史、别史之艺文志、经籍志等,虽为全国性群书书目,考述地方著述自然也要参考。文人别集和宗谱中也时涉及某些著述,由书序可知著述,而墓志铭、墓表、行状、神道碑、人物传中有时也会提及墓主或传主的著述。不仅文集和宗谱中墓志铭会涉及相关人物的著述,散见的墓志也同样会有。有些现存著述的书序或书跋也往往会提及相关人士的著述,如据毛以南《致和堂诗稿》后作者自跋乃可知以南堂伯毛绍芳诸作。另外,类如《两浙辂轩录》《西安怀旧录》《须江诗谱》之类总集,往往会有收录作者小传,据这些小传又可知不少著述。有些现存之书,不见于其他文献记载,仅为图书馆、博物馆、档案馆或私家收藏,这类文献需要调查和检索图书数据库后才能发现。《衢州文献集成》(国家图书馆出版社2015年版)收录了绝大部分衢州古代传世著作,笔者考订衢州古代著述,充分利用了这一研究成果。考述地方著述虽以方志及

---

① 此表所列误收之作,不包括衢州一属县志误收另一属县著述,如《西安县志》(或《衢县志》)、《龙游县志》、《开化县志》皆收录吾丘衍之作,《西安县志》(或《衢县志》)、《龙游县志》皆收录释传灯之作,这类人士虽籍贯有争议,但毕竟皆为衢人,仍不视为其中某一书为误收。

其相关书目为主,同时还要广泛参考其他各类文献数据①,并实地调查以及检索各类图书数据库。

有了文献资料,还需要考订。不同的文献在记载同一书的撰者、书名、卷数等有时会有歧异或错误,甚至有些宗谱的记载纯属杜撰。如《四库全书总目》著录《阿育王山志》为明代郭子章所撰,而释传灯《幽溪文集》等则以《阿育王山志》为传灯之作,对《阿育王山志》撰者则需要考辨。又如《四库全书总目》载《庶斋老学丛谈》作者盛如梓、《对制谈经》撰者杜泾皆为衢州人,衢州地方志皆引以为据,然实际盛氏为扬州人,杜氏为晋陵人②。再如清末小说《海上花列传》《柔乡韵史》《花史》《碧海珠》《中国新女豪》《女子权》,各书署名不同(大多为笔名),近代中国小说书目对其作者未能深入考证,其实作者为衢州人詹垲。余绍宋为民国时有名的方志学家,所修《龙游县志》备受推崇。然余氏将南宋嘉定府龙游县蔺敏修、刘甲等误为衢州龙游人,《龙游县志·艺文考》遂误收蔺敏修、刘甲等人之作。利用宗谱资料,尤其需要仔细甄别,宗谱中有些内容是故意作假,有时为美化先人而杜撰一些著述,如《郎峰六川祝氏世谱》杜撰出唐人祝其岱《江山快音》《增补万福全书》。因此,整理地方古代著述,不仅要在文献资料的搜集上下功夫,还需要深入考订文献资料。

二、衢州古代著述概述

随着印刷术的发展,文化教育逐渐普及庶人。自宋以来,衢州较大的家族往往重

---

① 今人对衢州古代著述,也有不同程度的研究,大多为针对某一著作专门研究单篇论文,这类研究也要参考。

② 《四库全书总目》收录一些著述,撰者里籍有不少不详,胡玉缙、余嘉锡、李裕民、崔富章、杨武泉等对《四库全书总目》考辨之作对此也未能明确,在考订地方文献过程中可以对其补正。如《四库全书总目》卷三〇:"《春秋麟宝》六十三卷,明余敷中撰。敷中,不知何许人。"今据康熙《西安县志·人物志下》,可考订为衢州西安人。《四库全书总目》卷五二:"《丁卯实编》一卷,宋毛方平撰。方平,不知何许人。"今据周南《山房集》卷五《题跋》所载《题〈四川耆定录〉》和叶适《水心文集》卷二五《墓志铭》所载《毛夫人墓表》,可考订为衢州江山人。《四库全书总目》卷一〇五:"《针灸大全》十卷(内府藏本),明杨继洲编。继洲,万历中医官,里贯未详。据其刊板于平阳,似即平阳人也。"今据《(康熙)常山县志·选举表·吏材》等,可考订为衢州常山人。《四库全书总目》卷一三七:"《春秋经传类对赋》一卷,宋徐晋卿撰。晋卿,里贯未详,自署将仕郎秘书省校书郎,亦不知其始末也。"今据衢州方志,可考订为衢州开化人。《四库全书总目》卷一四八:"《屈骚心印》五卷,国朝夏大霖撰。大霖字用雨,号梅皋,衢州西安人。是编成于乾隆甲子。"今据乾隆《开化县志·人物志·文苑》等,可订正为衢州开化人。《四库全书总目》卷一八〇:"《玩梅亭诗集》二卷,明柴惟道撰。惟道字允中,号白岩山人,严州人。"今据《天启衢州府志·人物志·隐逸》等,可订正为衢州江山人。

视家学,故衢州许多学人出于同一家族,不少是父子、兄弟皆有著述。衢州教育的发展还体现在书院教育上,北宋时衢州有5所书院,南宋增至17所。嵇璜等《续文献通考·学校考》载南宋全国著名书院有22所,衢州就有柯山书院、清献书院两所。宋以后,衢州书院教育仍受到重视。衢州不仅私学教育较盛,郡学、县学教育的发展亦可见证于衢州府志、县志的记载。衢州教育的发展,加之文化的地域转进,促使此地士人不断涌现。

衢州古代著述主要产生于宋元明清时期,有影响的著述以宋代为多,宋后著述数量虽渐多,然影响渐弱,这与衢州学术人物的兴衰有关。据贾志扬《宋代科举》附录三统计,北宋时衢州进士数居今浙江各地首位①,这反映出当时衢州人物较盛。由进士数来看,宋代320年衢州产生进士609位,明代277年仅有进士146人,而[雍正]《浙江通志·选举志》载明代浙江11州府进士近4 000人;又据同书《选举志》,清乾隆前浙江进士1 142人,而衢州仅15人。衢州有著述的学者在正史有传者,《宋史》有赵抃、毛渐、毛注、王汉之、王涣之、刘正夫、程俱、刘章、刘愚、徐霖等10人,《明史》有樊莹、徐文溥两人,且有金寔、吾绅、郑伉、毛恺等4人附入他人传后,《清史稿》仅有戴敦元。宋代衢州不少学者师承当时理学家,如徐存为杨时再传弟子,邹补之受业于朱、吕之门,刘愚师承叶适,刘克之学出于吕祖谦。明代也不少学者亦师承当时名家,如何初为许谦再传弟子,郑伉学于吴与弼,陈恩得蔡清心传,周积先后师从章懋、蔡清、王阳明,祝鸣谦、栾惠、王玑、徐霈、徐天民等同出于王阳明之门,徐泰征师事魏大中。清代学者很少有师承当时名家者。由宋至清进士数量、正史有传和师承关系的变化,可见不同时代衢州学术人物影响有所不同。

今所考衢州著述,以南朝齐徐伯珍《周易问答》最早。唐代仅徐安贞有著述,其参注《御刊定礼记月令》一卷,参撰《文府》二十卷。徐安贞诗文至明已散佚,明人童佩辑有《徐侍郎集》二卷,此作今存。五代十国时,文献仅载吴越慎温其《耕谱》。宋代以前,衢州著述可考者仅以上几种。自宋以来,衢州著述逐渐增多。由下表可见衢州古代可考著述凡1 654种,已知传世者282种。本书另收录民国方志10种,其中6种完存,4种有残缺。衢州古代著述可考者和传世者皆清代最多,然有影响的著录则以宋代为多。《四库全书总目》著录衢州学人著述61种,其中《四库全书》收录26种,宋、元、明、清分别有18种、5种、2种、1种;入存目者35种,宋、元、明、清分别有5种、3种、22种、5种。当然,《四库全书总目》著录清乾隆以前著述,但衢州乾隆以后较有影响著作也不多。总的来说,衢州著述影响较大者以宋代为多,至清渐弱。

---

① 贾志扬:《宋代科举》,东大图书公司1995年版,第289页。

表 2　衢州古代著述不同时代各部类表

时　代	经　部		史　部		子　部		集　部		四部总计	
	可考	今存	可考	今存	可考	今存	可考	今存	可考	今存
南　齐	1								1	
唐　代	1						2	1	3	1
吴　越					1				1	
宋　代	47	5	46	5	44	7	101	13	238	30
元　代	17	4	10	3	17	3	32	2	76	12
明　代	71	7	86	20	169	34	270	29	596	90
清　代	68	3	102	48	146	32	423	64	739	149
历代总计	205	19	244	76	377	76	828	109	1 654	282

衢州学术融汇于中华主流学术中,古代学人于经、史、子、集四部皆有著述。衢州不少学者以阐述经义为己任,经学著作在衢州文献中居于重要地位。衢州经部著述可考者有204种,已知传世者仅18种。就各部类著述而言,《易》类54种(存3种),《书》类12种(存2种),《诗》类17种(存1种),《礼》类12种,《春秋》类20种(存1种),五经总义类22种(存1种),《四书》类37种(存2种),乐类2种,《孝经》类2种,小学类27种(存9种)。衢州学人撰述《易》类著述最多,而传世至今者则多为小学类著述。由文中所考撰者的师承和交友可见,宋代以来的衢州经学受宋明理学影响较深。宋代受程朱理学、浙东之学影响较大,明代又受程朱理学、阳明心学影响至深,清代则多受程朱理学影响。衢州既无有影响的经学家,也没有较大影响的经学著作,其经学融汇于中华主流学术文化之中。

宋代以来,衢州史部文献逐渐增多。中国传统学术中,史学的地位仅次于经学,常将经、史并论。中国传统史学具有殷鉴兴废、明道救世、传承文化等功用,分外注重经世致用,衢州史学亦是如此。衢州史部著述可考者有254种(包括10种民国方志),已知传世者86种,其中正史类1种,编年类2种,实录类5种(存3种),杂史类46种(存12种),奏议类21种(存1种),传记类28种(存9种),地理类23种(存8种),衢州方志类79种(存42种),政书类31种(存8种),目录类6种(存3种),史评类12种。史部著述存佚皆以衢州方志类为多,这与自宋以来方志不断重修有关。杂史类、传记类的有些著述,其撰者虽非衢州人士,但所记为衢州人事,故仍视为衢州著述。

中国传统学术中,经学多重内在修养,属"修齐"、内圣之学;史学多重经世致用,属"治平"、外王之学。《易》曰:"天下同归而殊途,一致而百虑。"诸子百家之学虽侧重不同,皆终归于修己、安人。受中国传统学术影响，衢州子学著述亦十分丰富，数量超过经部、史部。衢州子部著述可考者有377种，已知传世者76种，其中儒家类92种（存5种），兵家类7种，农家类5种（存2种），医家类54种（存20种），天文算法类3种，术数类18种（存4种），艺术类15种（存3种），杂家类86种（存10种），类书类17种（存6种），小说家类9种（存8种），道家类20种（存5种），释家类51种（存13种）。衢州子部著述儒学类最多，此亦可见中华主流学术对衢州的影响。而现存著述以医家类为多，这体现了明代以来衢州医学的兴盛，且不少著述有一定影响。释家类著述以释传灯个人38种为多，所存13种皆传灯之作。

衢州学人多儒雅君子，文道并重，不仅注重德性修养、经世致用，还以文传道，以诗见志，针砭时弊，抒发性情。衢州著述以集部最多，几乎占著述量之半。唐代徐安贞《徐侍郎集》为衢州文集权舆，其作至今仍存。宋以后衢州学人文集层出不穷，逐渐增多。衢州集部著述可考者828种，已知传世者109种，唐人别集类1种（存），宋人别集类96种（存12种），元人别集类26种（存2种），明人别集类248种（存24种），清人别集类391种（存59种），诗文评注类24种（存6种），总集类42种（存5种）。总的来看，衢州集部之作以宋代著述影响稍大。清代传世之作虽多，大多为抒写个人情怀的诗集，且在清诗中地位不高。这体现了衢州著述于宋多佳作，至清量虽多而欠佳。

宋初至清末，衢州辖有西安①、龙游、常山、江山、开化五县。在可考著述的撰者中，西安有220人，龙游有112人，常山有83人，江山有92人，开化有144人，另有知为衢州人而不知何邑者15人。西安学人有著述540种，已知传世者有103种。龙游学人有著述246种，已知传世者有39种。常山学人有著述155种，已知传世者有13种。江山学人有著述212种，已知传世者有37种。开化学人有著述394种，已知传世者有55种。其他可知撰者为衢州学人的著述17种，这类著述传世者3种。可见衢州五邑中，西安籍有著述的学人最多，著述也最多，传世者也最多。开化次之，龙游、江山又次之，常山最少。西安为衢州府城所在，许多士子可受到良好书院教育、府学教育，学术传统较好，故学者辈出，著述亦多。开化地进徽州，受徽学影响较大，故人才较多，著述也较多。

衢州古代著述比较丰富，经史子集各部类皆有衢州学人著述。衢州古代以集部著述最多，几乎占衢州古代著述之半。衢州著述主要撰述于宋元明清时期，宋代多佳作，清代著述数量和传世之书数量皆最多。宋元明清之际，衢州下辖五邑中，以府城所在西安县学人最多，著述也最多。

---

① 西安县为宋、元、明、清之称，民国称衢县，今分为柯城区和衢江区。因本书所考该县学人皆为宋、元、明、清之人，故用西安县，而不称衢县，亦不细分为柯城区和衢江区。

三、衢州古代著述的收录

地方著述是当地人士的著述和记载当地的著述。在收集整理地方著述时,若没有认真考订和一定的收录标准,往往会误收本地之外人士的著述。一般来说,地方著述多是本地人士撰写的。但由于人口流徙、仕宦任职等,会有本籍寓居外地和外籍流寓、仕宦、驻锡本地等情况,地方著述收录的地域性标准就需要综合权衡。对此,一般应该从著述撰者籍贯所在地、著述写作地和著述内容涉及地等方面作综合考虑。

著述撰者籍贯所在地是地方著述收录的重要标准。对本籍人士的著述,不论其是否在本地写成,内容是否涉及本地,一般都应收录。而且,寓居外地的本籍人士的著述也可收录。如《学古编》的撰者元代吾衍,出身于衢州开化大族吾氏,然9岁至杭州,此后流寓在外,而吾衍《学古编》等作仍可视为衢州著述。

有些外籍人士流寓本地或宦居本地,对于著述是否收录则应分别对待。一些外籍人士长期寓居衢州,其后子孙定居衢地,且其著述在衢州完成,其著述仍可作为衢州著述。如北宋亡后,孔子后裔孔传自曲阜迁居衢州,其后世代居衢州,孔传《东家杂记》即南迁后撰成,故此作应作为衢州著述收录。有些外籍人士的著述,如湘潭陈鹏年《浮石集》、江宁释月海《仿梅集》,这些诗集或宦居衢州或驻锡衢州所作,且著述内容大多与衢州相关,也应视为衢州著述。

还有些外籍人士曾寓居衢州,但其著述并非一定在衢州完成,且著述内容基本与衢州无涉,此类著述可附于相关的部类下。如山西闻喜人赵鼎曾寓居衢州常山,赵鼎有《忠正德文集》,以往的《常山县志·艺文志》也著录此书,则附于集部"宋人别集"类后。对各方志等误收的著述,可附于相关的部类下加以考辨。北宋刘牧有《易数钩隐图》等易学著述,衢州不少方志收录其作,岂不知北宋有两刘牧,一为彭城刘牧,一为衢州刘牧,而精通易学者为彭城刘牧。对于刘牧《易数钩隐图》等易学著述可附于经部"《易》类"后。

古代著述一般按经、史、子、集分为四大部类,地方古代著述仍应按四部分类,各部类下的细目可按《四库全书总目》的子目编排。这样编排,将会使同一人之作分别著录于不同部类之下。对此,应将在最先收录撰者的著述下,介绍撰者的籍贯、科贡、官爵、学术履历等生平事迹,同时也应将该撰者的全部著述于此列出。

地方古代著述大多散佚,仅有少部分今存。在编撰古代著述时,对已经散佚之作,若有其书序文见存,可收录其序文。考订古代著述与专门辑佚之作不同,若佚书有佚文见存,可指明此佚文见存之处,不必收录其佚文。对于今存的地方著述,应为其撰述提要。提要体例可仿《四库全书总目》,不仅介绍撰者的基本情况,还概述各书的内容、版本、收藏及价值。若《四库全书总目》已有著录,可先全录其提要,同时另撰提要或加以补充,或加以辨证。

在完成内容考订后,附以地方古代著述表,这不仅直观展示地方各类著述,还可弥补同一人著述割裂于不同部类之下的缺陷。针对衢州古代著述的不同情况,正文后附以《古代衢籍人士著述表》《衢州方志表》《古代外籍人士衢州著述表》《古代流寓衢州人士著述表》《衢州古代著述撰者籍贯辨误表》。表中列出作者的籍贯、所处时代、著述所属部类等,作者又以时间先后排列,可以简洁而直观地反映地方古代著述的基本情况。

张廷玉集外佚文续补

——兼论《张廷玉全集》校勘问题

□陈开林

摘　要：《张廷玉全集》收录张廷玉著述颇全,然集外之文尚有遗漏。对此,学界已有补辑成果。新发现其佚文4篇,可补全集之阙。另检得2篇文章,虽然见录全集之中,然颇有异文,足资比勘。并就典籍所载,知其佚文2篇,然尚未得见原文,兹存目于此,以备寻访。

关键词：张廷玉；《张廷玉全集》；辑佚；清代文学

作者简介：陈开林,文学博士,盐城师范学院文学院讲师。

张廷玉(1672—1755),字衡臣,号砚斋,又号澄怀主人,谥文和。安徽桐城人,大学士张英次子。康熙三十九年(1700年)进士。历康熙、雍正、乾隆三朝,官至保和殿大学士、首席军机大臣等职。先后任《亲征平定朔北方略》纂修官,《省方盛典》《清圣祖实录》副总裁官,《明史》《四朝国史》《大清会典》《世宗实录》总裁官。

关于张廷玉的诗文著述,汪由敦《光禄大夫太保兼太子太保保和殿大学士致仕谥文和桐城张公廷玉墓志铭》中说："所刻诗有《传经堂集》《焚余集》《澄怀园诗选》《载赓集》,其文集、疏稿若干卷,藏于家。"①北京师范大学出版集团、安徽大学出版社2015年版的《张廷玉全集》,含《澄怀园文存》《澄怀园载赓集》《澄怀园诗选》《澄怀主人自订年谱》。另外,整理者称"我们还花了一定的精力,搜集佚文佚诗,弥补原刻本的缺失"②,于附录部分辑录张廷玉集外佚文18篇,佚诗1首。《张廷玉全集》的出版,为相关的研究提供了极大的便利,嘉惠学界至深。

然而,张廷玉集外佚文尚不止此数。王宣标《张廷玉集外序文辑存》一文发现张廷玉序文8篇③。笔者新近又检得其佚文4篇,兹加以整理,并就《张廷玉全集》校勘问题、张

---

① 汪由敦：《光禄大夫太保兼太子太保保和殿大学士致仕谥文和桐城张公廷玉墓志铭》,《张廷玉全集》附录,安徽大学出版社2015年版,第559页。
② 《张廷玉全集》,第53页。
③ 王宣标：《张廷玉集外序文辑存》,《图书馆杂志》。(按:知网优先出版,刊期未定)

廷玉佚文待访问题略作探讨，以就正于方家。

一、张廷玉集外佚文辑补

(一)《送中翰邓蓼伊南旋序》

余为学士承旨中书省，识舍人东莞邓君蓼伊，见其僾直专勤，执事有恪，即之温温然，色柔而气和。与之言，渊然入理，中有所不可，卒莫能摇动，盖心服其为笃厚长者。既尝序君诗，以谓不屑屑于雕绘涂饰，而天然风韵，卓尔大雅。称君诗者，莫余逆也。是时君方奉召册封安南，涉湘漓，逾岭徼，礼成反命，蜀国顿颡之长，周涂斥堠之吏，与朝士大夫交口誉君，君益谦退不伐。余出中书省累年，不获数接君。及余荷新恩忝预机务，君尚在省，以久次当迁，为部郎有日矣，竟请假引去。余重违君意，不能留也。按唐典，舍人正五品，上掌侍进奏参议表彰。凡诏旨制敕，玺书册命，皆起草进。画既下，则署行以久。次者一人为阁老，判本省杂事。又一人知制诰，颛进画给，食于政事堂，其职任綦重。今制因明之旧，秩虽不及五品，而其选未尝不高。君牵丝入仕，不离省闼十六七年，阁老掌诰，雅称省中故事。又况持节乘传，宣国家威德于灾荒万里之外，正朝仪，却馈金，其事尤伟。年至而神明未衰，独于进退出处之际，卓卓不苟若此。君之淡泊宁静，固早定于平日，而余之识君，亦私幸为不徒也已。唐元和中，诗人杨巨源，以年满七十去，归其乡，其时丞相有爱而惜之者，白以为其都少尹，不绝其禄，韩子序其事以为美谈。君以能诗，训后进似巨源；仕宦知止，不去其乡似巨源。然则爱而惜之者，又岂异欤？日者圣天子初嗣位，特命大臣各举其僚属之廉能者，中书以君名上，首被丰貂内缎之锡。君兹行也，奉两朝之宠光，归示乡人子弟，俾咸知稽首之容，其视巨源所得不较多欤？余于君之行，愧不能有所白。然窃以君遭逢盛世，有非唐代诗人所能仿佛者。而况恋恋先茔，扬君恩以报亲德，尤为忠孝并尽者乎？斯余之所津津乐道也。方今公卿中，如韩子者不乏，必为张大其事书之史册，姑以余言先之。

按：文载嘉庆《东莞县志》卷45《艺文略三》①。

邓蓼伊即邓廷喆。检柯愈春《清人诗文集总目提要》卷15著录邓廷喆《蓼园诗草》五

---

① 嘉庆《东莞县志》，1797年存古堂刊本。

卷,提要云:

> 廷喆字宣人,一字蓼伊,广东东莞人。康熙二十三年举人,官内阁中书。康熙五十八年奉使安南。刻所著《蓼园诗草》五卷,藏者不详。道光《广东通志》卷一九七载,廷喆又有《蓼园续草》一卷、《皇华草》不分卷,未见①。

而《广东历代著者要录》(广州府部)亦收录邓廷喆,小传参稽雍正《东莞县志》、嘉庆《东莞县志》、民国《东莞县志》而成,称其"号蓼伊",另于"雍正八年(1730年)参与编纂《东莞县志》十四卷",著述有"《蓼园诗草》五卷、《蓼园诗续草》一卷、《皇华诗草》(一作《皇华诗略》一卷)"②,所载与柯愈春略有差别。

文中提及"既尝序君诗",即指张廷玉《蓼园诗草序》,"不屑屑于雕绘涂饰,而天然风韵,卓尔大雅"正是序中文字。此序见民国《东莞县志》卷88,系张廷玉佚文,王宣标《张廷玉集外序文辑存》已作辑录。

(二)《双清阁诗稿序》

> 余少学诗,先文端公教之曰:"诗何为而作哉。盖蕴于吾之性情,抑扬咏叹而不能自已者耳。今之为诗者争以新丽相尚。夫新与丽,非诗之旨也。古人间一有之,亦自然而新,自然而丽,而无容心焉。若求新与丽,而转以蔽性情之真,则不知其诗为何人作也。古之善诗者,若晋之陶,唐之李杜韦白,宋之苏陆辈,不名其集而试诵其辞,则知为某作此无他,其性情之真不可掩耳。"余敬受命不敢忘,用以求时人之诗则合焉者盖寡。及与吾友南湖先生唱和之久,而益有味乎先公论诗之旨也。
>
> 先公与贤尊文恪公事圣祖仁皇帝,同直南书房,几三十年。余庚辰南宫获售,适与公同门。既馆选,复承恩命,同直南书房。辰同入西,同出寒燠风雨,无日不偕。每岁扈从热河,则并庐而居,并辔而行,屐履过从。一味之甘,必分而食之,盖二十年如一日也。在直庐中,日以诗为课,或者感时日之清佳,眺山川之幽旷。惜知交之远别,间题评古今书画,流连于花木禽鸟之睍睆而芬芳,必发为诗。或公唱而余和之,或余唱而公和之,既成,则互相吟玩以为乐。公诗喜自道其性情,不事雕琢,而句字不妄下,辞约而旨远,其于《风》《骚》之原,汉晋唐宋以来,名家之芳润无不挹也,其风格无不融也。学者诵公之诗,可想见公之性情。传之后世,当与谋猷政绩并垂不朽

---

① 柯愈春:《清人诗文集总目提要》,北京古籍出版社2001年版,第409页。
② 广州图书馆编:《广东历代著者要录》(广州府部),广州出版社2012年版,第33页。

也。顾余回想三十年来，聚处吟咏之乐，宛然昨日事，而不幸公归道山已五年。

　　余以衰颓，精力日减，不复能从事于吟咏。追念先公训诲之言，欲从而未由。惟公诗实得其意，三复遗集，不觉涕下交颐而为序。其大略如此，九原有知，未必不重有感于知音之永隔也。乾隆元年岁次丙辰仲冬月门年眷弟张廷玉拜撰。

按：文载励廷仪《双清阁诗稿》卷首①。励廷仪（1669—1732），字令式，号南湖。直隶静海（今属天津）人。励杜讷之子。康熙三十九年（1700年）进士，官至吏部尚书，卒谥文恭。著有《双清阁诗稿》八卷②。《晚晴簃诗汇》卷55录励廷仪诗五首，小传下附张砚斋、张天扉之评语。张砚斋即张廷玉，张天扉即张鹏翀。张廷玉之评语即自此序节录"公诗喜自道其性情"至"名家之芳润无不挹也"一节。张天扉云："公诗才情粲发，格律浑成，而性情温厚，措词和雅，读之使人油然生忠孝之心。尤长于乐府歌辞，激昂磊落，自写胸臆"③，亦称道励廷仪诗注重"自道性情"，与此序可并观。此文作于乾隆丙辰，即乾隆元年（1736年）。

（三）《寿文海和尚序》

　　松枝南偃，拜经尚有高台；花雨西来，说法犹留片石。放白毫于世界，山河悉化琉璃；涌青髻于峰峦，草木都垂璎珞。盖跏趺面壁，心已证于真如；而寂寞安禅，寿自跻于无量。辟空山之老桧，霜雪长留；如弱水之慈航，波涛不惧。文海大和尚统宣律之宗风，掌宝华之福地。生向投金之濑，簇本义务；游从碣石之宫，灯传灵鹫。盖自七龄入道，莲花存清静之身；因而五蕴归空，只树识皈依之路。始辞家于故社，旋参学于诸方。云峰留宝志之坛，风雨乞千华之戒。精严律髓，鹤骨清癯；淡定禅心，蟾光皎洁。悟圆觉声闻之尚幻，超缠缚于辟支；知受想行识之俱忘，得奢摩于正果。六根解脱，珠自觅于衣中；三昧圆成，头不迷于镜里。石床独坐，苔痕欲上袈裟；香阁闲登，贝叶齐翻梵呗。罩荒藤于古洞诸天，瞻冰雪之容；渡折苇于长江大地，结烟霞之愿。当其浮杯万里，遍礼名山；飞锡十年，孤游刹土。雄心已歇，秦淮则虎踞龙盘；色界何妨，吴苑则莺啼燕语。南屏僧寺，依微返照金钟；北固渔舟，缥缈中流铁笛。拜洛伽之佛座，香海群飞；狎浪子于轩台，珠泉独跃。芙蓉远岫，寻九子之烟鬟；桂树幽岩，访八公于石屋。一瓶一盂，随时野鹤逍遥；三沐三薰，到处天龙欢喜。既而玺书优渥，召见金门；杖锡从容，趋朝丹陛。转法轮于首善，凌空之绀宇参差；开佛刹之庄严，偏袒之缁流辐辏。捧来赐紫，香染御炉；受出戒珠，光分仙阙。十方灌顶，海潮闻

---

① 励廷仪：《双清阁诗稿》，《清代诗文集汇编》第224册，上海古籍出版社2010年版，第407—409页。
② 柯愈春：《清人诗文集总目提要》，第429页。
③ 徐世昌编，闻石点校：《晚晴簃诗汇》，中华书局1990年版，第2201—2202页。

微妙之音;半偈降心,江月照净明之性。入无遮之会,普肃威仪;回有漏之思,重修宿习。黄金布地,东林已建讲堂;紫服朝天,西苑频参法驾。乃莲开故社,乡心随入岫之云;而柳拂离亭,旅梦醒归帆之月。四百八十寺,思烟雨于南朝;一千九百人,散天花于北阙。身将老矣,还山特奉恩纶;帝曰钦哉,主席宜留高足。以是嗣法诸公,绍衣钵于燕南,佐津梁于冀北。温和面目,似饮醍醐;淳朴须眉,尽忘畦畛。亦既仰承圣眷,拈花愿护皇图;犹思广报师恩,种树无忘僧腊。宜其忆蒲团之甲子,殷勤求琬琰之书;怀兰若之春秋,顶礼祝旃檀之室也。仆也略窥三乘,愁多识障情魔;曾许双峰,悔未忏除绮语。记昔停嘶般若,分芋火于懒残;祗今问喘长安,裁荷衣于天月。敢留玉带,可镇山门;试借金篦,聊医目眚。折一枝之香影,愿供如来;听半岭之钟声,应招元亮。何日虎溪相访,鼓琴登环翠之楼;还期鹿苑偕游,泼墨写莲花之域。

按:文载释德基《宝华山志》卷11《序》①。同书卷7《塔铭》载有和硕显亲王《华山文海和尚寿塔铭》,作于乾隆十一年(1746)②。

文海和尚(1686—1765),俗姓骆,名福聚,字文海,号二愚,浙江义乌人,后移居于溧水县。14岁出家。后主持宝华山30年。被推为千华派第七祖,世称为文海福聚。雍正十二年(1734年),奉诏入京,主持法源寺,为法源寺第一代律祖。著有《南山宗统》《瑜伽补注》《施食仪轨》《宝华志余》诸书③。

(四)《太子太保礼部尚书张清恪公墓志铭》

有明中叶姚江王氏之说,兴一时。恢奇自喜者,多阴弃朱子之学以从之,虽贤者不免焉。惟高顾诸公,号为能谨守绳墨。自我圣祖仁皇帝,笃信朱子之学,亲纂语类文集,以为学者准的,跻庙祀之位,次于十哲。然后荐绅之士非朱子之学不敢言。然数十年来,海内所信,为能守朱子之学者,不过数人,而吾同姓仪封公其一焉。公八岁游饮泉书院,叩所居,曰:"为士者,当如此矣。"乙丑成进士,授中书舍人,丁父艰。服阕,建请见书院,与乡人子弟讲诵若将终焉。会大水,遂宁张公巡河,知公家居,私募土人筑堤,以捍河患,方略异众。疏请檄公赞理,有司敦迫。公赴部以疾辞,不许,乃以辛巳春至河上。逾年,题补济宁道。丙戌擢江苏按察司。逾月,特命巡抚福建。己丑移镇江苏,与制府噶礼议事辄龃龉。制府为大吏数十年,多羽翼,性鸷鸷,意所不可,必巧构:阴中以祸,用此,众莫敢撄其锋。辛卯,乡试弊发。公疏称事由制府,

---

① 释德基:《宝华山志》,杜洁祥:《中国佛寺史志汇刊》第一辑第41册,明文书局1980年版,第461—466页。
② 释德基:《宝华山志》,第316—325页。
③ 王建光:《中国律宗通史》,凤凰出版社2008年版,第494—495页。

并暴其生平贪暴状。圣祖仁皇帝再遣重臣就鞠,而制府习于文法,官吏畏威,承意证者皆避匿,所劾无征,于法公当罢斥,谳词屡奏不决,及命下则留公而罢制府。制府遂由是败。方公劾制府,疏出,远近传诵称快而不能不为公危。及再讯无征,江南士民如沸,闻者丧气,至是有心有口音莫不叹天子之圣智,而幸公之忠诚,所以自达于君者有素也。公既留任,寻以张令涛私通洋贼狱事,为异己者所中。复命重臣就讯,奏公应落职听鞠,七奏始得命。遂当公重典,而圣祖皇帝特召公入内,引见乾清官。逾月,命署仓场总督,庚子冬,补户部右侍郎。今天子嗣位,特恩晋正一品。寻迁礼部尚书。每赐宴,先帝旧臣必与焉。公在官,不以妻子自随;斋用丝粟以上,皆运致于家;循分自尽,不务为赫赫之名,而人皆信之。所至,必兴书院,聚秀民导以学朱子之学,而辨其所以异于姚江者。闽俗祠疫神,气焰动人,祸福数有验,公命悉毁之。半改为乡塾,籍比丘尼以妻贫民。公性笃厚,居丧一如礼经。父殁,以遗命弃债弗收。校订先贤遗书五十余种,次第刊布;注解濂洛关闽书,及所著《困学录》,悉躬行心得之言,天下知与不知,皆曰是能谨守朱子之学者也。公讳伯行,字孝先,号敬庵,卒年七十有五。天子震悼,遣诸王大臣致奠,加太子太保,赐谥清恪,于常祭有加。曾大父,讳自新。大父讳醇,并邑庠生。父讳岩,以邑痒生入太学,皆累赠如公官。自曾王母以下,并赠一品失人。配王氏,封一品夫人。副配王氏,赠宜人。子二:师拭、师载。女三:皆适士族。孙一,景白。于雍正五年丁未三月十五日,赐葬于通安乡藕河村之原。铭曰:天生哲人,为世之铎。志学伊颜,道宗濂洛,实践真知,匪由臆度。百家纷拿,谨其强索。刚方正直,立朝俨若。履险如夷,何愧何怍? 诚意交孚,天心以灼。高朗今终,归神翼漠。斯道未亡,后其有作。

按:文载钱仪吉《碑传集》卷17《康熙朝部院大臣上之下》①。张清恪公,即张伯行(1652—1725),字孝先,河南仪封(今兰考)人。康熙二十四年(1685年)进士,官至礼部尚书。居官清廉刚直,康熙帝曾称誉其为"天下清官第一"。同卷另载朱轼《太子太保礼部尚书张清恪公伯行神道碑》、沈近思《诰授光禄大夫礼部尚书加二级赠太子太保谥清恪仪封张先生墓表》、费元衡《诰授光禄大夫礼部尚书加二级赠太子太保谥清恪敬庵张先生行状》。

二、《张廷玉全集》的校勘问题

《张廷玉全集》的整理者在《前言》中指出:"张廷玉诗文集和年谱等著作刻本较多,我

---

① 钱仪吉:《碑传集》第2册,中华书局1993年版,第501—503页。

们这次整理时,进行了广泛搜集,《澄怀园文存》《载赓集》《澄怀园语》以清乾隆年间刻《澄怀堂全集》本作底本,《澄怀园诗选》《澄怀主人自订年谱》以光绪张氏重刻本做底本,参校了能查阅到的其他刻本。"① 整理者采用的是对校法。但是,综观全书,校记甚少。其实,张廷玉的很多文章亦载于他书,采用他校法,可以发现不少异文。

《澄怀园文存》卷8有《王氏族谱序》,今检《雍正九年东楼王氏宗谱》,卷首恰有张廷玉所做序,据文末题署,可知作于雍正九年(1731),而《澄怀园文存》无此题署。就正文部分而言,比勘文本,二书所载差异颇多。兹迻录如下:

宗法之立,先王所以统一天下之人心,而导民于敦睦也。宗法废而世谱兴,学士大夫将欲昭尊祖敬宗收族之意,必胪列世次,支分派别,以示来者于无穷,而隐动其一本仁孝之思。盖犹有宗法之遗意焉。

吾乡东楼王氏始祖真一公,元时由鄱阳来迁。数百年子孙蕃衍,文章科第代有闻人,诚桐之望族也。其家谱纂辑于万历己未,重辑于康熙甲辰。迁桐迄今,凡十有六世。迁桐而上百有四世,纪述详备。其自新安而屡迁者特追溯焉,以明世系所自出。《周礼·大司徒》"以本俗六,安万民",先之以族坟墓,联兄弟,而继及于师儒朋友。"乡三物,教万民"亦曰孝友睦姻任恤。盖人能善于父兄,必能宜于九族。九族睦而后及于亲戚朋友,以通赒救,自然之序也。眉山苏子曰:"吾所与相视为涂人者,其初一人之身耳。夫人,一气所分,尚以涂人视之,而顾望其任恤于涂人乎?"故君子用心,必使天下尽知合族之本于一气,则孝弟亲睦之意,可以由一家而推之一乡,由一乡而推之天下。谱牒之设所为,深有功于世道也。

圣天子开天立极,教民兴行,四海之内,惇本睦族,礼让成风。吾乡多聚族而居,兄弟子孙劳问,时通庆吊罔缺,情文蔼然。即以王氏历代观之,诗礼家声,表表乡国。其后起者,亦且服先畴旧德,而延守令绪,据一门风教之美,可以见我国家德化之行矣。况谱牒严整有法,阅世增修,递相赓续。于一本之义,不又胪然动人仁孝之思于不置也耶?王氏之裔孙曰士凤,字仪九,号筠斋,与余髫年交。其人蓄道德,能文章,望重桐乡,名闻京洛。庚子举江南乡试,己酉分校山左,能得人。近奉恩例擢授户部山西司,行将出就外吏,乃志切南宫,辞弗就。余延于家课儿子若蔼,日得观其家乘而为之序云。

时雍正九年岁次辛亥孟夏月赐进士出身光禄大夫经筵日讲官起居注少保兼太子太保保和殿大学士兼吏部户部尚书事仍兼管翰林掌院学士事世袭一等阿达哈哈

---

① 《张廷玉全集》,第53页。

番加四级年家眷同学弟张廷玉顿首拜撰。①

另外,《澄怀堂文存》卷10有《题陈少保公诰身后》②,亦载徐邦达《古书画过眼要录》(以下简称《要录》)③。《要录》载录《陈于廷夫妇诰命》本文,附载任兰枝、李绂、张廷玉、张照跋。比勘《要录》与《澄怀堂文存》所载文本,亦有异文,列表如下:

表2

《题陈少保公诰身后》	《澄怀堂文存》本	《要录》本
请余题其后	请余	嘱予
肃然增敬	增	起
少保公公忠耿介	公忠	忠直
给谏在铨曹,与余共事久	给谏在铨曹,与余共事久	给谏与余共事铨曹久,知之最深
其宝此以示子孙	其	"其"字无
又岂仅比于魏公之笏也邪	于	"于"字无
落款	无	乾隆元年冬十月桐山张廷玉拜识

根据《要录》所载,不仅可以发现《题陈少保公诰身后》的部分异文,重要的是可以确知此文的写作时间为乾隆元年(1736年)。

由此观之,若能沿此思路,从别书中寻找张廷玉诗文,与《张廷玉全集》进行比对,可能会有更多的收获。

余　论

通过辑补张廷玉集外佚文,可以使全集内容更为丰富、完备,为相关研究提供新的材料。寻找《张廷玉全集》所载文章的不同版本,采用他校法加以比勘,可以发现异文,甚至可以明确文章写作时间。本文在这两个方面略作探讨,以期对《张廷玉全集》有所补苴。另外,爬梳载籍,还可发现一些有关张廷玉著述的记载,亦为其佚文。囿于典籍的闻见,笔者无缘得见原文,只能存目于此,以待进一步寻访。兹列目如下:

---

① 盛清沂主编:《国学文献馆现藏中国族谱序例选刊》初辑《王姓之部》,联合报文化基金会国学文献馆1983年版,第177—187页。
② 《张廷玉全集》,第212页。
③ 徐邦达:《徐邦达集》第7册,紫禁城出版社2006年版,第1211页。

（一）《怀清堂集序》。柯愈春《清人诗文集总目提要》卷13著录汤右曾《怀清堂集》二十卷，称该书有"首都图书馆藏乾隆七年王氏刻本，中国国家图书馆藏乾隆十一年汤氏刻本，日本爱知大学藏乾隆十五年跋本，台北故宫博物院藏乾隆间写文渊阁四库全书本。揆叙、张廷玉、蒋廷锡、励廷仪、陈邦彦、黄叔琳、潘思榘、纳兰常安为之序"①。今检乾隆七年本、乾隆十一年本、文渊阁四库全书本，均无张廷玉序。该序是否载于乾隆十五年跋本，尚待查证。

（二）《余姚邵氏宗谱序》。施薇、李昕《从南开大学图书馆馆藏认识家谱》一文提及南开大学图书馆"馆藏《余姚邵氏宗谱》光绪十四年（1888）活字本卷前有俞樾序、王十朋序、张廷玉序等。"②《张廷玉全集》正文收录序三卷，有宗谱（或族谱）序2篇；附录部分辑录张廷玉集外佚文18篇，有宗谱（或族谱）序14篇，可知谱序在张廷玉文集所占比重甚大。

（三）《吴氏遗训笺释序》。民国《当涂县志·艺文志》著录吴《吴氏遗训笺释》，节录张廷玉序，序云"其体验精深，发明宏畅，不独为延陵之家珍，即以为训世之箴铭可也"③。《吴氏遗训》为吴时举所撰，其孙吴骞笺释，安徽省图书馆有抄本④。

（四）《朱少师事实序》。嘉庆《山阴县志》卷26《政事志第三之八》著录"《朱少师事实》一卷，国朝朱世卫撰。张廷玉序。"⑤同卷著录"《朱少师奏疏钞》八卷，明朱燮元撰"，称"此编为其曾孙世卫所重刊"⑥，故知朱少师乃朱燮元。

通过辑补张廷玉集外佚文，可以使全集内容更为丰富、完备，为相关研究提供新的材料。寻找《张廷玉全集》所载文章的不同版本，采用他校法加以比勘，可以发现异文，甚至可以明确文章写作时间。对于记载的张廷玉作品，亦加以搜集，文本有待寻访。本文在这三个方面略作探讨，以期对《张廷玉全集》有所补苴。

---

① 柯愈春：《清人诗文集总目提要》，第363页。
② 施薇、李昕：《从南开大学图书馆馆藏认识家谱》，孔令国主编：《华北高校图协第25届学术年会论文集》，南开大学出版社2011年版，第226页。
③ 民国《当涂县志》第二册，《中国地方志集成》安徽府县志辑40，江苏古籍出版社1998年版，第346页。
④ 陆林主编：《中华家训大观》，安徽人民出版社1994年版，第812页。
⑤ 嘉庆《山阴县志》，《中国地方志集成》浙江府县志辑37，上海书店出版社1993年版，第838页。
⑥ 嘉庆《山阴县志》，第835页。

学术综述

"思想与文献视野下的江南史"
国际学术研讨会综述

□ 史传中

2017年9月15日至17日,"思想与文献视野下的江南史"国际学术研讨会在上海举行。这次会议由上海社会科学院历史所主办,上海社会科学院历史所古代史研究室、《传统中国研究集刊》编委会、安徽大学徽学研究中心承办。来自日本、中国台湾、中国香港以及北京、天津、上海、广东、浙江、江苏、湖北、安徽、陕西等地的50余位学者参加了此次研讨会,围绕历史上江南士人思想的变迁、地方社会的实际运行状况、江南的文献整理与考古发现等问题展开了深入的讨论。

一、士人学术思想与生活的变迁

在江南区域社会发展的历史上,产生了很多重要的思想大家,明代王阳明无疑是其中最杰出的代表。在本次会议上有多位学者提交了与阳明文献整理相关的论文,比如日本金泽大学名誉教授李庆、武汉大学中国传统文化研究中心张昭炜教授和上海社科院历史所秦蓁博士,他们从各个角度对当前学界关于阳明文献的搜集、整理现状及其存在的问题发表了独到的看法,特别是李庆从"乡绅论"的视角对王阳明及其家族进行了新的解读。

来自台湾地区的一批学者,比如"中研院"文哲所蒋秋华研究员、台湾师范大学国文研究所陈廖安教授专擅经学,他们的文章专门从经学的角度探讨了江南地区思想文化的变迁。台湾"清华大学"詹海云教授则通过清代初期全祖望的文学创作探讨其文学观念。香港岭南大学中文系汪春泓教授以钱谦益、王士禛接受《文心雕龙》为例,重点分析了《文心雕龙》对于明末清初东南诗学的影响,认为钱氏以"佩实"来规范"衔华",而王士禛则是以"衔华"为诗学之追求,所注重的是符合诗歌这一特殊文体的抒情性与审美性,"佩实"往往在秀句面前只体现于诗外的功夫,可见其诗学本体比钱氏更为超然独立。

上海社科院历史所研究员司马朝军等人则讨论了江南史上另一位思想大家顾炎武考据方法的原则,并进行了反思。上海大学杨逢彬教授深入剖析了一种较为盛行而成功概率接近于零的字句考证法(载《文汇学人》2017年12月29日第324期)。

儒学在江南地区的传播与影响是本次会议的一个亮点。暨南大学高华平教授、衢州学院吴锡标教授、上海社科院历史所陈磊博士分别探讨了不同时期儒学在江南地区的传播发展情况。高华平教授重点介绍了孔门七十子中的子贡、子游、澹台灭明以及孔子的再传弟子馯臂子弓与江南的关系:子贡到江南游说吴王伐齐、吴晋称霸,成功免除了鲁国被齐国侵犯;澹台灭明"南游至江,设取予去就,从弟子三百人,名显乎诸侯";子游则把其与孔子相同的"大同"理想带到了江南;馯臂子弓作为孔子的再传弟子,是文献记载的将《易》学南传的第一人。"七十子"中游江南的孔子弟子的学术特点都在于"文学",其思想特点是儒家而包含有道家思想的倾向,其传播路线则是由齐鲁而南下江南。这与江南吴越之地当时的地域文化特点是基本吻合的,反映了早期儒学传播的时代特点。

衢州学院吴锡标教授指出,孔氏南宗自南宋初年南渡以来,"蔚为大宗,历二十余世,均足为乡邦弁冕",这是历代政府大力推崇与支持、孔子后裔自强不息、江南社会文化积极影响以及广大士人民众崇敬拥戴等诸多因素综合作用的结果。历代政府的推崇与支持所体现的政治意识和国家意识,主要是通过地方官员的努力得以实现的。文章详细介绍了孙子秀、沈杰、左宗棠等历代地方官员的支持与推动对孔氏南宗发展所起的历史作用。

还有一批学者则是从思想文化的角度对士人的生活、交游等情况作了深入的探讨。比如台湾"中研院"史语所陈鸿森研究员探讨清代底层乡绅朱文藻的生平与学术,重点分析了学术代工现象(即为他人代编代撰著作)。上海师大徐茂明教授专门研究了晚清王韬早年的思想与生活状况,并对以往将王韬思想按照时间序列作出截然两分的观点提出了质疑。复旦大学出版社胡春丽博士则考察了清初松江士人王顼龄与江南文士的交游状况。

此外,南开大学历史系何孝荣教授则对明初政治家姚广孝的生平、思想及其影响作了重新评估。上海社科院历史所徐佳贵博士则通过梳理地方文献,以温州知识人为个案,对"五四运动"与所谓新文化传播之间的关系作出了新的反思。

二、江南地方社会实态

本次会议的另一大特色是有大批学者通过自身研究对历史上江南地方文化、宗族以及城镇发展等提出了精彩的观点。比如上海师范大学唐力行教授以苏州评弹为例，对传统文化的传承和发展提出了自己的看法，认为传统文化还是应该守住本位，在传承的基础上才能够有所创新，并对当前的种种文化乱象进行了中肯的批评，进而提出了"保护性破坏"的新概念。复旦大学王振忠教授则通过新发现的徽州文书，对太平天国后徽州地区礼仪的重整作了全新的研究。南京大学范金民教授则通过对《圣驾五幸江南恭录》一书的详细解读，为我们还原了康熙帝第五次南巡的鲜活的历史场景。

江南宗族在历史上的发展有其自身的特色。本次会议上复旦大学的冯贤亮教授仔细探讨了嘉善曹氏家族的兴衰及其与姻亲、举业之间的关系。而上海社科院历史所的叶舟博士则细致描摹了明代上海地区家族发展的状况，进而认为明清江南宗族有其自身的发展模式，其特色的形成是与江南地区商品经济的发展密切相关的。

关于历史上江南城镇的发展，本次会议亦收到数篇论文。如上海社科院历史所王健博士的论文则是从整体上探讨了清代前中期上海地区城镇的变迁情形，认为在上海港崛起背景下的"东进南推"是其主要的特点。上海社科院历史所高俊研究员则利用新发现的英文文献，对开埠初期的上海历史作了一些新的解读。

与城镇的发展相关，区域商帮也是本次会议的一个重要探讨对象，其焦点则集中于"贾而好儒"的徽商。安徽大学徽学研究中心徐道彬教授讨论了清代徽商家族的人文情怀及其对地方的文化贡献，张小坡博士则讨论了近代徽州同乡会的构建与组织。安徽师范大学梁仁志博士以《"良贾何负闳儒"本义考》为题，对明清商人社会地位与士商关系问题作了重新的反思。

复旦大学哲学系教授、安徽大学徽学研究中心教授陈居渊先生在其《清代徽州汉学管窥》中指出，首先，徽州汉学萌发于明清之际，没有明清之际学人社集的经学活动，也就没有徽州的汉学，而徽州汉学本身也不是孤立形成的，所以徽州汉学的出场，又是明清之际学术形态演变发展的结果。它不仅打破了自南宋以来徽州以朱熹理学为主体的学术格局，而且形成了不同于理学的新的汉学体系，其影响极为深远。我们要了解清代学术的发展面貌，都离不开对徽州汉学形成的进一步研究。其次，从地域性学派的本身而言，徽州汉学也有一个自我完善的过程，从学术的发展而言，也是徽州汉学内涵不断加深的过程。在这样一种过程中，既需要保持学派自身的同一，也需要与同时段的其他地域性学派保持同一，徽州汉学的特色与吴地汉学的特色的同一，并取得后来居上的压倒性优势，就在于它在学术取向的同一中，仍然能够保持徽州汉学独特的学术性格，并且形成了徽州学术的新传统。再次，徽州学人走出徽州、滞留幕府的学术传播，无论是直接的、面对面的，或者是间接的、书札形式的，它所包含的学术信息或学术资源都是共通的，他们处于同一个汉学价值坐标系统之内，从而促成了以徽州、苏州、扬州等为中心的地域性汉学群体互动的态势,并由此向外辐射,逐渐形成了清代乾嘉之际以江、浙、皖三地为一体的江南汉学研究网络。

三、江南的文献整理与考古发现

宋元明清时期的江南不仅是全国政治、经济、文化的中心,也是文献生成的中心。故宫博物院故宫学研究所所长章宏伟研究员的专题论文探讨了16世纪中期以后江南书籍出版业的发展状况。他重点指出,16世纪中期以后江南地区商业出版以席卷之势勃发,出版机构风起云涌,出版形式多种多样,出版规模巨大,出书数量众多,一时之间就确立了印本在中国历史上的决定性地位,数量压倒性地、不可逆转地超过了在中国延续10多个世纪的抄本,从而使得书籍收藏变得容易,并且印本成为藏书家的主体藏品;而且出版的目标受众明确,娱乐功能不断加强,新的阅读群体在不断地构建,书商间竞争手段层出不穷……私人出版在中国整个出版业中占据了主导地位,形成了绝对的优势,成为当时重要的产业部门,商业化进展迅速,促进了文化的传播与下移,影响十分深远。16世纪中期以后江南书籍出版业的勃兴与当时社会发展大势若合符节,并将其原因归纳为下列几个方面:(一)市镇的兴起与消费社会的形成;(二)文人经商风气浓郁;(三)识字人口多,科考人数众;(四)藏书家多;(五)刻书原料充足便利;(六)刊刻成本低廉;(七)相对宽阔的平原与优越的交通区位。在闭幕式上,章宏伟研究员还重点介绍了宫廷与江南的互动关系,启人深思。

自2016年开始启动的"江苏文库",计划10年之间推出3 000册左右,无疑是江南文献整理的盛世伟业。该文库的总纂官由南京大学文学院程章灿教授担任。程教授本来答应参会并重点介绍"江苏文库"的有关编纂情况,因为时间冲突,未能与会,未免留下了些许遗憾。浙江是江南文献的另外一个大省,2011年浙江整理出版《浙江文丛》。浙江大学文学院徐永明教授重点介绍了浙江集部文献的整理情况,在本次会议上他还通过GIS技术对江南地方文献的可视化和可检索化作了有益的探索,引起了与会学者的广泛兴趣,必将能够大大拓宽学界未来对于江南文献的利用途径。衢州学院魏俊杰博士是一位年轻的衢州地方文献整理专家,他介绍了衢州古代著述情况,并做出了详细考订。上海社科院历史所李志茗研究员介绍了其研究《赵凤昌藏札》的具体过程及其相关的心得体会。

青龙镇遗址位于今上海市青浦区白鹤镇。近年随着考古发掘工作的深入开展,青龙镇成为上海地方史上一个备受关注的焦点,被认为是唐、宋时期海上丝绸之路的重要港口之一。上海博物馆陈凌博士从文献记载再结合考古新发现,主要探讨了青龙镇的建镇年代、兴衰变迁的具体情形等等,并对学界已有的观点提出了质疑,提出了一个大胆的假说——青龙镇设立的所谓"天宝五年"很有可能是吴越天宝五年(公元912年),而非唐天宝五年(公元746年)。

江南史研究历来是上海社会科学院的特色学科,业已取得了大量的研究成果。此次会议从学术思想与历史文献等视野切入,群贤毕至,收获颇丰。多学科交叉,碰撞融合,相互启发,异彩纷呈。与会学者也期待江南学国际论坛能够定期举办下去,并吸纳哲学、社会学、经济学、宗教学等领域的学者参与进来,从而促成新的江南学术共同体的形成。

序跋与书评

一个皇帝的诗情与理想
——乾隆御制《四库全书》诗文辑录序

□卢仁龙

摘　要：清高宗是《四库全书》编纂工程的总指挥，他为此写下了大量的有关《四库全书》的诗文，从宽泛的意义上讲，超过100首（包括七阁相关景物、史事），而直接写《四库全书》编纂、校勘、建阁的则有近80首（篇），这不仅是研究、了解乾隆诗文内容的重要部分，也是研究四库学不可或缺的重要史料。这些诗文既突出地反映了清高宗对编纂《四库全书》这一伟大文化工程的理想与寄托，也体现了他对中华礼乐文明的核心追求。

关键词：清高宗；《四库全书》；诗文辑录；四库学

作者简介：卢仁龙，文学硕士，商务印书馆四库全书出版工作委员会执行主任，福建工程学院地方文化资源研究中心名誉主任、特聘教授。

　　清高宗（乾隆帝）是一位有着超凡梦想、力求效法古代圣贤理想的皇帝。正是他以豪迈的气概，倾帝国之力，努力追寻和实现这些目标，才与他的祖父、父亲一道共同缔造了清代历史上最强盛的时代——康乾盛世。

　　乾隆时代之昌盛与繁荣，不仅为后世所景仰，外国人所赞美，乾隆帝自己也沾沾自喜。以康、雍为基础的长治久安，开疆辟土，为帝国的强盛打下了坚实的基础。乾隆帝25岁盛年登基，又享皇权达60多年，他把中华帝国经济、文化、艺术发展各领域发展到极致。他自己心目中最终认定的一生功勋是两桩大事：一是十全武功；二是六次南巡。而在他的内心深处，最倾心、得意的还是文化艺术领域，此又有三端：一是继续扩大经营万园之园——清漪园（后来称圆明园）；二是一生撰写了4万多首诗，总量几与《全唐诗》相近；三是编纂了《四库全书》和刻印《清文翻译大藏经》。经营清漪园一生未停；写诗，伴随了他一生；而《四库全书》和《清文翻译大藏经》则在他60岁后费力费心达20年之久。

　　乾隆三十七年正月，再次颁召求书，正式启动《四库全书》编纂项目。次年，设四库全书馆。乾隆帝在《清文翻译全藏经序》中说："若夫订《四库全书》及以国语译泽全藏经二事,胥举于癸巳年六旬之后,既而悔之,恐难观其成,越十余载而《全书》成,兹未逮二十载,而所译《全藏经》又毕蒇。"他把事成归之为天佑,骄傲自信的皇帝,表现出对此的无比敬重。他投入、倾心《四库全书》之多,又为《全藏经》所不及。

稽古右文、官修文献是中国历史独一无二的传统,乾隆帝不仅继承,而且造其极,《四库全书》正是完美地体现了这一传统的最好标志。他在《汇辑四库全书联句(甲午)》诗中咏道:"稽古佑文缅祖训,庸民迪世永深资。"

乾隆帝对《四库全书》致思用力之多,无可质疑,非仅指点、督责、程课而已。馆臣所撰《四库全书总目·凡例》称:"每进一编,必经亲览。宏纲巨目,悉禀天裁。定千载之是非,决百家之疑似。"虽有溢美之处,但乾隆帝督责之严,程课之多,究心之极,诗文中处处可见。他所撰诗文中,有数量颇多的专门写《四库全书》的诗文,从宽泛的意义上讲,超过100首(包括七阁相关景物、史事),而直接写《四库全书》编纂、校勘、建阁的则有近80首(篇),这不仅是研究、了解乾隆帝诗文内容的重要部分,也是研究四库学所不可或缺的重要史料,故特加辑录,以成此书。

一

综览乾隆帝御制《四库全书》诗文(含序、夹注),显著特点是突出地反映了他对编纂《四库全书》这一伟大文化工程的理想与寄托。

乾隆帝编《四库全书》,其开宗明义是高擎宋代哲学家张载"为天地立心,为生民立命,为往圣继绝学,为万世开太平"(《文渊阁记》)之圣人情怀。乾隆帝强调这流行了数百年的哲言,就是要在承天运、顺天理的前提下,以沿袭中华道统为使命,以圣贤先哲文化传承为攸关,当然,目的是继往开来,万世垂统。所传之统及文化非只着力于爱新觉罗氏。他之所以有如此圣哲般的智慧与高度,实际得源于他对文化的认识。他在《文溯阁记》还写道:

"权舆二典之赞尧舜也,一则曰文思,二则曰文明,盖思乃蕴于中,明乃发于外,而胥借文以显,文者理也文之所在,天理存焉,文不在斯乎,孔子所以继尧舜之心传也。世无文,天理泯而不成其为世,夫岂铅椠篇编之乎哉!然文固不离铅椠简编以化世,此《四库》之辑所由亟亟也。"

此文严谨而简切地论述了思想、文化、典籍的关系,并提升到"天理"的高度,尤其指出"无天理即不成世",这样的认识和宣示,在前代思想家中也是无从寻觅的,而出乎帝王之口则更是独一无二。也就是说,乾隆帝完全是从存天理、弘文明的角度来肇启《四库全书》之编纂。而非只是举一事、创一业、编一书。伟大事业缺乏伟大的思想指引,不可能获得成功。《四库全书》之纂,即证明乾隆帝之文化思想完全站在传统之巅、万世之基。

诗文中尚有多处发文道脉,《文源阁(辛丑)》:"昌黎原道从头读,应识文源即道源。"《汇辑四库全书联句(甲午)》序曰:"尚论千载以上,仍此敕几典学之深心;嘉惠万世而遥,初非好大夸多之创举。"这些,信手拈来,无意不与上文切合,非触笔孤发也。

当然,伟大的理想和圣哲之思想需要时代继承,乾隆帝既选择了担当,也立志超越与垂统,故乾隆帝更认为《四库全书》之成合天道。《清文翻译全藏经序》曰:"为事在人,成事在天,天而不佑,人而不为,天何从佑?然而为事又在循理,为不循理之事,天弗佑也。予举大事多矣,皆赖昊乾默佑,以致有成,则予之所以感贶奉行之忱,固不能以言语研容,而方寸自审,实不知其当何如也?"

清兴百年,缔造文明礼乐是乾隆帝的自觉选择,也是他的责任和使命,更是帝国的发展方向。在这样的历史时机,睿智和雄心在年逾花甲、登极凡40年的皇帝心中勃发。不明乎此,不足以认识这位千古一帝。乾隆帝缔造盛世文明礼乐这种出发点,可以说契合乃至践行了历代先哲对天理、道统、文明之传承不坠与创新发展的终极观念。我们不能不说,乾隆帝是一个具有伟大思想和至高理想,追求卓越的文化皇帝。

二

《四库全书》开始编纂时,乾隆帝已63岁,十全武功中已完成其八,并实行了四次南巡,对于一个年过花甲的老人来说,立如此大志,规划10年成书,可见其气魄之非凡。诗中完整地记录下了乾隆帝在编纂过程中的心路历程,尤其体现了乾隆帝对这桩文化伟业关注。他屡屡申谕:"所辑《四库全书》,惟在搜辑遗佚,以广流传,为万世艺林津逮。"(《第一部告成》夹注,又见《汇辑四库全书联韵》(甲午))纪昀也写道:"建文渊阁于文华殿后,以贮《四库全书》,巨目鸿纲,皆由钦定,每乙夜亲观,厘订鲁鱼,典学之勤,实为自古帝王所未有。"充分体现了他对这一文化工程的重视与参预。

但尽管这样,工程却在不断地调整、扩张,而不是急于求成。他集馆阁大臣智慧,以高超的学识,认可和指示了一项又一项子工程、新项目,最终使《四库全书》成为一项体系庞大、层次多元、结构完美的浩大文化工程,以致乾隆帝去世前尚未完结。

乾隆帝对《四库全书》编纂已有几十篇专门谕旨以及对数以千计的批复,又复撰诗文逾百篇,除了乾隆帝本身好为诗作外,以《四库全书》事入诗,确是他最感兴趣的诗题。从乾隆三十七年命辑《永乐大典》开始,一直写到他当太上皇之嘉庆二年,前后写了24年,在主体工程运行的10年间,仅乾隆四十二年未有作品。

《四库全书》之纂成,举凡分10个阶段:校辑《永乐大典》及建馆;全国征书;《四库全书荟要》抄成;建阁;《四库全书》第一部抄成;第二、三、四部抄成;南三阁抄成;第一补校;再次、三次重校以及补空函新书,前后实超过30年,重点阶段设馆修书10年。凡是《四库全书》大事,乾隆均有吟诗,更是一事反复吟咏。今各录一首于下:

(一) 校辑《永乐大典》及建馆事。《命校永乐大典因成八韵示意(癸巳)》:

> 大典犹看永乐传,搜罗颇见费心坚。
> 兼收释道欠精核,久阅沧桑惜弗全。
> 未免取裁失踌驳,要资稽古得寻沿。
> 贪多遂致六书混,割裂都缘正韵牵。
> 彼有别谋漫深论,我惟爱古命重编。
> 词林排次俾分任,纶阁铅黄更总研。
> 何不可征惟杞宋,宁容少误致天渊。
> 崇文借以借四库,摘什因而示万年。

(二) 全国征书。《重华宫茶宴廷臣及内廷翰林用四库全书联句复得诗二首(甲午)》注:"初下采访遗书之旨,应者寥寥,意必督抚中疑有忌讳干碍字面,预存宁略毋滥之见,以至观望不前。因复谕各省,以既下诏访求遗籍,岂有寻摘瑕疵,罪及收藏家之理。令各明切晓谕,释其疑畏,于是天下之书皆踊跃呈献。"

(三)《四库全书荟要》抄成。《四库全书荟要联句(庚子)》:"全书四库考藏情,荟要重教撮至精。稽古右文惟亟,搜奇选秘更相并。"由于他组织得法,用力极深,编修进展十分顺利,但思年已七旬,他极为明白,天命不可违,思虑所及,心中有焦扰之感,于是有集精华而为《四库全书荟要》之举,以防不测,此虽私心,竟符天意。《重华宫茶宴内廷大臣翰林等题四库书荟要联句并成二律》:

> 全成四库尚需时,要帙粹钞今蒇斯。
> 摘藻先陈真是速,味腴继贮亦非迟。

此诗撰成,在乾隆四十五年,岁之庚子,时《四库全书荟要》抄完已二年,第二部也抄完一年。

（四）建阁。《题文津阁（癸丑）》注："初，辑《四库全书》，因闻海内藏书家惟浙东范氏天一阁之制为最善。阁凡六楹，前临水池，盖取'天一生水，地六成之'之意，而梁栋宽深尺寸，悉有精义。是以自明嘉靖末至今二百余年，虽时修葺，未曾改易。于四阁之式，一仿其制为之，而规制经营，实始于此。其次乃文源，又次为文渊，文溯则成于最后也。"《四库全书》所建藏书阁，沿袭天一阁，乃法民间藏书阁之典范，所建虽有改进，但乾隆帝对天一阁的表彰，也是对往代文化史迹的又一次眷顾。

（五）《四库全书》第一部抄成。《题文津阁（壬寅）》："四库欣看首部成，文渊曾是宴儒卿。（今年春仲经筵，以《四库全书》第一部告成，庋文渊阁，即于是日赐总裁、总纂、总校、分校、提调等宴，并升叙颁赏有差。）经营已异初草剏，次第堪循旧课程。曾巩黄香岂此到，唐函汉略较他赢。六年期固非遥耳，（《四库全书》第一部已成，其第二、三、四部，分庋盛京之文溯阁、山庄之文津阁、御园之文源阁者，据馆臣等奏，通限六年全竣，行见装潢贮阁，次第观成云。）楠架行将插以盈。"嘉惠后世，福泽学林是乾隆帝的核心追求，也是他对传统的最好继承与发展。

（六）第一补校。《味腴书室叠去岁韵（壬子）》："当缮写《四库全书》之始，既设分校、覆校、总校人员，意谓经此三次详校，庶几可称善本。乃丁未岁驻跸山庄，偶阅文津阁之书，见其讹错者连篇累牍，不一而足，因令在京之皇子、大臣等，率大小臣工二百余员，先将文渊、文源二阁之书详加雠校。其校对二阁疏漏之员，罚令详校文津阁之书。其文津阁校对疏漏之员，即罚令详校盛京文溯阁之书。至文溯阁校对疏漏之员，亦不可令其脱然事外。因念四阁之书，既不免于讹错，此二分《荟要》之书，亦岂能信其无舛，随即罚令覆校摛藻堂、味腴书室二处之书。盖内府珍储，原当雠校详审。况前此分校、覆校、总校各员，俱已优加议叙，既不能详审于始，此番又经派令详校，俾赎前愆，亦不为过。诸臣果皆敬慎从事，何虑不能尽善，而徒借词扫叶也。再番那可阙斯工。此味腴书室之书，自前岁冬校起，去岁秋亦均校蒇工，弆之列阁矣。"

（七）南三阁抄成。《题文澜阁（甲辰）》："四库钞书成次第，因之絜矩到南邦。壬寅秋以《四库全书》分弆文渊、文溯、文源、文津四阁，已次第就藏。因思江浙为人文渊薮，宜令广布流传，敕发内帑雇觅书手，再缮《全书》三分，安置扬州之文汇，金山之文宗，及此杭州之文澜，俾东南士子得就近观摩。并有旨令不必靳固，准愿钞写者钞写，但不可致错乱遗失，以昭我国家藏书美备，教思无穷之至意。"

（八）再次重校。《题文源阁》（戊申）注："累牍联编原每舛，统观分阅再教覆。薄行赏罚宁为刻，礼部尚书纪昀，向充总纂，此次所校出讹舛之处，伊固不能辞咎。但念书已告成，姑宽吏议，只罚令赔写示惩。并率领未经校出之分校、总校前往山庄，将文津阁未校书籍,再加详阅。将来再有疏漏之分校、总校,罚往盛京重校文溯阁之书。其非当时原经手之大臣官员,现充详校者,俱分别赏责文绮有差。若纪昀既受厚恩,原校均邀议叙,此时不加重遣,仅予薄罚,当亦俯首无辞耳。""兹重校《全书》,改正者不可枚举,虽未敢信其一无讹错,但较之于彼,亦犹称为善本。"

传世善本是《四库全书》编纂的主体目标,尽管乾隆完全以学识超擢人才,俾名流职掌其事,又设四库全书馆以运行之,但数千人的参与,10 年的光阴,差池难免,虽严督重罚,恩感并施,也在所难免,唯有补校重勘,方能达到标准,所以他再颁谕旨,再校乃至三校,以求改进。

(九)三次重校。《题文源阁》(壬子)注:"初辑《四库全书》,设立分校、复校,立法原属周备。嗣于山庄偶经繙阅文津阁之书,见其讹舛尚多递因再命在京之皇子、大臣等,复派员将文渊、文源二阁书详加校勘。并罚令从前未经校出之员,以次递校文津、文溯阁之书。逮今盖三次,似此详审,讹舛自当较少,然犹未能即信再无舛也。"客观的表白,理性的认识,是他不专美、自饰的态度,也只有具有真正的文化素养和高超的文化思想,才有这样的判断与认识。

(十)补空函新书。《经筵毕文渊阁赐茶复得诗一首(癸卯)》注:"十载春秋成不日,极天渊海尚余波。待钞藏事遗百一,月课督程仍校讹。"注:"至现在编纂未完,留待插架之书,如《皇清开国方略》《满洲源流考》《平定三逆方略》《大清一统志》《皇朝通典》《通志》《续通典》《盛京通志》《宗室王公表传》《蒙古王公表传》《翻译五经》《通鉴目纲续编》《通鉴辑览》,附录改正名字之金、元、辽史,《契丹国志》《明宫史》《明臣奏议》《职官表》《河源纪略》《兰州纪略》《热河志》《日下旧闻考》《补绘离骚》诸书,应入《四库全书》藏弆四阁者,昨岁敕军机大臣立以程限,两月一奏,俾得如期早竣,用昭美备。"

诗中乾隆帝反复叙述,事事关心,而且坦诚表白,从中可以看到他学养之丰富,洞察历史之精微以及责任之担当,更有他掌控和运行之高超、果断,足可以实证其作为皇帝的气魄与能力。《四库全书》之纂成,乾隆帝实居首功,当为不易之说。

三

《四库全书》之告成,为乾隆帝古稀之年后最大的乐事,实现理想与梦想的成就感,缔造一个万世的文化标杆,承载他"稽古右文"伟业,体现他对礼乐文明的核心追求。《四库全书》之编纂,正是最佳途径。

诗中,他从乾纲独断到最后成事。他的关注、牵挂、欣喜袒露无遗。诗为心声,谁说乾隆诗一无情趣！辛丑《题文津阁》曰："山庄建府敷文教,礼乐兴今逮百年。预构阁楼收四库,每勤鱼鲁校诸贤。抄胥何故偏其滞,董事宁当任彼延。木架香楠此空待,几时得睹贮全编。"急切之情溢于言表。

尤其当六度南巡归来,看到文源阁成书,又赋《题文源阁》诗曰："四库搜罗书浩繁,构成层阁待诸园。伋言凡事豫则立,谢赋沿波讨以源。"壬寅《题文津阁》注："据馆臣等奏,通限六年全竣,行见装潢贮阁,次第观成云。"

丙午《题文津阁》曰："始建微嫌六十翁,为期十年竟成功。"十年功成后,他大呼："亦大快事也。"(题文溯阁癸卯注)

尽管有着济济人才和强大的国力,但由于爬梳古今,甄别群书,工程浩大,前所未有。乾隆帝在肇启大业后,心中一直萦怀,念兹在兹,不断发出感慨,首先是反思其事着手"略嫌迟"。反而自省"予六十岁后,始于癸巳,命纂辑《四库全书》,略嫌迟缓",在《联句》中就有担忧："逢会略嫌迟翔月,就将惟亹愿观成。"壬寅《经筵毕文渊阁赐宴以四库全书第一部告成庋阁内用幸翰林院例得近体四律首章即叠去岁诗韵》曰："从来举事待时节,四库修书未预筹。癸巳经营谓迟也,癸巳岁始思及依经史子集为《四库全书》,并命辑《永乐大典》中散篇成帙。然朕临御已三十余年,亦望七之岁矣,斯事体大而物博,时略嫌迟。"

甲午《汇辑四库全书联句》曰："虽成编尚待以岁年,紧联句可征其事实。""漫辞矻矻穷年"。所以当十年后书成之日,他"举事晚年竟全蒇"(甲辰《题文津阁》)、"四库欣看首部成"(壬寅《题文津阁》)、"老而举事老而蒇,骈叠天思钦感诚"(乙卯《题文津阁》)。他自叹道："每岁春临必题句,于今暂未会其源。"他本来已许诺："明年归政应娱老,言简心闲合罢诗。每年节后至文源阁,辄有题句。明年丙辰归政后,苴此亦可无事吟咏矣。"但到了嘉庆元年、二年,又情不自禁地为《四库全书》题诗："津阁年年率有诗,今未归政合停词。"诗注："第年来此率有题句,今归政,似可不必依例成吟,然初命编辑《全书》之时,予已年过六旬,及逾十年,而四阁之书俱成,莫非上苍鸿佑,偶事憩览,又不能不一抒毫也。"对《四库全书》眷恋之深,用时之久,比观南巡六举之后文辞多有后悔,与《四库全书》之欣喜异常全然不同。这也充分体现出他作为一个至高无上、天眷甚渥的皇帝,对物质的繁华及铺张无度有着理性的认识,而对文化的认同及欣赏则深发自内心的庆幸。

甲辰《题文津阁》"莳史枕经情性陶,举事晚年竟全蒇",注曰："癸巳年,始命辑《四库全书》,兹事体大物博,彼时举行尚略嫌迟,故甲午联句有'逢会略嫌迟岁月,就将惟亹愿观成'之句。今甲辰甫逾十年,指期告蒇,实深庆幸也。"

题诗中有三首特别的联句:《重华宫茶宴内廷大臣翰林等题四库书荟要联句并成二律(庚子)》《壬寅经筵毕文渊阁赐宴以四库全书第一部告成庋阁内用幸翰林院例得近体四律首章即叠去岁诗韵》《汇辑四库全书联句(甲午)》。这是乾隆帝以极高的规格来对待

《四库全书》之事。

按乾隆朝礼制,在重华宫举行茶宴是一项重大而庄严的活动,乾隆帝为《四库全书荟要》举行茶宴,重华宫是乾隆龙兴之地,从政60年间,先后举办过10次茶宴,主要以文化事件为主,注重高雅品位,所以《四库全书》纂成,乾隆特于此举办茶宴。

至于文渊阁茶宴,经筵中专以《四库全书》为主题活动,则又有3次,足见乾隆帝对《四库全书》纂修的规格定位。为文渊阁《四库全书》告成举行赐宴并赋诗,既是表彰大会,也是总结大会。《四库全书》工程在乾隆帝心中的分量是时代、历史的标杆定位,以及他对后世历代的寄托,乾隆帝以他独有的风貌和手法,加以了具体的体现和定位。

壬寅《经筵毕文渊阁赐宴以四库全书第一部告成庋阁内用幸翰林院例得近体四律首章即叠去岁诗韵》:"二月初二日春仲经筵礼毕,即于是日赐《四库全书》馆总裁、总纂、总校、分校、提调各官等宴,并遍赏总裁九人,总纂各官等七十七人,如意杂佩文绮笔墨研笺等物。其誊录等不得与宴者,令颁赐宴席果品食物。至辩理全书之总纂纪昀,先是已屡迁至内阁学士,陆锡熊屡迁至光禄寺卿,陆费墀屡迁至少詹事,兹并将孙士毅擢为太常寺少卿,韦谦恒升授赞善,曹锡宝、王太岳均升授国子监司。其编修吴省兰等记名遇缺升用,以示优奖。"

为此举办这样高规格隆重的盛宴,也是文化史上一个壮举,表明对文化的重视,对《四库全书》的礼赞,对参与大臣的优待。

诗中,也隐然表现出对前代的超越,屡次提到宋代曾巩、黄香校书故事,自然不能媲美。壬寅《题文津阁》:"曾巩黄香岂此到,唐函汉略较他赢。"

对《永乐大典》之纂,他也明确标示其目的、规模、内容不同。《命校永乐大典因成八韵示意序》:"或云永乐以篡夺而得位,恐世人讥议之,因集海内能文者,编辑是书,故所用几千余人,欲借以疲其力而钳其口。姚广孝乃其佐命,遂令专董其事,亦犹宋太宗身有惭德,因集文人为《太平御览》《太平广记》《文苑英华》三大书,以弭草野之私议。然千秋公论自在,又岂智术之所能掩覆乎!"

他还检讨了当初对毁坏《古今图书集成》"铜活字"的遗憾而造成只得重新雕刻武英殿木版活字。这种不讳过的气概,不是后世传学浅薄之士所该指斥的。

高规格的要求、严明的制度和赏罚分明,在乾隆诗中也表现无遗,足可与其他文献相印证。这些都清楚证明,乾隆帝是一个负责任、追求质量与品质,而非虚应故事、装点门面的修书者,这些在历代官修书中也是罕见的。

作为一位有着丰厚学殖的文化皇帝,日与饱学之士优游,他自知到文章千古事,质量是关键,他的心中最大的担心是告成此事及编校质量完善,所以他在《题文源阁》(戊申)注中写道:"若非校雠精审,何以嘉惠来兹。"又注曰:"雠校由来不厌详。每分书缮成后,即设立分校、总校，专司校对。惟是载籍浩繁，未必俱能悉心从事。去秋驻跸避暑山庄，已命皇子及扈从诸臣将文津阁之书校阅三分之一。并令在京之皇子、大臣，派大小臣工二百余员，将文渊、文源二阁之书全数详阅。据总司其事之大臣汇奏，各书中讹错者，果尚连编累牍。则此番之重命校阅，固不厌其详也。"

他于乾隆五十三年即命开始再校《四库全书》，这需要多大的决心与投入啊！《四库全书》之编纂，质量和责任是第一位的，乾隆帝亲自担任质检工作，检核中发现失误难免，他同样督责严重。不仅通校、复核乃至三校。这在官修史书上也是绝无仅有的。由于工程浩大，时空、人才的限制，《四库全书》并非完美无讹。但他对雠校无讹的追求确实是明白无误的，其责不应由皇帝本人承担。

四

当然，《四库全书》题诗及诗后注更主体的内容是对《四库全书》编纂、选目、校勘、建阁及复核诸多工作的史事韵语化，与书前谕旨及档案记载可以比观互证，乾隆帝为各阁之成与书之成先后均写有记，从中可以考见先后顺序为：文渊、文源、文津、文溯。建阁先后则为：文津、文源、文渊、文溯。成书入阁乃是：文渊、文溯、文源、文津。重校次序为：文津、文渊、文源、文津、文溯，只是诗语更加鲜活地还原了历史的场景。

虽为诗作，亦可证史，尤为难得的是，其中不乏独有史料为其他正式文献中所无者。《四库总目》卷首所载上谕中关于校辑《永乐大典》，只有简单一句，而《命校永乐大典因成八韵示意》（癸巳）一诗，其序详叙了校《永乐大典》与定名《四库全书》之由。

《汇辑四库全书联句》中提到的一些书，后来并没有收入《四库全书》及《存目》中，如汪永锡"良辰接伴诩张棚"，夹注："右倪思《重明节馆伴语录》"。李汪度："见挛窥管卑之甚。"夹注中提及《魏武庙记》。御制"亘古宪章遵典诰"夹注"五朝宝训"，最终未收入，因为甲午（1774年）《四库全书》刚刚启动，自然不能定目。

文源阁虽然荡然无存，乾隆诗中明确记载："文源取式建文津，亦有趣亭捷碧岫。"注："御园之文源阁，继山庄之文津阁而建，其南屏以假山，俱有趣亭、月台。"（《五集》卷九）异日如能恢复文源阁，则按之文津阁及乾隆文源阁诗即可。

庚子《四库全书荟要联句有序》曰："皇上御制诗文，日新富有，谨就已奉刊布者，恭录《乐善堂全集》三十卷，《御制文》初集三十卷，《御制诗》初集四十四卷、二集九十卷、三集一百卷。"今御制诗文津阁本实际凡六集，除《乐善堂全集定本》外，其他均增添甚多，更有四集、五集、余集为新补入。从此可考乾隆编刻之过程。

庚子《四库全书荟要联句》夹注:"《荟要》凡二分,其一贮大内摛藻堂,地在乾清宫北。其一贮御园含经堂东偏味腴书室。架函较摛藻堂稍多,但仍不离六一之数耳。"明确味腴书屋书与摛藻堂不一。因味腴书室不存,我们从乾隆帝所论,才知《荟要》同名而异书也。"兹《荟要》卷帙精约,计万一千二百六十六册。"二多处言万二千册,《辛亥味腴书室》夹注称《荟要》一万二千卷,而同年《题文津阁诗》注则作一万二千册。盖诗中或举成数,或举约数也。因为是诗歌的形式,叙述内容时有不一致之处。分类上也是如此,《荟要联句(庚子)》中将《山海经》列入地理类。今《四库全书》列入小说类。"子家流别极繁,大半庞杂无稽",注曰:"《荟要》所录八十二种,虽其间亦不尽完粹无疵,然大旨皆不诡于正。"今书仅81种。

五

乾隆于《四库全书》全力擘画,究心参与,谕旨、题诗、撰文尤多,连篇累牍。谕旨之要者刊于《四库全书总目》卷首(浙本、粤本共25条,而内容有别)另见于《国朝宫史续编》(卷八十三)而不见于《总目》者凡四条。而专为编修《四库全书》及建阁事共撰诗逾百首,记三篇,其于《四库全书》之重视,文化学识之体现,亘古未有也!

乾隆还有许多鉴赏古籍善本和对当代新纂典籍的题诗,数量也十分可观。《天禄琳琅鉴藏旧版书籍联句》中所涉鉴别题咏甚多,如参观《国朝宫史续编》卷七十八御题诗59种,宋元旧版书38部,则更为完整。他的这些作品其实与《四库全书》诗有着极大的关联,这些诗作或早于《四库全书》编纂之始,或在编修之中,因为都是经过乾隆的品题,这些作品或版本大都收入《四库全书》之中。《四库全书》也抄录了他的题诗,因此考论《四库全书》题诗,不能孤立地读《四库全书》御制诗,而应与他所有有关典籍的诗作合观,才能真正全面了解乾隆对《四库全书》的参与、推动和掌控,当然大多数是有积极意义,限于体例,本书中没有收录,我们以后另作专题刊布。

最后,我们要谈及对乾隆诗的评价问题。乾隆《四库全书》诗既是一个特殊范畴,又是他庞大诗作的一个有机组成部分。御制《四库全书》诗的特殊性在于,他是以诗纪事,以诗达情,事多于情,而这些诗又由于叙事多,涉书广,所以诗情意味甚少,大多只能称之为有韵之语。这恰恰说明,乾隆只是喜欢以韵语的形式来记述下他感兴趣的文化主题。在乾隆数以万计的诗作中,最主体、最丰富的主题就是文化与巡游诗,《四库全书》是一部分,其他如题画诗达近3 000首,题御园三山五园诗有2 600多首,题陶瓷诗百余首,题古玉、痕都斯坦玉、和阗玉近1 000首等,几乎所有的文化主题均有大量诗作。当然,诗文皆为偶兴、用心之作，并不能全面涉及所有事情，包括编纂四库领衔大臣也不可能具体而详，全面深入地了解书的编纂情况，亦不可全部当作史料，但是诗史互证，更易阐发乾隆诗之文化价值，则自不待言也。

他虽然动静皆诗，日有数作，反复吟咏同一境、事物，挥毫不断，不少刻成诗帖（见《澄心堂法帖》中）。人们从常识上以为出于臣工代笔。我们从大量的诗中夹注、复述，记一事至数次，文字无差，日理万机之皇帝，不会去反复抄录，可以看出确有非乾隆亲笔之作，但要不可以偏概全，他的诗兴是数十年不减，而且有些心境也非代笔之作。即使是代笔，也以天子名义审定、刊发，纶音天语，自然对所赋物事更为有价值。200年来所存所留诗碑虽经风雨驳蚀，为数尚多。试想，今天何处不以有乾隆题诗为幸？

因此，从文化的角度去看乾隆帝诗作，而切不必从赋、比、兴艺术范畴去衡评，才是知乾隆、懂乾隆之语。以乾隆帝盛名，经其品题至少认可之事物，必然是对其价值的提升，我们今天将其视为又一份文化遗产，岂不更具意义？

虽然《四库全书》档案已经公布甚多，但乾隆帝御制诗文集是当时颁行刊发的文献，因此，乾隆帝有关《四库全书》诗文也是让人们了解编修《四库全书》最早最重要的文献。本书立足于史料收集、《四库全书》型制及编纂研究，特将有关《四库全书》历史实物、图片尽可能搜罗全备，与诗文互证，既可以为研究者所取资，亦可以供一般读者珍赏。

《天水金石文献辑录校注》序

□漆永祥

摘　要：天水师范学院历史文化学院刘雁翔教授《天水金石文献辑录校注》一书收录天水金石437通，新拓补抄者150余通，可谓集成之作。刘君甘于寂寞，不慕荣利，克服"七难"（涩体难辨，残泐难考，异文难定，歧解难订，本事难究，故实难考，正解难索），成就"六端"。

关键词：《天水金石文献辑录校注》；金石文献；地方文献

作者简介：漆永祥，文学博士，北京大学中文系教授。

金石之学，由来久矣。上古质醇，不事纷更。或铸钟镂鼎，铭勒而纪事；或刻骨削竹，贞卜以问天。后世句冗文繁，颂功谀墓，树碑埋土，以期不朽。自秦汉而降，考史之家即以铭文碑石证史。至宋朝欧阳修《集古录》、赵明诚《金石录》诸书出，则金石一门，判焉立学。至其功用，又分途为二：或稽考史传，证事迹之同异；或研讨书法，辨源流之升降。然穷词翰之工，赏书法之美，究为等而次者也。

至清乾嘉间，崇尚朴学，独尊考据。而地不爱宝，吉金贞石之出，遍布寰宇，为世所重。嘉定钱大昕谓："金石之学，与经史相表里。盖以竹帛之文，久而易坏，手抄板刻，辗转失真；独金石铭勒，出于千百载以前，犹见古人真面目，其文其事，信而有征，故可宝也。"当时魁伟硕学，与钱氏有同好者，若青浦王昶、太仓毕沅、大兴翁方纲、偃师武亿、阳湖孙星衍、阶州邢澍、仪征阮元辈，以金石之文，与传世载籍相质正，阐幽表微，补阙正误，即今世所谓"二重证据法"，世人以其滥觞于海宁王氏，可谓明其流而不溯其源矣。

然欲治金石，又诚非易事。何则？自甲骨铭文，篆隶楷宋，虽愈变而愈简，亦愈更而愈惑，而书家勒字上石，又喜涩僻别体，不通文字音韵，则瞠目难辨，一也；一器一石，经兵燹风霜，锤铲踩踏，昔时全石，渐成残泐，文字渐灭，蒙昧莫考，二也；碑石显世，即有好事者椎扑描拓，而载记诸家，版本错置，异文叠出，依违其间，的定为难，三也；考释之家，歧解蜂出，紊如乱丝，而原物或深藏故家，或坦卧荒榛，或魂杳难知，或化为尘灰，欲目验手扪，势比登天，四也；碑碣志状，事涉当代，词语隐晦，避忌万端，欲究本事，而年代渺远，湮没寂然，五也；文人学士，好古炫奇，撰建寺之记，草谀墓之文，籍贯不书当代，名号避讳阙如，今欲考其故实，训诂疏释，便成万难，六也；又一字之考，穷年累月，甚至斑白垂老，而束手扼腕，仍无正解，七也。有此七难，考校金石，遂成畏途，而号为难治矣。

天水乃古上邽旧地，镇钥秦陇，扼控陕甘。是羲皇故里，为人文渊薮。儒学蔚兴，佛道并盛。自古及今，代有达人。而铭鼎石刻，亦无代无之。然地志失载，偶有所记，亦残诗剩文，而规制藏地，概付阙如。近世张维《陇右金石录》，搜罗通代，包举全陇，然所收天水金石，亦仅青铜器十余，碑状不足百通而已。

今两可斋主刘兄雁翔教授，韶茂惇厚，问学于兰州大学，博涉多识，熟于乙部。肄业之后，初理政务，后归杏坛，砚田笔耕，著述繁富，开示来者，津逮乡里。而尤所嗜而独好者，为金石文字耳。矻矻孜孜，旁搜博讨。炎昼则旷野名山，祠庙伽蓝，登危探壑，抚石履荒，竹杖裹粮，手自椎搨；丙夜则高坐冰案，清茶昏灯，怀毫舐墨，考文隶字。以十余年之功，展玩堆簇，丹黄涂抹，终成《天水金石文献辑录校注》。自今以往，天水金石文字，将化身千百，而长存于天壤间也必矣！

余敬读是书，知其所特出者，盖有六端：前贤所收天水金石碑刻，不足百种；而是书所隶凡金石四百三十七通，而新拓补抄者，即百五十余通，可谓远迈前修，而集其大成焉。明清著录之家，以欧、赵为则，往往至唐而止，钱竹汀氏讥其为责唐之司刑以读鄭侯之律，宋之司天以用一行之算，故钱氏《潜研堂金石文字跋尾》，迄于宋元；今是书所录，上起三代，下止民国，皆兼收而并蓄，不贵古而贱今，可谓深得钱氏三昧。又是书所录，分天水所辖秦州、北道两区，秦安、清水、张家川、甘谷、武山五县，按地依类，以时为序；又区县之下，复重名胜古迹，如麦积石窟、伏羲庙、南郭寺等，为立专节，以俾实用，此可谓崔君授以来成例之新创；又是书所录，碑石为主，复有铭文、摩崖、砖文等，存者依原件著录，佚者据文献征存，详其出处，的然可信，附录图片，悉可复按。又全书断以标点，凡碑文拓片，史册稗乘，反复勘校，注释明晰；若名碑遗史，且附以考证，以判明是非。又前人所录，多详于碑文，而略于题额碑阴，规模藏地等，而是书专设题解，与所收金石之藏地规制、书者字体、品相完缺等，一一梳理，别白无误。以此之故，执是书而求天水乡邦文献，逸史掌故，则如探宝山而有大路可历，渡河海而得舟楫可航焉。

余又因读雁翔教授兄是书，而重有感焉。刘兄本任职清简，笼袖食饴；然甘居冷官，啖嚼苜蓿，一痴也。今西学流行，追风摹影，号为预流；而刘兄所治，乃艰涩朴学，乏人问津，二痴也。又时贤新进，抄撮斗凑，著述等身，利显名扬；而刘兄伐垣畚壤，踯躅山林，以探幽访碑为乐事，三痴也。然唯有持此"三痴"，克彼"七难"，方能成此"六端"，以兴继绝学焉。然则雁翔教授兄是书之椠行，其功用又非斤斤于史籍考订与乡梓文献，而于挽彼颓风，振起斯文与夫世道人心者，盖亦非浅鲜矣！

时丁酉仲春惊蛰后三日，同乡弟陇右漆永祥拜书于北京大学人文学苑研究室

治学精神启示录
——蔡美彪《学林旧事》读后

□文淙阁

蔡美彪先生的《学林旧事》已于 2012 年 4 月由中华书局出版,我前段时间购得后顺手放进了书堆,因为当时忙于其他琐事,一直没有来得及细读。近日清理书籍,取出来细读一过,颇有震撼之感。全书 20 万字,分"缅怀故老""往事寻踪""读书治史"三卷,书后附录答记者问三篇。该书前言称:"这本小书汇集了我历年所写的一些纪念文字和评介文字,多是被动应邀而作,不是有计划地编写。……陈年旧事涵盖了我七十年来的经历与见闻,涉及二三十位学术界前辈和一些集体工作。关心学林旧事的朋友,余暇浏览,或许可资谈助。对我来说,并不是掌故汇编,而是学习历程的记录。"对于作者而言,这确实是一份珍贵的"学习历程的记录";对于读者而言,这是一本极为难得的好书,它以大量的篇幅详细介绍了众多前辈学者的治学态度、方法与精神,可以毫不夸张地说,这是一本治学精神的启示录。具体来说,应该大力弘扬以下四种精神。

一、范文澜的"二冷"精神

蔡美彪先生曾是范文澜先生的学术助手,本书谈得最多的也是关于范老的。提起范文澜先生,人们可能马上会联想起那副著名的对联:"板凳要坐十年冷,文章不写一句空。"其实,这并非出自范老本人,而是史学界的一位先生(指韩儒林先生——引者注),依据范老所讲的意思,撰为此联,旨在自勉。(辨见该书第 212 页)但范老的"二冷"说法影响深远,广为流传,本书对此多有阐发。如《范文澜治学录》一文称:

范文澜治学态度的另一特点是"冷"。1957 年他在一次讲演中说:"我经常勉励研究所的同志们下'二冷'的决心,一冷是坐冷板凳,二冷是吃冷猪肉(从前封建社会某人道德高尚,死后可入孔庙,坐于两庑之下,分些冷猪肉吃),意思就是劝同志们要苦苦干,慢慢来。"(《历史研究中的几个问题》,载《北京大学学报》1957 年第 2 期)范文澜在研究所内外多次提倡"二冷"之说,在学术界也流传甚广。所谓坐冷板凳,包含两层意思,一是甘于寂寞,不慕虚荣,二是埋头苦干,不急于求功。范文澜所提倡的这种治学精神,对年轻一代有过很大的影响,而他自己则是身体力行,做出表率。他在延安时期,在窑洞中油灯下日夜写作,以致一目失明。建国以后,一再恳辞领导上原拟委任他的行政领导职务,专心著述,淡泊自甘。每天上、下午都去研究室伏案工作,直到日暮方才离去,十余年如一日。(第 38—39 页)

《回忆范老论学四则》之四"方与圆"时也附带谈到了"坐冷板凳":

> 他还另有一个形象的说法,叫做"坐冷板凳"。此说曾被人指为提倡"三脱离",这完全是误解。范老从来主张应当参加必要的政治、社会活动,在实践中经受锻炼,也从来主张:理论联系实际,反对空谈。他的"坐冷板凳"说,无非是要人们尽力排除外务的烦扰,专心致志地刻苦工作。因为事实很明显,在科研工作中,如果不集中精力,付出辛勤的劳动,要想做出成果,是不可能的。恩格斯在评论费尔巴哈的哲学成就时,曾深为他过着乡村隐居生活而限制了眼界感到惋惜。但是,恩格斯也认为:"即使只是在一个单独的历史实例上发展唯物主义的观点,也是一项要求多年冷静钻研的科学工作。"科学工作需要"冷静钻研",而且需要"多年",这确是不可移易的真理。(第 200 页)

书中又有《实与冷》一文,对于"二冷"阐发尤为详尽,文繁不录(见第 210—212 页)。来新夏对范老的"二冷精神"也曾有专文会议,与此大致相近。

反观当代学人,一个共同特点是"畏冷"。对"冷板凳"已经没有多少兴趣,对"冷猪肉"更是早已不知为何物了。自"阿曲"罢祀孔子后,早已无"冷猪肉"可吃了。大家都忙于赶热闹,捞热钱,哪里还知道什么"二冷"!

二、吕振羽的攻坚精神

吕振羽先生在 1946 年撰写《中国民族简史》,翌年推出初版,1950 年出版增订本。《重读吕振羽〈中国民族简史〉》一文称:

本书(指《中国民族简史》——引者注)是运用马克思主义观点对中国各民族的历史发展进行综合考察的最早的著作,这部著作的完成,表现了作者的开创精神和科学上的勇气。民族史与国家史是有联系又有区别的两个不同的研究领域。研究中国各民族的形成和发展的历史,无疑是一件十分重要而又十分艰巨的工作。它的艰巨性不仅在于历史资料和语言文字方面的困难,也还由于各民族社会历史状况的差异,需要进行多方面的理论探讨。民族史研究特有的艰巨性,往往使人望而却步。编写一部综合探讨各民族历史发展的著述,更需要克服重重困难,吕老1946年在哈尔滨编著本书时,不仅不能像五十年代以后那样可以获得各少数民族的社会历史调查资料,而且在利用旧有资料和前人成果方面,也不能不面临很多困难。难度之大,是可以想见的。但是,吕老终于以极大的毅力和勇气,完成了这个难题。当我重读本书时,不能不首先想到吕老写作时的这种令人钦佩的攻坚精神而产生崇敬之情。科学史的发展告诉我们,正是那些面对难以克服的难题,不畏险阻,刻苦攻坚的人们才对学术的发展作出了贡献。如果一个科学工作者,只是满足于做一些容易完成容易发表的课题,那就难以指望取得什么成就。我们现在具有比吕老当年优越得多的各种条件,如果我们能够继承和发扬吕老的这种做难题攻难关的精神,坚持努力,我们的民族史研究必将取得更多的成果。(第43页)

反观当代学人,一个共同特点是"畏难"。有道是:"攻城不怕坚,攻关莫畏难。科学有险阻,苦战能过关。"但现在的"攻关"早已变为"公关",长袖善舞,跑部钱进。至于科研,大都选择"外围战"或者"游击战",浅尝辄止,打一枪换一个地方,对于难题往往绕路走。例证不胜枚举,姑且从略。

三、黎澍的独创精神

《学习黎澍治学的独创精神》一文专门称赞黎澍先生具有一些独具的治学精神:

首先是黎澍治学的独创精神。读过他的论著的人都会感到,从选题内容到文章风格,都具有他自己的特色,而在许多重大的学术问题、理论问题上,他也多次提出独具只眼的创造性见解,引致人们注目。记得二十多年前,他在一部马克思的传记中看到马克思曾把"独立思考"作为自己的座右铭,极为振奋。他向我谈及此事,要我据以写一篇"论独立思考"的文章。可惜我未能写成,辜负了他的期望。但从他的几次谈话中,我深感他是十分自觉地把"独立思考"作为自己从事研究工作的准则,他的许多论著也正是在实践着这个准则。一个事例是,他关于中国资本主义萌芽问题的论说。在1954年到1955年兴起的批判红楼梦研究的运动中,似乎只有依据资本主义萌芽的观点去评说《红楼梦》这部名著,才算是历史唯物主义。于是,"萌芽"越说越高,成为一时的风尚。作为中国近代史研究专家的黎澍,不惜付出很大的力量,去考察人们所提出的关于明清之际社会经济情况的论证,并发表了题为《关于中国资本主义萌芽问题的考察》的长篇论文,对当时流行的论点,提出了商榷。这篇论文的发表,打开了人们的思路,推动了"百家争鸣",在当时的史学界引起极大的反响。另一个事例是,在打倒"四人帮"后,他关于中国封建思想形态的评论。多年来,"批判资产阶级"、"防止资本主义复辟"已成为流传极广的口号。黎澍在他的评论文章中,直指"四人帮"是封建专制主义复辟,并经过对历史和现实社会的考察,援古证今,揭出封建思想的残存是建设社会主义现代化的重大障碍。他综贯古今的犀利的论说,不仅涉及封建社会的研究,也涉及现实生活中的许多现象,自然引起广大读者的关注。上举两例都是涉及范围较广的重大课题。事实上,他的许多论文,都是在不同程度上自出新意,避免因循,立论独树一帜。他的新作一出,往往划破沉寂,使人耳目一新,受到读者的欢迎。(第214页)

反观当代学人,一个共同特点是"爱抄"。近年学风浮躁,剽窃成风。生前自诩为"超(抄)级大师",死后改谥曰"文抄公"。不求独树一帜,只求独霸一方。不求独立思考,只求轮流分赃。呜呼!哀哉!

四、王襄的宽容精神

王襄先生是著名的古文字学家,著有《簠室殷契类纂》《古文流变臆说》等书。蔡美彪先生1942年在天津崇化学会国学讲习班听王襄讲授过《左传》。《追思王襄老师》一文有一段极为传神:

> 1959年他受聘为郭沫若主持的《甲骨文合集》编委会委员,这是他最后一次接受聘任,也是一次有特殊意义的不寻常的聘任。从事过甲骨文研究的人大概都知道王与郭之间的一段因缘。1925年,王老曾将他自藏甲骨七百余片,逐片考释,编为《簠室殷契征文》一书公诸于世。此书由天津博物院石印欠精,1930年郭沫若在他的名

著《中国古代社会研究》中直斥为"作伪的传播者"、"此书片片可疑"。王老处之泰然,不予声辩,表现了学者的从容大度。三年后,董作宾在《甲骨文断代研究例》论文中主动为王老辩诬,直接说《徵文》"不伪"。郭沫若也由此察觉到鉴别的失误。1933年在所著《卜辞通纂》中作了自我批评,公开认错。事隔二十多年之后,郭沫若主编《甲骨文合集》,邀约王老参与其事,自是出于工作的需要和对王老的尊重,也是对当年失误的彻底否定。王老以学术为重,不计前嫌,欣然接受聘任,对《合集》工作热心支持。遗憾的是,他没能看到《合集》编成出版,就在1965年1月九十高龄时辞世。郭沫若为他题写墓碑"殷墟文字研究专家王襄同志之墓",署"郭沫若题"。回顾这段往事,王老实心治学,人不知而不愠。郭老知错就改,不讳己过。两位前辈的学术风范,都是后人学习的楷模。(第8页)

反观当代学人,一个共同特点是"爱闹"。稍有不同意见,网上网下闹得不亦乐乎,上则党同伐异,明枪暗箭,抓住对方一点失误,便大打出手,恨不得将对手置之死地而后快;下则大搞人身攻击,满口污言秽语,如同泼妇骂街。真是斯文扫地,哪有半点宽容精神可言?对比王、郭之风范,真真只有愧死!

结　论

蔡美彪在不同的时间、不同的地点分别表彰了四位前辈学者,阐发精当,言简意赅,用不着我们再费口舌。但笔者以为,不能孤立地看待这4种精神,而应该用联系的观点看待它们,因为四者恰好构成了一个起、承、转、合的"圆圈"——起之以"二冷精神",瞄准目标,坚定志向,突出一个"诚"字;承之以"攻坚精神",扎硬寨,打死仗,突出一个"勇"字;转之以"创新精神",独立思考,守正出新,突出一个"智"字;合之以"宽容精神",海纳百川,包容过失,突出一个"仁"字。如果一个学者同时具备上述4种精神与4种品质(即诚、勇、智、仁),我敢断定——他最终一定会超凡脱俗,功德圆满。

《传统中国研究集刊》征稿启事

本刊入选2012—2013年、2014—2015年南京大学中文社会科学引文索引CSSCI来源集刊。本刊致力于传统中国研究,不分畛域,刊载传统中国研究相关各领域研究论文,同时也注意文献整理及刊发已故前辈学者的遗稿。期盼海峡两岸暨港澳地区学者师友惠赐大作,共同弘扬传统中国文化。

凡赐稿者,务请写明所在单位、职称、研究方向和通讯地址。本刊概不收取版面费,一经采用,即致薄酬。

稿件格式

一、本刊一律采用"宋体—简体"字体。

二、文章标题用三号黑体,二级标题用四号黑体,三级标题用小四号黑体。级次一般用一、二、三,(一)(二)(三),1. 2. 3. (1)(2)(3)。序数中文序号用顿号,阿拉伯数字用下标圆点分开。

三、文章前须附:

1. 摘要:300字以内,宋体小五号字体。

2. 关键词:3—5个左右,中以分号分隔。最后一词后不用标点。

四、正文采用宋体五号。凡另起一行的整段引文用五号楷体,前(左)面缩进四格,后(右)面不缩进。

五、注释一律采用脚注,注码用"①②③……","每页重新编号"方式。注释码置于句号、逗号、引号之后,不出现在顿号后,句中不出注。

注释格式如下:

1. 一般著作标注方法:责任者与责任方式/文献题名/出版者/出版时间/页码。责任方式为著时,"著"可以省略,其他责任方式不可省略。引用翻译著作时,于国外作者前加[],将译者作为第二责任者置于文献题名之后。如:

赵景深:《文坛忆旧》,北新书局1948年版,第43页。

[英]弗思:《人文类型》,费孝通译,华夏出版社2002年版,第25页。

2. 古籍标注方法:责任者与责任方式/文献题名(卷次、篇名、部类)/版本/页码。如:

姚际恒:《古今伪书考》卷三,光绪三年苏州文学山房活字本,第9页。

3. 期刊报纸:责任者/文献题名/期刊名/年期(或卷期,出版年月)或者责任者/篇名/报纸名称/出版年月日/版次。如:

何龄修:《读顾诚〈南明史〉》,《中国史研究》1998年第3期。

《上海各路商界总联合会致外交部电》,1925年8月14日《民国日报》(上海)。

4. 外文书刊:责任者与责任方式/文献题名/出版地点/出版者/出版时间/页码。其中文献题名用斜体,出版地点用英文冒号,其余各标注项目之间,用英文逗号隔开。如:

Peter Brooks, *Troubling Confessions*: *Speaking Guilt in Law and Literature*, Chicago: University of Chicago Press, 2000, p.48.

5. 同一文献再次引证时只需标注责任者、题名、页码,出版信息可以省略。

六、所有引文均需核实无误,文献版本应信实可靠。

《传统中国研究集刊》声明

《传统中国研究集刊》由上海社会科学院主办,创刊于2006年12月,已经连续出版17辑,在海内外产生了广泛的影响。自创刊以来,集刊的主办单位和刊名都未经变更。有人擅自声称《经学文献研究集刊》原名《传统中国研究集刊》,严重侵犯我刊权益。特此声明,以正视听。

《传统中国研究集刊》编辑部
2017年1月17日

图书在版编目(CIP)数据

传统中国研究集刊.第十七辑/上海社会科学院
《传统中国研究集刊》编辑委员会编. —上海:上海社会
科学院出版社,2017
 ISBN 978-7-5520-2150-9

Ⅰ.①传… Ⅱ.①上… Ⅲ.①中华文化-文集 Ⅳ.
①K203-53

中国版本图书馆 CIP 数据核字(2017)第 253076 号

传统中国研究集刊　第十七辑

上海社会科学院《传统中国研究集刊》编辑委员会　编
责任编辑：章斯睿
封面设计：黄婧昉
出版发行：上海社会科学院出版社
　　　　　上海顺昌路 622 号　邮编 200025
　　　　　电话总机 021-63315900　销售热线 021-53063735
　　　　　http://www.sassp.org.cn　E-mail: sassp@sass.org.cn
照　　排：南京理工出版信息技术有限公司
印　　刷：上海天地海设计印刷有限公司
开　　本：787×1092 毫米　1/16 开
印　　张：18.75
插　　页：1
字　　数：352 千字
版　　次：2017 年 12 月第 1 版　2017 年 12 月第 1 次印刷

ISBN 978-7-5520-2150-9/K·420　　　　定价：69.80 元

版权所有　翻印必究